Thomas Pfeiffer

CAD für Architekten

Thomas Pfeiffer

CAD für Architekten

Hardwaregrundlagen
Softwaregrundlagen
2 D-Arbeitstechniken
3 D-Arbeitstechniken
CAD-Übungen

Friedr. Vieweg & Sohn   Braunschweig / Wiesbaden

CIP-Titelaufnahme der Deutschen Bibliothek

Pfeiffer, Thomas:
CAD für Architekten: Hardwaregrundlagen,
Softwaregrundlagen, 2D-Arbeitstechniken,
3D-Arbeitstechniken, CAD-Übungen /
Thomas Pfeiffer. — Braunschweig;
Wiesbaden: Vieweg, 1988

Der Verlag Vieweg ist ein Unternehmen der Verlagsgruppe Bertelsmann.

ISBN-13: 978-3-528-08830-9   e-ISBN-13:978-3-322-84134-6
DOI:10.1007/978-3-322-84134-6

Vorwort

In unserer Zeit gewinnt die Technisierung immer größere Bedeutung. Auch der Architekt kann sich auf Dauer dieser Entwicklung nicht entziehen. Die Verantwortung des Architekten
gegenüber der Gesellschaft und deren Erwartungen zwingen ihn
geradezu, sich über den Stand der Technik in seiner Branche
zu informieren.
CAD (Computer Aided Design) ist ein Begriff für Konstruk-
tionssysteme, die mit Computerhilfe leichter zu konstruieren
ermöglichen. Zahlreiche Hersteller, unter ihnen viele Architekten und Ingenieure, versuchen in brillanter Weise, diese
Konstruktionstechniken der konventionellen Arbeitsweise des
Architekten anzupassen. Manche CAD-Systeme haben bereits eine solche Vielfalt und Flexibilität erreicht, daß Entwurfs-
gedanken nicht mehr gehemmt werden - wie in der Anfangszeit
des CAD -, sondern mit Programmen im Gegenteil völlig neue
Möglichkeiten geschaffen werden, die es dem Entwerfenden in
bisher unbekanntem Maße erlauben, kreative Gedanken umgehend
in ausführbare Planzeichnungen bei gleichzeitiger Projekt-
planung umzusetzen.
Außer bei Messebesuchen vergleicht der Interessent die Leistungen von CAD-Systemen häufig anhand der Informationsma-
terialien einzelner Hersteller. Da solche Informationen jedoch überwiegend in Form von Firmenwerbung gegeben werden,
ist zur kritischen Beurteilung von CAD-Systemen ein ausrei-
chendes, firmenunabhängiges Grundwissen unumgänglich. Dieses
Buch, dessen Gerüst Informationen von annähernd 30 bauspezifischen CAD-Systemen bilden, will dem Leser dieses Grundwissen liefern. Besonders zu erwähnen sind die leicht ver-
ständlichen Illustrationen von CAD-Funktionen anhand praxis-
bezogener Detailzeichnungen. Sämtliche Konstruktionen wurden
mit einem bauspezifischen CAD-System entworfen und über einen Laserdrucker ausgedruckt.
Die Hardwarebeschreibungen in diesem Buch beziehen sich vorwiegend auf CAD-Systeme im Mikrocomputerbereich, wie sie
selbst in kleineren Architekturbüros eingesetzt werden. Die
Softwarebeschreibung läßt sich auf die Konstruktionsmöglich-
keiten aller CAD-Systeme, die für die Architektur konzipiert
sind, übertragen.

An dieser Stelle möchte ich mich ganz besonders bei Herrn
Professor Georg Nemetschek bedanken, dessen Engagement das
Entstehen dieses Buches ermöglichte.
Besonderen Dank auch an die Fachhochschule München, die mir
ihre Computeranlagen mit den CAD-Systemen ALLPLOT/ALLPLAN
zur Verfügung stellte, um dieses Buch zeichnen zu können.
Für die ständige technische Betreuung, die eine Ausarbei-
tung in kürzester Zeit ermöglichte, bin ich auch Herrn
Diplomingenieur Axel Berger zu Dank verpflichtet.

München, im August 1988   Thomas Pfeiffer

Inhalt

1 Hardwaregrundlagen

Das erste Kapitel macht mit der erforderlichen CAD-Hard-
ware vertraut.

Hier werden Antworten auf Fragen gegeben, die vor allem
CAD-Einsteiger interessieren.

CAD-Arbeitsplatz (hier ohne Drucker)
Nemetschek Programmsystem GmbH

Komponenten, aus denen sich ein interaktives CAD-Compu-
tersystem zusammensetzt:

HARDWARE   - Grafikterminal bzw. Grafikterminal mit
                      zusätzlichem normalen Monitor
                    - Tastatur
                    - Grafische Eingabegeräte, häufig mit
                      Eingabetablett
                    - Printer (Drucker)
                    - Plotter (automatische Zeichenmaschine)
                    - Datenspeicher

SOFTWARE   Alle erforderliche Daten und Programme;
                    CAD-Programme werden in der Regel auf
                    Festplatten aufgespielt.

PERSONAL   Architekten, Ingenieure, Konstrukteure
                    und Technische Zeichner.
                    Die reale Einarbeitungszeit beträgt der-
                    zeit im Durchschnitt etwa 6 bis 8 Wo-
                    chen. Programmierkenntnisse sind nicht
                    erforderlich !

Die TASTATUR

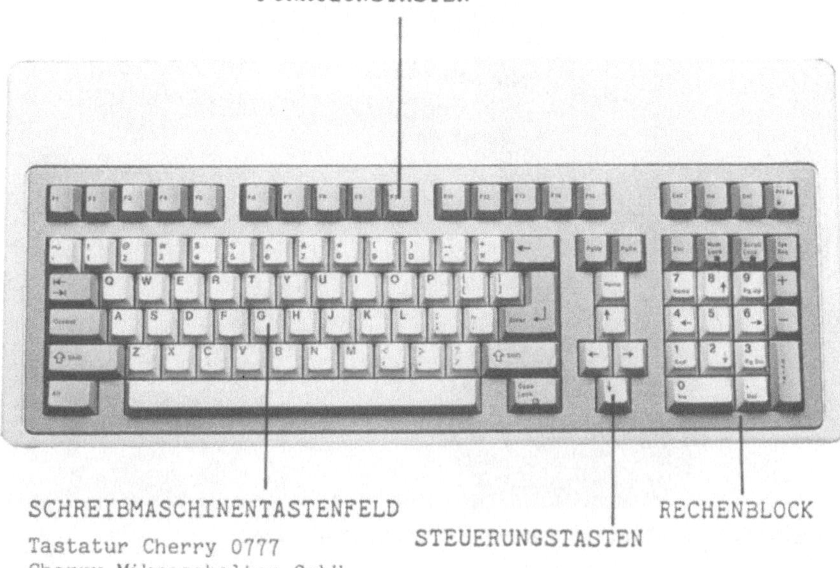

Tastatur Cherry 0777
Cherry Mikroschalter GmbH

Auf den ersten Blick liefern uns Computertastaturen das von Schreibmaschinen gewohnte Bild. Sie sind jedoch um drei Tastenblöcke erweitert. Die Anordnung der Tastenfelder ist herstellerbedingt unterschiedlich.

Das **SCHREIBMASCHINENTASTENFELD** entspricht der Tastatur einer Schreibmaschine. Im CAD bietet es die Möglichkeit, gewünschte Texte oder Koordinaten unabhängig von einem grafischen Eingabegerät einzugeben.
Die Tasten dieses Feldes sind um eine ÜBERGABETASTE (RETURN-TASTE) ergänzt. Diese dient zur Bestätigung eingegebener oder vom Rechner vorgeschlagener Werte. Bei der Anschaffung eines Computers sollte man im deutschsprachigem Raum darauf achten, daß die Tastatur Umlaute und "ß" enthält.

STEUERUNGSTASTEN können die Funktion besitzen, Programmabläufe zu steuern. Dieses Tastenfeld dient beim Umgang mit allgemeinen Computerprogrammen generell zur Cursorsteuerung. Häufig finden wir diese Steuerungsfunktionen auch in den Tasten des Rechenblocks als Zweitfunktionen integriert.

RECHENBLOCK. Mit seiner Hilfe werden Rechenoperationen durchgeführt. In ihm befinden sich Tasten mit den Zahlen 0 bis 9 und den Grundrechenarten. Dieser Block ist immer auf der rechten Seite angeordnet.

FUNKTIONSTASTEN liegen entweder auf der linken Seite oder am oberen Rand der Tastatur. Sie dienen dazu, häufig wiederkehrende Programmfunktionen auszulösen.
Diese Tasten werden auch als SOFTKEY-TASTEN bezeichnet, da sie in ihrer Funktion programmiert werden können.
Welche Funktionen sie gerade bewirken, wird oftmals in einer Menüzeile am Bildschirm angezeigt. Manche Tastaturen verfügen über LCD-Tasten, die einen Funktionswechsel direkt auf dem Tastenkopf anzeigen können.

GRAFISCHE EINGABEGERÄTE und **DIGITALISIERER**

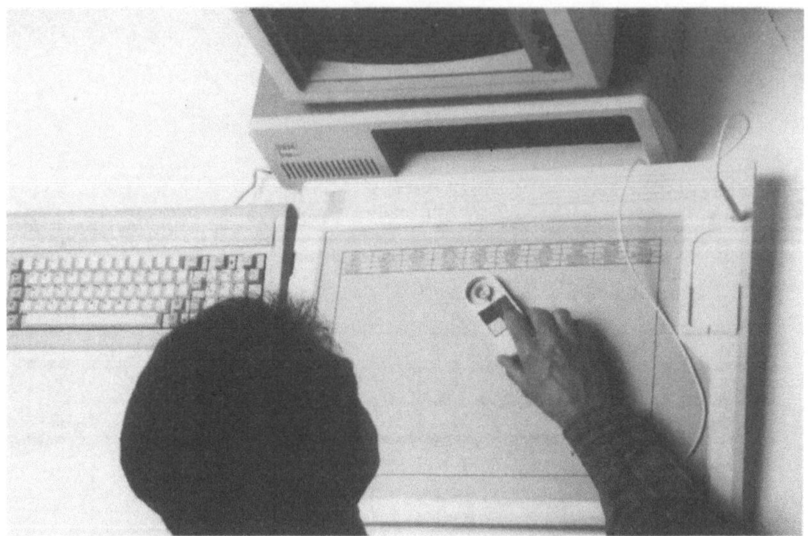

Digitalisiertablett, Cherry Mikroschalter GmbH

Grafische Eingabegeräte dienen zur schnelleren Steuerung
des Fadenkreuzes und zum Aktivieren von CAD-Funktionen.
Ungefähr 75% aller Eingaben, die zur Erstellung einer
Zeichnung erforderlich sind, werden mit beweglichen Po-
sitionierwerkzeugen ausgeführt. Im CAD-Bereich ist das
Konstruieren mit **DIGITALISIERTABLETT** (= DIGITIZER, DIGI-
TALISIERER oder EINGABETABLETT) und **FADENKREUZLUPE** oder
STIFT am weitesten verbreitet.

Optisch ersetzt ein Tablett das Zeichenblatt, der elek-
tronische Stift den Zeichenstift.

Digitalisiertablett und Fadenkreuzlupe zeichnen sich
durch eine große Übernahmegenauigkeit bei den tastatur-
unabhängigen Geräten aus. Es gibt verschiedene Techniken, die eine Koordinatenübernahme durch Digitizer ermöglichen. Bei einer Technik sind unter der Tablettober-
fläche gitterförmig Leiterelemente verlegt. Jeder Lei-
terbahn ist ein digital codierter Impuls zugeordnet.
Durch Berührung des Tabletts ist eine elektromagne-
tische Spule in der Lage, diese Impulse aufzunehmen und
an die Eingabeeinheit weiterzuleiten. Bei einer Lupe um-
schließt diese Spule das Fadenkreuz. Mit Softwarehilfe
wird die jeweilige Lupenposition in Bildschirmkoordina-
ten umgerechnet. Das System kennt auf diese Weise immer
die augenblickliche Lage des Fadenkreuzes.
Der Rechenprozeß verläuft so schnell, daß für mensch-
liches Empfinden die Cursorbewegung am grafischen Bildschirm mit der Bewegung des Eingabegerätes identisch zu
sein scheint.

Um auf dem Bildschirm erwünschte Positionen zu bestäti-
gen, besitzt jedes Positionierwerkzeug mindestens einen
Schalter. Fadenkreuzlupen haben meist vier oder mehr
Funktionstasten, die programmierbar sein können. Bei
Systemen, welche die Konstruktionsmenüs nicht direkt am
Bildschirm darstellen, dient das Digitalisiertablett
nicht nur zur Steuerung des Cursors, sondern auch zum
Aufrufen von CAD-Funktionen.

Je nach Software wird die Tablettfläche in unterschiedliche Segmente eingeteilt. Die Einteilung der Segmente
wird durch das Auflegen von Menükarten verdeutlicht. Ein
großer Bereich entspricht dem Cursorsteuerfeld. Das Antippen der kleinen Segmentflächen - **TABLETTMENÜS** - mit
einem elektronischen Stift oder einer Fadenkreuzlupe
löst das Aktivieren der jeweiligen CAD-Funktionen aus.
Die Vielzahl der CAD-Menüs und die ständige Neuentwick-
lung von Funktionen machen bei diesen Systemen einen
häufigen Blickwechsel notwendig.

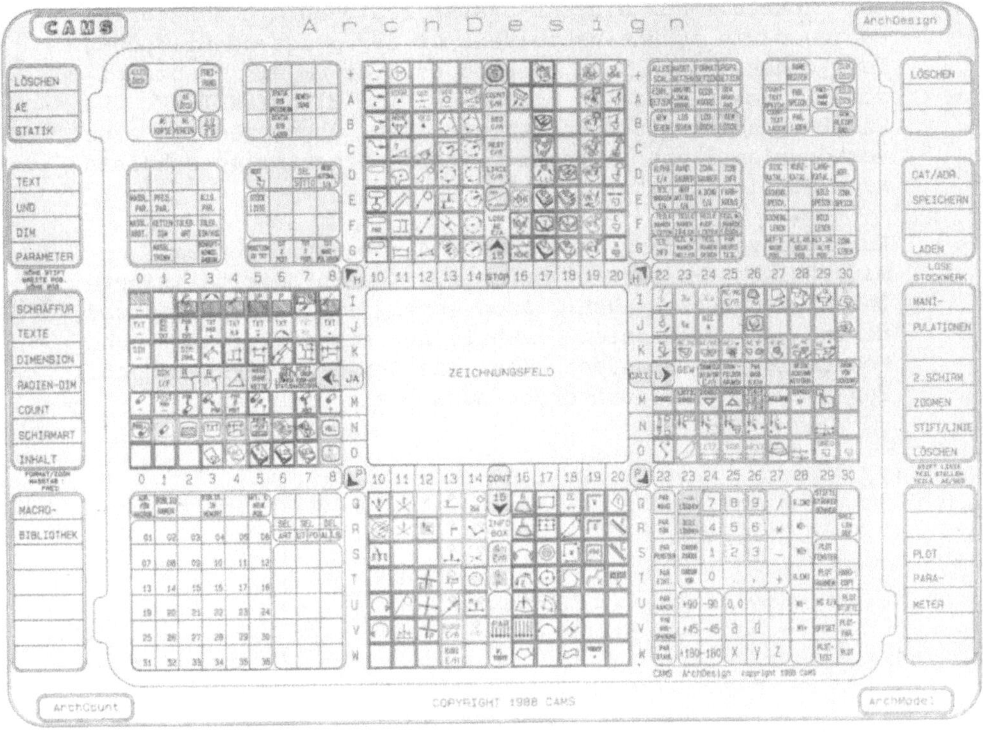

Tablettmenümaske
CAMS Computer+Anwendung

Die Steuerung mit einem elektronischen Stift funktio-
niert ähnlich wie die Positionierung mit einer Fadenkreuzlupe. Die Aufnahme elektrischer Impulse kann über
eine Spule erfolgen, welche sich unmittelbar hinter der
Stiftspitze befindet. Andere Techniken ermöglichen eine
automatische Koordinatenerfassung über optische, elek-
tronische oder Ultraschallimpulse.

Bei manchen CAD-Systemen ist eine Digitalisierung, besonders von vorhandenen DIN A0 Plänen, mit einem **mechanischen Nachführsystem** möglich.
Zur Aufnahme vorhandener Pläne wird ein herkömmliches
Zeichenbrett verwendet. Zu den Linealen oder anstelle
derselben werden Digitalisiergeräte mit Fadenkreuzlupe,
Tastatur und Koordinatenanzeige an die Zeichenmaschine
angesteckt.
Mit der Lupe fährt der Anwender einzelne Konstruktionspunkte an und bestätigt diese. Unterstützt von den Konstruktionsmenüs des CAD-Systems, kann auf diese Weise
ein vorhandener Plan rechnerintern erfaßt werden.

Eine weitere Digitalisierungsmöglichkeit bietet sich durch geeignete Flachbettplotter. Bei ihnen wird der Zeichenstift durch eine Fadenkreuzlupe ausgetauscht. Der Bediener lenkt die Lupe mit Hilfe eines Steuerknüppels oder durch Steuertasten an die zur Aufnahme erforderlichen Konstruktionspunkte. Nach dem Antippen einer Bestätigungstaste werden die Koordinaten rechnerintern erfaßt.

In der Entwicklung sind zur Zeit noch sogenannte **SCANNER**. Es handelt sich dabei um Eingabegeräte, die grafische Darstellungen über Bildpunkte (Raster) aufnehmen können. Für ein CAD-System bestehen die Schwierigkeiten darin zu unterscheiden, ob der gelesene Bildpunkt Teil eines Textes ist, oder ob es sich um ein geometrisches Element handelt. Scanner sind **BITORIENTIERT**. Da CAD-Programme mit Vektoren arbeiten, brauchen sie eine vektororientierte Aufnahme, die programmiertechnisch sehr schwierig ist.

Aufgrund von Maßungenauigkeiten durch Papierverzug, unmaßstäbliche Maßänderungen etc. müssen digitalisierte Daten von bestehenden Plänen korrigiert werden. Manche Hersteller verzichten deshalb auf einen Digitizer und konstruieren vorhandene Pläne mit ihrem CAD-System nach. Zur Steuerung des Cursors benutzen sie eine Maus.

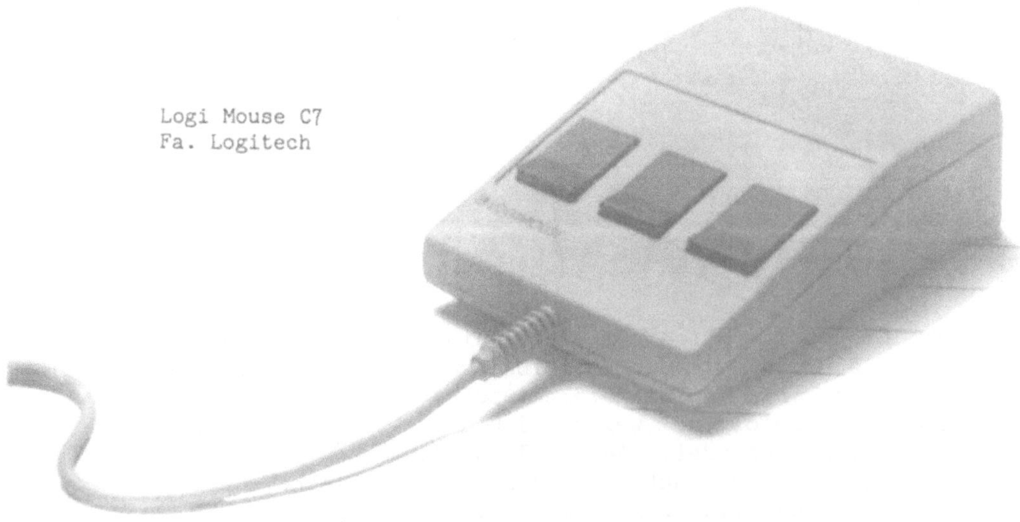

Die **MAUS** ist bei den PCs, besonders jedoch bei den Workstations ein weit verbreitetes Eingabegerät. Sie besitzt auf der Unterseite eine gummierte Kugel. Durch Hin- und Herschieben der Maus dreht sich diese Kugel. Sensoren im Innern registrieren die Bewegungsrichtung der Kugel und wandeln sie in digitale Signale um. Diese wiederum veranlassen den Computer zur synchronen Steuerung des Cursors auf dem Bildschirm. Mit einer Maus können vorhandene Pläne nicht digitalisiert werden.

BILDSCHIRM

Je nach CAD-System unterscheidet man zwischen Einzelarbeitsplätzen, die für eine unmittelbare CAD-Geometrieerstellung einen oder zwei Bildschirme benötigen.

ZWEI-BILDSCHIRM-ARBEITSPLÄTZE haben eine längere Tradition. In Abhängigkeit vom Preis-Leistungs-Verhältnis großer Rechner aus der Anfangszeit des CAD entstanden sie aus der Notwendigkeit heraus, einen ungestörten, schnellen Bildaufbau zu erreichen. Konstruktionen auf dem **Grafikbildschirm** sollten nicht durch die im CAD-DIA-LOG notwendigen Textangaben verzögert oder überschrieben werden.
Aus diesen Gründen ergänzte man den Grafikterminal mit einem **Monitor**, **speziell zur Ausgabe aller alphanumerischen Daten** (Texte, Zahlen, Sonderzeichen).

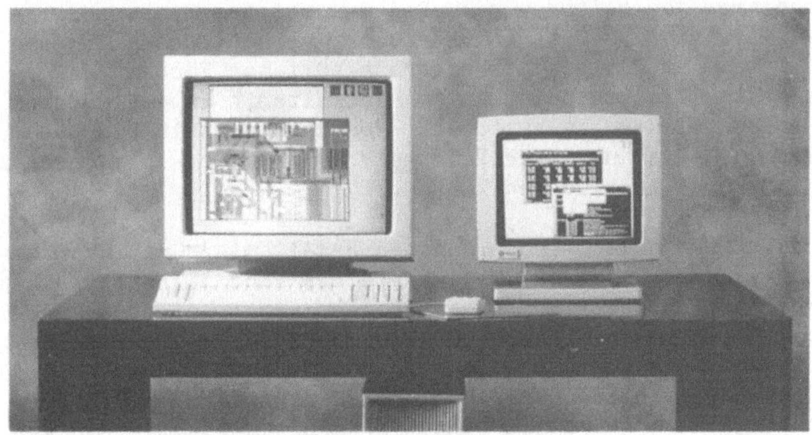

Workstation SUN386i, SUN Microsystems GmbH
Workstation SUN386i, SUN Microsystems GmbH

Durch die Entwicklung immer schnellerer und vielfältigerer Computer bei gleichzeitigem Preisverfall entstand der **EIN-BILDSCHIRM-ARBEITSPLATZ.** Erforderliche Textzeilen werden am Rand des Grafikbildschirmes eingeblendet, ohne die Konstruktionszeichnung zu beeinflussen. Die Geschwindigkeit beim Bildaufbau ist mit demjenigen des Zwei-Bildschirm-Arbeitsplatzes identisch.

Workstation SUN-3/60, SUN Microcomputer GmbH

Um exakt zu konstruieren, sollte der **GRAFISCHE BILD-SCHIRM** eine ausreichend **hohe Auflösung** besitzen. Gute Werte liegen zwischen 1024 x 768 und 1280 x 1024 Bildpunkten (Pixel) pro Bildschirmoberfläche. Gebräuchliche Bildschirmdiagonalen liegen zwischen 14 und 20 Zoll (1 Zoll=2,54cm).
Wie Fernsehgeräte funktionieren Computerbildschirme überwiegend nach dem Prinzip der Kathodenstrahlröhre (CRT = cathode ray tube). Je höher die Bildfrequenz desto weniger empfindet man den unerwünschten Flimmereffekt.
Für ein ermüdungsfreies Arbeiten auch über eine längere Zeit hinweg ist ein **17- bis 19-Zoll-Monitor** mit einer **Bildfrequenz von 60 bis 75 Hz** zu empfehlen.

Im Bauwesen ist es von Vorteil, wenn mit **Farbgrafikschirmen** gearbeitet wird. Bei den meisten Systemen werden die am Plan auszuzeichnenden, verschiedenen Strichstärken am Monitor mit unterschiedlichen Farben dargestellt. Die technischen Möglichkeiten, am Bildschirm farbige Bilder zu erzeugen, reichen derzeit bis 4096 Farben, die aus einer Palette von 16,7 Mio. gleichzeitig dargestellt werden können.

Grafikterminals werden in der Regel mit **Grafikkarten** ausgerüstet. Eine Grafikkarte ist eine selbstständige Rechnereinheit mit eigenen Prozessoren, die die zentrale Prozessoreinheit des Computers (CPU) von den Rechenoperationen zum Bildaufbau entlasten. Eine solche Karte sorgt nicht nur für eine höhere Auflösung, sondern häufig auch für einen schnelleren Bildaufbau. Ein gegenwärtig sehr leistungsfähiger Grafikprozessor ist der 82786'Chip von Intel, der den Bildaufbau eines IBM PC/AT ca. um den Faktor 1000 beschleunigen kann.

Als **ALPHANUMERISCHE BILDSCHIRME** werden meist monochrome (einfarbige) Bildschirme verwendet. In der Regel besitzen sie 24 Zeilen mit je 80 Spalten. Die Bildschirmdiagonalen betragen meist 12 bis 14 Zoll.

In der Entwicklung befinden sich auch Flüssigkristall-Bildschirme (LCD-Bildschirme; LCD = liquid cristal display), EL-Bildschirme (Elektroluminiszenz-Technik) sowie Plasma-Bildschirme. Im Bereich monochromer Monitoren sind LCD-Monitore mit einer Bildschirmdiagonalen von 12 Zoll und einer Auflösung von 640 x 400 bereits konkurrenzfähig. Die in der Vergangenheit durch Reflexionen verursachte schlechte Lesbarkeit dieser Bildschirme wurde z.B. durch selbstleuchtende Plasmabildschirme oder durch eine hohe Verdrehbarkeit der Flüssigkristalle ausgeglichen. Wegen ihrer geringen Abmessungen und ihres geringen Gewichtes sind sie vor allem in tragbaren Computern zu finden. An farbigen Bildschirmen mit den oben genannten Techniken wird gearbeitet.

DRUCKER/PRINTER

Zu einem voll funktionstüchtigen CAD-System gehören neben den Bildschirmen zwei weitere Arten von Ausgabegeräten. Für das Erstellen einer normgerechten Planzeichnung ist ein Plotter notwendig. Zur Ausgabe von Texten und Grafiken sollte ein Drucker (=Printer) an das System angeschlossen sein. Erforderliche Texte im CAD sind z.B.:

- Leistungsverzeichnisse (AVA)

- Ergebnisse statischer Berechnungen

- Stahllisten

- Bibliothekslisten etc.

grafisch z.B.: - Grafiken von Finite-Elemente-Programmen

- Ausgabe von Plänen kleineren Formats

- Ausdruck des momentanen Bildschirminhaltes auf Papier; Drucker, die dazu in der Lage sind, bezeichnet man auch als HARDCOPY-GERÄTE.

Generell unterscheidet man bei den Druckern zwischen **IMPACT-** (Aufschlag-) und **NON-IMPACT-DRUCKERN** (=berührungsfreie, nicht-mechanische Drucker). Die Lautstärke der Impactgeräte verrät durch geschlossene Türen, daß in einem Büro mit Computer gearbeitet wird.

IMPACT-DRUCKER

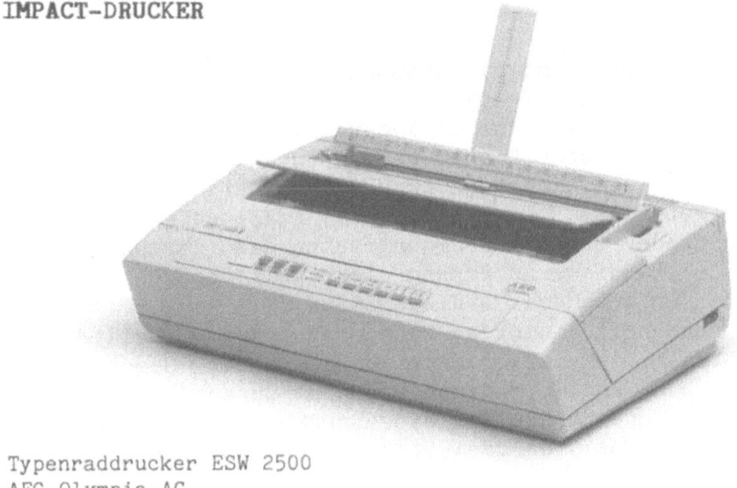

Typenraddrucker ESW 2500
AEG Olympia AG

Den **TYPENRADDRUCKER** kann man in seiner Funktionsweise mit der einer elektronischen Schreibmaschine vergleichen. Gegenüber anderen Druckern ist er vergleichsweise langsam, verfügt jedoch über ein hervorragendes Schriftbild. Da er allerdings keine grafischen Möglichkeiten bietet, ist er für ein CAD-System **ungeeignet.**

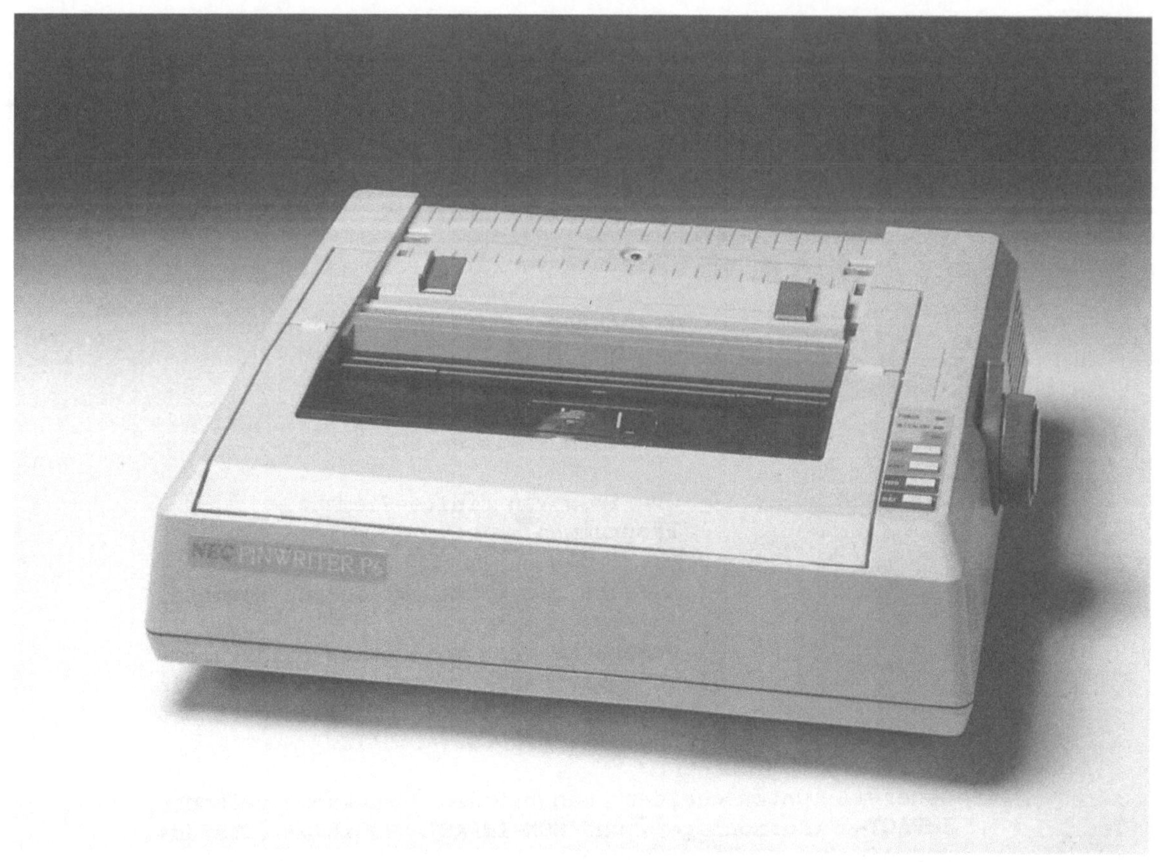

24 Nadeldrucker
Pinwriter P6
NEC Deutschland GmbH

Zur Zeit am wirtschaftlichsten und daher auch am weitesten verbreitet, sind die **NADELDRUCKER**.
Sie besitzen einen Druckkopf, in dem meist mehrere Nadeln in einer Reihe übereinander angeordnet sind.
Während des Druckvorgangs werden durch Aufschlagen der Nadeln auf ein Farbband Punkte in einer Spalte auf das Papier gebracht. Eine bestimmte Anzahl solcher Spalten nebeneinander ergibt zusammengesetzt das darzustellende Zeichen. Da diese Anordnung als Matrix bezeichnet wird, spricht man auch von **MATRIXDRUCKERN**.
Mit zunehmender Anzahl an Nadeln steigt die Qualität der Druckbilder, was allerdings zu Lasten der Geschwindigkeit gehen kann. Um diese wiederum zu erhöhen, entwickelten manche Hersteller Nadeldrucker, die einen Ausdruck mit zwei oder drei parallel arbeitenden Druckköpfen erstellen.
Gegenwärtig werden 9-, 18-, 24 und 48-Nadel-Drucker angeboten. Immer höhere Auflösungen, momentan bis zu 420 Punkte pro Zoll, sind möglich.
Die Qualität von A3-A4-formatigen Farbgrafiken mittels Farbnadeldrucker ist gut. Plotterqualität wird jedoch nicht erreicht.
Viele Geräte sind in der Lage, sowohl Endlos- als auch Einzelblatt zu verarbeiten. Nadeldrucker sind relativ wartungsfreundlich.

NON-IMPACT-DRUCKER

TINTENSTRAHLDRUCKER sind an Geschwindigkeit und Schriftbild mit den Nadeldruckern zu vergleichen.
In ihren Druckköpfen sind dünne Röhren in einer Matrix
angeordnet. Durch diese fließt Tinte auf das Papier.
Nach der **DROP-ON-DEMAND-METHODE** erzeugt ein Steuerimpuls
einen Tintentropfen.   Durch Druckänderung im Druckkopf
wird ein Ausstoßen des Tropfens bewirkt. Der Tropfen erhält dabei eine Geschwindigkeit bis zu 700 Stundenkilo-
metern.
Eine andere Druckvariante, das **CONTINUOUS-STREAM-VERFAH-
REN**, arbeitet mit einer einzigen Düse, aus der ständig
Tinte strömt.
Tintenstrahldrucker sind farbgrafikfähig und arbeiten
sehr geräuscharm. Wenn sie jedoch nicht dauernd im Einsatz sind, besteht die Gefahr, daß die Tinte eintrock-
net. Besonders diese Eigenschaft führte zur Entwicklung von Tintenstrahldruckern, **SOLID-INKJET**, die mit
"fester" Tinte arbeiten.   Hervorragende Druckqualität
erreicht man mit einer festen Tintenpatrone, dem sogenannten Tinten-Pellet.   Im Druckkopf wird die Tinte er-
hitzt und zu Flüssigkeit geschmolzen.   Auf Anforderung
spritzt der Drucker die Tinte aus dem Druckkopf auf Papier, welches von beliebiger Qualität sein darf.   Bei
Raumtemperatur erstarren die winzigen Tröpfchen innerhalb einer 250 milliardstel Sekunde. Mit einem Druckge-
räusch von 55 dB(A) ist diese Variante allerdings nicht-
mehr als geräuscharm einzustufen.

Beinahe lautlos dagegen arbeitet der **THERMODRUCKER**. Eine
bestimmte Anzahl von Widerständen,   die den Druckkopf
bilden, erwärmt sich, wenn sie von Strom durchflossen
wird.   Bei moderneren Verfahren wird dadurch Toner von
Farbbändern matrizenförmig auf das Papier geschmolzen.
Mit steigender Anzahl von Widerständen wächst die Ausga-
bequalität.   An Geschwindigkeit, Auflösung und beim Erstellen von Farbgrafiken sind sie den Matrixdruckern
überlegen.
Für ein CAD-System sind sie gut geeignet, wenn es den
Herstellern gelingt, die noch hohen Anschaffungs- und
Folgekosten zu senken (z.B. ist ein häufiger Farbband-
wechsel erforderlich).

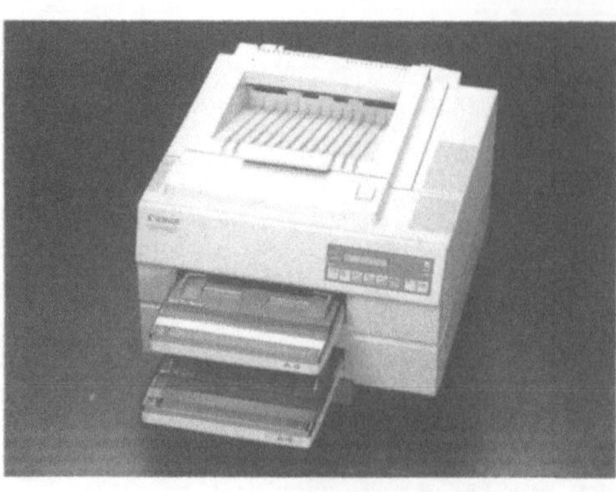

Laserdrucker LBP 8II/V
CANON RECHNER DEUTSCHLAND GMBH

Die Technik des **LASERDRUCKERS** ist prinzipiell derjenigen
eines Fotokopiergerätes ähnlich.
Durch ein Ablenksystem wird ein Laserstrahl in Teil-
strahlen gespalten, die gemeinsam ein Zeichen darstellen. Von einem rotierenden Spiegel wird dieser Zeichen-
strahl auf eine elektrostatische Trommel gelenkt. Sie
entlädt sich an den getroffenen Stellen. An diesen Stellen wird Toner auf das Papier übertragen. Durch erwärmte
Andruckwalzen wird der Toner ins Papier eingeschmolzen.
Eine bestechende Qualität der Ausdrucke, auch der von
Grafiken mit verschiedenen Strichstärken, ist bei einer
Auflösung von derzeit 300 x 300 Punkten pro Zoll gegeben. Geräuscharmut sowie hohe Ausdruckgeschwindigkeiten
zeichnen einen Laserdrucker aus.
Der wesentliche Unterschied zwischen Laserdrucker und
Matrixdrucker liegt darin, daß Matrixdrucker zeilen- und
zeichenorientiert arbeiten, während Laserdrucker die gesamte Information für eine Druckseite im Hauptspeicher
benötigen, ehe sie zu drucken beginnen. Aus diesem Grund
ist es bei einer CAD-Anwendung wichtig, daß ein Laserdrucker über einen **großen Arbeitsspeicher** (RAM) verfügt.
Speicherkapazitäten von mehr als einem MByte sind empfehlenswert.
Speziell für die CAD-Anwendung sollte er **vektorgrafik-
fähig** sein. Von Vorteil ist es auch, wenn ein Laserdrucker sowohl über Kabelanschlußmöglichkeiten (Schnittstellen) für paralelle als auch für serielle Datenübertragung verfügt (vgl.S.20). Da Mikrocomputer meist über
eine serielle und ein parallele Schnittstelle verfügen,
kann der Anwender mit dieser Forderung zwei Peripheriegeräte gleichzeitig direkt mit dem Rechner verbinden.
Vor dem Kauf eines solchen Druckers muß sichergestellt
sein, daß von der Softwareseite her ein **passendes Dri-
verprogramm** angeboten wird, das die Umsetzung der Daten
in die Maschinensprache des gewünschten Gerätes ermöglicht. Um die Wartungskosten niedrig zu halten, sollte
man bei der Anschaffung eines Laserdruckers noch beachten, daß Toner (alle 1500), Tonerauffangbehälter (alle
10 000) und Bildtrommel (alle 20 000 Blatt) getrennt
ausgewechselt werden können. Bei vielen Geräten werden
alle drei Elemente nur in einer geschlossenen Kassette
im Tonerturnus ausgetauscht.

IONENDRUCKER entwickeln sich möglicherweise bald als
Konkurrenz zu Laserdruckern. Ein hervorragendes Schriftbild und höhere Ausdruckgeschwindigkeiten (ca. 30 Sei-
ten/min), besonders beim Aufzeichnen von Grafiken, werden geboten. Da der Anschaffungspreis ein Vielfaches
über dem eines Laserdruckers liegt, gehe ich in der vor-
liegenden Ausgabe des Buches nicht näher darauf ein.

PLOTTER

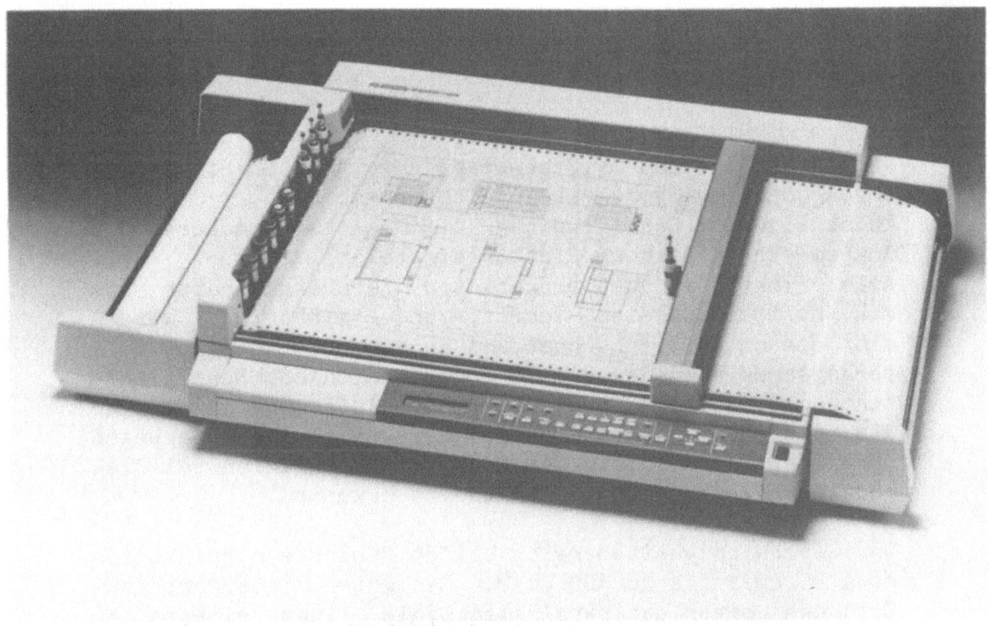

A2-Flachbettplotter FD 5211, GRAPHTEC GmbH

Der Plotter ist das charakteristische Ausgabegrät für
ein CAD-System. Zeichengenauigkeit und Zeichengeschwindigkeit machen ihn jeder konventionellen Planerstellung
überlegen. Je nach Plotter wird ein komplizierter, norm-
gerechter DIN AO-Bewehrungsplan in 5 bis 20 Minuten mit
Tusche gezeichnet.

MECHANISCHE PLOTTER, auch **STIFT-** oder **PENPLOTTER** genannt, arbeiten mit den unterschiedlichsten Zeichenwerk-
zeugen. Neben Kugelschreiber, Faserschreiber, Tusche-
stiften können auch Bleistifte eingesetzt werden. Für
geringe Schnittkräfte ist es bei Flachbettplottern sogar
möglich, Gravier- und Schneidewerkzeuge anzuschließen.

Der Trend aus Rationalisierungsgründen die Rechenleistungen vom Computer an die Peripherie verlegt zu verle-
gen, gilt wie bei den schon behandelten Ausgabegeräten
auch für die Plotter.
Eine beachtliche Palette von grafischen Grundfunktionen
ist in Plottern der mittleren und höheren Preisklasse
bereits implementiert.

Ein Problem das sowohl für Plotter als auch für Drucker
zutrifft, ist ein begrenztes Speichervermögen von Daten.
Hat der Rechner den Pufferspeicher des Plotters mit Daten gefüllt, so schickt er einzelne Zeichen nur in dem
Tempo nach, in dem der Plotter andere abarbeitet. Deshalb sollte ein Plotter über leistungsfähige Grafik-
befehle und eine hohe Speicherkapazität verfügen. Die
Zeichnungsdaten erhält der Plotter vom Rechner über eine
Schnittstelle. Bei einer seriellen Schnittstelle (z.B.
V 24 oder RS-232 C) werden Bit für Bit nacheinander, bei
parallelen Schnittstellen (Centronics) mehrere Bits
gleichzeitig gesendet (vgl. S.20).

Die Verwaltung des Speichers übernimmt ein Prozessor.
Damit während des Plottvorganges weitere Daten übertragen werden können, besitzen moderne Plotter zwei Prozessoren.

Der Antrieb eines Stiftplotters erfolgt über Schrittmotoren oder lagergeregelte Gleichstrommotoren.
Meist sind die Schrittweiten, bei Gleichstrommotoren die Inkremente, direkt am Plotter einstellbar.
Alle Funktionen des eingebauten Zeichengenerator wie z.B. Ellipsen, Kreise, Schrift- und Linienarten, werden mit diesem Wert errechnet und an den Motorantrieb weitergegeben. In der Praxis ergeben sich oft Schrittweiten von 0,025 mm oder 0,1 mm. Diese Auflösung ist größer als die des menschlichen Auges. Wir sind deswegen normalerweise nicht in der Lage, Treppenlinien bei Diagonalen oder Kreisen als solche zu erkennen.

Der Geschwindigkeitsbereich bei Stiftplottern reicht von etwa 25 cm/s bis zu 100 cm/s. Ein guter Mittelwert zum Zeichnen einer achsparallelen Linie liegt bei etwa 40 bis 50 cm/s. Unabhängig vom Plottertyp wird die Zeichengeschwindigkeit von der Beschaffenheit der Zeichenunterlage und von den verwendeten Stiftsystemen beeinflußt.
Direkt wirken sich diese Einflüsse auch auf das Beschleunigungsverhalten aus. Ferner ist die Beschleunigung, die ein Zeichenstift erfährt, um aus dem Stillstand die maximale Zeichengeschwindigkeit zu erreichen, auch vom Gewicht des Zeichenkopfes abhängig. Ein leichter Zeichenkopf wird schneller beschleunigt als ein schwerer.

Zum Zeichnen verschiedener Strichstärken oder Farben gibt es Penplotter, bei denen die Stifte direkt am Zeichenkopf angebracht sind. Es zeichnet jeweils der Stift, der zur Ausführung der aktuellen Position gebraucht wird.
Bei anderen Plottersystemen führt der Zeichenkopf nur einen Stift. Für den erforderlichen Stiftwechsel wird er an den Rand der Zeichenfläche geführt und holt sich dort den passenden Stift aus einem Magazin oder einem Stiftekarussell.
Um durch häufigen Wechsel nicht zuviel Zeit zu verlieren, sind manche Plotter in der Lage, eine gespeicherte Grafik so umzurechenen, daß jeder Stift nur einmal pro Zeichnung eingesetzt wird (**Weg- bzw. Stiftoptimierung**).

Bei **TISCH-** oder auch **FLACHBETTPLOTTERN** bewegen sich Zeichenkopf und Brücke automatisch in x- und y-Richtung über die festgehaltene Zeichenunterlage. Das Festhalten der Zeichenunterlage geschieht überwiegend durch Ansaugen mittels Unterdruck oder durch elektrostatische Aufladung des Papiers (vgl.Bild S.13).

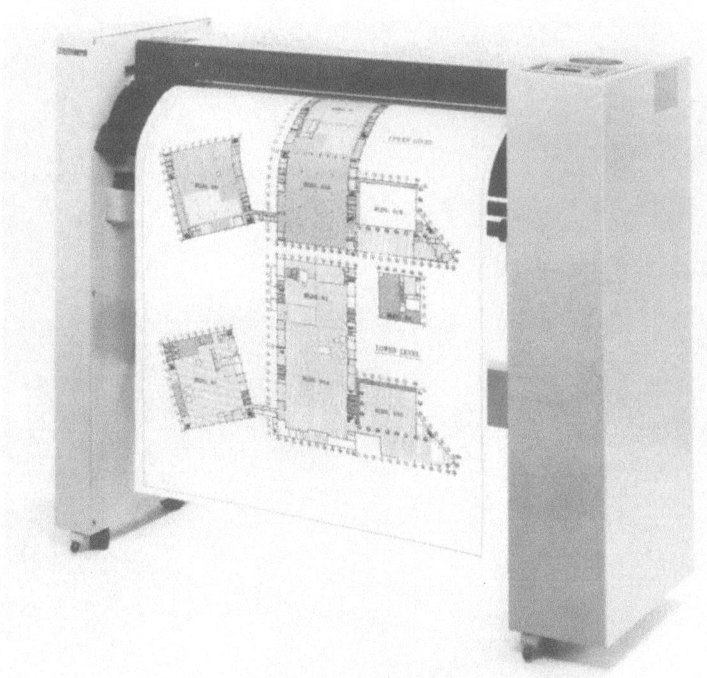

Trommelplotter HP DraftMaster, Hewlett-Packard GmbH

Bei **TROMMELPLOTTERN** sowie bei **REIBUNGSPLOTTERN** führt der
Zeichenkopf die y-Bewegung aus, während die x-Richtung
durch die Zeichenunterlage voll ausgeführt wird.
Von Nachteil ist allerdings, daß bei jeder Zeichnung der
Plankopf mitgeplottet werden muß. Andererseits sind manche Trommelplotter in der Lage, Transparent- oder Pa-
pierrollen bis zu 60 m Länge zu verarbeiten. Es ist also
möglich, Zeichnungen tagsüber zu sammeln und nachts im
Batchbetrieb mit Gasdruckkugelschreiberminen zu plotten. Im Bauwesen werden jedoch vorwiegend Einzelblatt-
plotter verwendet.
Beim Umgang mit Stiftplottern müssen folgende Kriterien
beachtet werden:

Kugelschreiber sind zwar am betriebssichersten, haben im
Regelfall jedoch nur eine Strichstärke und eignen sich
ferner schlecht für Lichtpausen.

Faserschreiber verändern mit der Betriebsdauer ihre Linienbreite.

Tuschestifte bergen folgende Gefahren:

- In Ruheposition kann der Tuschestift eintrocknen. Man
  muß darauf achten, daß der Plotter im Stiftemagazin
  über eine entsprechende Abdichtungsvorrichtung verfügt.
- Wenn Tusche oder Tinte zu dünnflüssig sind, bilden
  sich an der Stiftspitze Tropfen, die zu Klecksen
  führen.
- Es kann passieren, daß während des Zeichnens eines
  komplizierten Planes der Tankinhalt nicht ausreicht.
  Deshalb muß man ihn vor Gebrauch kontrollieren.
- Wenn der Stift beim Auszeichnen zu schnell fährt,reißt
  der Tuschefluß. Es empfiehlt sich, Plotter mit variablen Geschwindigkeiten zu benutzen (ca. 30 cm/s bei
  Tusche).

Elektrostatischer Plotter HP 7600
Hewlett-Packard GmbH

Die Entwicklung der mechanischen Plotter ist weitgehend
abgeschlossen. Durch steigende Qualitäten und sinkende
Preise gewinnen **ELEKTRO-STATISCHE PRINTER/PLOTTER** immer
mehr an Bedeutung. Eine schnelle Ausgabegeschwindigkeit
von etwa 1 bis 2,5 cm/s bei großflächigen Plänen, die
Nutzbarkeit als Drucker sowie die Umschaltbarkeit klei-
nerer Geräte als Hardcopy-Geräte machen sie interessant.
Baupläne, die auf erforderlichem Spezialpapier oder auf
Spezialfolie erzeugt werden, sind mikroverfilmbar, paus-
fähig und archivierbar.

Elektrostatische Plotter/Printer funktionieren nach dem
Prinzip der **RASTERTECHNIK.** Hohe Auflösungen bis zu 400
Punkten pro Zoll sind möglich. Die Metallnadeln eines
Schreibkopfes berühren an den zu zeichnenden Punkten die
Spezialfolie. Dadurch werden diese Stellen elektrosta-
tisch geladen und nehmen Tonerpulver auf, welches durch
Einbrennen an den geladenen Positionen fixiert wird.
Noch sind die Anschaffungskosten relativ hoch. Ein zu-
sätzlicher Hard- und Softwareaufwand ist erforderlich,
um eine ausreichend schnelle Umrechnung der in Vektor-
technik erstellten CAD-Zeichnung in Rasterinformationen
zu erreichen.

Der **INK-JET-PLOTTER** wird von den Herstellern als lei-
stungsfähigstes Ausgabegerät angepriesen. Seine Funktionsweise entspricht der eines Tintenstrahldruckers.
Die von ihm erstellten Grafiken haben fotografische Qualität. Wegen technischer Mängel, besonders bei der Ausgabe von großflächigen Bauplänen, hat sich dieser Plotter für die CAD-Anwendung bisher nicht bewährt.

RECHNERKOMPONENTEN

Das "Herz" eines Computers ist die **ZENTRALEINHEIT**. Man bezeichnet sie auch als **CPU** (englisch: central processing unit).
Sie setzt sich zusammen aus dem LEITWERK, dem RECHNERWERK und dem ARBEITSSPEICHER.

Das **LEITWERK** steuert die Befehlsfolge, in der eingegebene Daten und Anweisungen gemäß den jeweils aktuellen Programmen bearbeitet werden.
Das **RECHNERWERK** ist für arithmetische und logische Operationen zuständig.
In einem Mikrocomputer findet man Rechen- und Leitwerk auf einem **HALBLEITERSPEICHER** (**CHIP**). Einen solchen Halbleiterspeicher bezeichnet man als **MIKROPROZESSOR**.

Die dritte Komponente einer CPU stellt der **ARBEITSSPEICHER** (memory) dar. Er ist ebenfalls ein Halbleiterspeicher, wird auch Direkt-Zugriffsspeicher oder **RAM** (englisch: random access memory) genannt. In ihm werden aktuell zu verarbeitende Daten und Programme bereitgehalten. Damit die CPU mit dem Speicher richtig arbeiten kann, werden diese beim Starten (Hochfahren) eines Computers automatisch in bestimmte Speichersektoren geladen. CAD-Konstruktionen, die wir auf dem Bildschirm sehen, befinden sich als digitale Bauwerksmodelle gleichzeitig im RAM-Speicher. Werden sie nicht auf **PERIPHERE SPEICHER** abgelegt, gehen sie bei Abbruch des Stromflusses verloren. Die Datenmenge, die bei einer Geometrieerzeugung anfällt, ist enorm hoch. Die **Mindestkapazität** eines Arbeitsspeichers sollte für die CAD-Anwendung 2 **MByte** (besser 4 bis 16 MByte) betragen.
Je größer der Arbeitsspeicher ist, desto schneller können umfangreiche Bauwerke im direkten Zugriff bearbeitet werden.

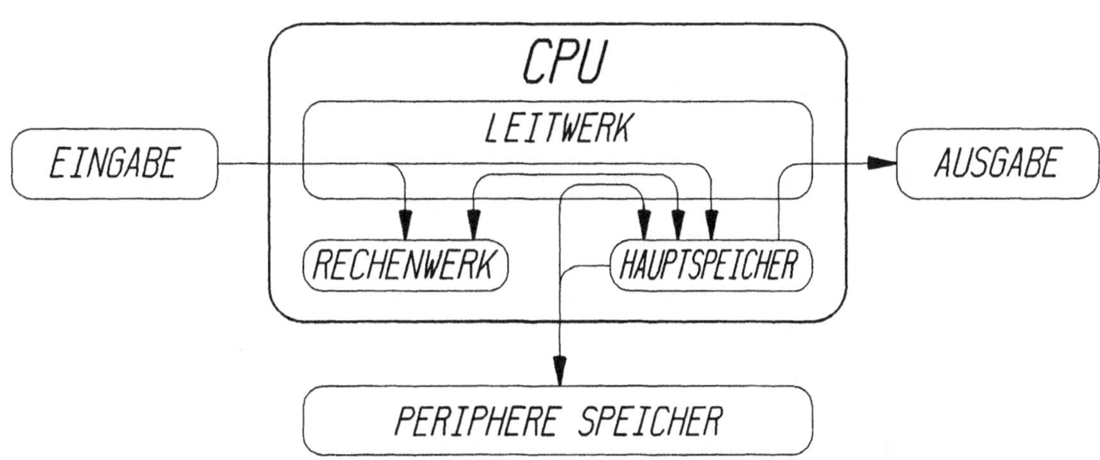

Ergänzend zu den RAM-Speichern besitzt ein Computer auch
FESTWERTSPEICHER. Sie sind ebenfalls Halbleiterspeicher,
die den Mikroprozessoren direkt zugeordnet sind. Der
Speicherinhalt von Festwertspeichern wird vom Benutzer
in der Regel nicht verändert und bleibt auch ohne Strom-
versorgung erhalten.
Festwertspeicher bilden mit den Arbeitsspeichern die
Gruppe der **HAUPTSPEICHER.** Die Installation der Speicher-
bausteine erfolgen auf **SPEICHERPLATINEN.** Extrem schnelle Zugriffszeiten im Umgang mit diesen Speichern begründen den wirtschaftlichen Einsatz von CAD.

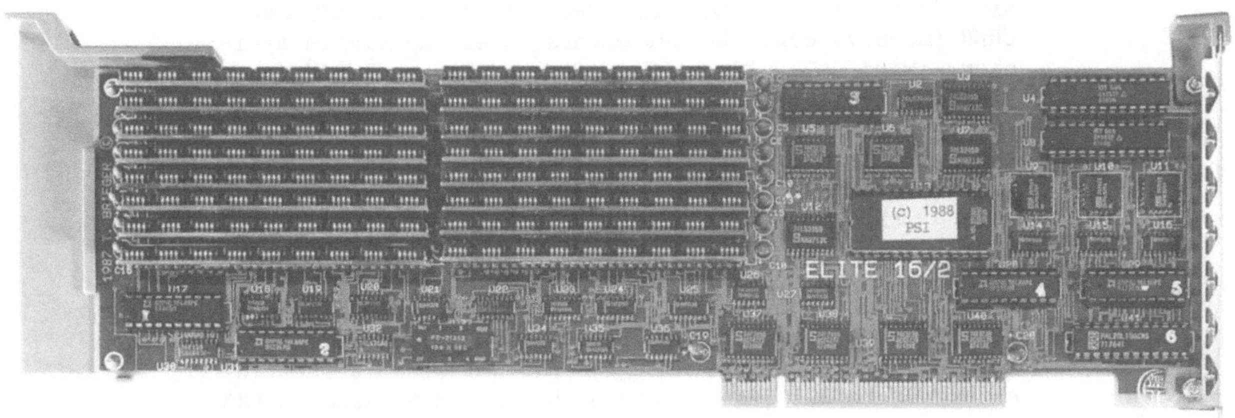

Hauptspeichererweiterungskarte
Elite 16/2
TIM GmbH

Mit einer solchen Erweiterungskarte kann der RAM-Speicherplatz
eines Mikrocomputers auf 16 MB erweitert werden.

Man unterscheidet drei Arten von Festwertspeichern:

ROM   (englisch: read only memory) wird durch den
          Hersteller programmiert und kann nicht mehr ge-
          löscht werden.

PROM   (programmable read only memory) ist mit spezi-
          ellen Programmiergeräten durch den Anwender
          einmal programmierbar, jedoch nicht mehr zu
          löschen.

EPROM   (erasable programmable read only memory) kann
          mehrfach gelöscht und programmiert werden.

RECHNER

Im Unterschied zum Gebrauch eines Computers in der Text-
verarbeitung wird ein Rechner bei der CAD-Anwendung oft-
mals bis an seine Leistungsgrenze gefordert. Zahlen,
Ziffern oder Zeichen sind fest codierte Einheiten, auf
die der Rechner direkt zugreifen kann.
Grafische Elemente, wie z.B. Kreisbogen, Freihandlinien,
Flächen oder Volumina hingegen, muß er sich zur exakten
Darstellung und Speicherung automatisch errechnen.

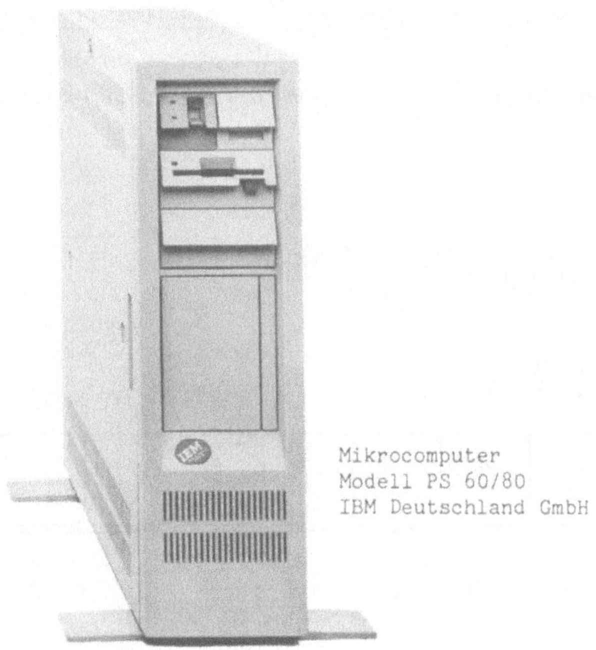

Mikrocomputer
Modell PS 60/80
IBM Deutschland GmbH

BIT und BYTE

Die Idee, die der Entstehung von Computern zugrunde
liegt, ist die digitale Informationsdarstellung. Ein
Rechner kennt nur JA/NEIN-Entscheidungen, die er in Form
von elektrischen Signalen als Spannung/keine Spannung
darstellt bzw. weitergibt.
Um Zahlen, Ziffern, Buchstaben und Zeichen rechnerintern
übertragen zu können, müssen sie zu unterschiedlichen
Binär-Kombinationen codiert sein. Die einzelne binäre
Zahleneinheit, Ja/Nein = 1/0, heißt **BIT**. Eine Kombi-
nation setzt sich in der Regel aus einer Gruppe von acht
Bits zusammen und wird als Byte bezeichnet.

8 Bits = 1 Byte

Das Bit ist die kleinste darstellbare Einheit im Speicher eines Rechensystems. Das Byte ist im allgemeinen
die kleinste adressierbare Speichereinheit. Mehrere
Bytes werden zu einem Maschinenwort zusammengefaßt.
Die Wortlänge stellt eine charakteristische Größe für
den Datendurchsatz und die Rechnerleistung von Prozessoren (= Leit- und Rechenwerke eines Computers) dar.

BINÄRE ZAHLENDARSTELLUNG

Das Binärsystem stellt Zahlen mit den Ziffern 0 und 1 dar. Dabei steigt die Wertigkeit einer Stelle von rechts nach links um den Faktor zwei (2,4,8 usw.).

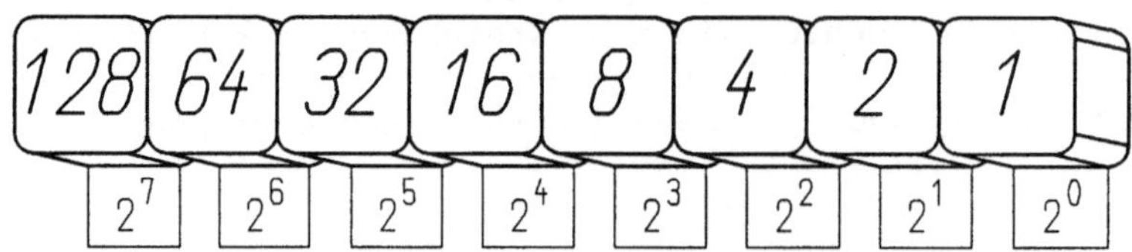

Mit einer Gruppe aus acht Bits, einem Byte, lassen sich somit die Zahlen von 0 bis 255 darstellen.

Darstellung der Zahl 89:

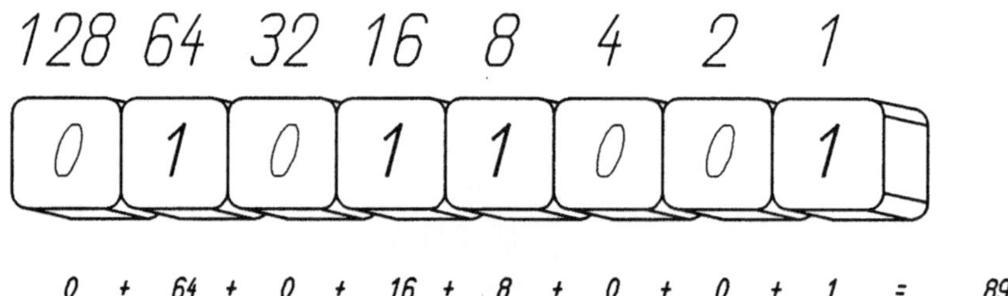

Rechnerinterne Weiterleitung der Zahl 89:

TASTATUR: 89 >>>>>>>>>>> EDITOR >>>>>>>>>> ÜBERSETZERPROGRAMM

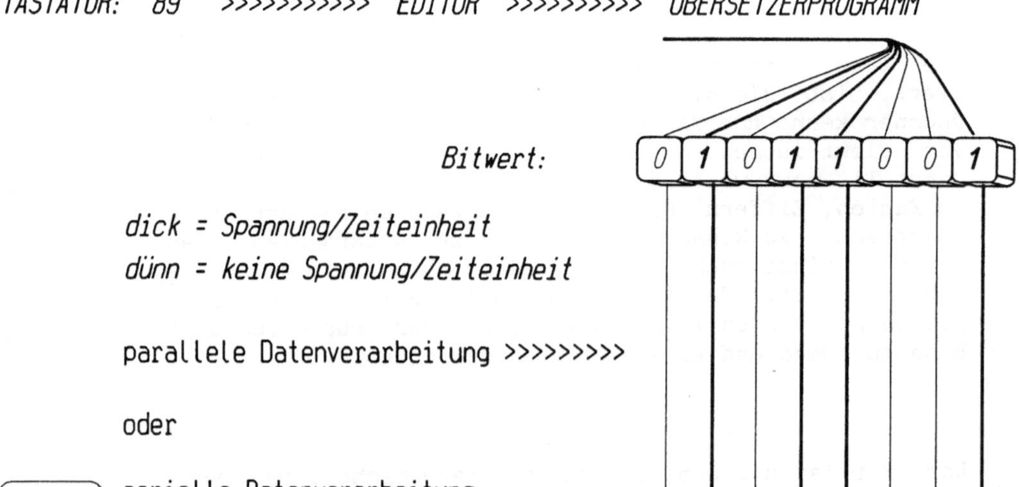

Wegen der enormen arithmetischen Operationen sollte ein
Computer für die CAD-Anwendung zusätzlich mit einem
leistungsfähigen **MATHEMATISCHEN COPROZESSOR** ausgestattet
sein. Bevor der Computer mit einem solchen Hilfsprozes-
sor aufgerüstet wird, muß sichergestellt sein, daß die
Software auch auf diesen zurückgreift.

Zur Übersicht hier eine Auswahl von derzeit gängigen
Prozessoren im Mikrocomputerbereich, die in der profes-
sionellen CAD-Anwendung eingesetzt werden.

WORTLÄNGE Adressierungs- breite	PROZESSOR Name und Hersteller	geeigneter COPROZESSOR	COMPUTERART fließende Übergänge
16 BIT	8086 / 8088	8087	MIKRO
	80286 alle von der Firma Intel	80287	PC = Personal- computer
	68000 von der Firma Motorola	68881	PS/2 = Personal System/2
32 BIT	80386 von Intel	80387	PC, PS/2
	68020 68030 von Motorola	68881 68882	SUPERMIKRO WORKSTATIONS

Die **Geschwindigkeit**, mit der Computer arbeiten, hängt
nicht nur von der LEISTUNGSKAPAZITÄT ihrer Prozessoren
(in Bit) ab, sondern unter anderem auch von der TAKTFRE-
QUENZ, mit der sie betrieben werden. So liegt ein 16
Bit-Prozessor mit 12 MHz in einem sehr guten Leistungs-
bereich. Optimal ausgenutzt wird ein 32 Bit-Rechner im
Frequenzbereich von 25 bis 35 MHz.
Wichtig ist es auch, daß das BETRIEBSSYSTEM (vgl.S.32)
in der Lage ist, die Eigenschaften des Prozessors auszu-
schöpfen.

Zum besseren Verständnis des Speichervermögens der auf
den folgenden Seiten aufgeführten Speichermedien hier
die Einheiten, mit denen im Computerwesen Speicherkapazitäten ausgedrückt werden:

                                                (vgl.S.20)
8 BIT =   1 Byte   (KB=Kilobyte)
                                                (MB=Megabyte)
            1000 Byte = ca.1 KByte   (GB=Gigabyte)

                 1000 KByte = ca.1 MByte

                      1000 MByte = ca.1 GByte

1 Gigabyte entspricht etwa der Datenmenge von 200.000
DIN A4-Schreibmaschinenseiten oder ca. 2800 Disketten
mit einem Speichervermögen von 360 KByte.

EXTERNE SPEICHERMEDIEN

EXTERNE SPEICHER, PERIPHERE SPEICHER oder auch **MASSEN-SPEICHER** genannt, dienen zur Auslagerung nicht aktuell benötigter Daten und Programme sowie zur Sicherung aktueller Daten. Im CAD sind das die auf dem Bildschirm zu sehenden Konstruktionen. Ihre Speicherkapazitäten betragen ein Mehrfaches von denen der Hauptspeicher. Im Gegensatz zu den Halbleiterspeichern handelt es sich hier um statische, **nicht-flüchtige Speichermedien.** Die Daten dieser Speicher gehen also beim Ausschalten des Computers nicht verloren.

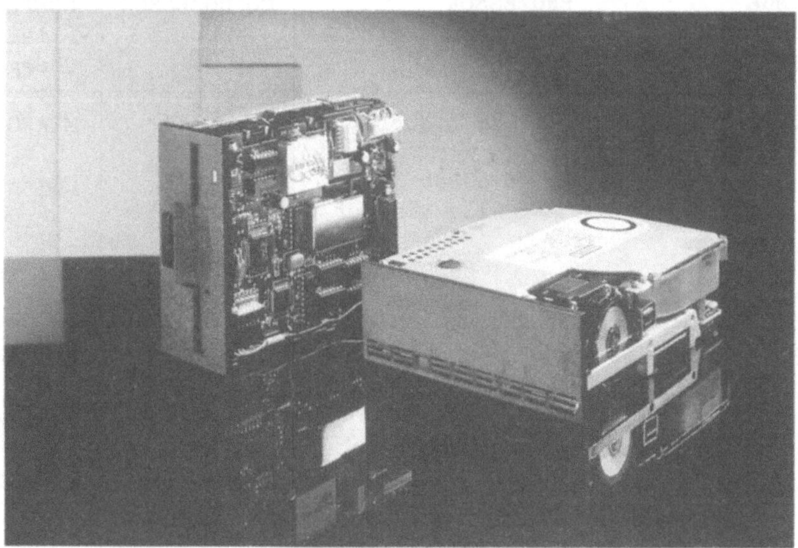

liegend: 3,5"Festplatte
stehend: Diskettenlaufwerk D3126
NEC Deutschland GmbH

MAGNETPLATTENSPEICHER

Sie sind die wichtigsten **MASSENSPEICHER** in der CAD-Anwendung. Die Informationen werden durch magnetische Bereiche in magnetisierbaren Schichten auf beiden Seiten von runden Magnetplatten gespeichert.
Von einem Platten-Kontrollprozessor (**CONTROLLER**) werden SCHREIB- und LESEKÖPFE radial über die Magnetplatten geführt. Die Magnetplatten rotieren dabei mit konstanter hoher Drehzahl. Ihre Oberflächen sind in konzentrische, kreisförmige SPUREN, diese wiederum in SEKTOREN unterteilt. Mittels Induktion werden die Informationen durch den Lesekopf von der Platte gelesen.

Meist sind mehrere Magnetplatten zu Plattenstapeln zusammengesetzt. In den Zwischenräumen sind Lese- und Schreibköpfe an Zugriffsarmen installiert, die wie Kämme zwischen die Platten greifen.
Bei Systemen, an denen die Magnetplatten ausgewechselt werden können, spricht man auch von **WECHSELPLATTEN**. Sind sie fest in eine Schutzhülle eingebaut, nennt man sie **FESTPLATTEN**.

Schwierigkeiten mit der Verschmutzung der Platten und der exakten Positionierung der Köpfe bei den Wechselplatten, sowie die Erschütterungsempfindlichkeit älterer Festplatten, führten zur Entwicklung fest installierter Plattenspeicher in WINCHESTER-Technologie. Ihr Funktionsprinzip gleicht dem der Wechselplatten. Der Luftspalt zwischen Schreib-Lesekopf und Platte ist erheblich geringer. Ihr Innenraum wird hermetisch abgeschlossen, was eine größere Schreibdichte ermöglicht. **WINCHESTERPLATTEN** sind herkömmlichen Magnetplattenspeichern sowohl an Leistungsfähigkeit als auch an Zuverlässigkeit überlegen. In der EDV bezeichnet man diese Platten ebenfalls nur als Festplatte.

In PCs sollten Festplatten mindestens eine Speicherkapazität von 30 bis 40 MByte, in Workstations von 70 Megabyte aufweisen.
Ein wichtiger Faktor im CAD ist ferner die Zugriffszeit, da Teilbilder während ihres Aufbaues häufig zwischengespeichert werden sollten. Dies ist nötig, um den Verlust beim "Abstürzen" eines Programmes oder bei Stromausfall möglichst klein zu halten.
Die Zugriffszeit auf die Festplatte macht sich z.B. beim "Hochfahren des Systems", beim Aufrufen von Teilbildern und beim Wechsel von Programmeinheiten bemerkbar. Die mittlere Zugriffszeit sollte unter 30 ms (30 tausendstel Sekunden) liegen.

Im Zuge der Miniaturisierung von Computerbausteinen gibt es Winchesterplatten, die fest auf Platinen mit eigenem Zentralprozessor und hochintegrierten Chips aufgebracht werden. Man bezeichnet solche Platinen auch als **HARD-CARDS**. Sie sind oft kleiner als Diskettenlaufwerke und können ohne großen Aufwand in PCs installiert werden.

8"-, 5,25"- und 3,5"-Disketten BASF FlexyDisk

Die zweite Art der externen Datenspeicherung bei Personal- und Arbeitsplatzcomputern geschieht mittels **DISKETTEN**. Diese mit einer dünnen Magnetschicht beschichteten Kunststoffscheiben rotieren beim Schreib- und Lesevorgang im Diskettenlauf relativ langsam, was eine längere Zugriffszeit zur Folge hat. Disketten laufen auch unter der Bezeichnung **FLOPPY-DISKS** oder einfach **FLOPPY**.
Zur Archivierung von CAD-Konstruktionen ist es wegen der anfallenden Datenmenge sinnvoll, mit mindestens 1,2 MB bzw. 1,44 MB Disketten zu arbeiten.
In der Entwicklung befinden sich derzeit Laufwerke mit einer Speicherkapazität von 21,4 MB und einer durchschnittlichen Zugriffszeit von 35 ms.

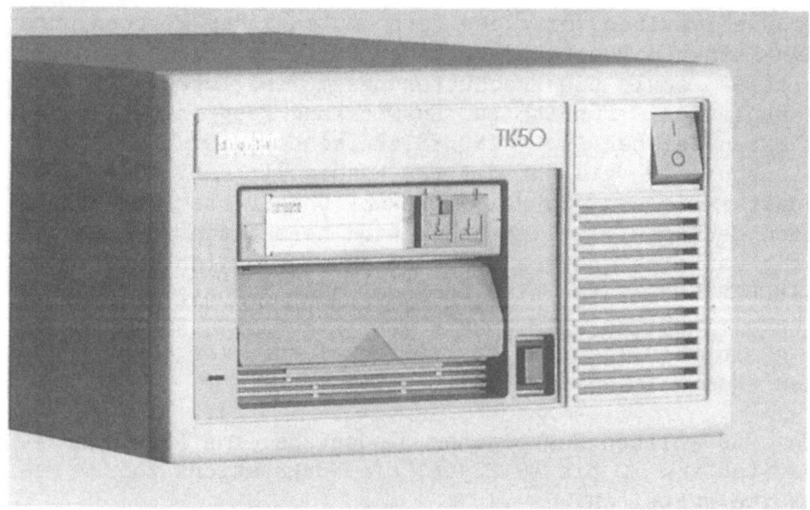

Magnetbandkassettelaufwerk TK 50
Digital Equipment GmbH

MAGNETBÄNDER oder **MAGNETBANDKASSETTEN** (**STREAMERTAPES**),
die ältesten Medien zur Datenspeicherung, eignen sich im
CAD wegen der relativ langen Zugriffszeiten lediglich
zur Langzeitarchivierung von Daten (Plänen). Auf dem
Markt gibt es Bandlaufwerke, die auf einer 8 mm Kassette
die Datenmenge von 2,3 GByte speichern können. Diese Art
von Magnetbandkassette wird auch im deutschsprachigen
oft als **CARTRIDGE** bezeichnet.

An allen Magnetdatenträgern können bei mangelnder Pfle-
ge, falschen Umgebungsbedingungen, wie zu hoher Tempera-
tur und zu wenig Luftfeuchtigkeit, sowie beim Einwirken
äußerer Magnetfelder Defekte auftreten.

Magnetoptische Speicherplatte für 500 MB BASF

Ein besonders für den CAD/CAM-Bereich interessantes
Speichermedium ist die **OPTISCHE SPEICHERPLATTE**. Ähnlich
wie bei den bekannten CD-Platten ist es mit Hilfe der
Lasertechnologie möglich, mikroskopisch kleine Vertie-
fungen in transparenten Kunststoffscheiben abzubilden
und somit Daten zu speichern. Die bisher erreichte Speicherkapazität beträgt ca. zwei Gigabyte auf einer 12-
Zoll Platte.

WORKSTATIONS

Die Forderung der CAD-Konstrukteure nach einem   schnelleren Bildschirmaufbau führte zur Entwicklung von WORK-
STATIONS (=Arbeitsplatzrechner). Rechner und Bildschirm
bilden eine Einheit.
Im Unterschied zur konventionellen PC-Architektur mit
einer CPU werden zu deren Entlastung im Computer meist
mehrere Prozessoren installiert, zur Übernahme häufig
wiederkehrender Aufgaben. Zu diesen Aufgaben zählen z.B.
die Speicherverwaltung, arithmetische Aufgaben oder die
Bedienung peripherer Geräte.
Durch ein abgestimmtes Leitungssystem, dem DATEN- und
ADRESSBUSSYSTEM, können die Prozessoren miteinander verbunden werden. Diese hardwaremäßige Übernahme verschie-
denster Funktionen bedeutet für den Anwender einen er-
heblichen Beschleunigungsfaktor.
Die Grafikbildschirme einer Workstation sind ferner oft
mit eigenem Grafikprozessor, häufig mit eigenen 32 BIT-
Prozessoren ausgestattet. Sie übernehmen ebenfalls hard-
waremäßig grafische Funktionen, wie das Zeichnen von
Kreisen, Linien, Parallelen etc..

Auf der Suche nach einer Definition von Workstations
stößt man auf verschiedene Kriterien, die den Unterschied zu den PCs verdeutlichen. Wenn auch bald über-
holt, so gilt gegenwärtig noch die **5 M-Regel**, die eine
Mindestanforderung an die Leistung einer Workstation
stellt:

1 **MIPS** Rechenleistung   (= 1 Million Befehle, die eine
                             CPU pro Sekunde bearbeiten
                             kann);
1 **MByte** Arbeitsspeicher
1 **Million** Bildpunkte auf dem Grafikbildschirm
1 **MBit/s** Datenübertragungsrate auf lokalem Netz;
   Mehrfenstertechnik (Multi-Windowing/Multitasking)

Bei den Workstations hat sich ferner das Betriebssystem
UNIX (vgl.S.33) durchgesetzt. Firmen, die auf ihr eigenes, ähnliches Betriebssystem setzen, bieten zumindest
UNIX als Option an.
Als bevorzugte Netzwerkvariante wählen Workstation-An-
bieter den Anschluß an **ETHERNET** (vgl.S.28), das Daten in
einer Rate von 10 MBit/s weiterleiten kann.
Workstations verfügen meist über einen **sehr hochwertigen**
17- oder 19-Zoll-**Monitor** mit einer Bildfrequenz von 60
bis 75 Hz (vgl.S.8).

Workstations lassen sich in **vier Gruppen** unterteilen:

- **PC-basierende Workstations** darf man mit PCs vergleichen, die eine höhere Grafikauflösung besitzen. Sie arbeiten häufig mit einer 16/32-Bit-CPU und können über ein PC-Netz miteinander kommunizieren.   Im Netz wird ein PC oftmals mit einer etwas größeren Platte ausgestattet und als Server (vgl.S.28) deklariert.
  Durch ein nachträgliches Aufrüsten dieser PCs mit passendem arithmetischem Coprozessor, einer RAM-Erweiterungskarte (z.B. Unix-board), sowie einer Grafikkarte mit eigenem Prozessor und dem entsprechenden Bildschirm erreichen diese Stationen enorme Arbeitsgeschwindigkeiten. Die Geschwindigkeit eines Bildschirmaufbaus kann sich, gegenüber dem einer Single-Board-Workstation der gleichen Preisklasse, mehr als verdoppeln.

- **"Intelligente" Grafik Terminals**, ebenfalls vorwiegend mit einer 16/32-Bit-CPU ausgestattet, besitzen einen Arbeitsspeicher, in den Programme geladen werden können. Sie sind entweder in ein herstellereigenes Netz eingebunden oder über eine serielle Schnittstelle an beliebige Hostrechner (Gast- oder Zentralrechner) anschließbar. Da eine Erweiterung der einzelnen Terminals durch zusätzliche Arbeits- oder Massenspeicher nicht möglich ist, weichen sie am ehesten von der Bezeichnung "Workstation" ab.

"Klassische" Workstation - DN 4000 Apollo Domain Computer GmbH

- Die **Single-Board-Workstation** ist die **"klassische"** **Workstation**. Äußerlich sehen solche Rechner aus wie PCs. Sie besitzen jedoch größere, hochauflösende Monitoren, verfügen über umfangreichere RAM-Kapazitäten und weisen höhere Rechenleistungen auf. Die Arbeitsspeicher sind erweiterungsfähig (z.B. bis auf 16 (32) MByte).
  Single-Board-Workstations werden vorwiegend mit Festplatten in Winchestertechnologie, von 70 MByte an aufwärts, ausgerüstet. Anschlüsse an andere periphere Massenspeicher sind möglich. Im Einzelfall ist ein IBM-PC-Busanschluß vorhanden. Über Koaxial- oder Glasfaserkabel können oftmals mehrere hundert Stationen miteinander vernetzt werden.

Um die Preise der einzelnen Geräte niedrig zu halten,
werden meist alle Funktionseinheiten, wie z.B. CPU,
RAM, Grafik-Kontroller, LAN-Anschluß und der Ein-/
Ausgabe-Teil auf einer großen Baugruppe unterge-
bracht.

- Die Workstations der vierten Gruppe nennt man **Computational Nodes.** Sie vereinen in sich alle Vorteile
der zuvor beschriebenen Arbeitsplatzrechner. Im Unterschied zu den Single-Board-Workstations warten sie
mit einer 1,5- bis 4-fachen Leistung auf. Sie sind
ferner als Mehrplatzsysteme einsetzbar, was die recht
hohen Vernetzungskosten erheblich reduziert. Herstellerbedingt können an ein Computational Node bis
zu zehn Arbeitsplätze angeschlossen werden.
Ihr Aufbau ist modular. Das bedeutet, daß die einzelnen Funktionseinheiten auf separaten Baugruppen installiert sind. Bei gut konzipierten Geräten besteht
also die Möglichkeit, z.B. eine CPU-Einheit durch
einfachen Austausch auf eine neue Prozessorgenera-
tion hochzurüsten. Alle übrigen Systemkomponenten
werden ungestört beibehalten. Das Hochrüsten einer
solchen Station kann allerdings auch wieder sehr teu-
er sein.

Rechneraufbau aus Funktionseinheiten mit eigenen Prozessoren

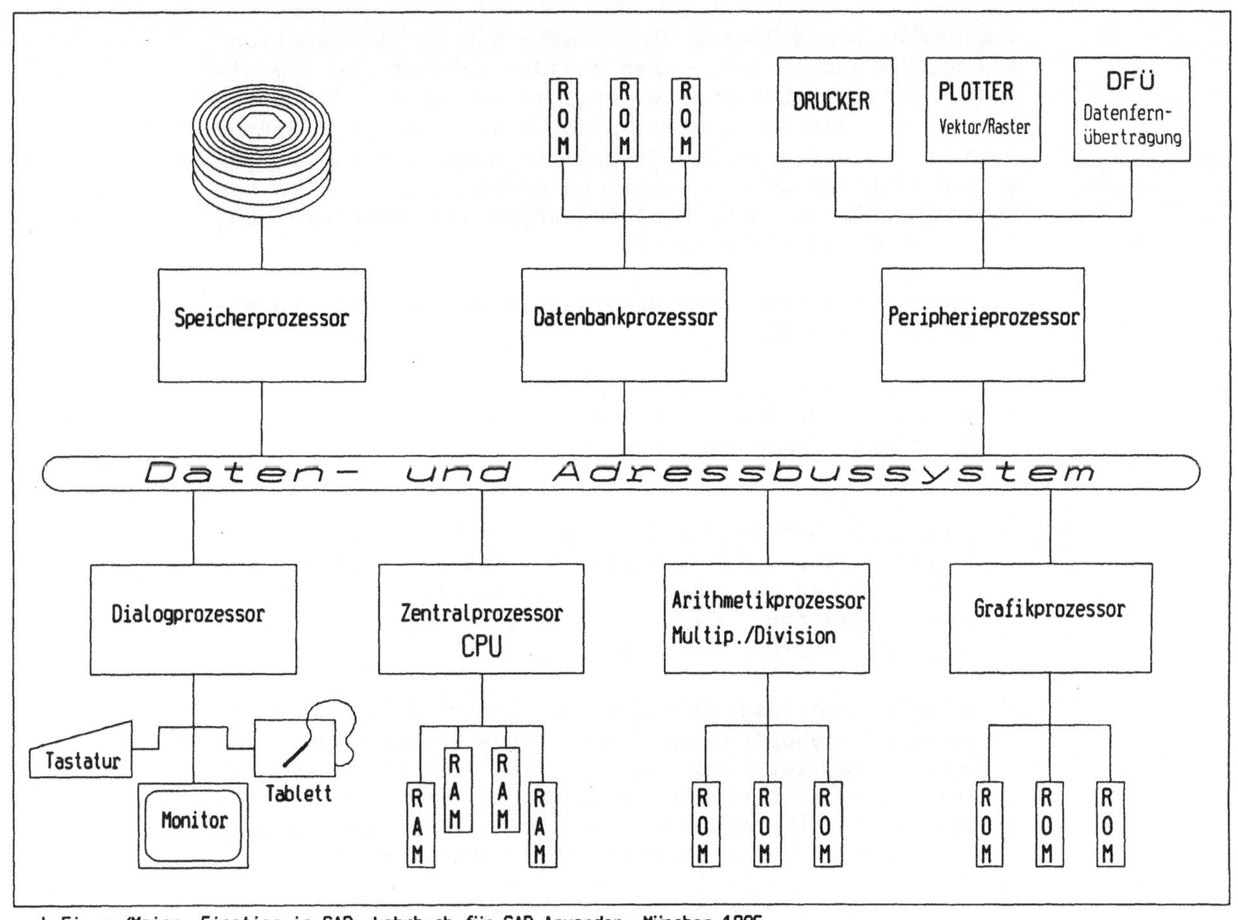

nach Eigner/Maier, Einstieg in CAD, Lehrbuch für CAD-Anwender, München 1985

Vernetzung

Wegen der verschiedenen Kompetenzen bei der Planung von
Bauprojekten sollte das Prinzip von CAD-Arbeitsplätzen
der eigenständige leistungsfähige Computer für jeden Ar-
beitsplatz sein.   Durch die Installation bürointerner
Netzwerke können diese Einzelsysteme direkt miteinander
kommunizieren.   Solche Netzwerke werden in der EDV als
LAN (LAN = Local Area Network) bezeichnet.
Die Firmen Rank Xerox, Intel und DEC entwickelten unter
der Bezeichnung **ETHERNET** ein Netzwerkkonzept, das den
Standard für lokale Netze darstellt. Charakteristische
Merkmale dafür sind

- eine festgelegte Netzspezifikation, durch die unterschiedliche Rechner auf physikalischer Ebene BITs
  austauschen können;

- Koaxialkabel als physikalischer Netzwerkkanal;

- Datenübertragungsrate bis zu 10 MBit/s;

- PC-Netze oder Einzelgeräte, die über funktionale
  Schnittstellen - Transceiver - mit dem Koaxialkabel
  verbunden werden. Ein Transceiver entdeckt bzw. meldet eventuell auftretende Kollisionen im Netz.

Innerhalb eines Netzes wird häufig ein PC (Workstation)
als **SERVER** deklariert, über den die netzinterne Organisation der Datentransporte abgewickelt wird. Im Unterschied zu den übrigen Rechnern im Netz ist der Server
meist mit einer größeren Festplatte ausgerüstet. Server
müssen nicht an Arbeitsstationen gebunden sein. Als un-
abhängige Geräte ohne Monitor werden sie besonders bei
größeren Netzen angekoppelt.

Folgende Argumente begründen die Vernetzung von Einzel-
arbeitsplatzsystemen:

- Bei Projekten, die in einem Büro von mehreren Anwen-
  dern gleichzeitig bearbeitet werden, können diese auf
  Daten und Programme in anderern Rechnern direkt zurückgreifen.

- Periphere Geräte können von jedem Arbeitsplatz aus
  direkt angesprochen werden. Die Anwender teilen sich
  somit Drucker, Plotter etc.. Aufwendiges Umspeichern
  über Disketten, häufiges Hin- und Herschieben oder
  Umstecken dieser Geräte entfallen.

- Je nach Organisation des Netzes werden in ihm kom-
  plexe Rechenoperationen an mehrere Prozessoren ver-
  teilt. Es ist also möglich, daß eine im TOKEN RING
  (vgl.S.30) integrierte Hochleistungs-Workstation automatisch die umfangreichen 3-D oder Finite-Element-
  Berechnungen von kleineren Stationen übernimmt.

- Über Gateways können Anschlüsse an öffentliche oder
  nichtlokale Netze, bzw. an andere LAN-Netze installiert werden.

Beispiele für die Vernetzung von Einzelarbeitsplätzen:

PC-/Workstation-Netz, **BUS-NETZ**:

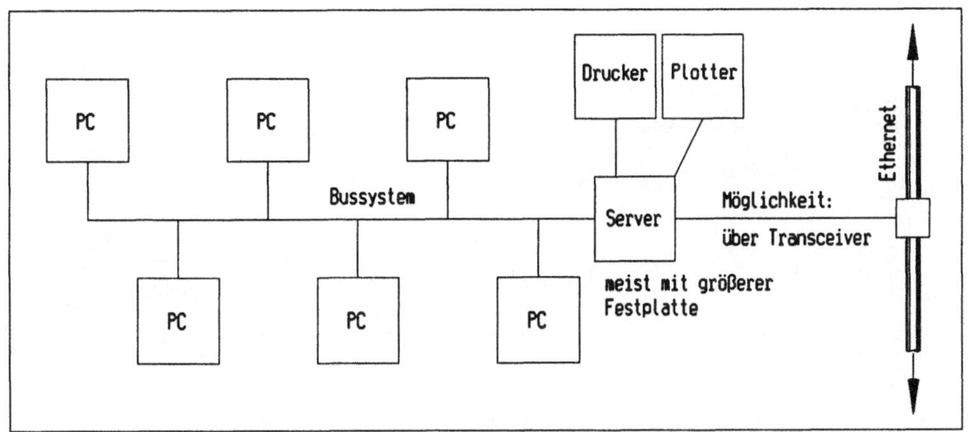

Bei   dieser   Konstellation kann jeder Rechner mit jedem
anderen kommunizieren. Der Server hat hier vorwiegend
die Aufgabe, Datenkollisionen bei gleichzeitigem Zugriff
auf die Peripheriegeräte oder auf die Ein- und Ausgabeeinheit zu verhindern.   Über Ethernet wäre die Möglichkeit gegeben, vom PC-Arbeitsplatz aus die Rechenleistungen evtl. vorhandener Großrechner in Anspruch zu nehmen.

PC-/Workstation-Netz, **ZENTRAL-NETZ**:

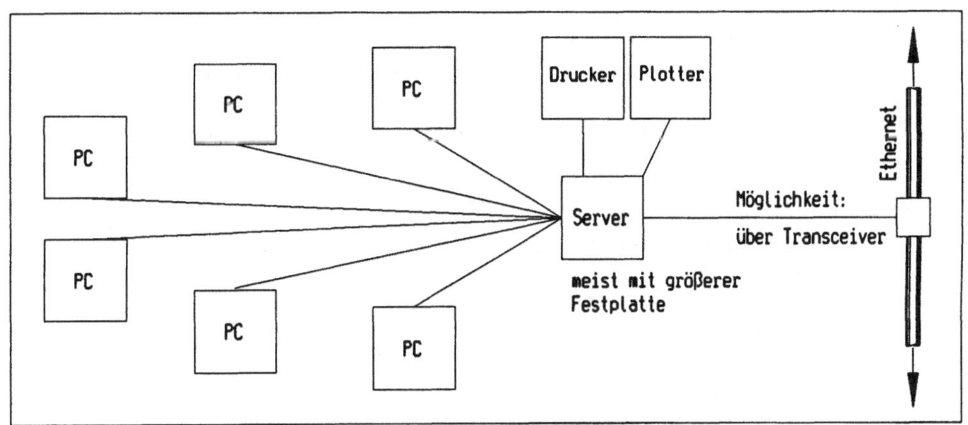

Man spricht von einem **HOMOGENEN NETZWERK**, wenn in diesem
Netz nur Rechner eines Typs miteinander verbunden sind.
Befinden sich in einem LAN verschiedene Rechner oder
sind den Rechnern unterschiedliche Aufgabenteile zuge-
wiesen, so nennt man das Netzwerk **HETEROGEN**.

Workstation-Vernetzung, **TOKEN-PASSING-RING**:

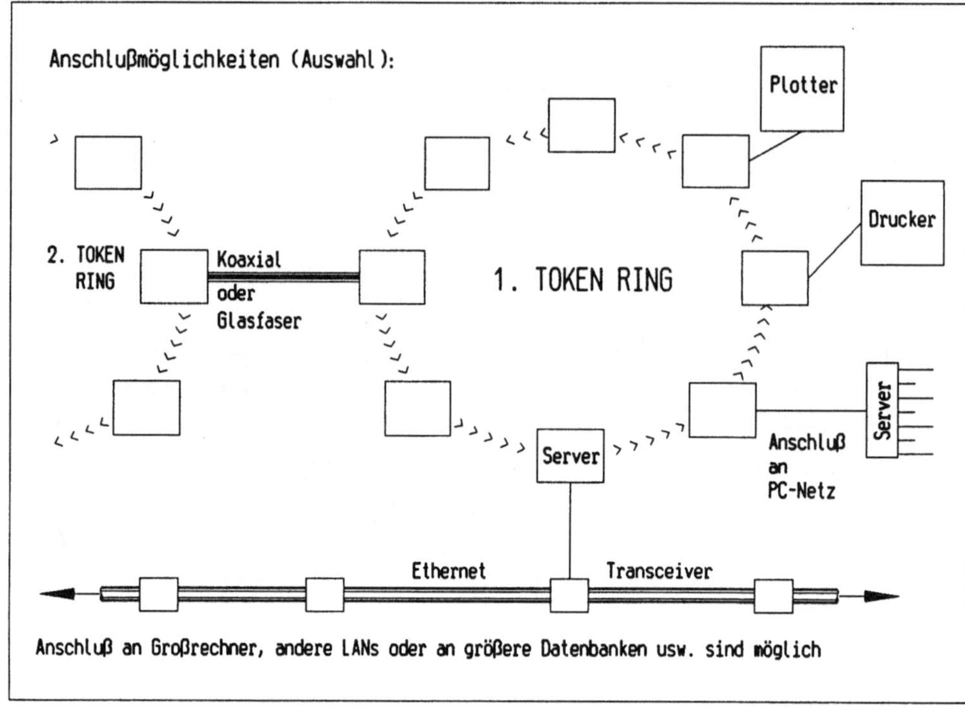

Der Token-Ring zeichnet sich gegenüber anderen LAN-Netz-
werken durch folgende Eigenschaften aus:

- Die Datenübertragungsrate erreicht gegenwärtig bis zu
  12 Mbit/s.

- Die Datenübertragung findet nur in Einbahn-Richtung
  statt, was Datenkollisionen von vorneherein aus-
  schließt.

- In einem Token-Ring kann das DEMAND PAGING erfolgen.
  Wie innerhalb eines einzigen Rechners kann eine Workstation bei Bedarf automatisch über das Netz auf Daten, Programme oder CPUs anderer im Ring angeschlos-
  sener Stationen zurückgreifen.

- Neue Arbeitsplatzstationen oder Server lassen sich
  ohne Systemgenerierung und ohne Unterbrechung in das
  Netz einfügen. Es können mehr als hundert Stationen
  an einen Ring angeschlossen werden. Die Leistungen
  der einzelnen Rechner dürfen unterschiedlich sein.

- Um die Geräte unterschiedlicher Firmen direkt im Ring
  zu vernetzen, sind firmenspezifische Verbindungen erforderlich. Wie Großrechner, so können auch PCs/PC-
  Netze direkt an den Ring angeschlossen werden.

- Als Netzwerkverbindung verwendet man im Token-Ring
  normalerweise Koaxialkabel. Bei Installation, Aus-
  fall oder Service einer Station schaltet sich der
  Ring automatisch durch, um die Arbeitsprozesse bei
  anderen Stationen nicht zu beeinträchtigen.

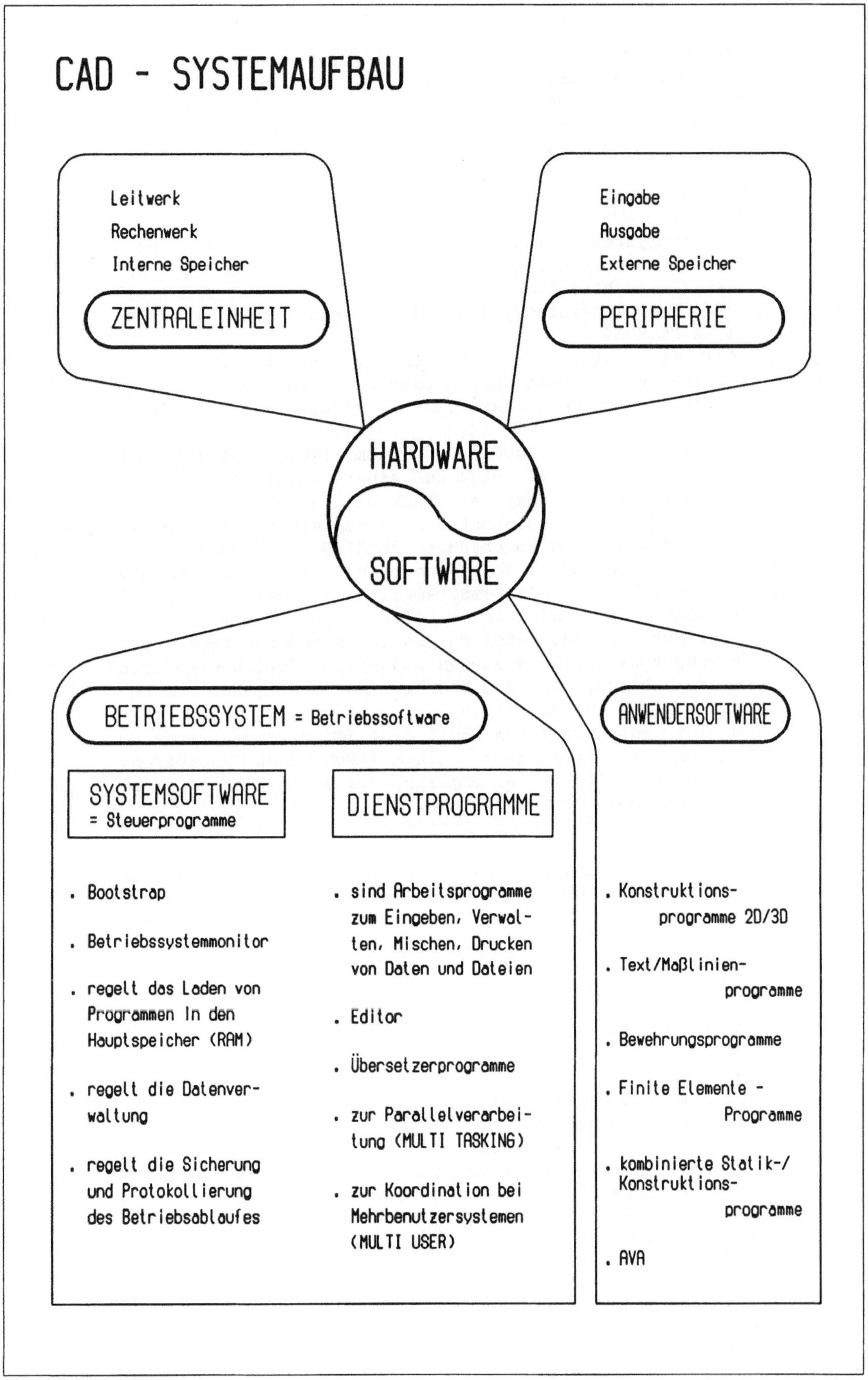

CAD - SYSTEMAUFBAU

Leitwerk
Rechenwerk
Interne Speicher

ZENTRALEINHEIT

Eingabe
Ausgabe
Externe Speicher

PERIPHERIE

HARDWARE

SOFTWARE

BETRIEBSSYSTEM = Betriebssoftware

ANWENDERSOFTWARE

SYSTEMSOFTWARE
= Steuerprogramme

DIENSTPROGRAMME

- Bootstrap

- Betriebssystemmonitor

- regelt das Laden von
  Programmen in den
  Hauptspeicher (RAM)

- regelt die Datenver-
  waltung

- regelt die Sicherung
  und Protokollierung
  des Betriebsablaufes

- sind Arbeitsprogramme
  zum Eingeben, Verwal-
  ten, Mischen, Drucken
  von Daten und Dateien

- Editor

- Übersetzerprogramme

- zur Parallelverarbei-
  tung (MULTI TASKING)

- zur Koordination bei
  Mehrbenutzersystemen
  (MULTI USER)

- Konstruktions-
  programme 2D/3D

- Text/Maßlinien-
  programme

- Bewehrungsprogramme

- Finite Elemente -
  Programme

- kombinierte Statik-/
  Konstruktions-
  programme

- AVA

Zur Wirtschaftlichkeit eines CAD-Systems gehört nicht
nur die leistungsfähige Hardware, sondern auch eine
Software, die den Betrieb eines Rechners überhaupt erst
ermöglicht. Ein Programm, das Computer zum Laufen
bringt, nennt man **BETRIEBSSYSTEM.** Vom Betriebssystem
hängt es in erster Linie ab, in welchem Maße die technischen Möglichkeiten eines Prozessors genutzt werden
können.
Betriebssysteme sind rechnerspezifisch und nicht übertragbar. Man erhält sie mit dem Kauf eines Rechners oder
lädt sie nachträglich. Computer, die man mit dem gleichen Betriebssystem laden kann, nennt man auch **KOMPA-
TIBLE RECHNER.**
Programme, die auf Funktionen des Betriebssystems zurückgreifen, können ohne Anpassungsaufwand nur auf kom-
patiblen Rechnern mit gleicher Betriebssoftware laufen.

Betriebssystem und Anwenderprogramme liegen auf externen
Speichern, beim CAD meist auf einer Festplatte. Mit dem
Einschalten des Computers lädt ein in ROMs (vgl.S.18)
hardwaremäßig gespeichertes Programm einen Teil der Sy-
stemsoftware, den sogenannten **BETRIEBSSYSTEMMONITOR,** in
den Hauptspeicher (RAM). Man bezeichnet diesen Vorgang
als Hochfahren des Systems (englisch : **bootstrap).**
Je nach Bedarf lädt der Betriebssystemmonitor weitere
Teilfunktionen des Betriebssystems in den Hauptspeicher.
Je mehr Funktionen in diesen flüchtigen Speicher geladen
werden können, desto schneller kann das System bei Bedarf auf sie zurückgreifen.
Zu einem Betriebssystem zählt eine immer größer werdende
Zahl an Dienstprogrammen. Eines davon nennt man **EDITOR.**
Mit seiner Hilfe ist es möglich, Daten in eine Datei zu
schreiben und zu manipulieren.
Grafische Daten (Linien, Kreise etc.) werden durch "grafische Editoren" übernommen.
Mit einem "Texteditor" werden alphanumerische Daten bearbeitet. Der Computer ist dadurch unter anderem in der
Lage, CAD-Programme, die in unserer Branche überwiegend
in der Programmiersprache FORTRAN geschrieben sind, zu
bearbeiten.
Spezielle **ÜBERSETZERPROGRAMME (Compiler)** transformieren
die von Editoren empfangenen Daten in den maschinenles-
baren, binären Code (vgl.S.20).

Mit den rechnerinternen Abläufen im Betriebssystem hat
der CAD-Anwender nichts zu tun. Um Zugriff auf eine
breite Palette von Anwender-Programmen zu haben, sollte
man beim Kauf eines Systems darauf achten, daß der Rechner mit einem der Standardbetriebssysteme geladen werden
kann. Im PC-Bereich am weitesten verbreitet ist gegenwärtig noch das von IBM übernommene Betriebssystem MS-
DOS (Microsoft-Disk Operating System).
Zu den Standardbetriebssystemen gehören ferner die Systeme OS/2 von Microsoft, PC-DOS und BS/2, sowie XENIX
von Intel.
Bei den Workstations hat sich das Mehrbenutzersystem
UNIX, das von der Firma Bell Laboratories (USA) entwickelt wurde, durchgesetzt.

Mit einem Betriebssystem wie UNIX ist die Realisierung
des **MULTI-TASKING**, des Mehr-Programm-Systems, möglich.
In der Praxis kann das am Beispiel eines kombinierten
Statik/CAD-Konstruktionsprogramms wie folgt aussehen:

Herr Müller tippt die Maße eines zu berechnenden, sta-
tisch unbestimmten Plattenbalkens in seinen Rechner.
Nachdem er die Belastungsgrößen eingegeben hat, erstellt
der Rechner die Statik. Während Herr Müller die Statik
am Bildschirm kontrolliert, zeichnet der Computer rechnerintern den Positionsplan. Er bestätigt die Statik und
holt sich den Positionsplan auf den Monitor. Der Rechner
legt unterdessen die Statik auf der Festplatte ab und
läßt sie danach ausdrucken. Noch während Herr Müller
den Positionsplan geringfügig ändert, baut das System
rechnerintern Schal- und Bewehrungspläne auf. Müller
schickt den Positionsplan zum Plotten, kontrolliert als
nächstes den nach geltenden DIN-Normen erstellten Bewehrungsplan oder ändert ihn mit CAD-Hilfe nach seiner
individuellen ingenieurmäßigen Auffassung, während der
Plotter den Positionsplan automatisch zeichnet etc...

Ein Betriebssystem wie UNIX ermöglicht ferner **MULTI-
USER**-Betrieb, eine Mehr-Benutzer-Fähigkeit.
In einem vernetzten System (vgl.S.28) können sich z.B.
mehrere Anwender vom Speicherinhalt eines Rechners be-
dienen oder die Ausgabeeinheit des gleichen Computers in
Anspruch nehmen, obwohl sich dieser in wieder anderer
Funktion im Einsatz befindet.
Während also Herr Müller den Bewehrungsplan ändert, ist
es für Herrn Maier möglich, die Daten des Schalplans auf
seinen eigenen Monitor zu übertragen, um ihn weiter zu
bearbeiten. Ein anderer Bediener schickt seine Daten
durch Müllers Rechner zur Ausgabeeinheit, damit sie ausgedruckt werden. Durch diese Vorgänge wird Herr Müller
in seinem Arbeitsprozess nicht gestört.

Im Architekturbüro sind diese Unix-Eigenschaften ebenfalls von Vorteil. Während ein Plan ausgeplottet wird,
entsteht keine Wartezeit am Computer. Der Architekt kann
inzwischen bereits den nächsten Plan am Bildschirm bearbeiten. Ferner ist es bei den meisten Bauprojekten erforderlich, daß mehrere Anwender auf die gleichen Entwürfe oder Werkpläne zurückgreifen müssen, um eine einheitliche Planung zu ermöglichen.
An dieser Stelle möchte ich darauf hinweisen, daß es die
enorme Fluktuation technischer Neuerungen im EDV-Wesen
dem in der Praxis tätigen Architekten oder Ingenieur
kaum ermöglicht, einen klaren Überblick über das Zusam-
menspiel angebotener Software mit den Verbesserungen der
Hardware zu bekommen. Vor der Anschaffung eines CAD-
Systems sollte man sich über den aktuellen Stand von
mehreren Programm-Systemhäusern beraten lassen. Ferner
sollte nach der Anschaffung eines CAD-Systems über längere Zeit hinweg eine weitere Beratung und Betreuung im
EDV-technischen Bereich vom Programmhersteller möglich
sein. Preis-/Leistungs-Vergleiche für diese Dienstlei-
stungen sollten ebenfalls vor dem Umstieg ins CAD durch-
kalkuliert werden.

2 Softwaregrundlagen

Dieses Kapitel vermittelt allgemeine Softwareinformatio-
nen, die als Voraussetzungen im Umgang mit CAD zu sehen
sind.

MATHEMATISCHE VORAUSSETZUNGEN

DAS ZWEIDIMENSIONALE KOORDINATENSYSTEM

Im allgemeinen arbeiten CAD-Systeme mit rechtwinkligen (kartesischen) Koordinatensystemen und mit Polarkoordinaten.

1. KARTESISCHES KOORDINATENSYSTEM

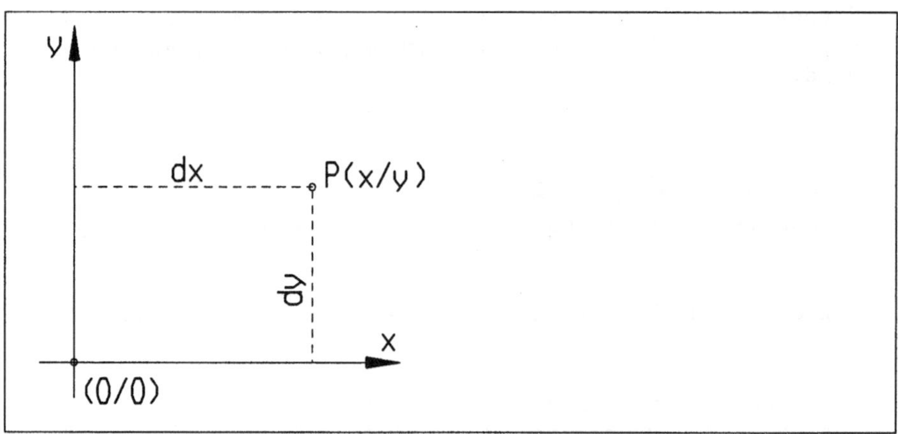

Bei diesem Koordinatensystem handelt es sich um eine eindeutige Zuordnung der Ebenenpunkte zu Zahlenpaaren (X;Y). Die Koordinaten des Punktes "P" sind Abszisse "X" und Ordinate "Y". Sie stehen rechtwinklig aufeinander. Der Schnittpunkt "(0/0)" der beiden Achsen ist der Nullpunkt oder der Koordinatenursprung.

2. POLARKOORDINATEN

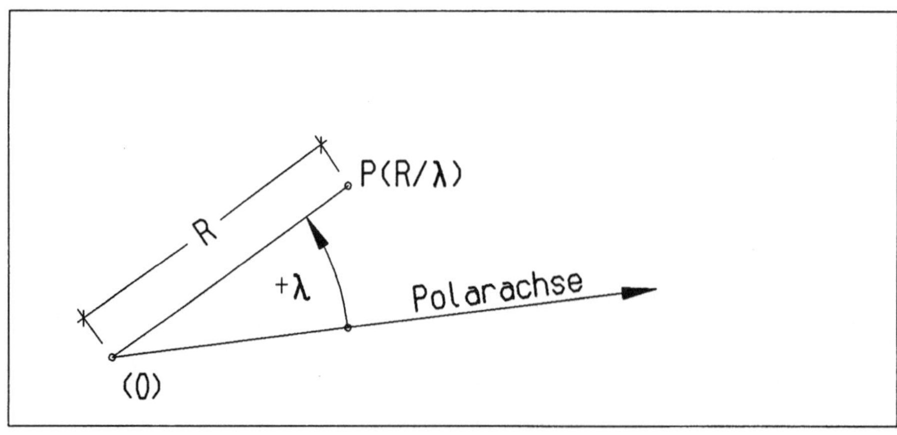

Die Position des Punktes "P" ist durch die Entfernung
"R" von einem festen Punkt "(O)" und den Winkel "λ" ge-
geben. Dieser Polarwinkel "λ" liegt zwischen der Geraden
"OP" und einer Bezugsgeraden, der Polarachse. Die
Polarachse verläuft ebenfalls durch den Nullpunkt (Pol).
**Der angesprochene Winkel ist gegen den Uhrzeigersinn
drehend positiv.**

LAGE DER KOORDINATEN IN EINEM CAD-SYSTEM

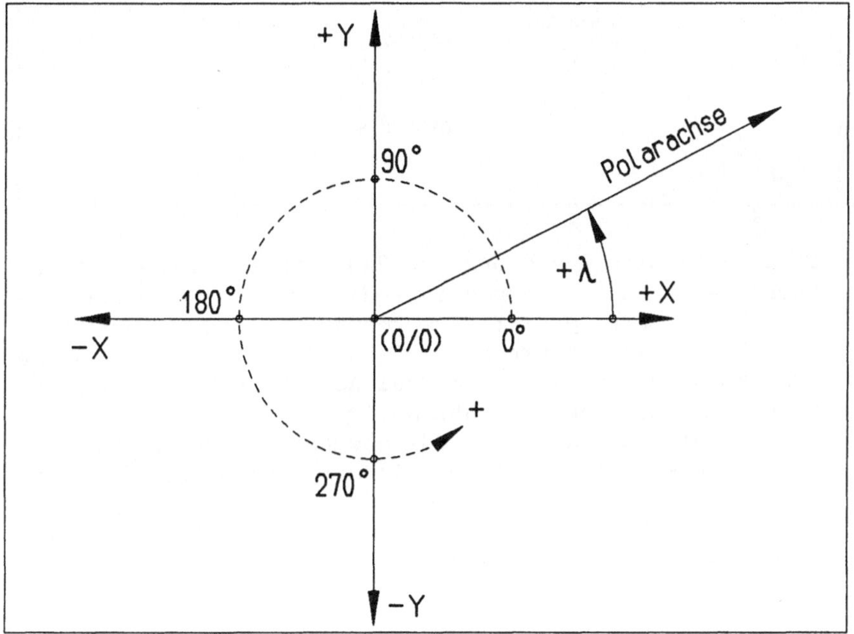

Die Eingabe eines Richtungswinkels "λ" zum Festlegen der
Polarachse versteht der Computer immer von der positi-
ven X-Achse im mathematisch positiven Sinn, gegen den
Uhrzeigersinn drehend.
Möchte der Anwender innerhalb einer Konstruktion Koordi-
naten, Abstände oder Richtungswinkel mit der Tastatur
eingeben, so liegt der Koordinatennullpunkt bzw. der Pol
immer am Ausgangspunkt (vgl.S.69) der jeweiligen CAD-
Funktion. Der Ausgangspunkt wird durch die Position des
Fadenkreuzes vom Anwender bestimmt.
Die Eingabe von Vorzeichen bei den Koordinaten ermög-
licht es dem Bediener, Elemente in jeder beliebigen
Richtung zu positionieren.

DAS DREIDIMENSIONALE KOORDINATENSYSTEM

Um die exakte Position eines Punktes im Raum zu bestimmen, kennen wir verschiedene Koordinatensysteme. Im 3D-
CAD treffen wir auf den Gebrauch von **kartesischen,
zylindrischen** und **Kugelkoordinaten.**

1. KARTESISCHES KOORDINATENSYSTEM

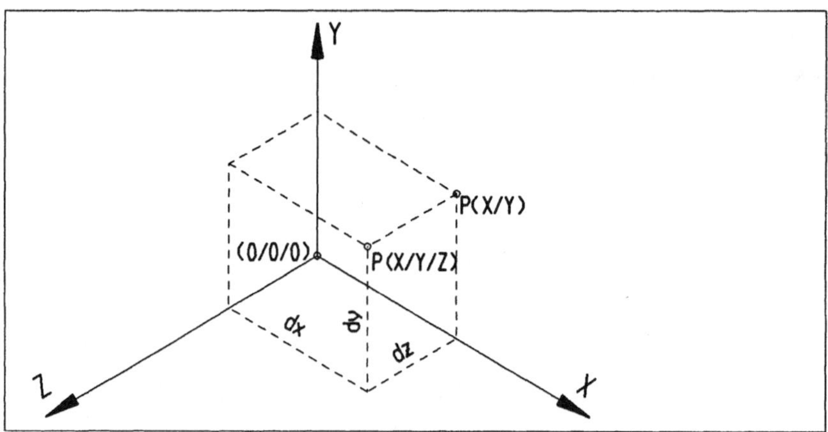

Eine eindeutige Zuordnung der Raumpunkte geschieht durch
Koordinaten in X-, Y- und in Z-Richtung. Raumpunkte werden Zahlentripeln (X;Y;Z) zugeordnet. Die Z-Koordina-
tenachse steht senkrecht auf der durch X- und Y-Achse
aufgespannten Ebene. Alle drei Achsen schneiden sich im
Koordinatennullpunkt rechtwinklig.
Die Bezeichnungen der Koordinatenachsen ist im CAD noch
nicht einheitlich. Bei den einen Systemen erstellt der
Konstrukteur Grundrisse in der X/Y-Ebene, bei anderen in
der X/Z-Ebene. Die Höhenmaße der einzelnen Bauteile gibt
er somit entweder in Z oder in Y-Richtung an.

2. ZYLINDRISCHES KOORDINATENSYSTEM

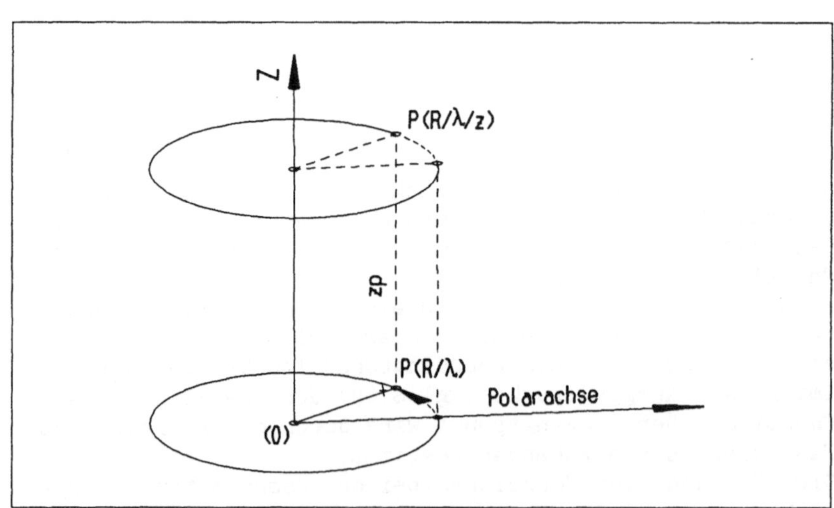

Im zylindrischen Koordinatensystem wird das polare 2D-Koordinatensystem um eine Achse, in diesem Fall die Z-Achse, erweitert. Sie geht ebenfalls durch den Pol und steht senkrecht zu der durch die Polarachse und dem Radiusvektor "R" definierten Ebene. Mit den Komponenten "R", "λ" und dem Abstand Z oder der Höhe Y läßt sich jeder Punkt im Raum exakt bestimmen.

3. (POLAR-) KUGELKOORDINATENSYSTEM

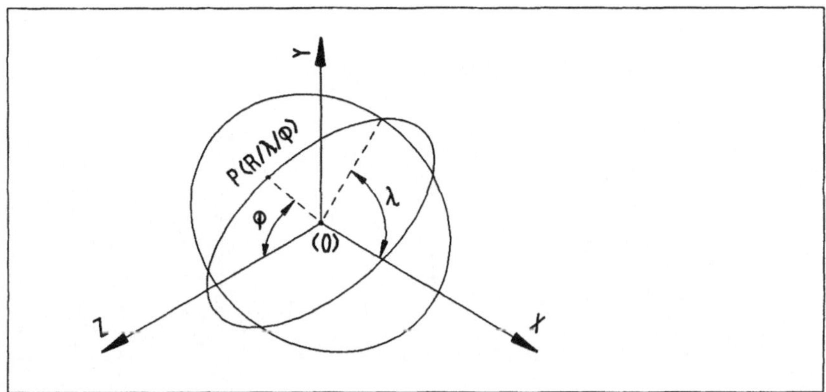

Eine genaue Raumbestimmung des Punktes "P" erfolgt über den Radiusvektor "OP", den Winkel "λ" und den Winkel "φ". Bei der Abbildung oben beschreibt "λ" den Winkel zwischen der X-Achse und der Projektion von "OP" auf die X/Y-Ebene. Der Winkel "φ" liegt zwischen "OP" und positiver Z-Achse.

VEKTOREN

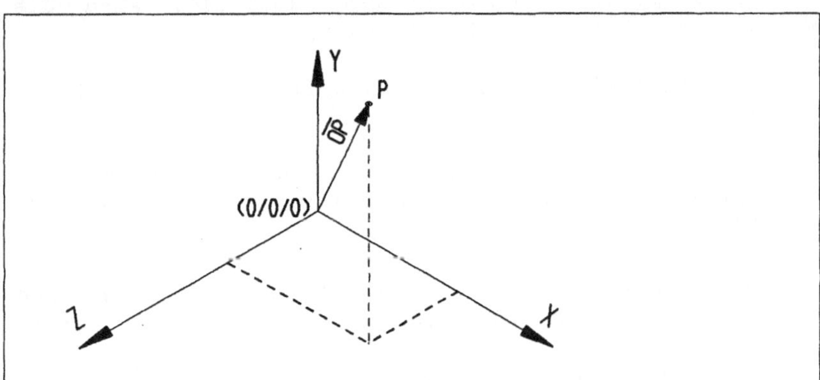

Die Lage eines Punktes im Raum kann auch durch einen Vektor eindeutig definiert werden. Ein Vektor stellt eine Strecke mit einer bestimmten Richtung dar. Seine Länge ist einem festgesetzten Zahlenwert proportional.
CAD-Konstruktionen setzen sich grundsätzlich aus Vektoren zusammen. Dies wird beim Bildaufbau deutlich, wenn man z.B. eine Strecke durch Ausgangspunkt-, Winkel- und Längeneingabe zeichnet oder wenn man die Positionen vorhandener Elemente ändert. Für eine Rasterdarstellung am Bildschirm werden die Vektoren rechnerintern in kartesische Koordinaten umgerechnet.

2D-/3D-MODELLE

Wie bisher sind für Architekten und Konstrukteure grundsätzlich 2D-Darstellungen von Bedeutung, um normgerechte
Übersichts- und Konstruktionspläne zu erstellen.

2D-DARSTELLUNG (z.B. Grundriß)

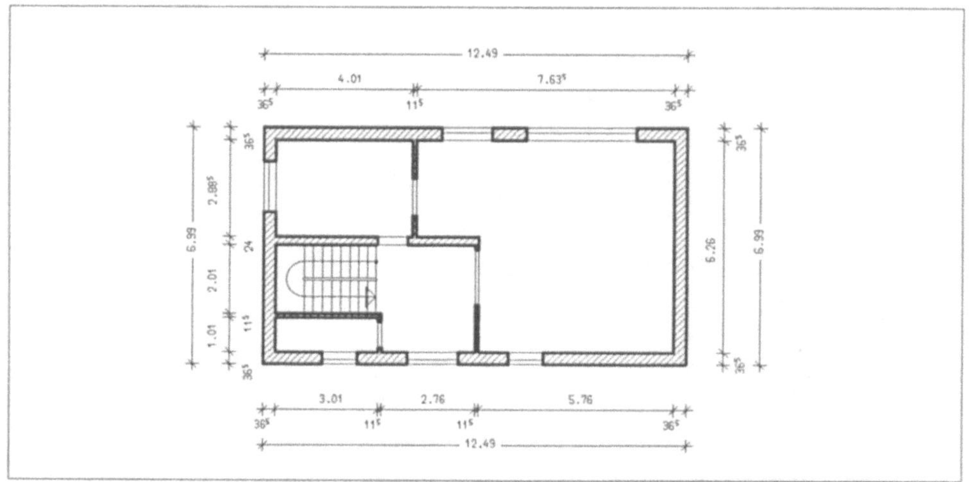

Einige CAD-Systeme verfügen bereits über so viele Funktionen, daß Baupläne wie auf konventionelle Art und Weise konstruiert werden können. Durch CAD-Funktionen wie
die automatische Vermaßung und Schraffurlegung, das Kopieren von ganzen Grundrissen, das Verschieben von Konstruktionseinheiten sowie das Modifizieren von Bautei-
len einschließlich Schraffur und Maßlinien, wird die
Wirtschaftlichkeit des 2D-CAD begründet.

DREIDIMENSIONALE MODELLE bringen im Bereich des Bau-
wesens folgende Vorteile:

- Sie schaffen eine Datenstruktur, die es dem Anwender
  erlaubt, beliebige Schnitte durch diese Modelle **AUTO-
  MATISCH** zeichnen zu lassen.

- Sie ermöglichen das reale Abbild eines Objektes, das
  auf dem Monitor von allen Seiten betrachtet werden
  kann.

- Häufig werden im CAD-Programm die Baumassen automatisch mit dem Aufbau eines räumlichen Gebäudemodells
  ermittelt. Bei vorangegangener Zuordnung können sie
  über eine Schnittstelle direkt in das Leistungsver-
  zeichnis nach AVA übernommen werden.

- Zum besseren Verständnis aller am Bau Beteiligten
  können auf einfache Weise Isometrien und Perspektiven
  aufgebaut werden.

- Architekten nutzen die Chance der unkonventionellen
  Erstellung von Perspektiven, z.B. bei Eingabeplänen
  und in Wettbewerben.

Manche CAD-Systeme bieten die Möglichkeit, bei der Darstellung von 3D-Modellen zwischen Parallel- und Zentralprojektion zu wählen. Zwischen beiden Projektionsarten kann beliebig hin und her geschaltet werden. Als Beispiele hier die Parallel- und die Zentralprojektion. Der dick umrandete Rahmen symbolisiert einen Bildschirm.

PARALLELPROJEKTION (Systembild)

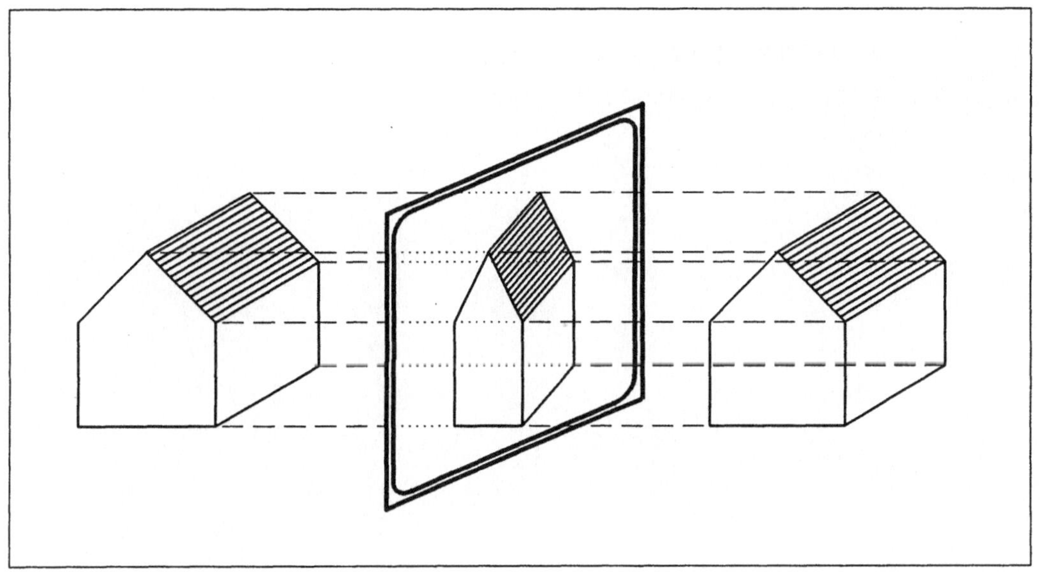

ZENTRALPROJEKTION (Systembild)

Damit keine sinnlosen Darstellungen errechnet werden, muß der Anwender die Koordinaten für Beobachtungs- und Fluchtpunkt so wählen, daß das darzustellende Objekt zwischen beiden Punkten liegt.

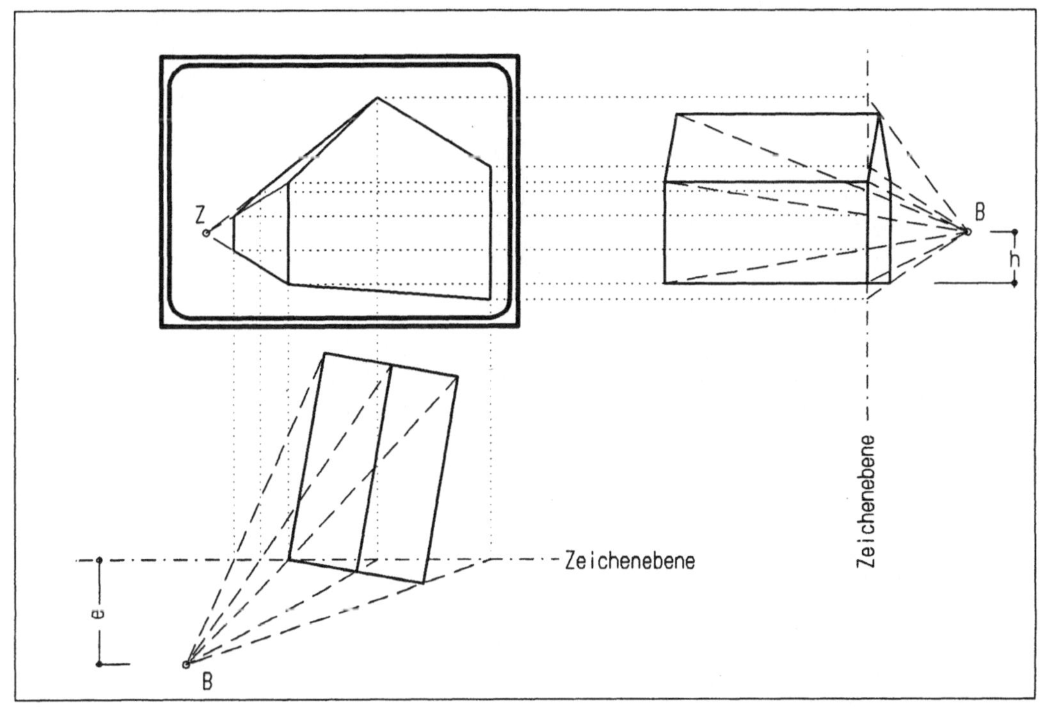

Bei der räumlichen Darstellung von Konstruktionseinheiten unterscheiden wir im CAD verschiedene Modelle:

-    KANTENMODELL und DRAHTMODELL

-    FLÄCHENORIENTIERTE DARSTELLUNG und FLÄCHENMODELL

-    VOLUMENORIENTIERTE MODELLE

z.B. **KANTENORIENTIERTES MODELL**

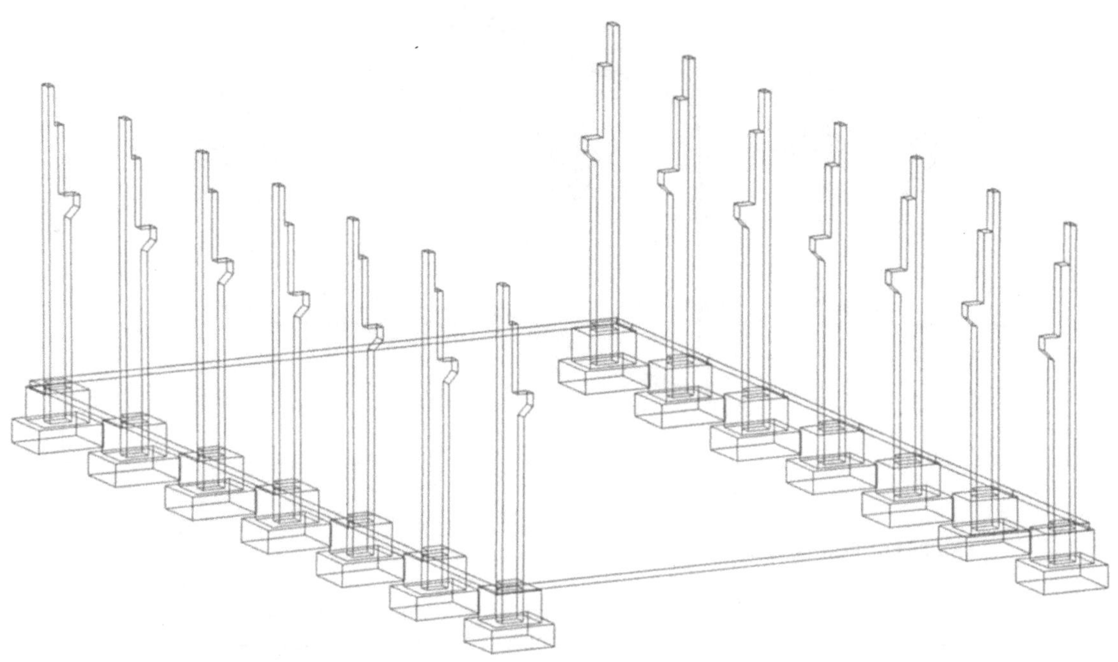

z.B. **FLÄCHENORIENTIERTE DARSTELLUNG**

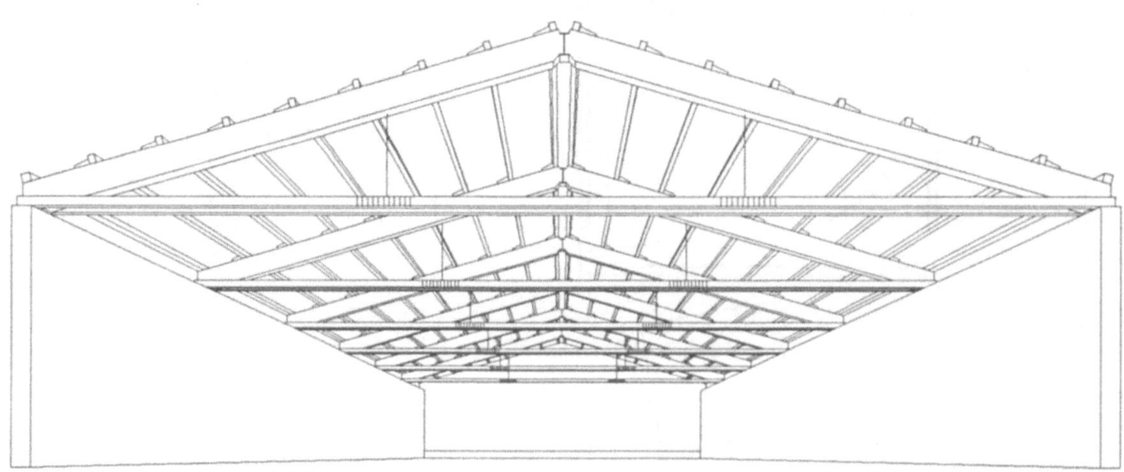

Räumliche Darstellungen werden detailliert im 5.Kapitel
behandelt.

ZUM UNTERSCHIED IN DER CAD-SOFTWARE

Die in der Werbung oft gebrauchte Aussage, daß der Architekt bzw. der Konstrukteur im CAD lediglich den Zeichenstift mit dem Elektronikstift wechselt, trifft nur bedingt zu. Es bleibt die Tatsache, daß der Konstrukteur auch weiterhin selbst konstruieren wird. Traditionelle Werkzeuge, wie Reißschiene, Lineal, Dreieck, Schablonen, Rasierklinge etc. fallen dagegen weg.

Eine CAD-Philosophie (vgl. System 1) geht davon aus, daß man ein Bauwerk aus räumlichen Elementen, wie Wänden, Aussparungen oder Auflagerdetails usw., zusammensetzt. Der Ingenieur muß also vor einer Planerstellung die gesamte Konstruktion bereits vollständig im Kopf haben. Er kann unmittelbar nach der Zeichnungserstellung das räumliche Bauwerksmodell als Volumenmodell auf dem Monitor kontrollieren. Er teilt dem Rechner mit, an welchen Stellen er seine Schnitte legen will.

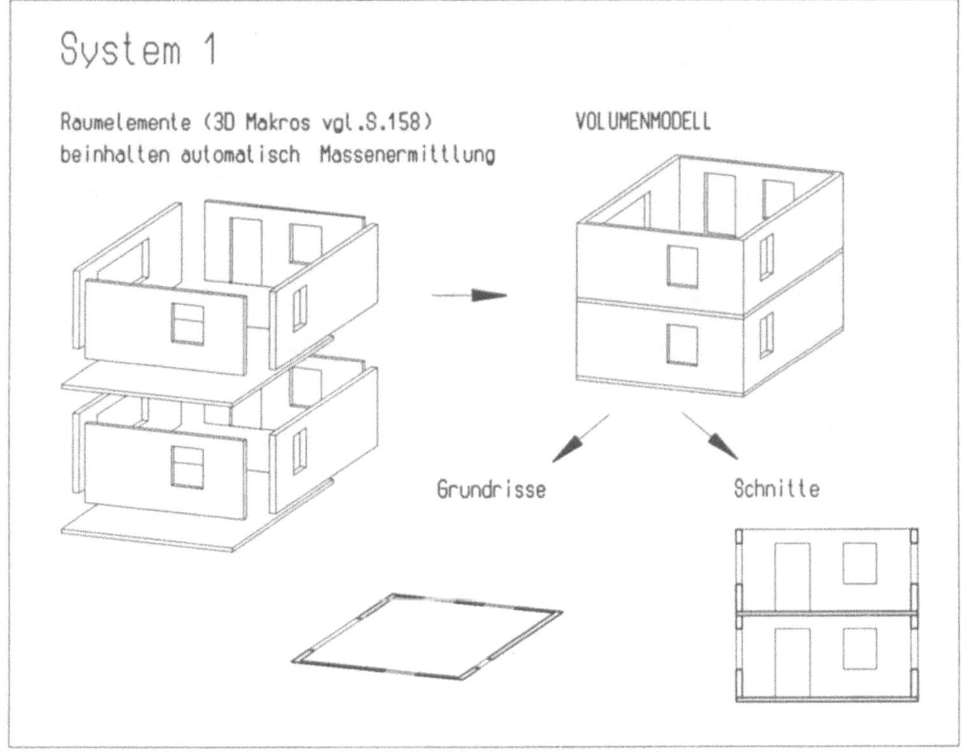

Der Computer zeichnet die Schnitte automatisch. Änderungen, die das Bauwerk betreffen, werden mit Hilfe von CAD-Konstruktionsmenüs nur am 3D-Modell vorgenommen. Der Rechner überträgt diese wiederum automatisch in alle gespeicherten Schnitte. Planspezifische Änderungen, wie das Verschieben von Maßketten oder Texten, können am jeweiligen Plan eingetragen werden.

Eine andere CAD-Philosophie versucht ihre Konstruktionsweise der konventionellen Zeichentechnik anzugleichen.
Vom Bauwerk zeichnet der Konstrukteur den Grundriß. Mit
den Eingaben unterschiedlichster Höhenknoten gibt er
sich die Möglichkeit, seine Konstruktion am räumlichen
Modell zu überprüfen und erforderliche Schnitte festzulegen. In diesem Fall wird ein volumenorientiertes Kantenmodell erzeugt, das mit einem flächenorientierten
Modell gekoppelt werden kann (vgl. System 2).
Anfallende Änderungen trägt der Zeichner in den jeweiligen Grundriß oder Schnitt, also in eine 2D-Zeichnung
ein. Mittels Folientechnik (vgl.S.57) ist man aber auch
mit diesem Systemtyp in der Lage, mehrere identische
Zeichnungen auf einmal zu beeinflussen.

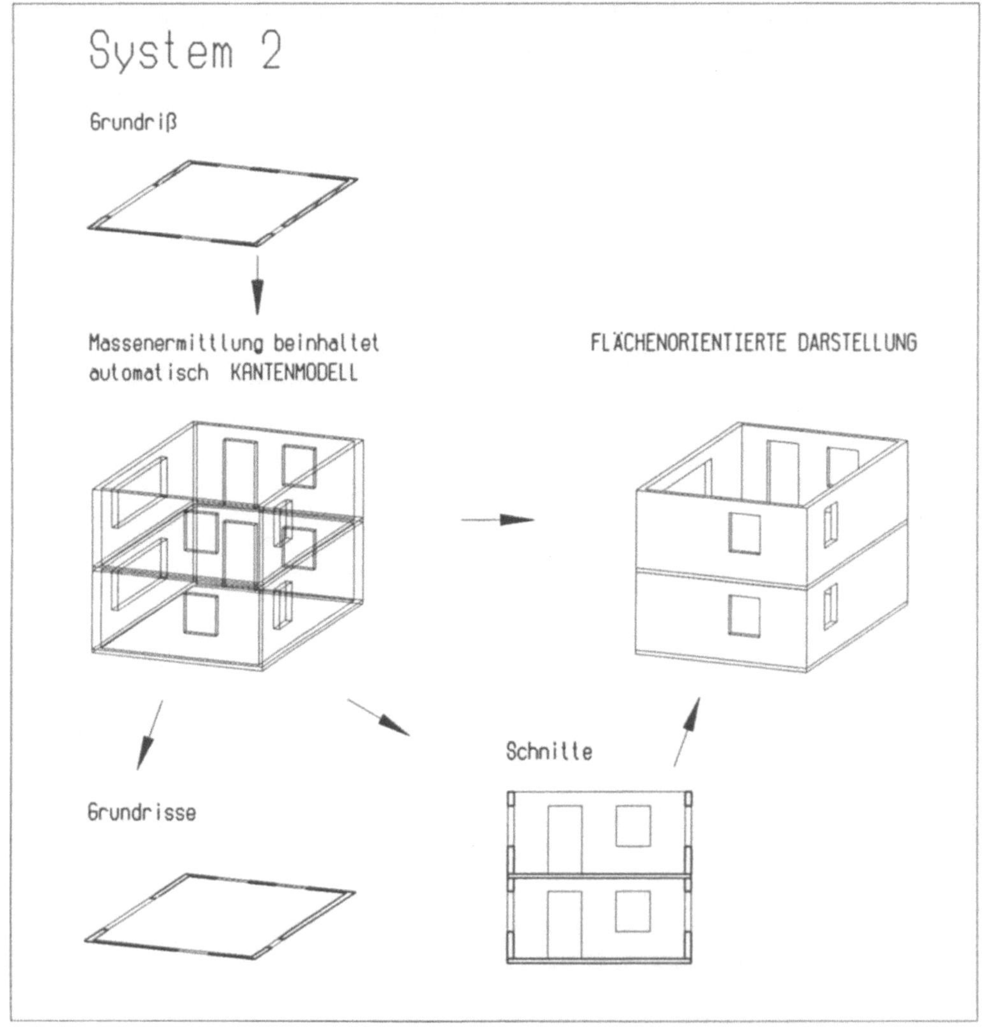

GEOMETRIEERSTELLUNG ALLGEMEIN

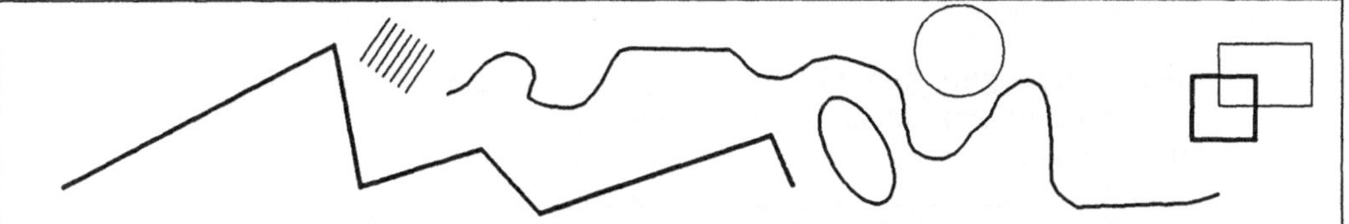

Das computerunterstützte Konstruieren geschieht bei allen CAD-Systemen durch ein Zusammensetzen von geometrischen Grundelementen (engl.: entity), wie z.B. Punkt, Linie, Kreis. Dies ist die Gemeinsamkeit zwischen CAD und der konventionellen Planerstellung. Der entscheidende Unterschied liegt darin, daß Details, sich wiederholende Elemente oder ganze Konstruktionen jeweils nur ein einziges Mal gezeichnet werden müssen.

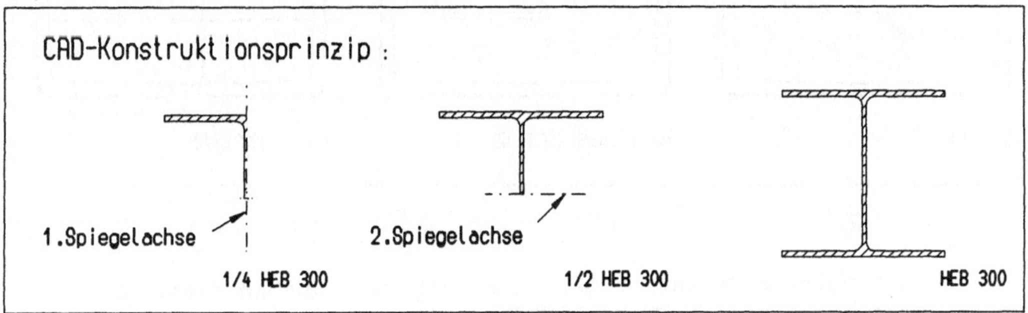

Jedes gezeichnete Element bedeutet für den Computer einen Befehl, bestimmte Pixel auf dem Bildschirm sichtbar zu machen. Wie wir bereits wissen, werden alle Befehle im Hauptspeicher verwaltet. Er stellt dafür eine Elementenliste bereit. Auf diese greift der Benutzer automatisch zurück, wenn er ein Element mit dem Cursor ansteuert, um es in Größe und Lage zu verändern oder zu vervielfältigen. Dasselbe gilt für Details und ganze Konstruktionseinheiten.

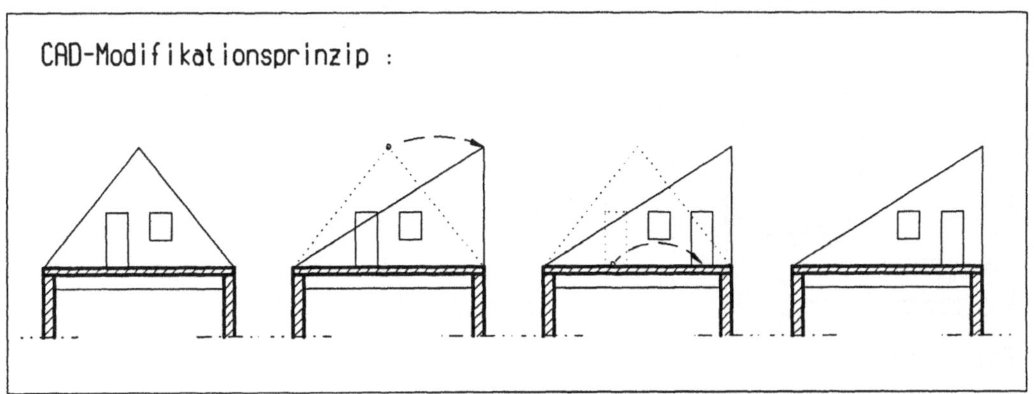

ORIENTIEREN

Das Anzeigen der aktuellen Bildschirmposition geschieht
am Bildschirm durch einen Cursor.   Normalerweise ist er
uns am Computer als Rechteck oder als Unterstrich bekannt.   Im CAD jedoch erscheint er funktionsbedingt in
Form eines Pfeils oder als kleines Kreuz. Solche Programme bieten ferner die Möglichkeit, auf ein Fadenkreuz
umzustellen, das über den gesamten Bildschirm reicht.
Es dient dem Anwender gleichsam als Konstruktionsvisier.

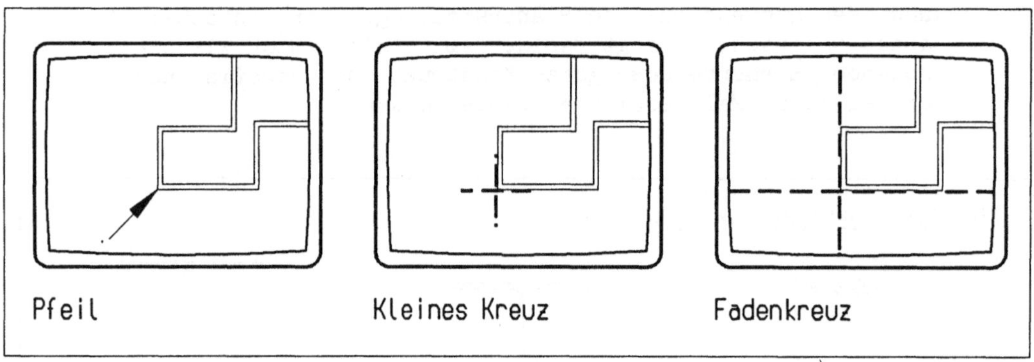

Als weitere Orientierungshilfe kann bei manchen Systemen
die sogenannte **GUMMIBANDTECHNIK** eingeschaltet werden.
Sie liefert dem Bediener den unmittelbaren optischen Bezug zwischen dem Ausgangspunkt und der aktuellen Position des Cursors. Das Gummiband entsteht durch die Darstellung einer scheinbar elastischen Linie zwischen den
genannten Punkten. Lage und Größe dieser Linie werden
aber mit der Bewegung des Fadenkreuzes permanent neu errechnet und am Monitor aufgezeigt.
Je nach gewählter Funktion kann diese Linie eine un-
sichtbare Diagonale sein.   Mit der Bewegung des Cursors
variiert somit ein Vieleck oder ein Kreis. Auf den unteren Abbildungen sieht man die Gummibandtechnik als variable Linie und als variables Rechteck.

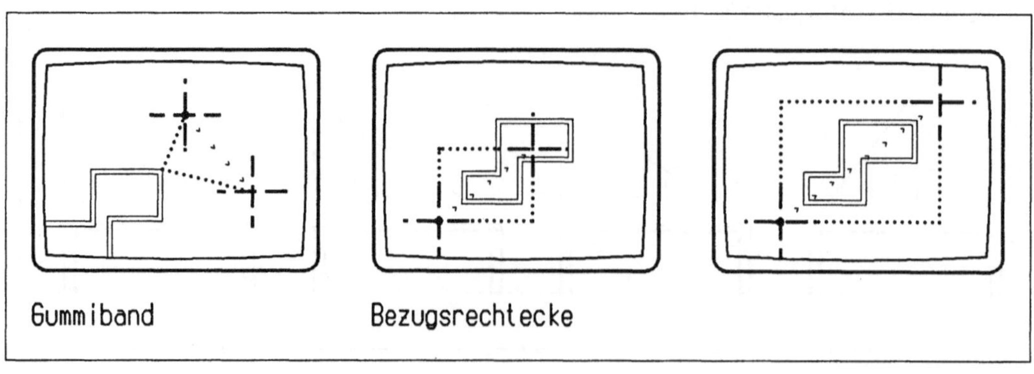

ALLGEMEINER UMGANG MIT CAD-MENÜS

Die Funktionen, die man zur Geometrieerstellung benötigt, werden Menüs genannt. Jedes einzelne Menü ist ein eigenständiges Programm.

Bei manchen Systemen aktiviert der Anwender CAD-Funktionen an **MENÜKARTEN**, die auf ein Digitalisiertablett geheftet werden. Auf diesen Karten sind Symbole für einzelne Programme feldweise aufgelistet. Der Bediener fährt mit dem Tablettstift oder einer Fadenkreuzlupe auf das gewünschte Menü und bestätigt diese Wahl durch Antippen einer Bestätigungstaste am entsprechenden grafischen Eingabegerät. Je nach Art der zu erstellenden Zeichnung heftet er unterschiedliche Menükarten auf das Eingabetablett.

Neben dem ohnehin vorhandenen Blickwechsel zwischen Arbeitsskizzen, Detailplänen, vorhandenen Werkplänen usw. kommt bei diesen Systemen der zusätzliche Blickwechsel zwischen aktueller Menükarte und Bildschirm dazu. Einige Systeme mit Menütabletts blenden aus diesem Grund Kontrollmenüs zusätzlich am Bildschirm ein, damit sich der Anwender ohne großen Blickwechsel über die jüngsten Eingaben, die aktuellen Folien, die Lage des Bildschirmausschnittes im Gesamtgrundriß etc. orientieren kann.

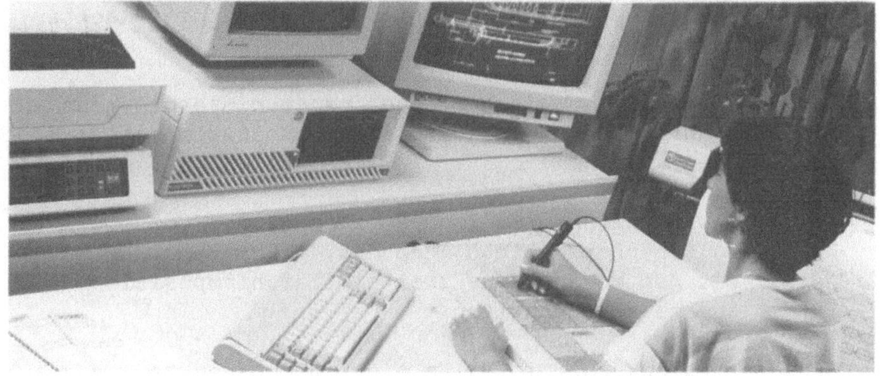

CAD-Arbeitsplatz mit Menütablett Kontron Datensysteme

Immer mehr Systeme gehen dazu über, Menümasken am Rand des Grafikbildschirmes einzublenden. Durch die Bewegung des Cursors mittels Maus, Lupe oder Elektronikstift fährt der Benutzer die gewünschten Funktionen mit dem Fadenkreuz an. Ein Wechsel der Menümasken wird durch Ansteuern entsprechender Wechselprogramme in Zehntelsekunden möglich.

Wieder andere Systeme aktivieren ihre Funktionen mit der Tastatur durch Eingabe von entsprechenden alphanumerischen Abkürzungen.

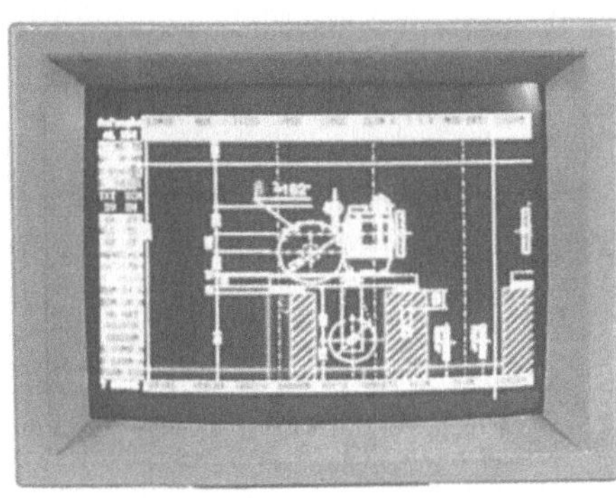

Bildschirmmenümaske
Nemetschek Programmsystem GmbH

Nach dem **AKTIVIEREN** eines Menüs wird man vom Computer aufgefordert, funktionsspezifisch den Anfangspunkt, ein Element oder einen Bereich anzugeben. Die Aufforderung zu handeln zeigt der Computer in einer Textzeile an. Wie wir wissen, erscheint diese je nach CAD-System am Bildschirmrand des Grafikbildschirmes oder auf dem separaten Monitor des Zwei-Bildschirm-Arbeitsplatzes.

Um eine Linie zu zeichnen, schiebt der Anwender nach dem Aktivieren zuerst das Fadenkreuz auf den gewünschten Ausgangspunkt und bestätigt seine Entscheidung. Diesen Vorgang nennt man **POSITIONIEREN** (vgl.S.69). Die bestätigten Koordinaten werden im Rechner gespeichert.

Beim Verschieben oder Kopieren vorhandener Elemente verlangt ein Menü danach, diese anzusprechen. Der Bediener wird in analoger Weise wie beim Positionieren aktiv. Diesmal bezeichnet man den Vorgang als **IDENTIFIZIEREN** (vgl.S.70-73).

Der Computer quittiert die Aufnahme der Koordinaten des Ausgangspunktes oder der Elemente mit einer neuen Textzeile, in der er weitere Eingaben fordert. Je nach CAD-Funktion verlangt er Eingaben, wie Koordinatenwerte, Abstand, Häufigkeit der Funktionsausübung, gewünschter Maßstab, Text usw..

Das Wechselspiel zwischen den rechnerinternen Funktionsausführungen und den Eingaben des Anwenders heißt **DIALOG**.

Um die Linie zeichnen zu können, fordert der Computer im Dialog als nächstes einen Endpunkt. Der Benutzer kann jetzt mit dem Cursor eine zweite Bildschirmposition anfahren und diese bestätigen.

Wird das Fadenkreuz mit Hilfe eines Steuerwerkzeuges gelenkt, spricht man vom **DIGITALISIEREN**, weil diese Bedienerelemente die Koordinaten der aktuellen Position in digitaler Form an den Rechner übergeben.

Der Bediener hat jedoch auch die Möglichkeit, Koordinaten mittels Tastatur einzugeben. Eingegebene Zahlenwerte beziehen sich in diesem Fall auf ein kartesisches Koordinatensystem, dessen Ursprung im zuvor positionierten Ausgangspunkt liegt.

3 CAD-Grundfunktionen

Auf den folgenden Seiten werden die wichtigsten CAD-
Grundfunktionen mit leicht verständliche Systemzeich-
nungen illustriert. Erläuterungen zu den in diesem Buch
verwendeten Symbolen findet man auf den Seiten 50 und
51.

. Über welche Parameterarten verfügen CAD-
  Systeme zur Erstellung von Baukonstruktionen ? 52

. Mit welchen Hilfsfunktionen erleichtern
  CAD-Programme den Konstruktionsprozeß ? 62

. Was versteht man unter Positionieren ? 69

. Wie können am Bildschirm
  vorhandene Konstruktionseinheiten
  vom Bediener eindeutig identifiziert werden ? 70

Erläuterungen zu den abgebildeten Symbolen

Die Funktionsdarstellungen der folgenden Kapitel werden von bestimmten Symbolen
begleitet. Sie dienen dazu, dem Lernenden den direkten Bezug zwischen den
systemübergreifenden Funktionserklärungen und dem CAD-System, an dem er arbeitet, herzustellen. Die Illustrationen von CAD-Funktionen sind gerahmt. Nicht
gerahmte Seiten enthalten allgemeine Erläuterungen. Im Detail findet man bei
den gerahmten Seiten folgende Beschreibungsform:

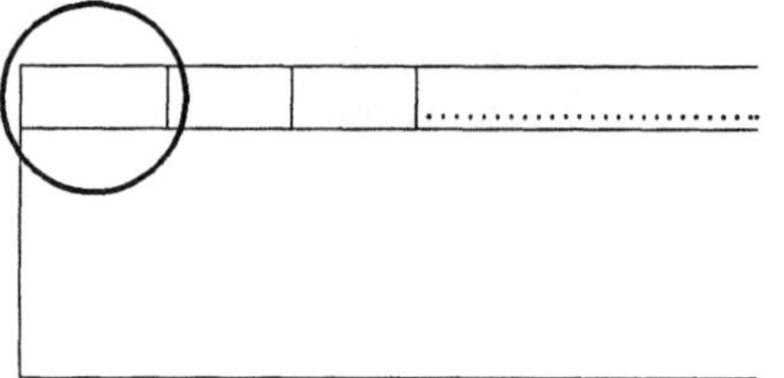

Feld für Eintragungen der Funktionskürzel,

- wie sie am Bildschirm in den Menümasken eingeblendet sind, oder

- wie sie auf dem Menütablett symbolisiert
  werden, oder

- mit welcher alphanumerischen Tastatureingabe
  die betreffende Funktion aktiviert wird.

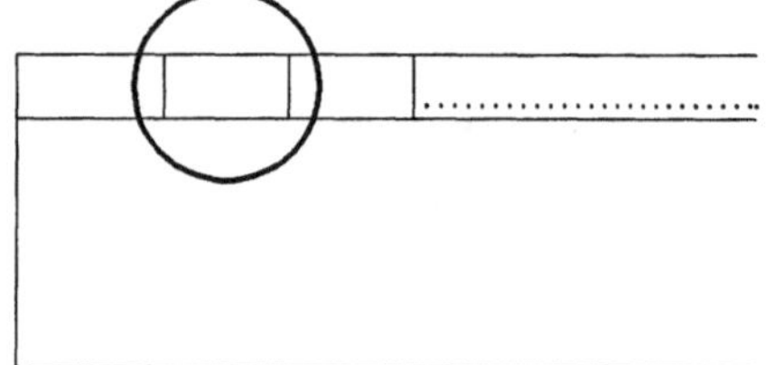

Feld für Eintragungen der Seitenzahlen aus Hand-
büchern, in denen die hier allgemein illustrierten
CAD-Funktionen systemspezifisch im Detail erläutert
sind.

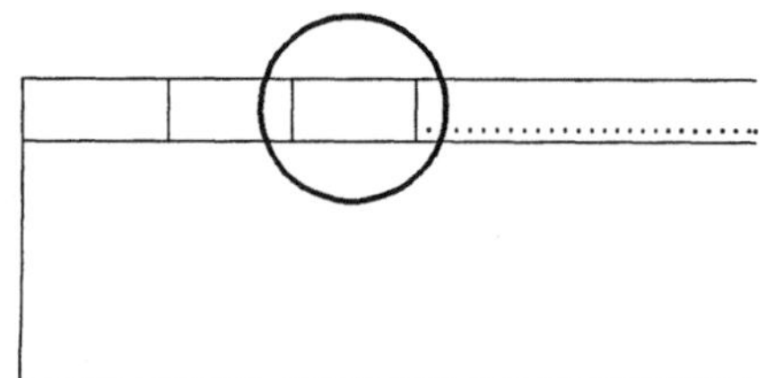

Feld zum Eintragen der Abkürzungen

- der Menümaske, in der die dargestellte
  CAD-Funktion auf dem Grafikbildschirm
  eingeblendet wird, oder

- des Bereiches auf dem Menütablett, in dem der
  Anwender das entsprechende Menüfeld findet, oder

- des Pfades, in dem das alphanumerische
  Funktionskürzel vom CAD-System als solches
  erkannt wird.

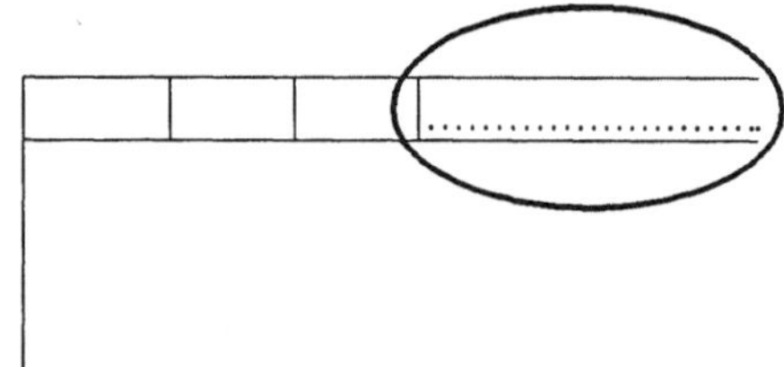

Zeile zum Eintragen funktionsbeschreibender
Stichworte. Diese Zeilen sind bereits teilweise
beschriftet. Sie entfallen vom vierten Kapitel an.

Erläuterungen zu den abgebildeten Symbolen

Die Funktionsweisen der einzelnen CAD-Menüs werden innerhalb der Einrahmungen generell mit den Systemzeichnungen erklärt!

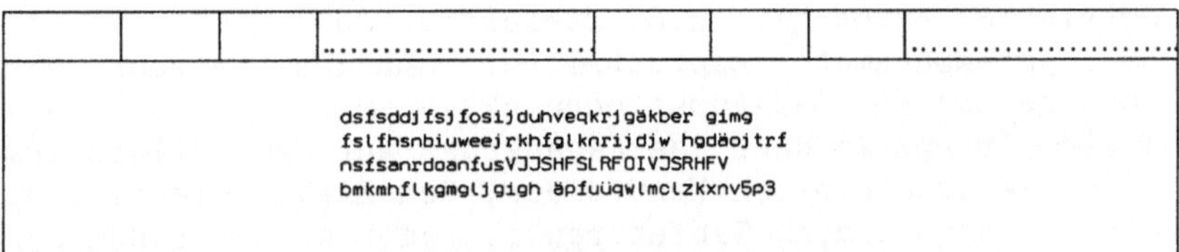

Auf diesen Seiten haben die Texte eine untergeordnete Rolle.
Sie dienen zur stichwortartigen Erläuterung der Abbildungen.

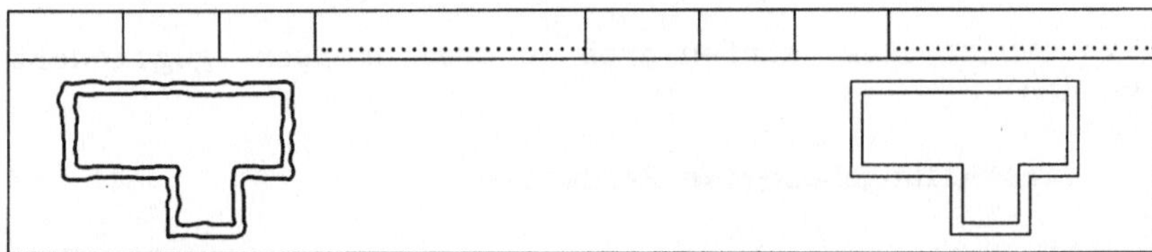

Links: Darstellung der Konstruktionseinheit
vor Ausübung der zu erklärenden CAD-Funktion

Rechts oder unten: Darstellung der Konstruktionseinheit nach Ausübung der CAD-Funktion

Symbole

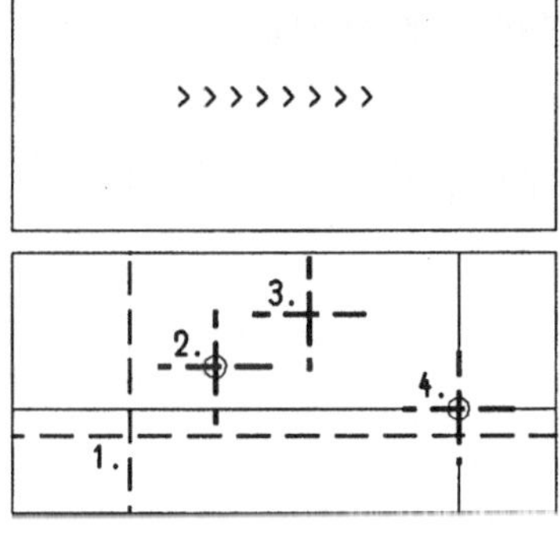

Sollte bei den Abbildungen von CAD-Funktionen die Reihenfolge von Konstruktionsstadien oder Konstruktionsschritten nicht eindeutig erkennbar sein, wird sie mit diesem Symbol in Pfeilrichtung extra betont.

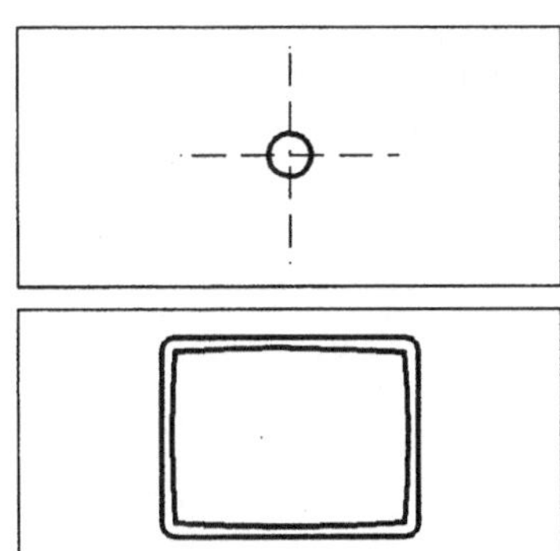

Diese Zeichen symbolisieren in unterschiedlichen Darstellungen den Cursor bzw. das Fadenkreuz, das auf dem grafischen Bildschirm eines CAD-Systems zur Konstruktion eingeblendet wird. Dort, wo ein solches Symbol auf oder neben einem Konstruktionsobjekt abgebildet ist, bewegt man am Bildschirm das Fadenkreuz hin und bestätigt die entsprechende Position. Die Zahl neben einem Fadenkreuz weist ebenfalls auf die Reihenfolge einzelner Konstruktionsschritte hin.

Der Kreis im Fadenkreuz steht für den Fangradius (vgl.S.62). Elemente oder Punkte, die innerhalb dieses Kreises liegen, erkennt ein CAD-System nach Antippen der Bestätigungstaste.

Bildschirmsymbol

Systemparameter

Zur norm- und maßstabsgerechten Erstellung von CAD-Konstruktionen werden vom Bediener am System unterschiedliche Parameter festgelegt. Dieses Einstellen veränder-
licher Größen kann vor einer Planerstellung oder während
des Konstruktionsprozesses geschehen. Die Parameter beziehen sich entweder auf die gesamte Zeichnung - z.B.
Maßstab - oder gelten zur Erzeugung verschiedener geome-
metrischer Elemente - z.B. Strichstärken.
Um Systemparameter einzustellen, muß der Bediener die
entsprechenden CAD-Funktionen aktivieren. Je nach CAD-
System bewegt er dazu das Fadenkreuz auf dem Bildschirm
über die zugeordneten Menüfelder, den Elektronikstift an
die entsprechenden Tablettmenüs, oder er teilt dem System zugehörige alphanumerische Abkürzungen über die Tastatur mit.

Systemparameter dürfen grob in drei Gruppen gegliedert
werden:

- **Darstellungsbezogene Parameter,**

- **Elementbezogene Parameter,**

- **Handhabungsbezogene Parameter**

Diese Gliederung ist nicht eindeutig auf alle CAD-Systme
übertragbar, da CAD-Systeme keiner Norm unterliegen. Sie
entspricht jedoch den Konstruktionsweisen der Mehrheit
der CAD-Programme.

Darstellungsbezogene Parameter

Bei diesem Typus handelt es sich um veränderliche Größen, die eine Darstellung von Konstruktionseinheiten auf
dem Bildschirm und dem Plotter beeinflussen. Die Einstellungen dieser Parameter werden nicht mit einer Konstruktion abgespeichert. Sie können vom Anwender vor,
während oder nach der Planerstellungsphase beliebig variiert werden, ohne die Konstruktion als solche zu beeinflussen.

Darstellungsbezogene Parameter

Symbol	Seite	Maske	Beschreibung	Symbol	Seite	Maske	Beschreibung
			Bildschirmmaßstab ändern				Detail zoomen
			Teilbild/Folie zoomen				....

DARSTELLUNGSMASSTAB

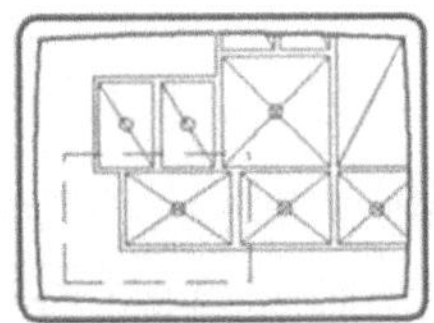 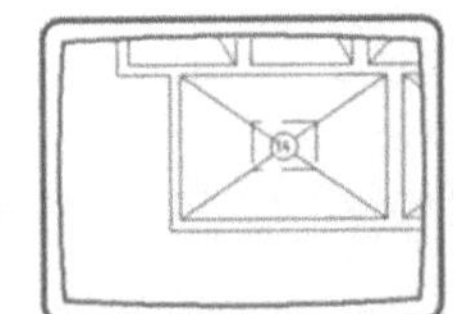 

Konstruktionen kann man wie mit dem Objektiv einer Kamera durch Änderung des
BILDSCHIRMMASSTABES, durch Eingabe eines ZOOM-FAKTORS oder durch Identifizieren
mit dem Fadenkreuz wegschieben oder näher heranholen.
Mit Hilfe dieses Parameters wird im Detail genauer konstruiert.

Symbol	Seite	Maske	Beschreibung	Symbol	Seite	Maske	Beschreibung
			Schraffurdefinitionen				....
			Schraffurwahl				....

SCHRAFFURTYPEN

z.B.

hier: Punktierte Linie
Schraffurwinkel : 90°
Punktabstand : 1mm
Linienabstand : 1mm

Bei manchen Systemen hat man die Möglichkeit,
unter fest programmierten Schraffurtypen
zu wählen.
Meist können jedoch STRICHART, -WINKEL
und -ABSTAND vom Bediener selbst festgelegt
und entsprechend geändert werden.
Über zugeordnete Nummern sind die
Schraffuren abrufbar.

Symbol	Seite	Maske	Beschreibung	Symbol	Seite	Maske	Beschreibung
			Musterdefinitionen				Muster löschen
			Musterwahl				....

MUSTER

z.B.

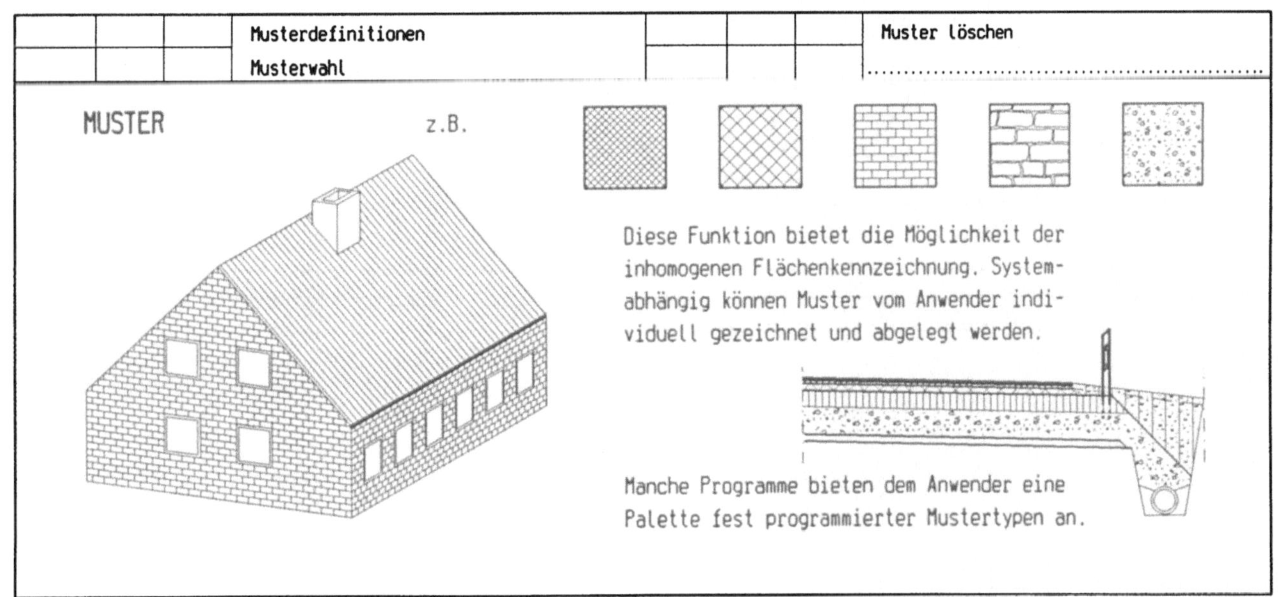

Diese Funktion bietet die Möglichkeit der
inhomogenen Flächenkennzeichnung. Systemabhängig können Muster vom Anwender indi-
viduell gezeichnet und abgelegt werden.

Manche Programme bieten dem Anwender eine
Palette fest programmierter Mustertypen an.

Darstellungsbezogene Parameter

Symbol	Seite	Maske	Beschreibung	Symbol	Seite	Maske	Beschreibung
			Kreisteilungsschritte				....
			Schrittweite bei Schräglinien				....

DARSTELLUNGSGENAUIGKEIT

Je gröber der Kreis dargestellt wird,
desto schneller ist der Bildaufbau.
Mit einfachen Funktionen können auch
Text und Schraffur ein- oder ausgeblendet werden.

Bei den meisten Workstations werden Kreis-
teilungsschritte oder Stufen bei der
Liniendarstellung hardwaremäßig bestimmt.

Symbol	Seite	Maske	Beschreibung	Symbol	Seite	Maske	Beschreibung
			Stricharten				....

DARSTELLUNG VERDECKTER KANTEN

Symbol	Seite	Maske	Beschreibung	Symbol	Seite	Maske	Beschreibung
			Änderung des Plotmaßstabes				....
							....

PLOTMASSTAB

Selbst ein großer Plan
kann zur Ausgabe mit einem
Laserdrucker auf DIN A4
verkleinert werden.

			....				

Darstellungsbezogene Parameter

Symbol	Seite	Maske	Beschreibung	Symbol	Seite	Maske	Beschreibung
			Flächensymbole				automatische Darstellung
			Maschenweite bei Netzdarstellung				....
			Höhenlinien, mit welchem △h ?				....

FLÄCHENDARSTELLUNG

Symbol	Seite	Maske	Beschreibung	Symbol	Seite	Maske	Beschreibung
			Art der Ansichten				....

ANSICHTENDARSTELLUNG

Mit der Ansichtendarstellung sind unterschiedliche Ansichten von konstruierten Baukörpern gleichzeitig möglich. In den einzelnen Darstellungen können manche Programme die Konstruktionsschritte des Bedieners simultan
nachvollziehen. Je nach Programm sind beliebig viele
Ansichten gleichzeitig möglich.

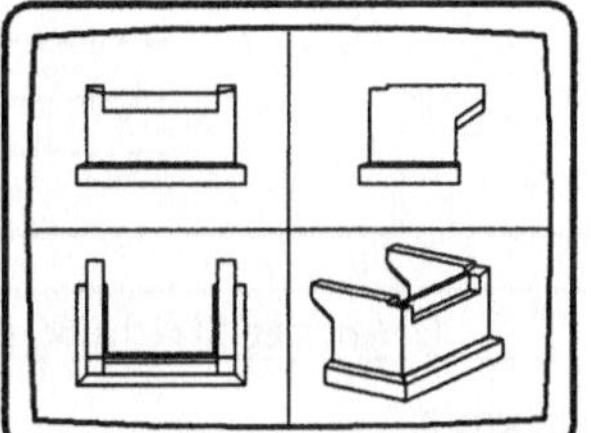

Symbol	Seite	Maske	Beschreibung	Symbol	Seite	Maske	Beschreibung
			Art der Strichstärkendarstellung				....

DARSTELLUNG VON STRICHSTÄRKEN

Einige Programme verfügen über die Möglichkeit, verschiedene Strichstärken am
monochromen Grafikbildschirm in unterschiedlichen Breiten darzustellen. Im CAD
trifft man auf drei Darstellungsvarianten:

1. Reale Darstellung der Strichstärken: Je mehr der Anwender das CAD-Modell
   vergrößert, desto breiter werden einzelne
   Linien am Bildschirm dargestellt.

2. Konstante Strichstärkendarstellung: Je kleiner eine Zeichnung eingeblendet
   wird, desto breiter erscheinen die unter-
   schiedlichen Linien im Verhältnis zu ihr.

3. Darstellung in einer Strichstärke: Unterschiedliche Linienbreiten sind am
   monochromen Bildschirm nicht sichtbar, können
   jedoch rechnerintern gespeichert sein.
   Mit dieser Darstellung hat der Anwender
   den schnellsten Bildschirmaufbau.

Bei einigen CAD-Systemen kann während der Planerstellung beliebig zwischen den
möglichen Darstellungsarten hin- und hergeschaltet werden.

Elementbezogene Parameter

Symbol	Seite	Maske	Beschreibung	Symbol	Seite	Maske	Beschreibung
			Modifikation elementbezogener Parameter				....
			Modifikation textbezogener Parameter				....

Elementbezogene Parameter beeinflussen jedes interaktiv erzeugte Element
und sind somit Bestandteil des rechnerinternen Modells.
Um diese Parameter, die bestimmten Elementen zugeordnet sind, nachträglich zu
ändern, muß das Element gelöscht und mit neuem Parameter nochmals gezeichnet
werden. Manche Systeme besitzen Funktionen, die diese Aufgabe nach entsprechender Identifikation automatisch ausführen.
Zu den elementbezogenen Parametern können Funktionen gehören, wie sie auf den
nächsten Seiten aufgeführt werden.

Symbol	Seite	Maske	Beschreibung	Symbol	Seite	Maske	Beschreibung
			Wahl der Linienart/Strichart				....

STRICH- / LINIENART

Symbol	Seite	Maske	Beschreibung	Symbol	Seite	Maske	Beschreibung
			Wahl der Strichstärke/Farbe				....

STRICHSTÄRKE   NUMMER/FARBE

Der Anwender kann vor oder nach einer Konstruktion jedem Zeichnungselement eine
bestimmte Strichstärke zuweisen. Am Plotter werden Linienbreiten mit unterschiedlichen Stiften gezeichnet, im Farbmonitor mit verschiedenen Farben dargestellt.
Eine Darstellung am monochromen Bildschirm kann unterschiedlich sein.(vgl.S.55)

Symbol	Seite	Maske	Beschreibung	Symbol	Seite	Maske	Beschreibung
			Maßliniensymbole				....
			Maßlinienbeschriftung				....
			Maßlinienoptimierung				....

MASSLINIENBEGRENZUNGSSYMBOLE   (vgl.S.134f)

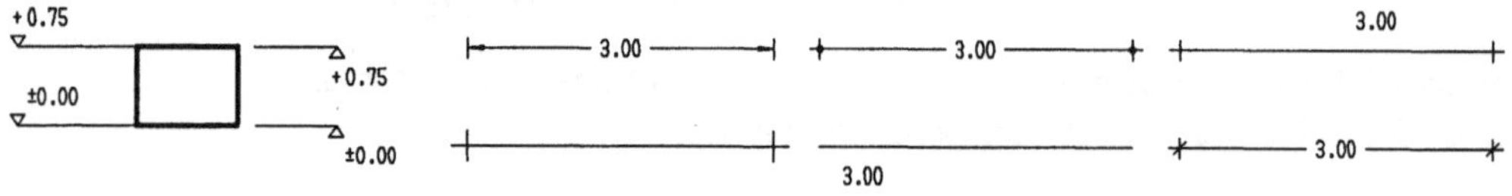

Elementbezogene Parameter

Symbol	Seite	Maske	Beschreibung		Symbol	Seite	Maske	Beschreibung
			Mattenverlegeart					....
			Rundstahlverlegeart					....

BEWEHRUNGSSYMBOLE

z.B.Mattenbewehrung

Einzeldarstellung

Gruppendarstellung

oder

z.B.Rundstahlbewehrung

Jedes Eisen wird dargestellt

Symbol für Verlegebereich

oder

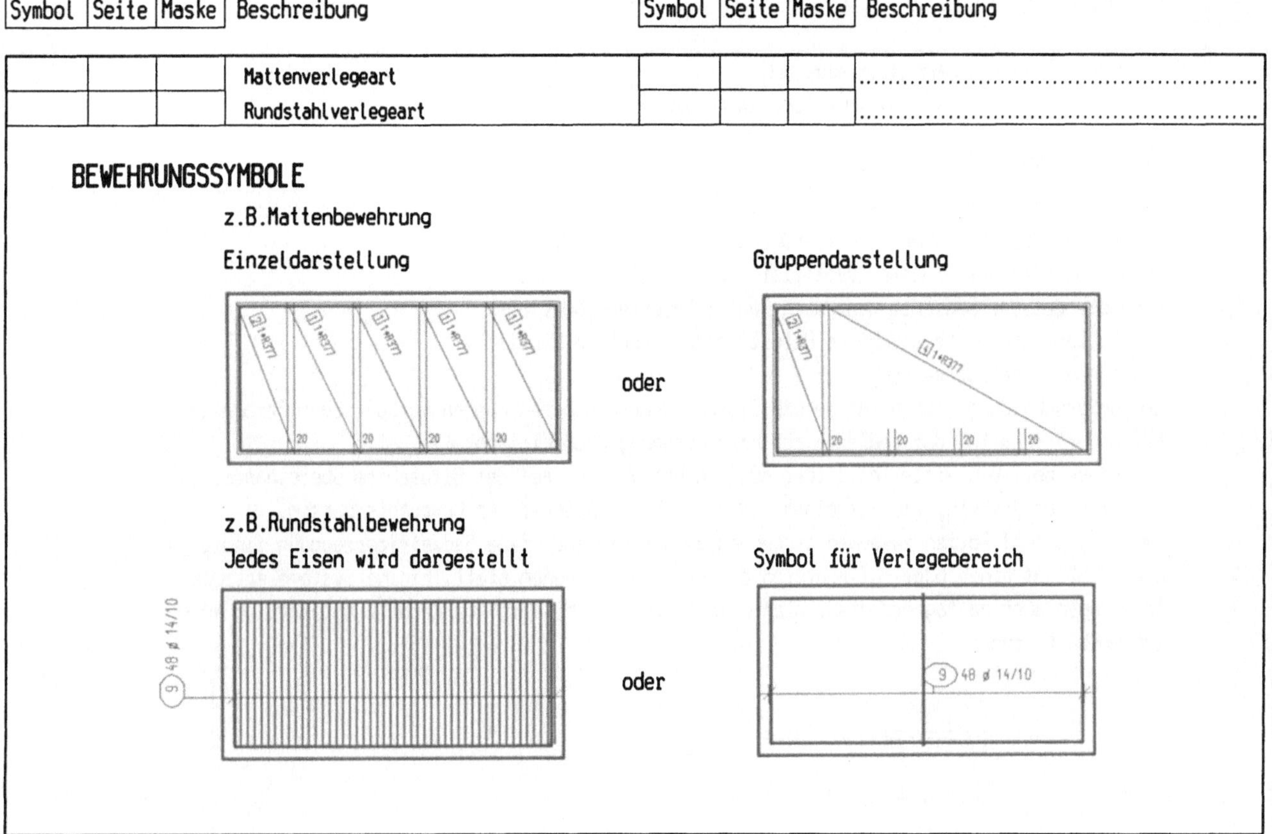

Symbol	Seite	Maske	Beschreibung		Symbol	Seite	Maske	Beschreibung
			Stellen hinter dem Komma					....
			Nullstellen hinter dem Komma					....

DEZIMALSTELLENANZEIGE

Sie gibt an, wieviel Stellen hinter dem Komma
gerundet und am Bildschirm oder am Plotter
ausgegeben werden.

Symbol	Seite	Maske	Beschreibung		Symbol	Seite	Maske	Beschreibung
			Bezugsmaßstab					....

BEZUGSMASSTAB

Als Bezugsmaßstab teilt der Anwender dem CAD-System den Maßstab mit, in dem das
Konstruktionsobjekt voraussichtlich ausgeplottet werden soll.
Während der ganzen Konstruktionsphase werden durch ihn die wahren Proportionen
zwischen fest eingestellten Parametern und dem Objekt am Bildschirm verdeut-
licht. Fest eingestellte Parameter sind in diesem Fall die wahren Schriftgrößen,
Schraffurlinienabstände, Muster usw.

Elementbezogene Parameter

Symbol	Seite	Maske	Beschreibung	Symbol	Seite	Maske	Beschreibung
			Folie in Arbeitsspeicher holen				Layer aktivieren
			Teilbild auf dem Bildschirm einblenden				

ZEICHNUNGSEBENEN   (engl.: layer/level)

Ein Charakteristikum für CAD-Konstruktionen ist die Planerstellung auf ZEICHNUNGSEBENEN, FOLIEN oder auch TEILBILDERN.
Jedes Teilbild ist einzeln identifizierbar. Ohne großen Aufwand blendet der Bediener ganz nach Bedarf Layer ein oder aus.
Wie Folien können sie sowohl am Bildschirm als auch am Plotter
übereinander gelegt werden.

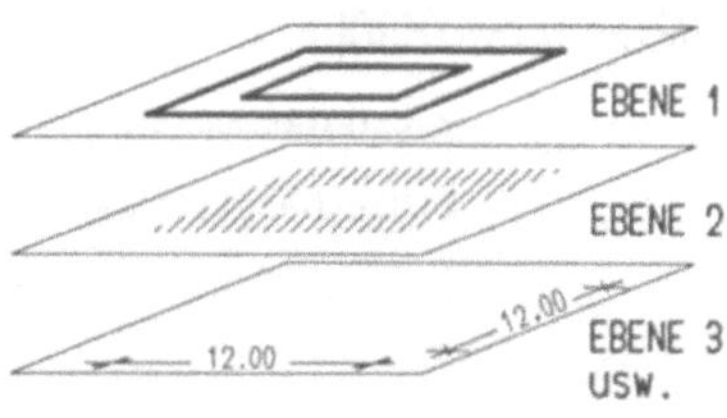

Zur Unterscheidung ordnen manche CAD-Systeme den sichtbaren Ebenen verschiedene Farben zu.
Bei Bedarf schaltet der Bediener zur Farbzuordnung nach Linienbreite um.
Es können beliebig viele Teilbilder gespeichert werden. Auf dem Bildschirm übereinanderlegen
kann man nur soviele, wie auf einmal in den Arbeitsspeicher des Computers passen.
Meist sind fünf Folien zusammen eingeblendet ausreichend. Eine Geometrieerzeugung findet je
nach Wahl auf einer oder auf mehreren der sichtbaren Ebenen statt. Einige Systeme erlauben es,
Änderungen auch an zugeordneten, nicht sichtbaren Teilbildern vom Rechner automatisch ausführen zu lassen.

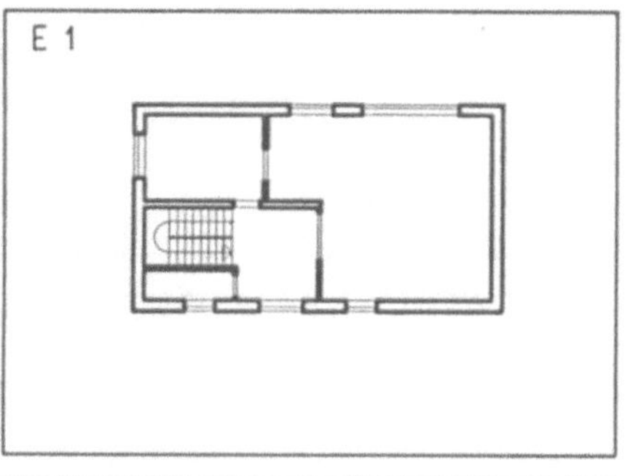

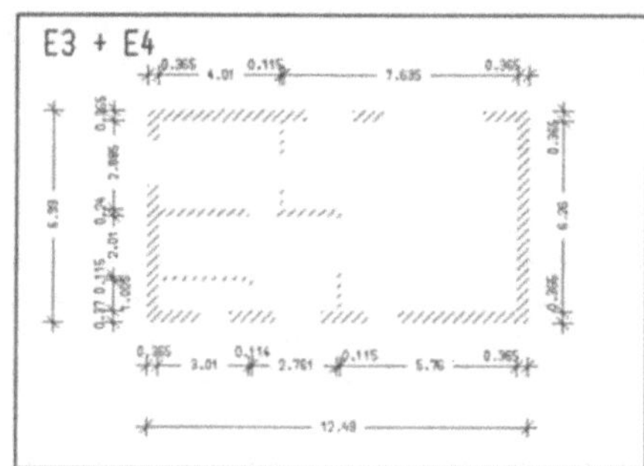

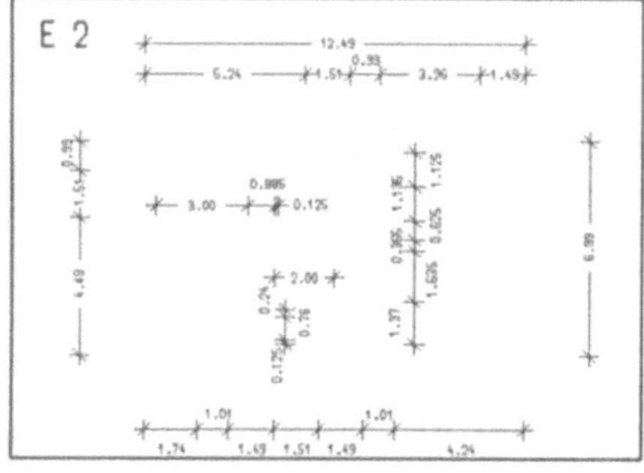

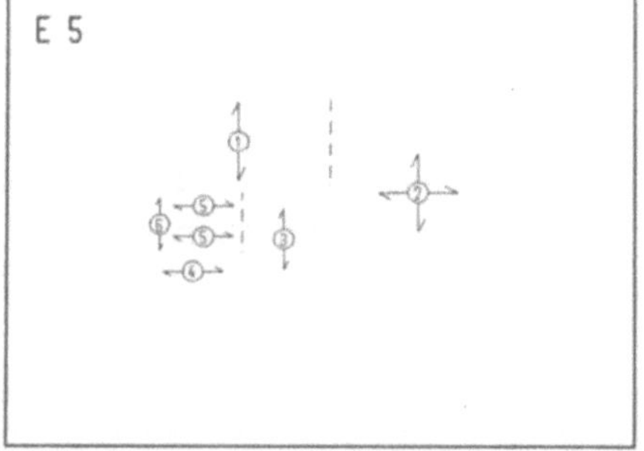

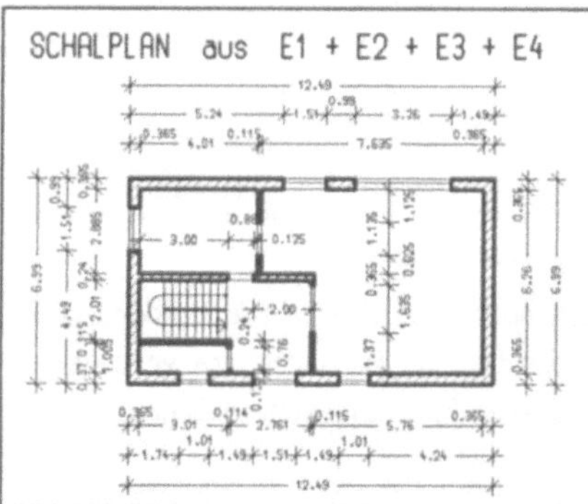

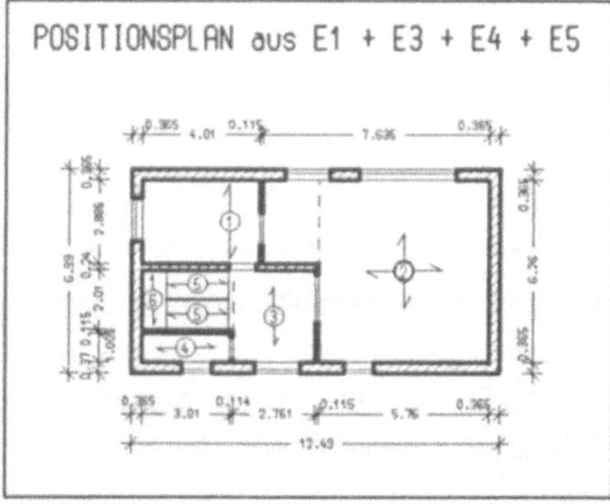

Handhabungsbezogene Parameter

Handhabungsbezogene Parameter beeinflussen die Arbeitsweise des Anwenders mit dem System. Sie werden mit der Grundeinstellung des Systems vor dem Konstruktionsprozeß oder während des Konstruktionsprozesses von ihm eingestellt. Diese Parameter behalten ihre Gültigkeit, bis sie der Bediener wieder ändert - meist unabhängig davon, auf welchem Teilbild gearbeitet wird. Manche dieser Parameter können automatisch in das rechnerinterne Modell mitabgespeichert werden.

Symbol	Seite	Maske	Beschreibung	Symbol	Seite	Maske	Beschreibung
			Maßeinheiten				....

MASSEINHEITEN

Mit diesem Parameter wird festgelegt, in welchen Einheiten der Anwender notwendige Maßzahlen oder Abstände eingibt. Mit dieser Funktion kann er selbst bestimmen, ob sich die Eingaben auf Millimeter, Zentimeter, Dezimeter, Meter oder auf Bruchteile davon beziehen. Besonders bei englischen und amerikanischen Systemen ist die Eingabeeinheit auch auf inch (=Zoll=2,54cm), foot (=12 Zoll=30,48cm) oder auf yard (=36 Zoll=91,44cm) umstellbar.

Symbol	Seite	Maske	Beschreibung	Symbol	Seite	Maske	Beschreibung
			Identifizierungsart				....

IDENTIFIZIERUNGSART

z.B.Identifizieren mittels Cursor   oder durch Text, wie z.B. bei Positionen

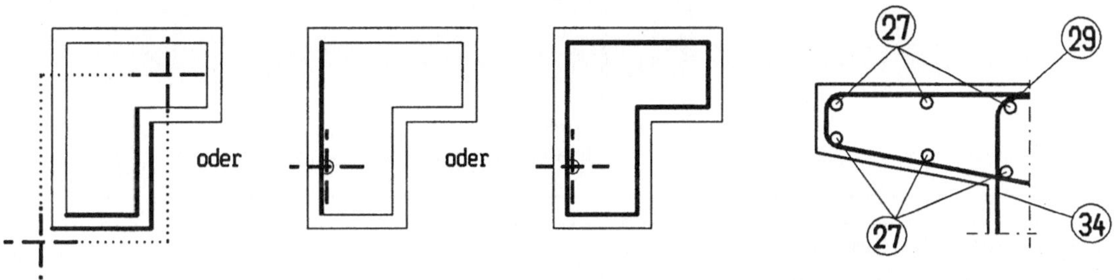

Symbol	Seite	Maske	Beschreibung	Symbol	Seite	Maske	Beschreibung
			Wahl der Norm				....

NORMEN, RICHTLINIEN

z.B. Nach DIN,EB,RAL,RAST,AVA,Ö-NORM etc.

Zur Einhaltung von Grenzwerten, besonders bei automatischer oder teilweise automatischer Erstellung von Konstruktionsplänen

Symbol	Seite	Maske	Beschreibung	Symbol	Seite	Maske	Beschreibung
			Zeitabstand				....

ZEITABSTAND

Einige Systeme erlauben es dem Anwender, Intervalle zur automatischen Sicherung des aktuellen Bildes auf der Festplatte einzustellen.

Handhabungsbezogene Parameter

Symbol	Seite	Maske	Beschreibung	Symbol	Seite	Maske	Beschreibung
			Textorientierung				....

TEXTSPIEGELUNG

Sie regelt, in welcher Richtung die gespiegelte oder gedrehte Schrift geschrieben wird. Diese Einstellung erfolgt bei manchen Systemen automatisch.

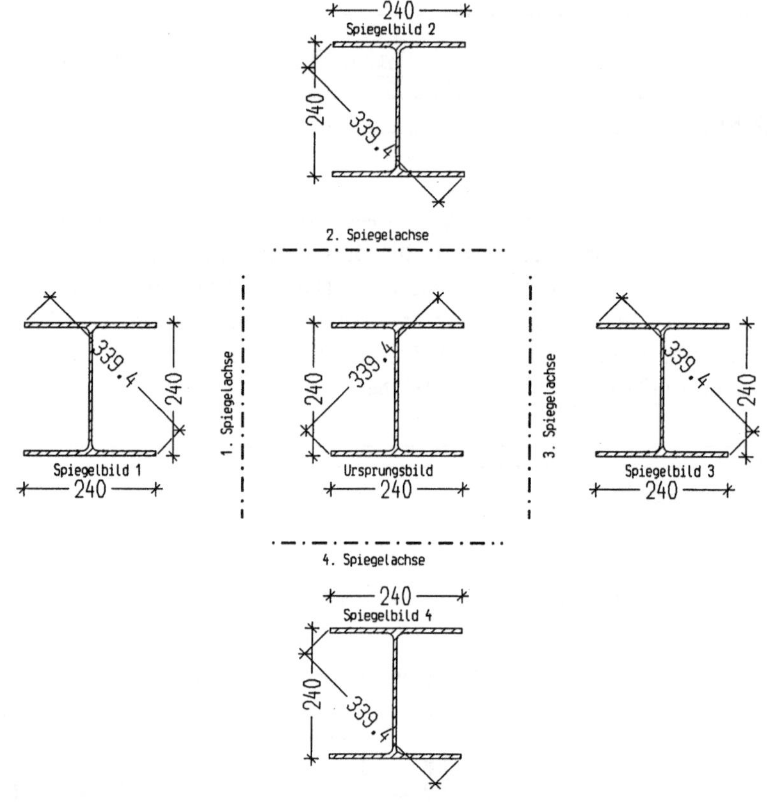

Symbol	Seite	Maske	Beschreibung	Symbol	Seite	Maske	Beschreibung
			Gitterdefinition				....
			Gitter ein-/ausblenden				....

GITTERDEFINITION

Mit dieser Funktion baut man zur besseren Orientierung ein Raster auf
dem Bildschirm auf.

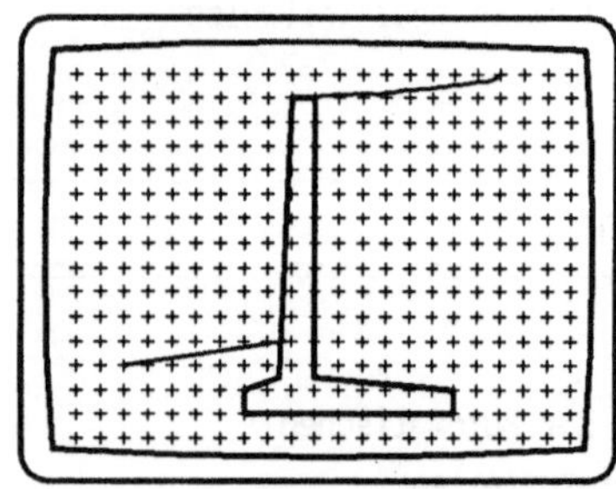

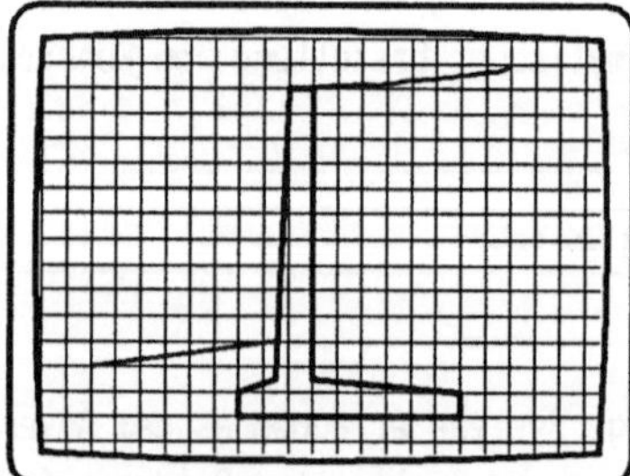

Handhabungsbezogene Parameter

Symbol	Seite	Maske	Beschreibung		Symbol	Seite	Maske	Beschreibung
			Farbe/Linienart ein-/ausblenden					....

HILFSKONSTRUKTIONEN

Hilfskonstruktionen könnte man mit den Bleistiftstrichen einer konventionell erstellten Zeichnung vergleichen.

Als Hilfskonstruktionen erzeugte Elemente werden am monochromen Grafikbildschirm häufig in einer gesonderten Linienart, z.B. als gestrichelte Linie, dargestellt. Am Farbmonitor erkennt man Hilfskonstruktionen an der ihr eigens zugeordneten Farbe. Auf dem Bildschirm sichtbare Hilfskonstruktionen werden nicht mit ausgeplottet. Man kann sie meist mit einem einzigen Befehl ein- und ausblenden. Je nach System ist es möglich, Hilfskonstruktionen in plotbare Zeichnungen umzuwandeln.

Man sieht hier exemplarisch zwei verschiedene Verfahren, die den Umgang mit Hilfskonstruktionen im CAD verdeutlichen.

Eine Möglichkeit:

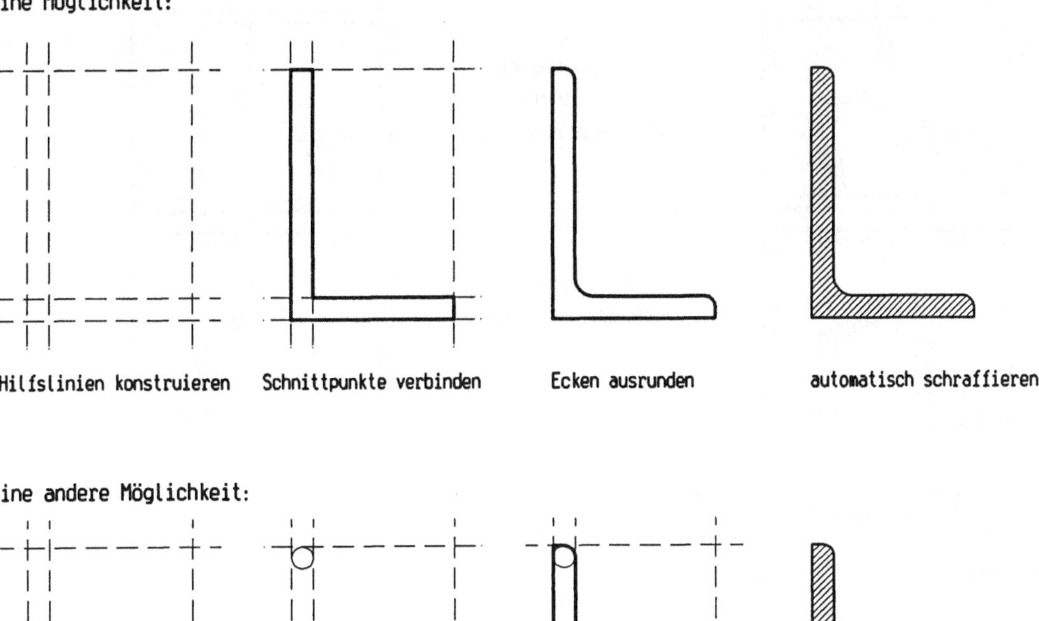

Hilfslinien konstruieren   Schnittpunkte verbinden   Ecken ausrunden   automatisch schraffieren

Eine andere Möglichkeit:

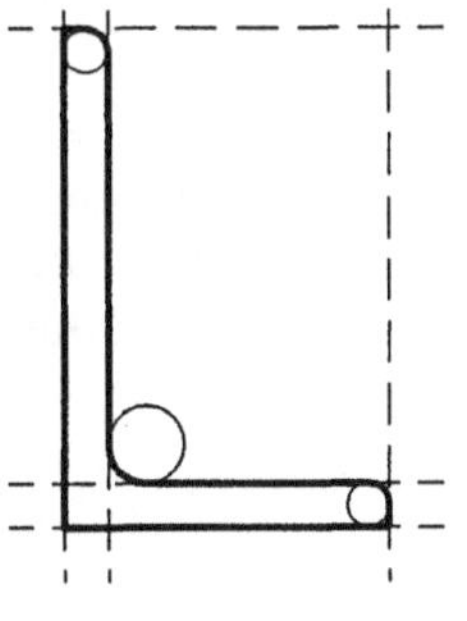
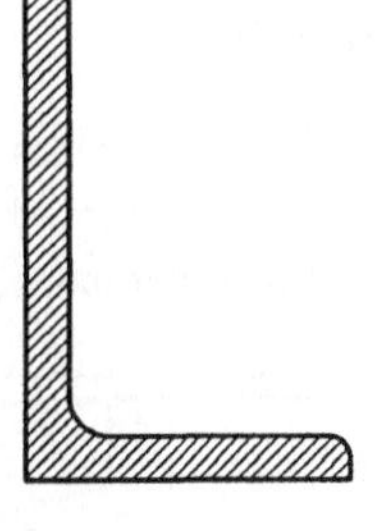

Hilfslinien konstruieren   Hilfskreise anlegen   Kontur identifizieren   automatisch schraffieren

Hilfsfunktionen

Symbol	Seite	Maske	Beschreibung	Symbol	Seite	Maske	Beschreibung
			Radius festlegen				....
			ein-/ausschalten				....

FANGRADIUS

Ein kleiner Bildschirmmaßstab und eine ungenügend hohe Auflösung lassen Konstruktionen auf dem Bildschirm hin und wieder unscharf erscheinen. Um dennoch
genau zu konstruieren, hat der Anwender die Möglichkeit, an seinem System einen
Fangradius festzulegen. Durch diese Hilfe erübrigt es sich, die zu identifi-
zierenden Elemente exakt anzufahren.
Der Rechner sucht sich nach dem Antippen der Bestätigungstaste ein bereits
vorhandenes Element, das innerhalb des unsichtbaren Fangkreises liegt. Der
Mittelpunkt dieses Kreises liegt im Schnittpunkt des Fadenkreuzes oder an der
Pfeilspitze des Cursors. Gewöhnlich arbeitet man mit einem Fangradius von 2mm.
Bei vielen CAD-Systemen kann der Bediener den Radius verstellen.
Bei manchen Programmen wird der Fangradius bei Bedarf vor dem Identifizieren
über eine Funktion auf der Menümaske oder auf dem Menütablett aktiviert. Systeme,
die mit einer Fadenkreuzlupe ausgestattet sind, besitzen für diese Hilfsfunktion
eine separate Funktionstaste auf der Lupe.

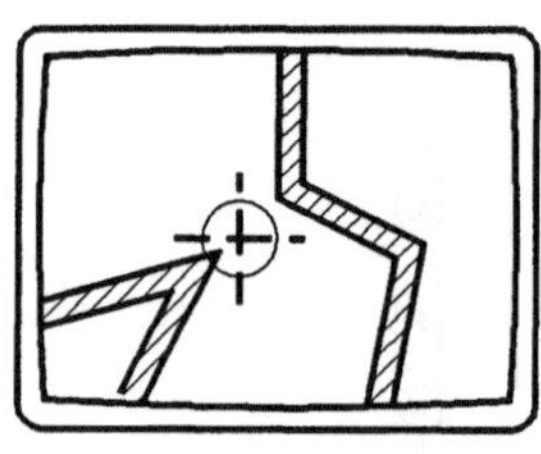

Exakte Übernahme
> > des am nächsten   > > >
gelegenen Punktes,

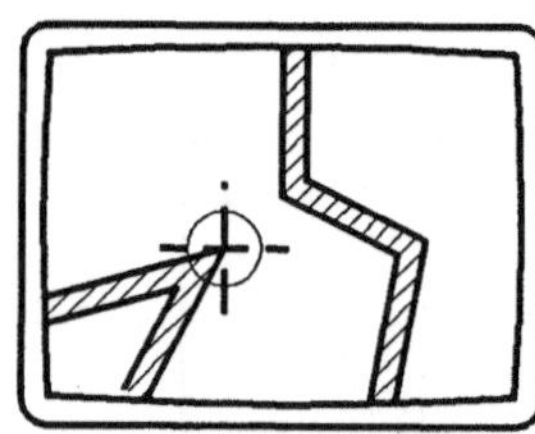

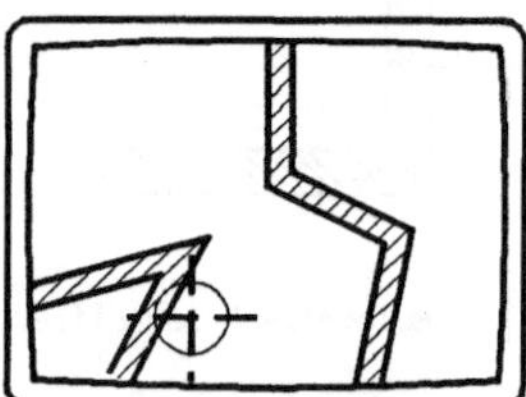

je nach Funktion
> > auch des am nächsten > >
gelegenen Elementes

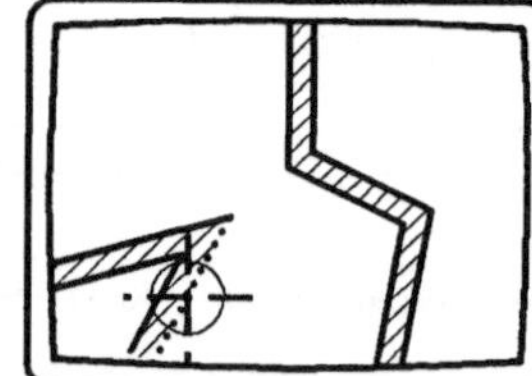

| | | | ein-/ausschalten | | | | .... |

LINEALFUNKTION

Der Fangradius kann am Fadenkreuz eine Linealfunktion auslösen. Der Rechner
positioniert den gewünschten Punkt oder ein Element automatisch in der Flucht
von einer parallel zum Fadenkreuz laufenden Linie.

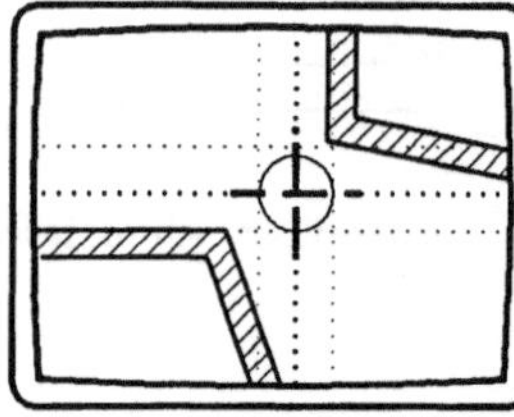

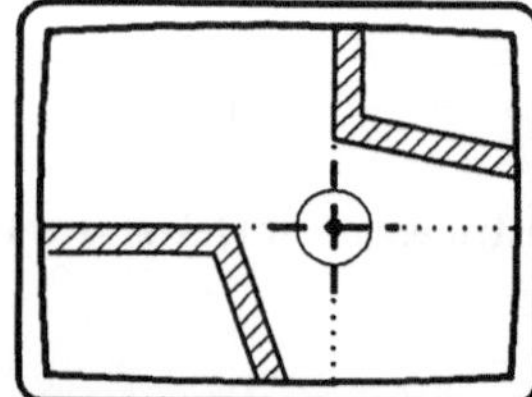

Hilfsfunktionen

Symbol	Seite	Maske	Beschreibung		Symbol	Seite	Maske	Beschreibung

| | | | Bildausschnitt bestimmen | | | | .... |

AUSSCHNITT/LUPE

Ein mit dem Cursor bzw. mit dem Fadenkreuz ausgewiesenes Rechteck bildet die
Maximalwerte für einen neuen Bildausschnitt.

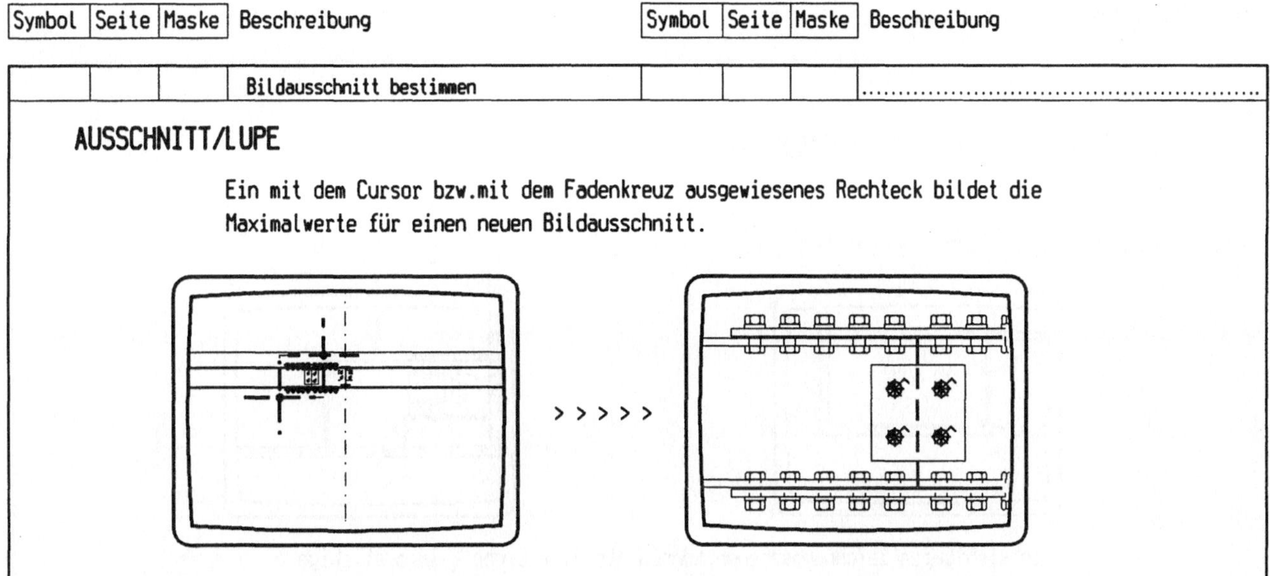

| | | | Teilbild-/Folienübersicht | | | | .... |

TEILBILD-/FOLIENÜBERSICHT

Wenn man diese Funktion aktiviert, baut ein CAD-System meist über den gesamten
Grafikschirm ein Bild auf, das sämtliche Konstruktionseinheiten aller eingeblen-
deten Folien enthält.
Beispiel: Teilbildübersicht über die Folien der oben abgebildeten Ausschnitte

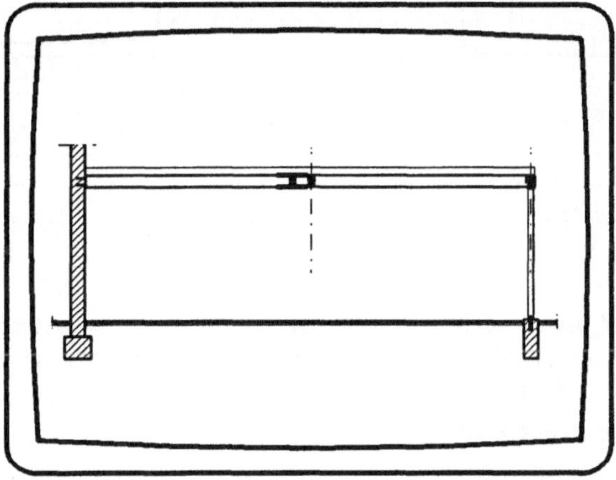

SUMMENFUNKTION/ADDIERFUNKTION

Nach Antippen einer Summentaste (Additionstaste) addiert ein CAD-System alle
folgenden Eingaben, bis die Taste erneut gedrückt wird. Die angewählte Funktion
wird daraufhin mit der Summe aller Eingaben ausgeführt. Hat der Anwender z.B.
zum Zeichnen einer Linie Werte in x- und in y-Richtung eingegeben, so blendet
ein System mit aktiver Summenfunktion lediglich die Verbindungslinie zwischen
der Anfangskoordinate des x-Wertes und der Endkoordinate des y-Wertes ein.

Hilfsfunktionen

| Symbol | Seite | Maske | Beschreibung | | Symbol | Seite | Maske | Beschreibung |

| | | | Ebenen verschieben | | | | | .... |

VERSCHIEBEN VON ZEICHNUNGSEBENEN/PAN

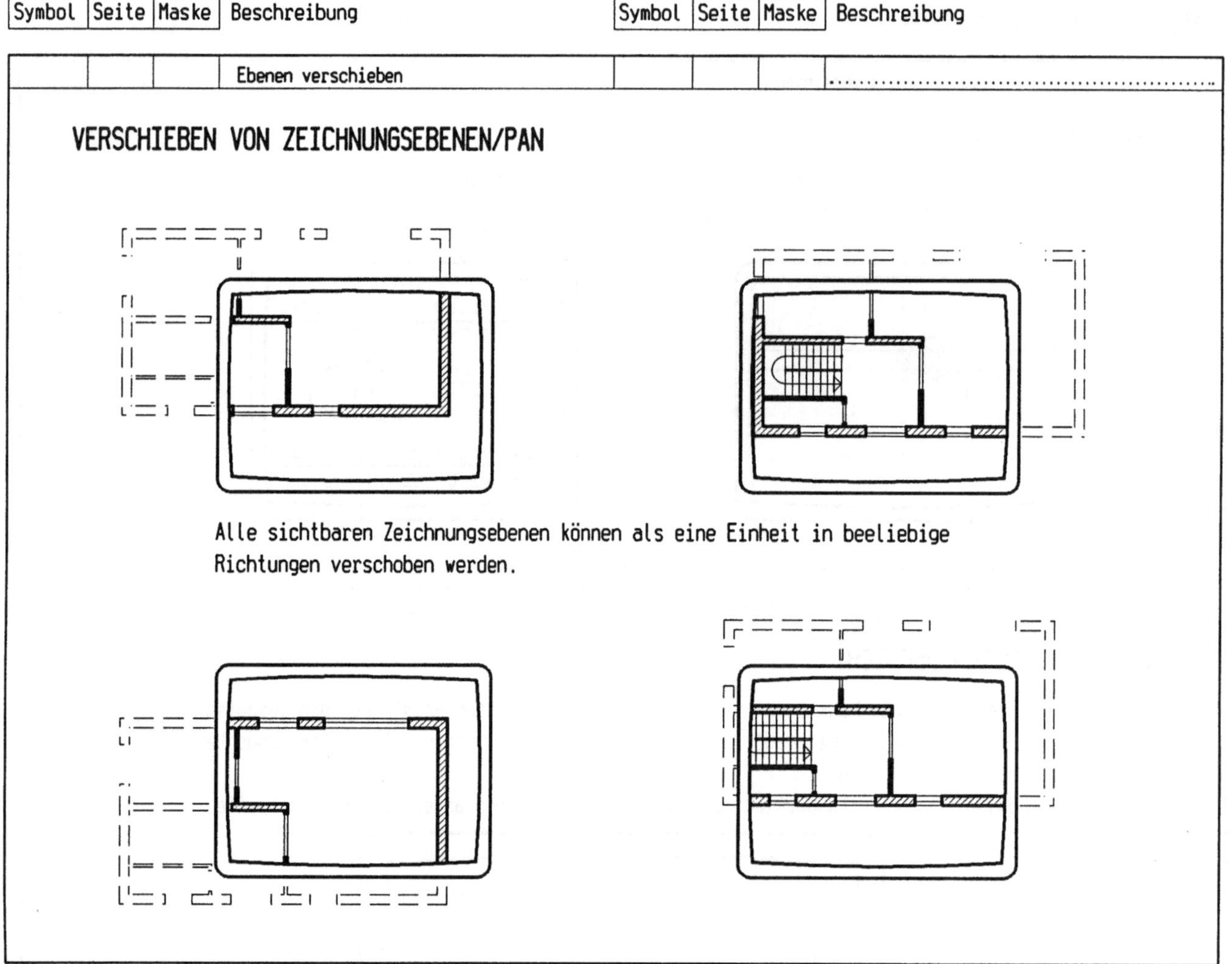

Alle sichtbaren Zeichnungsebenen können als eine Einheit in beeliebige
Richtungen verschoben werden.

| | | | Ausschnitt definieren | | | | | .... |

AUSSCHNITTDEFINITION

Dieses Programm eignet sich besonders zum Erstellen von Detailzeichnungen. Der
Rechner teilt vorhandene Elemente automatisch an den Ausschnittsgrenzen.
Alle Zeichnungsteile innerhalb des definierten Bereiches dürfen wie eine eigene
Konstruktion behandelt werden.

Hilfsfunktionen

Symbol	Seite	Maske	Beschreibung	Symbol	Seite	Maske	Beschreibung
			Schnittpunkt zweier Linien				Schnittpunkt zweier Kurven
			Schnittpunkt Kurve und Linie				....

SCHNITTPUNKT

Mit dieser Hilfe errechnet der Computer den exakten Schnittpunkt von zwei
identifizierten Elementen. Der Schnittpunkt wird auf dem Monitor angezeigt
und innerhalb des Fangradius als registrierter Punkt erkannt.

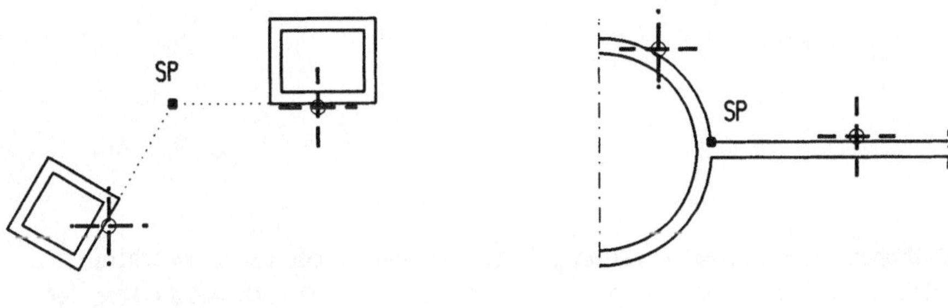

Symbol	Seite	Maske	Beschreibung	Symbol	Seite	Maske	Beschreibung
			Hintergrund aktivieren				....
			zugeordnete Folien aktivieren				....

HINTERGRUND AKTIVIEREN

Ein Anfahren dieses Menüs läßt es zu, daß Manipulationen und Modifikationen
nicht nur auf der aktiven Zeichnungsebene, sondern auf allen sichtbaren Folien
gleichzeitig durchgeführt werden können. Manche Systeme sind mit ähnlicher
Funktion in der Lage, auf dem Bildschirm aktuell nicht sichtbare, zugeordnete
Ebenen zu ändern.

Symbol	Seite	Maske	Beschreibung	Symbol	Seite	Maske	Beschreibung
			Gesamtübersicht einblenden				....

GESAMTÜBERSICHT

Da man mit dem Computer überwiegend im Detail bzw. in Ausschnitten konstruiert,
stellen manche CAD-Programme in einem kleinen Prozeßfenster (engl.: window) den
Umriß des gesamten Bauobjekts dar. Um den Konstruktionsprozeß nicht zu stören,
wird diese Übersicht am Rand des Grafikschirmes platziert. Zur Orientierung findet der CAD-Anwender ein andersfarbiges Rechteck darüber eingeblendet, das ihm
permanent Auskunft über Lage und Proportion des aktuellen Bildausschnittes zum
Gesamtobjekt gibt.

Hilfsfunktionen

Symbol	Seite	Maske	Beschreibung	Symbol	Seite	Maske	Beschreibung

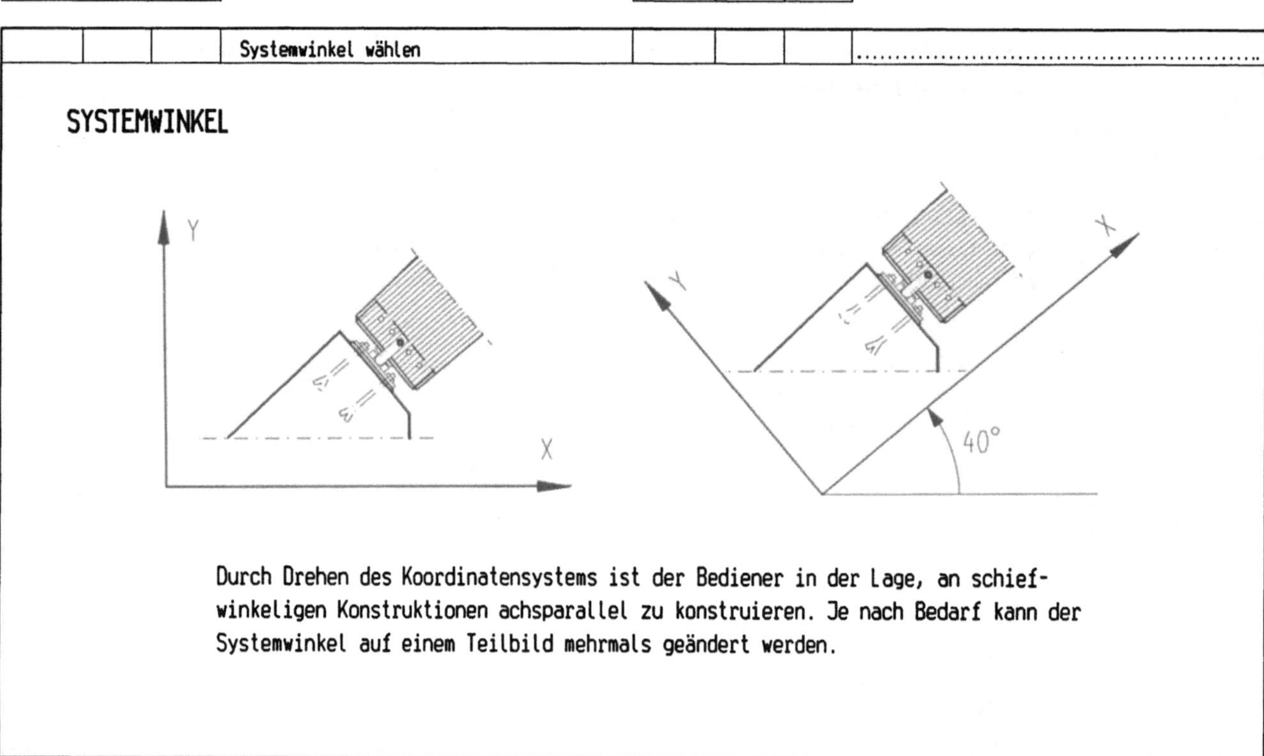

Durch Drehen des Koordinatensystems ist der Bediener in der Lage, an schief-
winkeligen Konstruktionen achsparallel zu konstruieren. Je nach Bedarf kann der
Systemwinkel auf einem Teilbild mehrmals geändert werden.

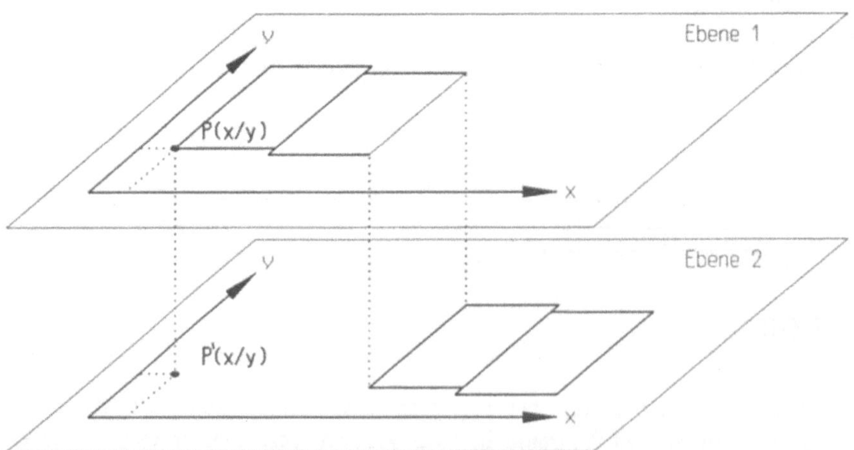

Mit Hilfe dieser Funktion werden durch die Bestimmung eines Punktes alle vorhan-
denen Zeichnungselemente einem bekannten Koordinatensystem zugeordnet. Der
Anwender könnte somit alle Zeichnungspunkte mit Koordinatenwerten ansprechen.
Dieses Programm dient ferner zum Anpassen mehrerer übereinanderliegender Folien.

Hilfsfunktionen

Symbol	Seite	Maske	Beschreibung	Symbol	Seite	Maske	Beschreibung
			Winkel zwischen drei Punkten				....
			Winkel zwischen zwei Elementen				....

WINKELMESSUNG

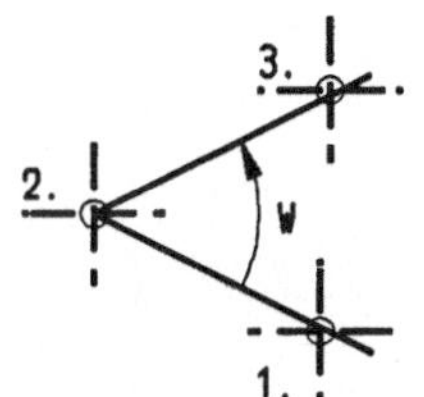

W = 53.13°

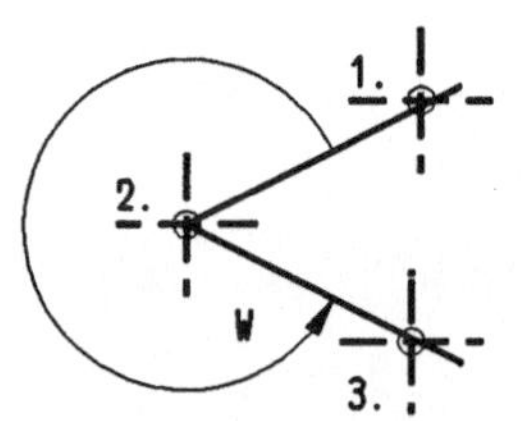

W = 306.87°

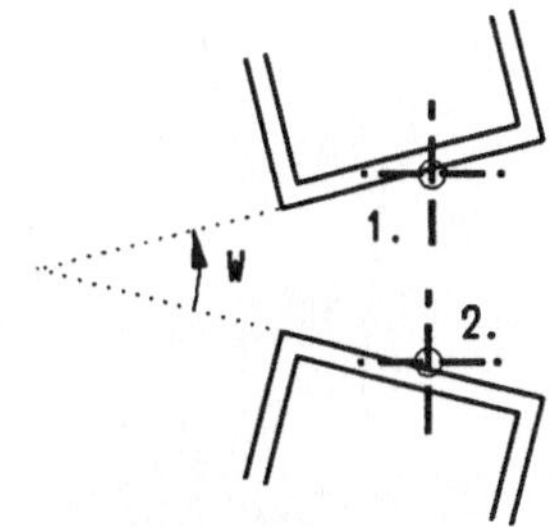

W = 28.10°

Die Winkelmeßwerte in Grad, Bogenmaß oder Gon werden nach dem Messen in der
Dialogzeile am Bildschirm angezeigt. Manche Systeme speichern automatisch den
zuletzt gemessenen Wert und schlagen ihn bei der Aktivierung von Konstruktionsfunktionen zur Übernahme vor.

Symbol	Seite	Maske	Beschreibung	Symbol	Seite	Maske	Beschreibung
			Strecke durch zwei Punkte				....
			Identifizieren einzelner Elemente				....

LÄNGENMESSUNG

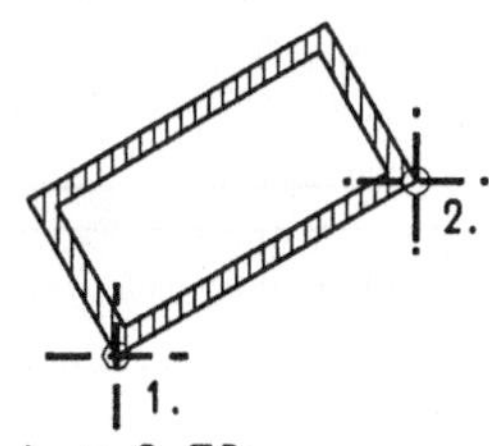

L = 2,50m

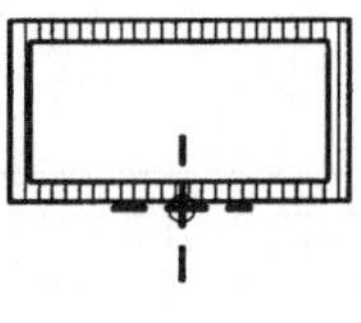

L = 2,50m

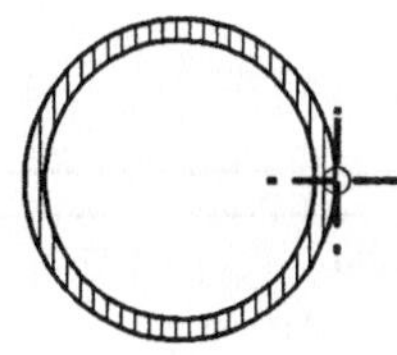

U = 7,23m

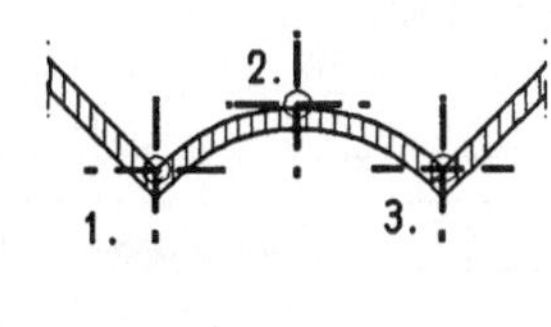

B = 2,36m

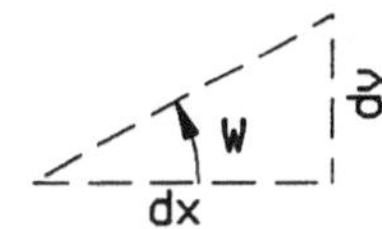

W   = 30°
dx = 2,165m
dy = 1.250m
Σ = 2.500m

Auch hier werden die gemessenen Werte dem Bediener in einer
Textzeile mitgeteilt.
Gute Programme informieren in dieser Zeile gleichzeitig
über den Winkel im Koordinatensystem, über die Schrittweiten
dx und dy sowie über die Gesamtlänge aller in einem Arbeits-
gang gemessenen Strecken. Ferner speichern auch sie den gemessenen Wert bis zur nächsten Messung, so daß er für Änderungen direkt übernommen werden kann.

Hilfsfunktionen

Symbol	Seite	Maske	Beschreibung		Symbol	Seite	Maske	Beschreibung
			Rechteckfläche					automatisch durch Identifizieren
			geschlossener Polygonzug					....
			Kreis/Ellipse					....

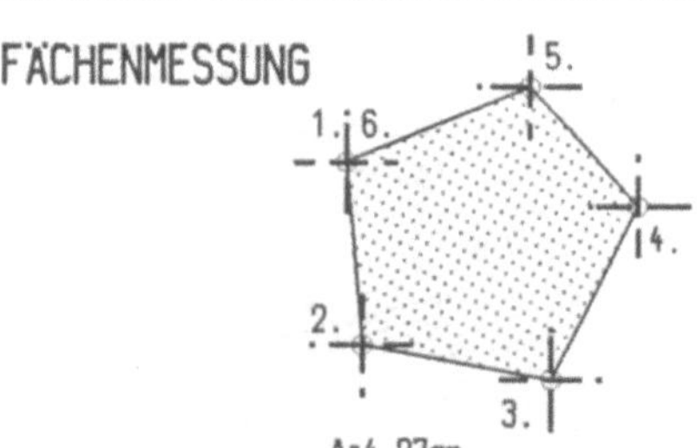

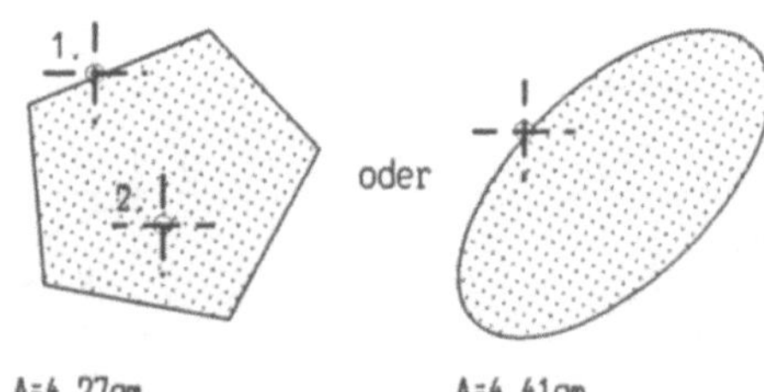

FLÄCHENMESSUNG

oder

oder

A=4,27qm

A=4,27qm

A=4,41qm

Durch Umfahren eines Polygonzuges

durch Identifizieren eines geschlossenen Polygonzuges oder einer geschlossenen Kurve

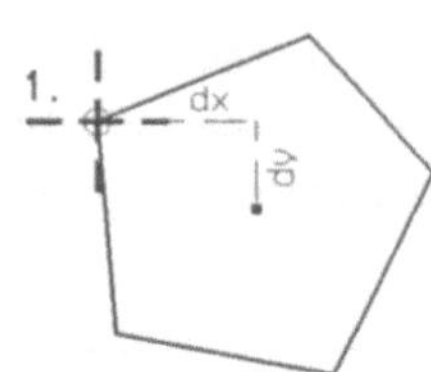

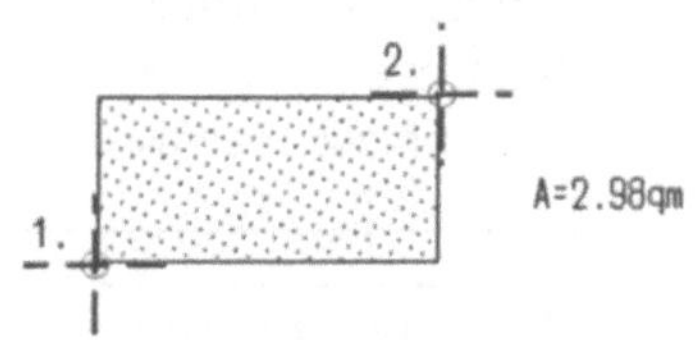

A=2.98qm

Manche System geben nach dem Umfahren der Fläche die Lage des Schwerpunktes automatisch an.
Die Bezugsmaße in x- und in y-Richtung beziehen
sich z.B. auf den ersten identifizierten Punkt
dieser Fläche.

oder durch
Abtasten der Diagonalen eines Rechteckes

Symbol	Seite	Maske	Beschreibung		Symbol	Seite	Maske	Beschreibung
			als Segment aufbauen					....
			als Kontur/Gruppe bestimmen					....

SEGMENTDEFINITION/GRUPPENDEFINITION

Mit dieser Funktion ist der Anwender in der Lage, Elemente zu einer Einheit
zusammenzufassen. Mehrere Konstruktionseinheiten können gleichzeitig mit einem
Befehl manipuliert oder modifiziert werden.

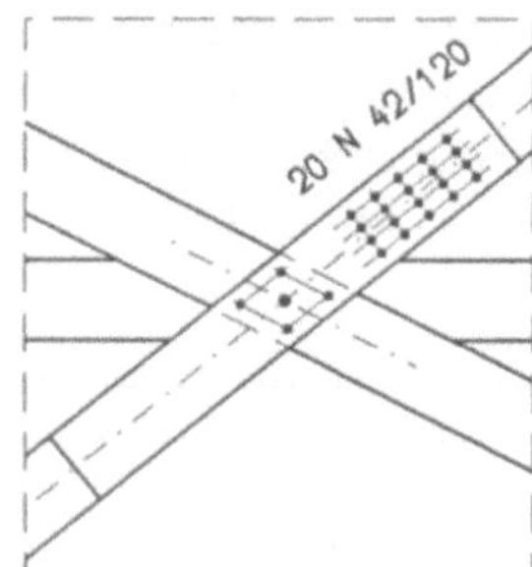

Beispiel:
Die Nagelverbindung 20 N 42/120
wird als Segment aufgebaut und als
eine Einheit durch einmaliges Antippen mit dem Fadenkreuz verdoppelt.

Verdoppeln - bei diesem Beispiel ent-
weder mit den Funktionen Kopieren,
Drehen und Verschieben oder mit dem
Menü Rotieren (vgl.S.111f)

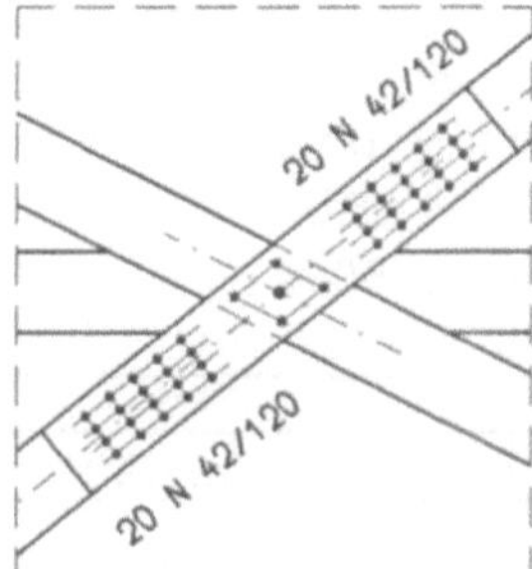

Manche Programme bauen Texte, Maßlinien oder auch Schraffuren automatisch als
Segmente auf. Einige Programme sind in der Lage, als Gruppe zusammengefaßte Konstruktionseinheiten am Bildschirm in einer eigenen Farbe einzublenden.

Positionieren

Symbol	Seite	Maske	Beschreibung		Symbol	Seite	Maske	Beschreibung

Im CAD wird durch Aktivieren und Ausführen einzelner CAD-Funktionen konstruiert.
Zur Ausführung einer solchen Funktion ist es für den Anwender häufig erforderlich, dem Rechner eine Ausgangsposition mitzuteilen, von der aus die einzelne
Funktion ausgeführt werden soll. Bei den meisten Programmen wird der Bediener
im Dialog (vgl.S.47) zu dieser Eingabe aufgefordert. Als Antwort bieten sich
folgende Möglichkeiten:

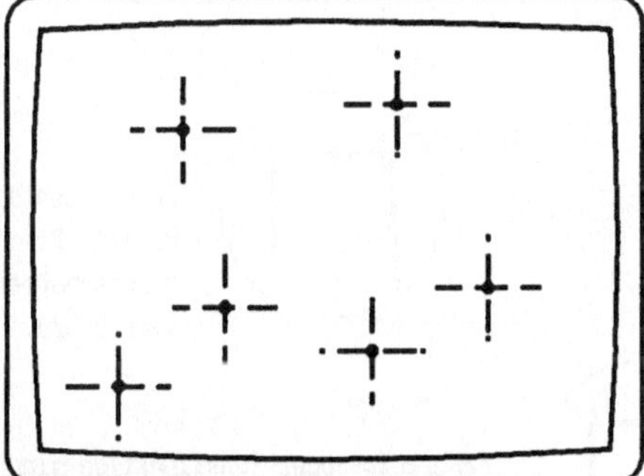

Beliebige Bildschirmpositionen mit dem
Fadenkreuz anfahren und bestätigen

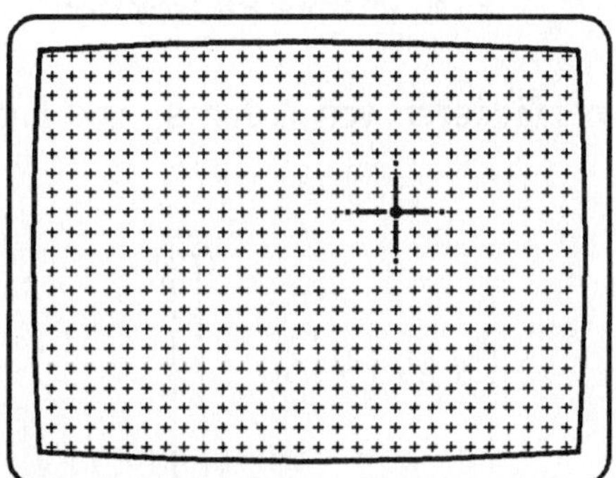

Beliebigen Gitterpunkt
anfahren und bestätigen

Eine KOORDINATENEINGABE wird systemabhängig durch die Tastatur, ein Zahlenfeld
auf dem Menütablett oder auf einer Fadenkreuzlupe ermöglicht.

Beispiel:

Eingeben von ABSOLUTKOORDINATEN – die Lage
des Koordinatensystems wird zu Beginn oder
auch während des Konstruktionsprozesses
gewählt. Da der Anwender zur Planerstellung
mit CAD überwiegend Maße und Winkel eingibt,
hat die Kenntnis von der Lage des Absolut-
koordinatensystems für ihn kaum Bedeutung.

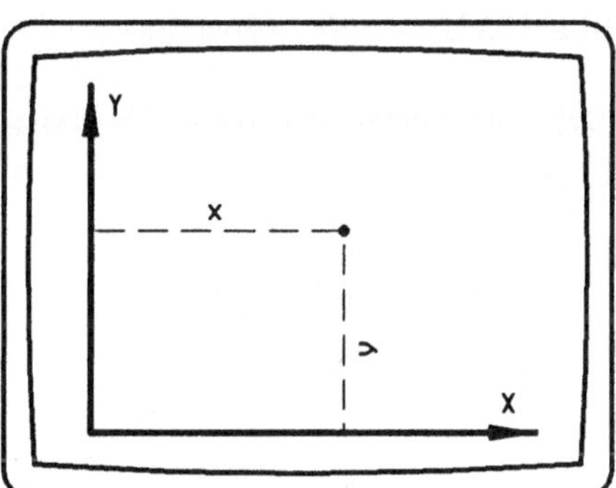

Beispiel: Bei KARTESISCHEN KOORDINATEN

Beispiel: bei POLARKOORDINATEN

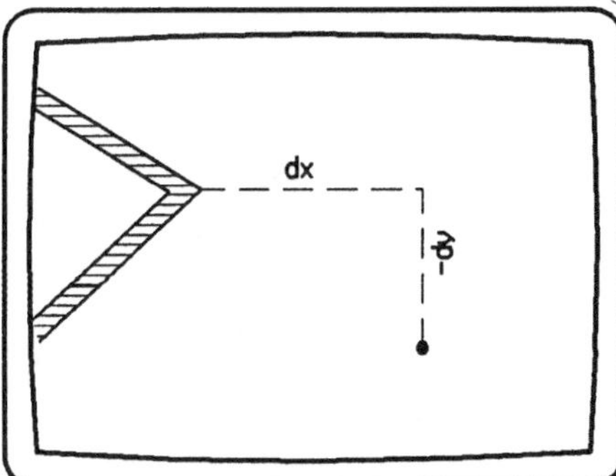

Eingeben von RELATIVKOORDINATEN als Differenz-
werte zu existierenden Punkten

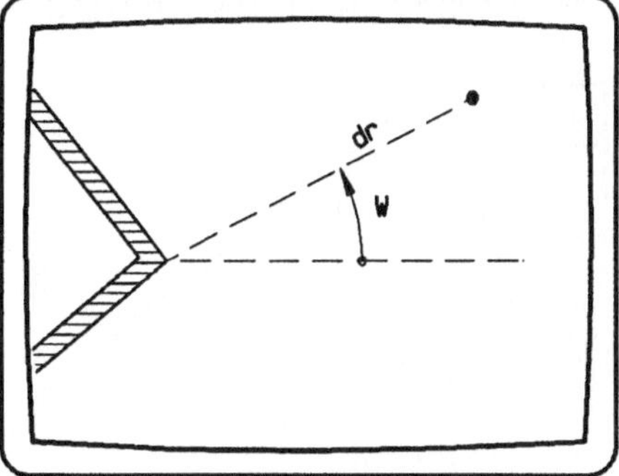

Eingeben von RELATIVKOORDINATEN, bezugnehmend
auf die Position vorhandener Punkte

Identifizieren

Symbol	Seite	Maske	Beschreibung	Symbol	Seite	Maske	Beschreibung

Eine Konstruktion entsteht durch das Aneinanderfügen von Konstruktionseinheiten.
Damit dem Rechner ein sinnvoller Bezug zwischen vorhandenen Einheiten und der
neu zu erstellenden Konstruktionseinheit mitgeteilt wird, muß der CAD-Bediener
je nach gewählter Funktion ganze Einheiten oder markante Punkte von vorhandenen
Konstruktionseinheiten identifizieren. Um diesen Vorgang auszuführen, gibt es
im CAD verschiedene Techniken:

1 Identifizieren von Anfangs- und Endpunkt

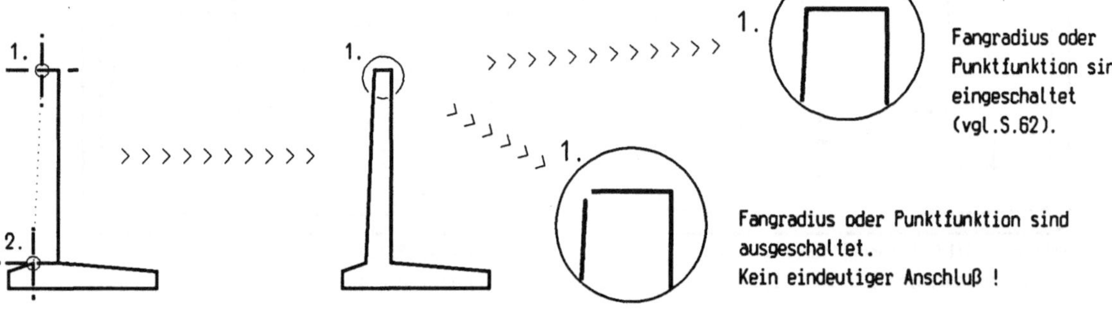

2 Identifizieren von Elementen

Beispiel: Zur exakten Bestimmung des Lotfußpunktes

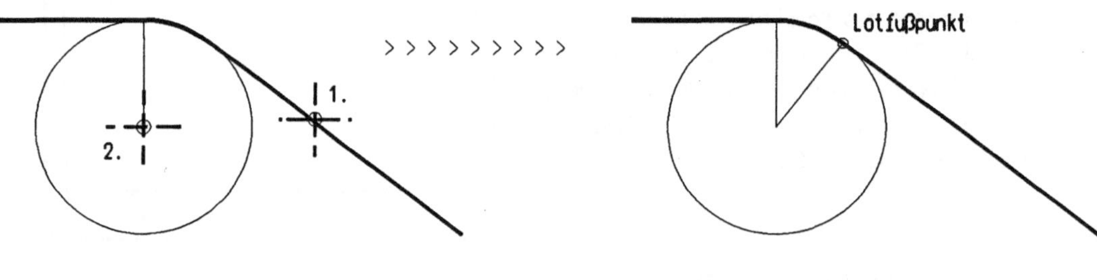

Beispiel: Bei der Funktion Löschen (vgl.S.98)

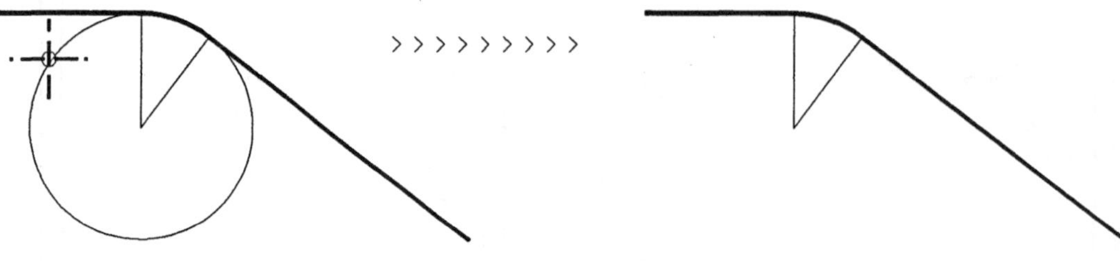

Anmerkung: Der Fangradius ist am Bildschirm nicht sichtbar !

Identifizieren

Symbol	Seite	Maske	Beschreibung	Symbol	Seite	Maske	Beschreibung

Zum Identifizieren darf bei verschiedenen Funktionen auch ein Bereich identifiziert werden. Anhand der folgenden Beispiele werden weitere Identifizierungsmög-
lichkeiten mit der Funktion LÖSCHEN erklärt:

3 Identifizieren im Rechteckfenster

3.1 Alle Elemente, die vollständig im Rechteckfenster liegen,
werden identifiziert und gelöscht.

3.2 Alle Elemente, die das Rechteckfenster optisch berührt oder
schneidet, werden identifiziert und gelöscht.

4 Identifizieren im Polygonfenster

Alle Elemente, die vollständig im Polygonfenster liegen,
werden identifiziert und gelöscht.

Identifizieren

| Symbol | Seite | Maske | Beschreibung | | Symbol | Seite | Maske | Beschreibung |

5   Identifizieren nach Elementart

Beispiel: Löschen aller Kreisbögen

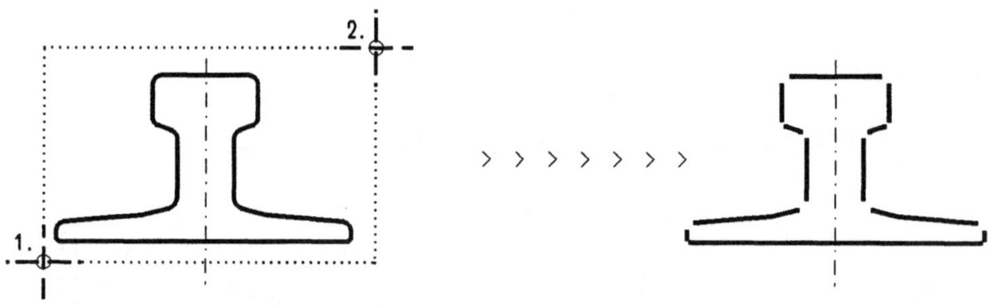

6   Identifizieren nach Elementeigenschaft

Beispiel: Löschen der eingegrenzten gestrichelten Linien

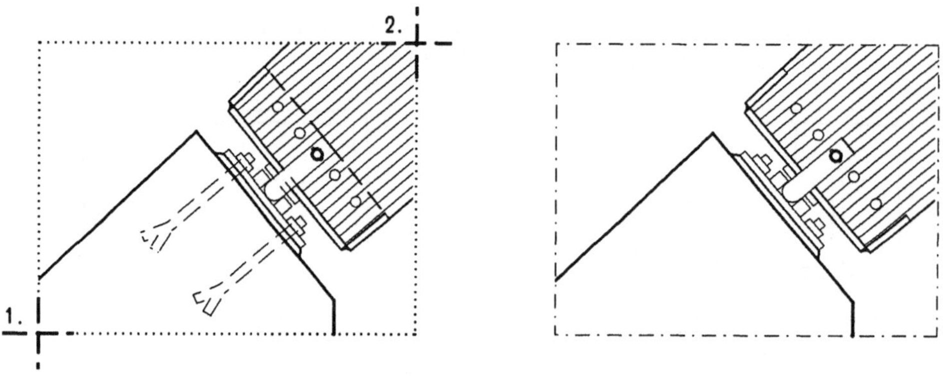

7   Identifizieren von Segmenten (Gruppen/Konturen)

7.1   Beispiel: Löschen einer Kontur

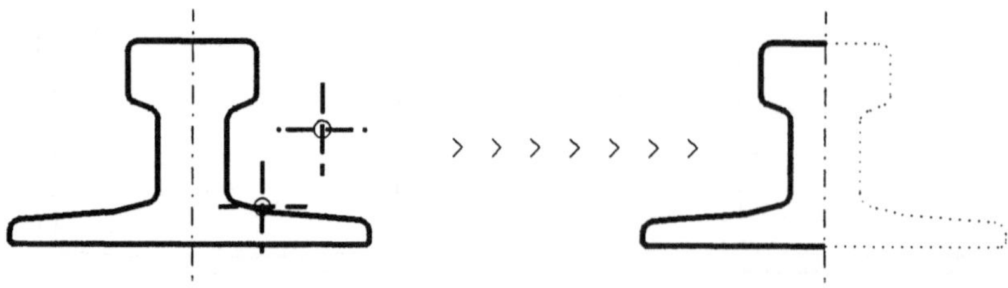

Identifizieren

| Symbol | Seite | Maske | Beschreibung | | Symbol | Seite | Maske | Beschreibung |

7.2 Identifizieren eines Textes

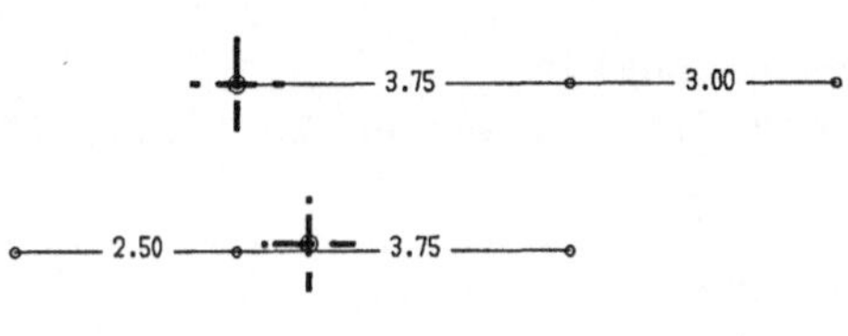

Beispiel: Mit dem Fadenkreuz an einem fest vereinbarten Punkt einer Textzeile;

je nach System auch an einem beliebigen Punkt einer Textzeile, oder

durch Umfahren des Textes,
um ihn z.B. zu verschieben oder
zu ändern.

7.3 Identifizieren von Maßlinien

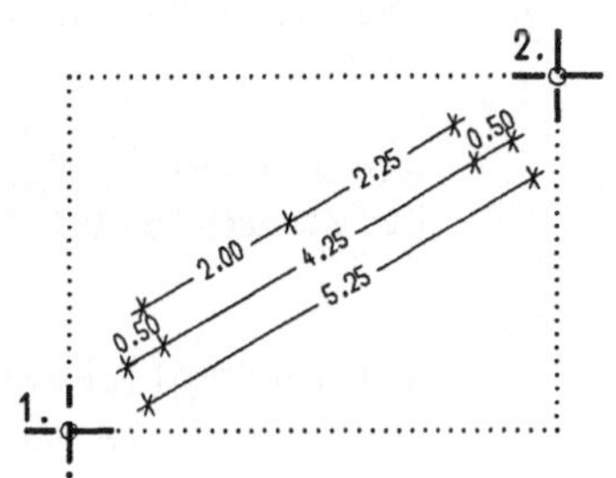

7.4 Identifizieren einer Schraffur. Je nach System löscht sie der Anwender durch einmaliges Antippen.

8. Identifizieren durch Zahleneingabe

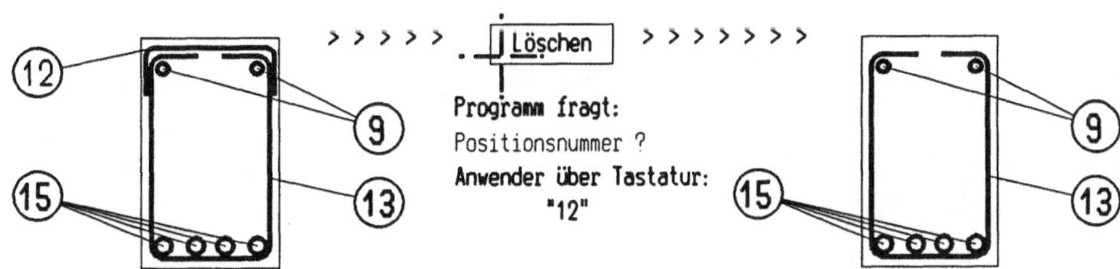

Meist werden Segmente rechnerintern mit zugeordneten Segmentnummern in eine
Segmentliste eingetragen. Durch Eingeben der Segmentnummer kann ein Segment
manipuliert werden. Die Zahleneingabe erfolgt je nach System über die Tastatur
oder ein Zahlenfeld auf der Menümaske. Systemabhängig ist es möglich, Positionen
wie die Stahleinlagen in Bewehrungsplänen mit Positionsnummern zu versehen und
auf diese Weise zu löschen.

4 Arbeitstechniken im 2D-CAD

In diesem Kapitel wird die Palette der Konstruktionsfunktionen behandelt. An die Analyse dieser Funktionen
sind Übungen angeschlossen, die den Einstieg in die neue
Materie erleichtern.

Einleitung

In Bezug auf die Wirtschaftlichkeit eines CAD-Systems sind vier Faktoren besonders hervorzuheben:

. eine leistungsfähige Hardware,

. eine effektive Betreuung durch die Systemanbieter,

. eine praxisnahe Konstruktionsphilosophie des Systems,

. vor allem aber eine klare, übersichtliche und kompakte Struktur der Konstruktionsfunktionen.

Es gibt auf dem Markt Systeme, bei denen man für jeden Strich ein gesondertes Menü anwählen muß. Da diese Menüs übersichtlich auf dem Tablett oder auf der Menümaske angeordnet sein sollen, benötigen solche CAD-Systeme eine Vielzahl an Menükarten bzw. Masken. Um beliebige Funktionen zu aktivieren, müssen diese Masken oder Tabletts während der Planerstellungsphase häufig gewechselt werden. Die gleichen Funktionen üben manche CAD-Programme mit wesentlich weniger, dafür jedoch mit mächtigeren Konstruktionsmenüs aus.

Was sind mächtige Konstruktionsfunktionen ?

Im folgenden Kapitel wird gezeigt, auf welche Weisen mit Computerhilfe Linien erzeugt werden.
Es gibt Funktionen zum Zeichnen von vertikalen und horizontalen Linien, zum Erzeugen von Linien durch zwei Punkte, Linien gegeben durch Anfangspunkt, Länge und Winkel und Funktionen zum Zeichnen von Punkten und Polygonzügen.
Ein mächtiger Zeichenbefehl beinhaltet automatisch alle hier exemplarisch aufgeführten Operatoren. Der Bediener muß sich also vor dem Zeichnen einer Linie nicht entscheiden, welche Art von Linie er erzeugen will. Er fährt grundsätzlich immer dasselbe Linienmenü an. Eine Priorität, um welche Operation es sich handeln soll, ist durch die Reihenfolge der Eingaben des Bedieners automatisch gegeben.
So umfangreiche Funktionen sind zwar sehr schwierig zu programmieren, der Vorteil liegt jedoch eindeutig auf der Seite des Anwenders.

Grundelemente

Für den Umgang mit CAD-Operatoren gibt es prinzipiell zwei Handhabungsweisen:

1. Menü ansteuern – eine Operation durchführen – Funktion schaltet sich automatisch aus – nächste Funktion aktivieren – weitere Operation durchführen – Funktion schaltet sich wieder automatisch aus etc... .

2. Menü ansteuern – eine oder mehrere Operationen durchführen – Menü wird vom Bediener ausgeschaltet – nächste Funktion aktivieren etc... .

Die Bestätigungstaste(n) zum Öffnen oder Schließen einzelner Menüs liegen im Digitalisierungswerkzeug unmittelbar beieinander.

PUNKT

Im 3. Kapitel haben wir bereits etwas über die Anwendungsbereiche des Punktes erfahren. Generell kennt man den Punkt im CAD:

- als Teil eines weiteren Elementes,
- als Konstruktionspunkt
- oder als eigenständiges Geometrieelement.

1. Der Punkt als Teil eines weiteren Elementes

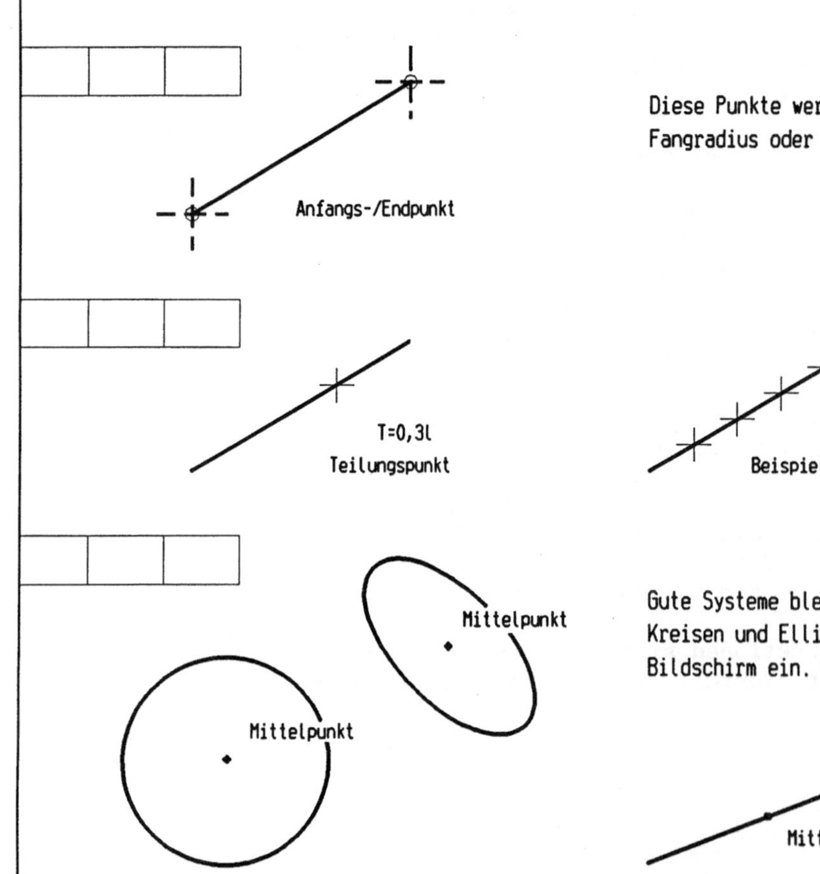

Diese Punkte werden durch Identifizieren mittels Fangradius oder Punktmenü vom Rechner erkannt.

Gute Systeme blenden grundsätzlich Mittelpunkte von Kreisen und Ellipsen als Konstruktionshilfen auf dem Bildschirm ein. Diese Punkte werden nicht mitgeplottet.

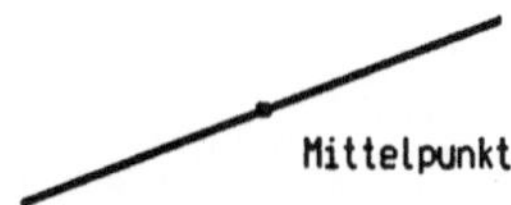

Grundelemente

PUNKT

2. Der Punkt als Konstruktionspunkt

Konstruktionspunkte sind rechnerintern mit festen Koordinaten versehen. Man
sieht diese Punkte lediglich auf dem Monitor, sie werden in der Regel nicht mit
ausgeplottet. Durch Identifizieren erkennt sie der Rechner als Schnittpunkte.
Würde der Computer alle sichtbaren Schnitt- und Berührungspunkte einer Zeichnung
automatisch errechnen, so bräuchte er zum Bildaufbau ein Vielfaches an Speicherkapazitäten und Zeit. Im CAD ist es deshalb üblich, daß ein System nur die Punkte errechnet, die der Bediener zur weiteren Zeichnungserstellung benötigt.
Welche Punkte das sind, bestimmt der Anwender mit den entsprechenden Funktionen
(vgl.S.65/70).

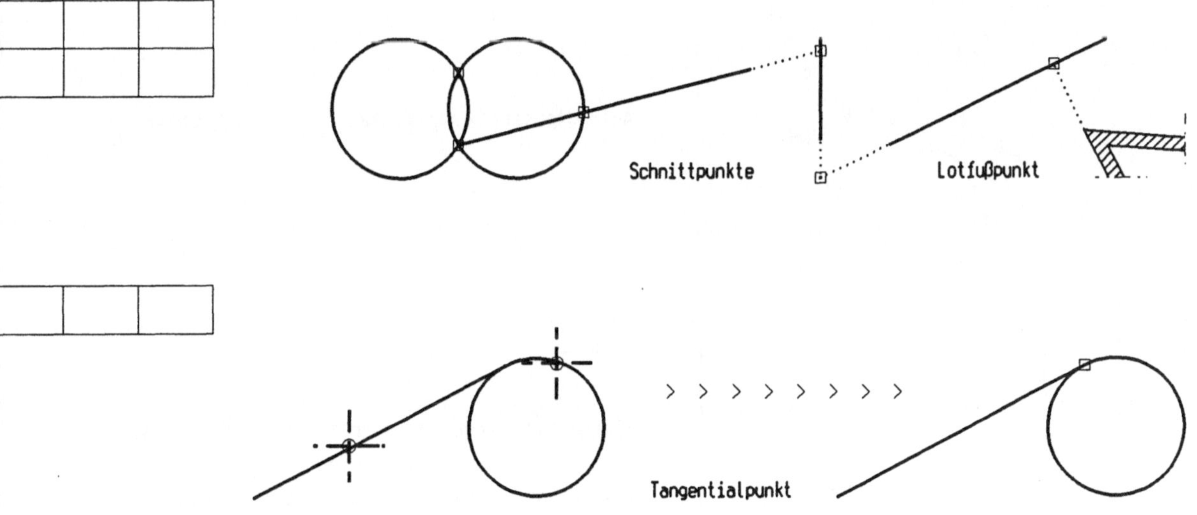

3. Der Punkt als eigenständiges Geometrieelement

Punkte als eigenständige Geometrieelemente werden vom Plotter gezeichnet. Die
Vielfalt der Punktsymbole unterschiedlicher Systeme macht es wenig sinnvoll,
diese hier im einzelnen aufzuführen. Man braucht solche Punktfunktionen z.B. bei
der Erstellung von Trassierungsplänen oder Vermessungsplänen, für Nagelverbin-
dungen im Holzbau, zur Darstellung von Schweißnähten im Stahl- und im Spann-
betonbau usw.

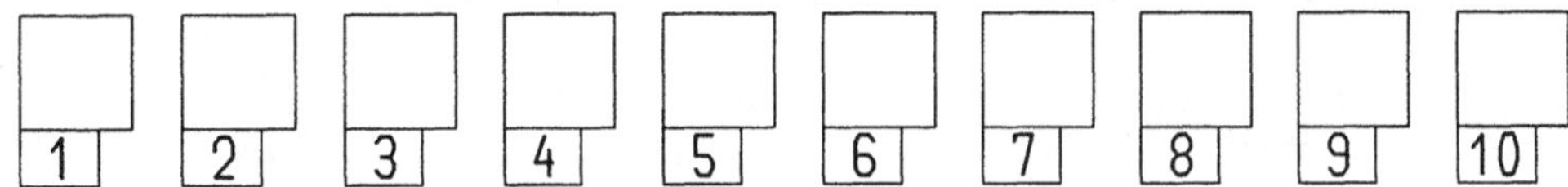

Sollten die Punktsymbole des gewählten Systems mit Nummern codiert sein, so kann
man sie bei Bedarf hier eintragen.

Grundelemente

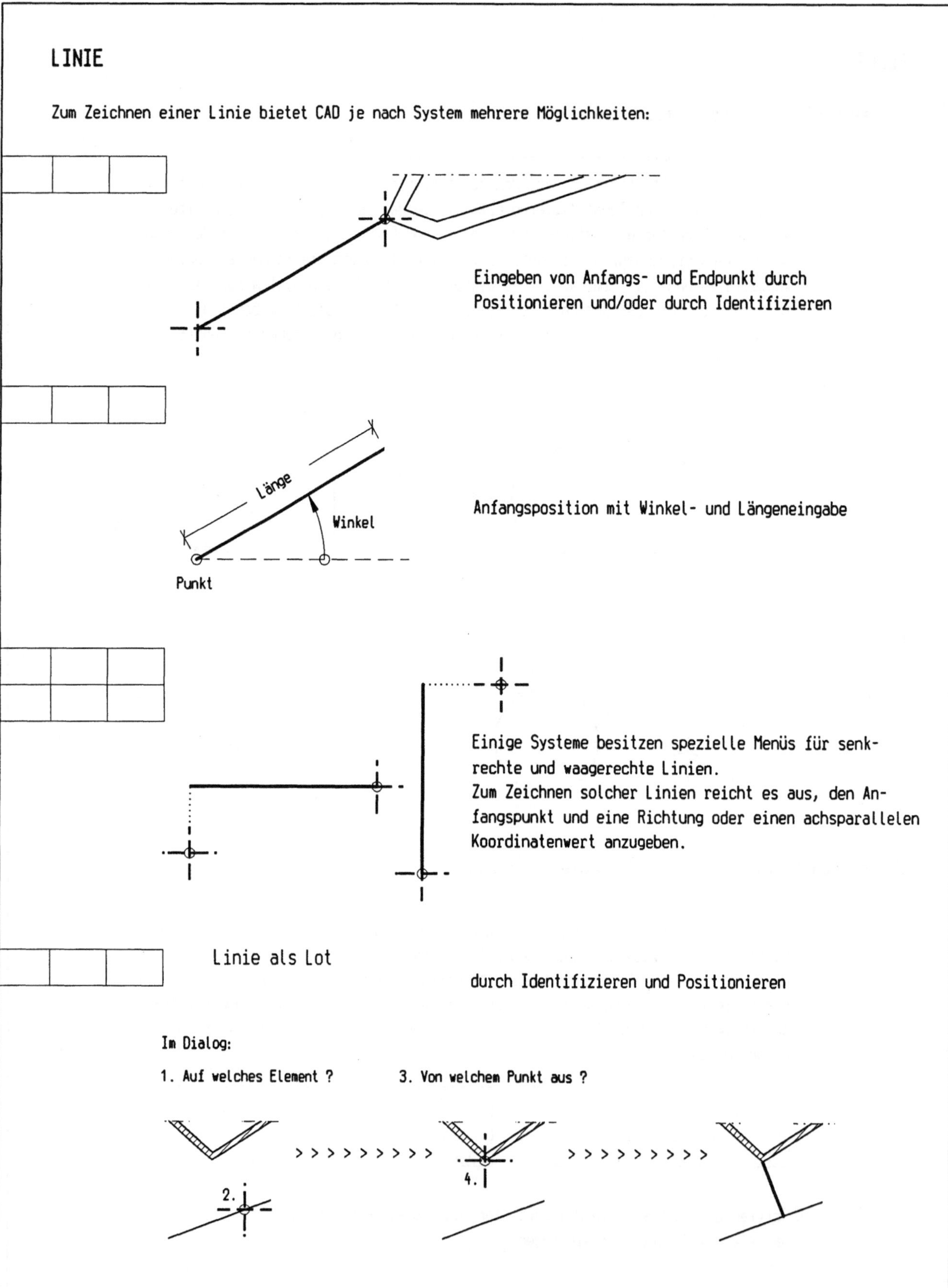

LINIE

Zum Zeichnen einer Linie bietet CAD je nach System mehrere Möglichkeiten:

Grundelemente

LINIE

Linie als Tangente

durch Identifizieren und Positionieren

Im Dialog:

1. Erstes Element ?   3. Zweites Element oder Ausgangspunkt ?

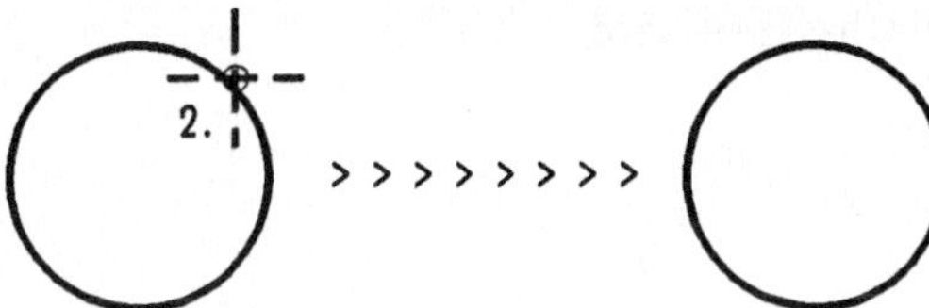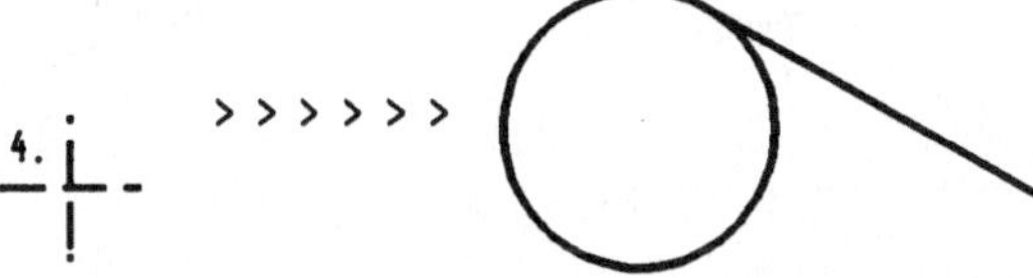

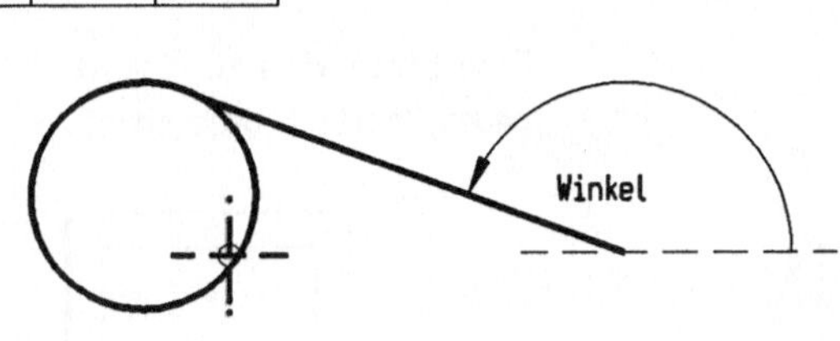

Durch die Eingabe eines Winkels, bezogen auf eine
Koordinatenachse und durch Identifizieren der Kurve

Um eine Tangente von einem Punkt oder von einem Element an eine Kurve zu legen,
gibt es mehrere Positionsmöglichkeiten. Damit man die gewünschte Linie erhält,
bieten sich im CAD zwei Lösungsmöglichkeiten an:

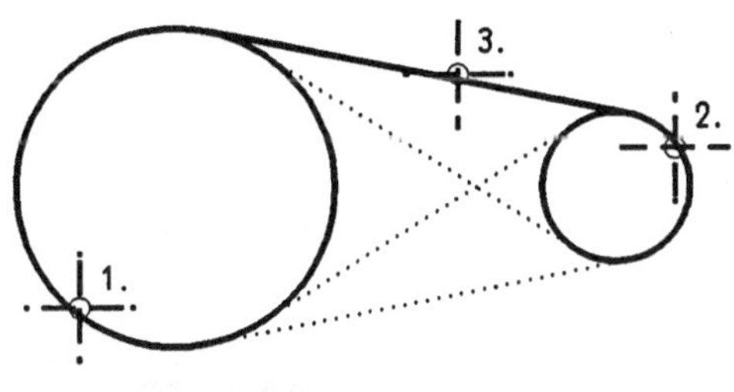

Bei der ersten Variante werden alle denkbaren Tan-
genten als Hilfskonstruktionen dargestellt. Der Anwender identifiziert danach die gesuchte Linie.

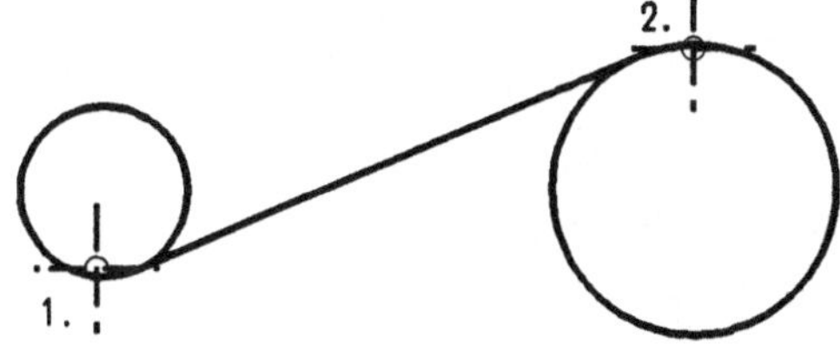

In einer zweiten Variante lokalisiert der Rechner
den Ort, an dem die Elemente identifiziert worden
sind. Er legt die Tangente an die Berührpunkte, die
diesen Stellen am nächsten liegen.

Grundelemente

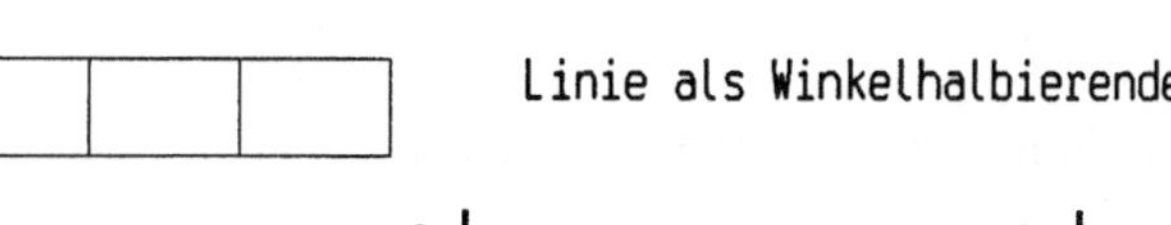

Linie als Winkelhalbierende

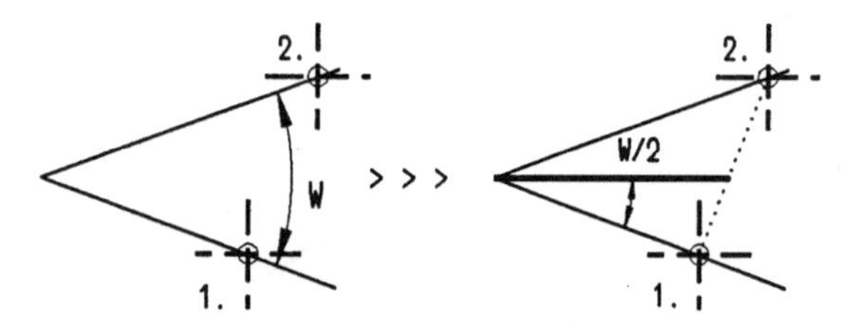

Eine Winkelhalbierende wird bis zur gedachten Linie
zwischen den Punkten gezeichnet, mit denen der Anfangspunkt bestimmt wird.

Linie als Parallele

1.Möglichkeit

Identifizieren   Positionieren   Eine Linie wird in Höhe der
                                                                         neuen Position gezeichnet.

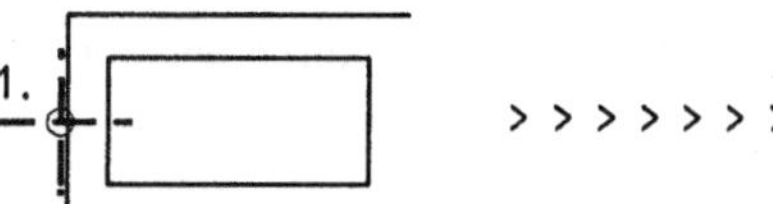

> > > > > > >
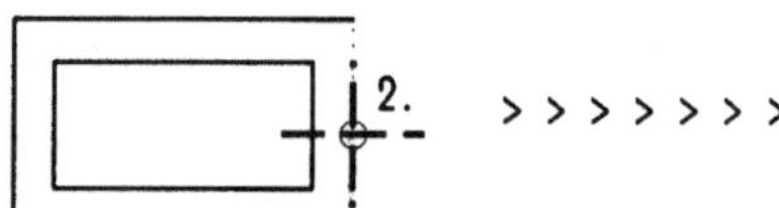

> > > > > >
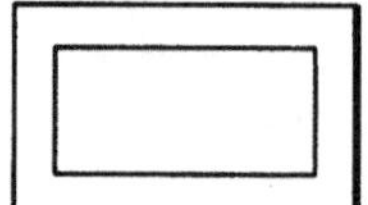

oder:

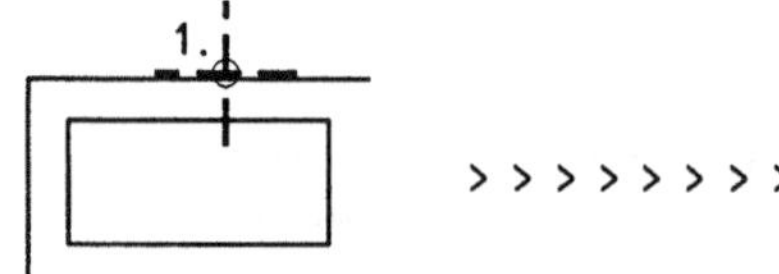

> > > > > > >
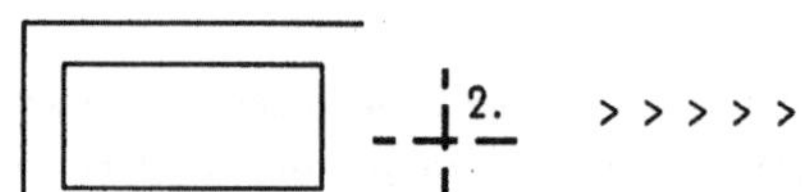

> > > > >
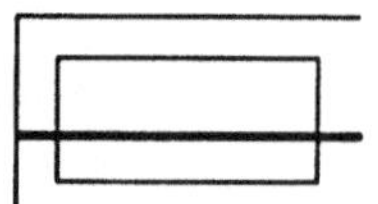

2.Möglichkeit

Möglicher Dialog:

1.Identifizieren - Abstand ? - 2. Zahleneingabe, hier "0.27" - Verteilungsrichtung ?
3. Positionieren - wie oft ? - 4. Zahleneingabe, hier "7" - Rechner führt die Operation durch.

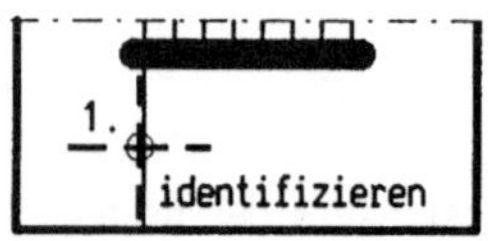

> > > > > >
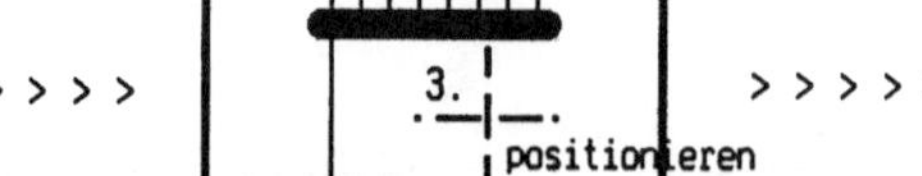

> > > > >

Die Parallelen können sowohl in neuen Stricharten als auch mit anderen Linienbreiten erzeugt werden. Manche Systeme erlauben es, die parallelen Linien mit
veränderten Längen wiederzugeben.

Grundelemente

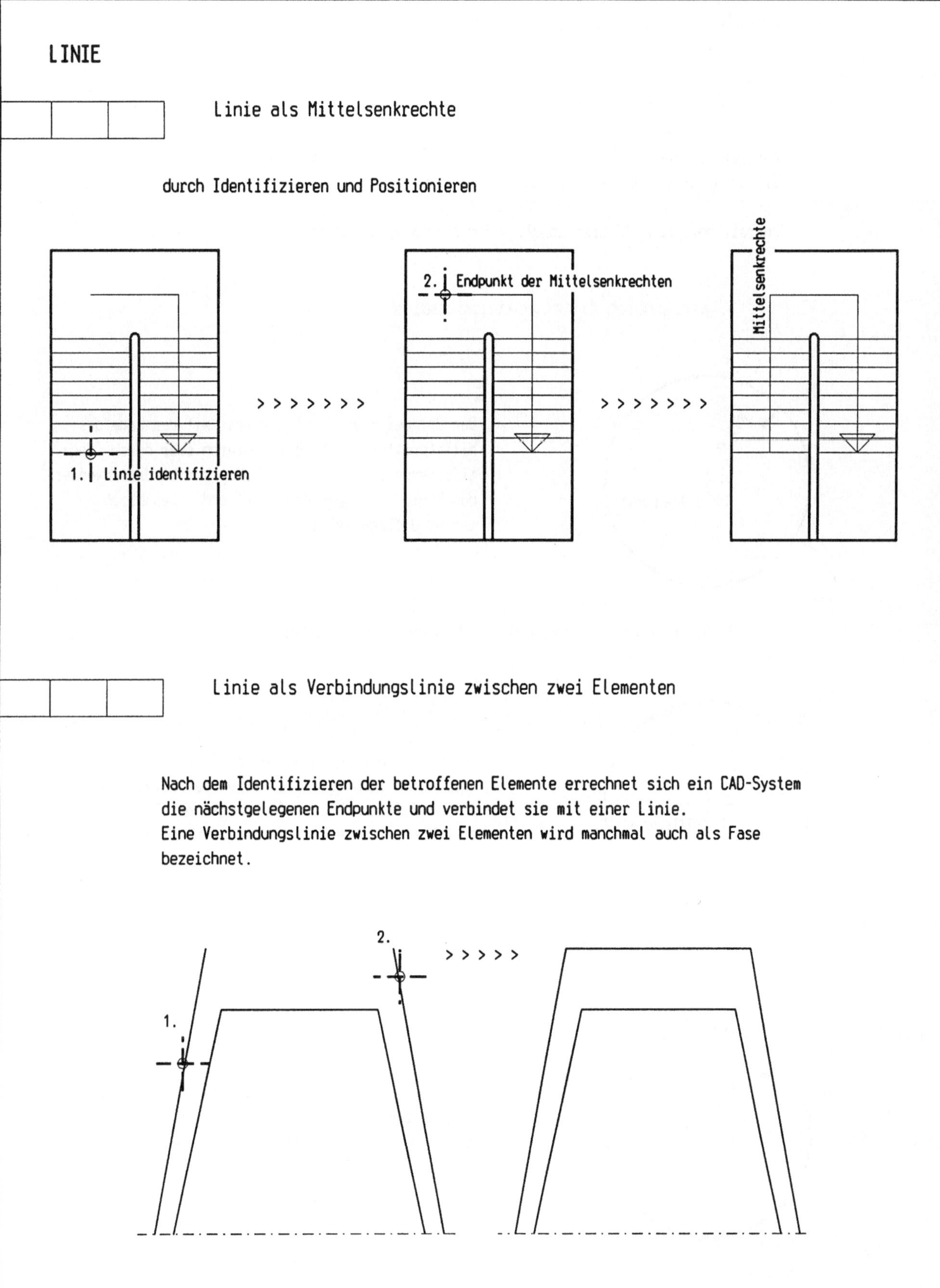

Grundelemente

KREIS

Beim Grundelement Kreis klaffen die Unterschiede in der CAD-Software am weitesten auseinander. Um alle Möglichkeiten zu berücksichtigen, die für eine Kreis-
konstruktion innerhalb einer vorhandenen Zeichnung in Frage kommen, benötigen
die einen Systeme 15, andere dagegen nur drei Menüs.

Generell darf man CAD-Kreiskonstruktionen in vier Grundvarianten zusammenfassen:

1. Kreis durch Mittelpunkt und Radius

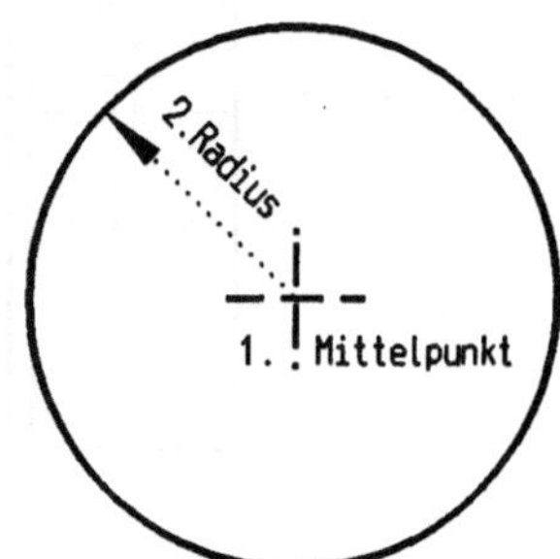

Der Ort des Kreises wird zuerst mit der Lage des
Mittelpunktes durch Positionieren oder durch Identifizieren bestimmt. Als nächstes gibt der Anwender
den Radius ein. Der Kreis ist somit beschrieben
und wird dargestellt.

2. Kreis durch Mittelpunkt und einen Umfangspunkt

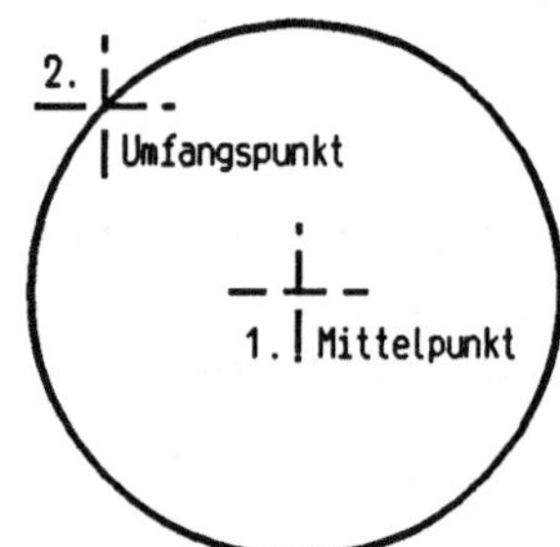

Zum Mittelpunkt gibt man durch Positionieren
oder durch Identifizieren einen beliebigen Punkt
als zukünftigen Kreisumfangspunkt an. Das System
errechnet sich den Radius und zeichnet den Kreis.

3. Kreis durch Radius und zwei Umfangspunkte

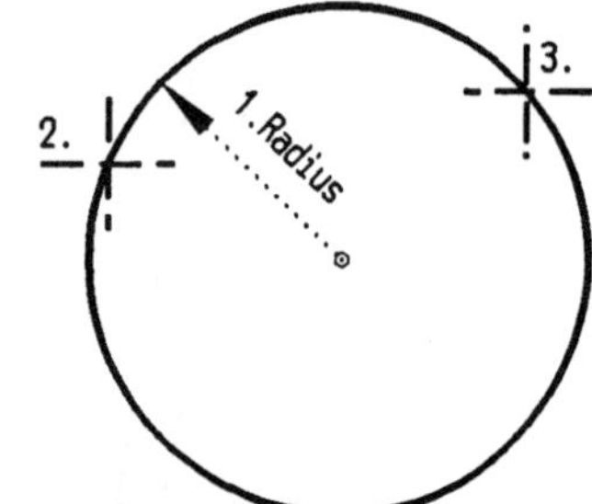

Mit der Eingabe von Radius und zwei Umfangspunkten
errechnet sich der Computer die Lage des Mittelpunktes und blendet den gesuchten Kreis auf dem
Bildschirm ein.

Grundelemente

KREIS

4. Kreis durch drei Umfangspunkte

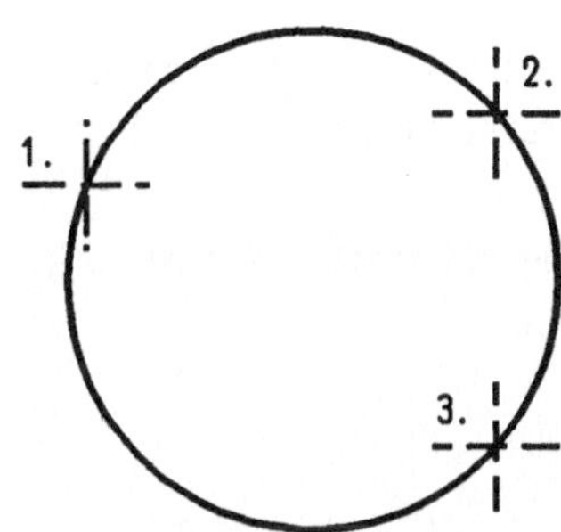

Gibt der Anwender in beliebiger Reihenfolge drei Umfangspunkte an, so schließt der Rechner auf die Lage des Mittelpunktes und auf den Radius. Der Kreis ist damit bestimmt und wird dargestellt.

Die Umfangspunkte sind in der Praxis überwiegend die Berührungspunkte irgendwelcher vorhandener Elemente, die der zu zeichnende Kreis tangential berühren soll. Bei den meisten Systemen reicht es aus, wenn die beteiligten Elemente identifiziert werden. Stellt eines der Elemente eine Kurve dar, so errechnet sich das System die zugehörige Tangente mit ihrem Berührungspunkt und nimmt diesen als Umfangspunkt an. Je nach System wird also der gesuchte Kreis vom Rechner auch mit folgenden Eingaben (durch Identifizieren) erkannt:

Drei Umfangspunkte   Radius und zwei Umfangspunkte

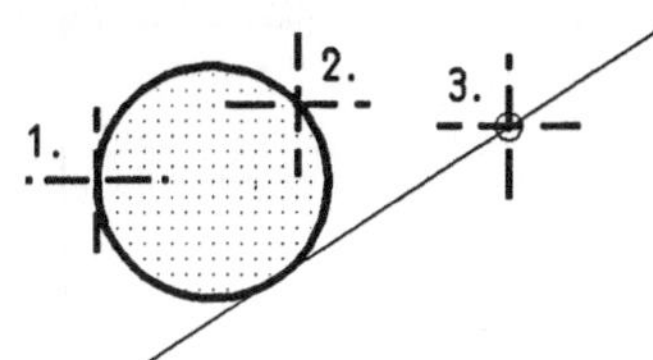
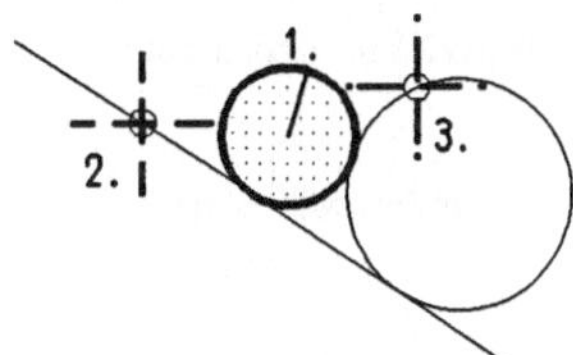

Den Berührpunkt der Tangente errechnet sich der Computer selbst.

Durch Lokalisieren der Identifikationspunkte weiß der Rechner, auf welcher Seite der Kreis gezeichnet werden soll.

Drei Umfangspunkte   Radius und zwei Umfangspunkte mit Hilfspunkt

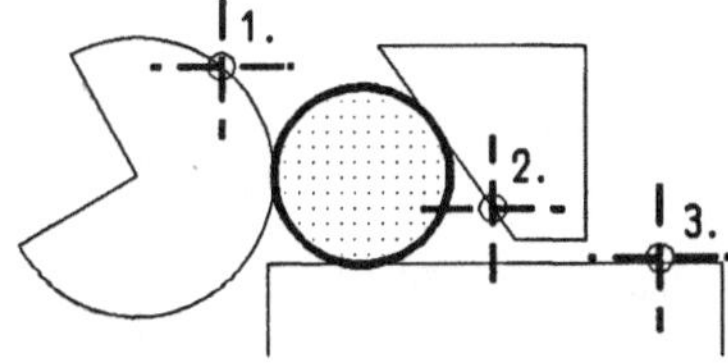
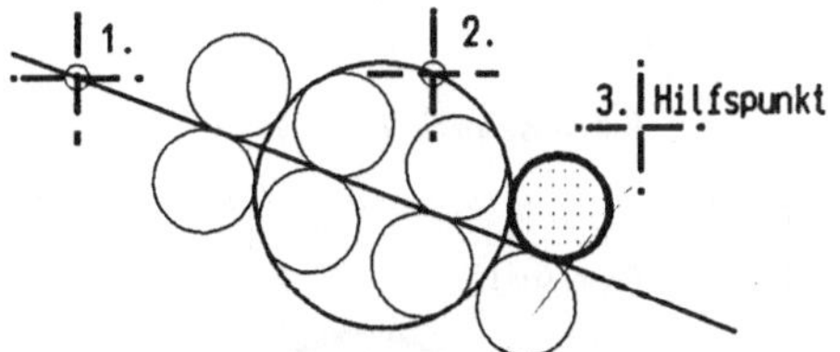

Manches System leitet sich alle drei Berührungspunkte selbst her.

Sollte es mehrere Möglichkeiten geben, so darf bei einigen Systemen ein Hilfspunkt zur Richtungsbestimmung zusätzlich positioniert werden.

Grundelemente

KREIS

Kreisausschnitt

Entweder durch zusätzliches Aktivieren des Menüs 'Kreisausschnitt' oder durch die
Angabe von Kreisparametern wie bei den vorangegangenen Kreisfunktionen erlaubt
ein CAD-System auch Kreisbögen zu zeichnen.
Ein CAD-Programm wird für diese Funktion zusätzliche Daten anfordern, so etwa

- Anfangs- und Endpunktkoordinaten,
- Anfangs- und Endwinkel,
- Anfangs- und Bogenwinkel
- oder Bogenlänge mit Anfangspunkt und Richtung

Beispiel: Dialog zwischen System und Anwender zum Zeichnen eines
            Kreisausschnittes

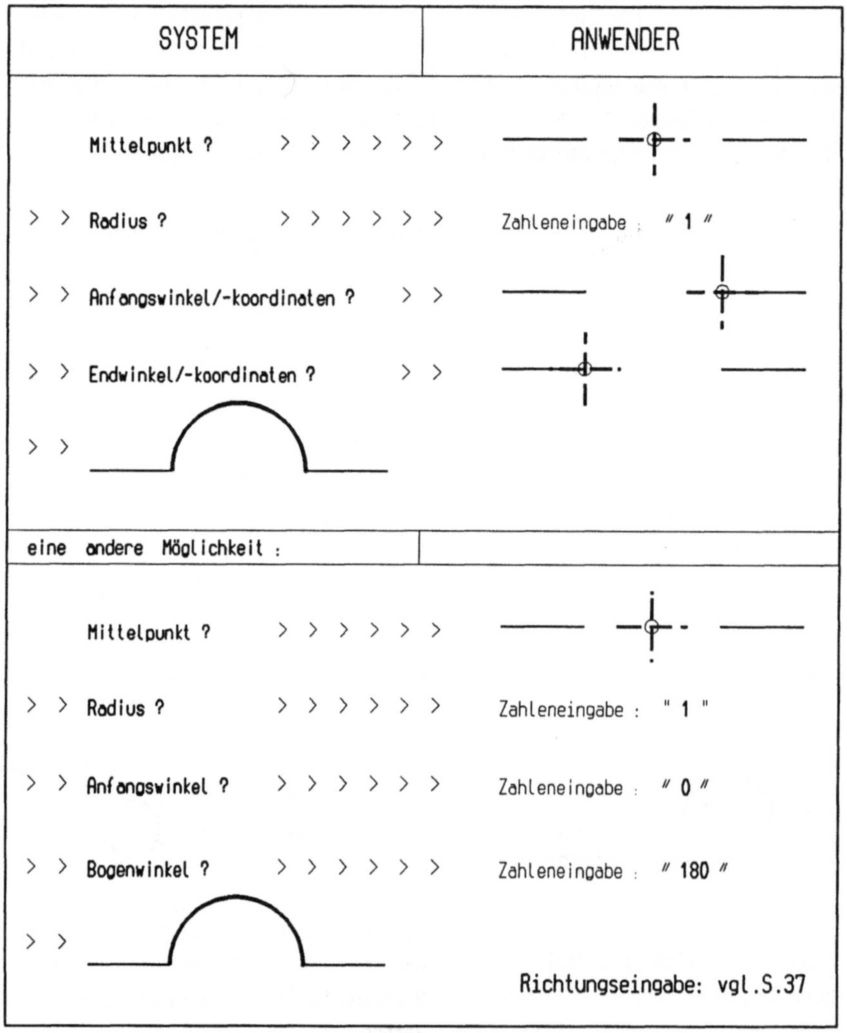

SYSTEM	ANWENDER
Mittelpunkt ? > > > > > >	
> > Radius ? > > > > > >	Zahleneingabe : " 1 "
> > Anfangswinkel/-koordinaten ? > >	
> > Endwinkel/-koordinaten ? > >	
> >	

eine andere Möglichkeit :

Mittelpunkt ? > > > > > >	
> > Radius ? > > > > > >	Zahleneingabe : " 1 "
> > Anfangswinkel ? > > > > > >	Zahleneingabe : " 0 "
> > Bogenwinkel ? > > > > > >	Zahleneingabe : " 180 "
> >	Richtungseingabe: vgl.S.37

Grundelemente

KREIS

Ausrundung/Rundung

Systemabhängige Möglichkeiten:

Identifizieren und Radiuseingabe; die Überstände
können automatisch gelöscht werden.

Linien werden automatisch verlängert, wenn der
Kreisbogen die vorhandenen Linien nicht tangieren
kann.

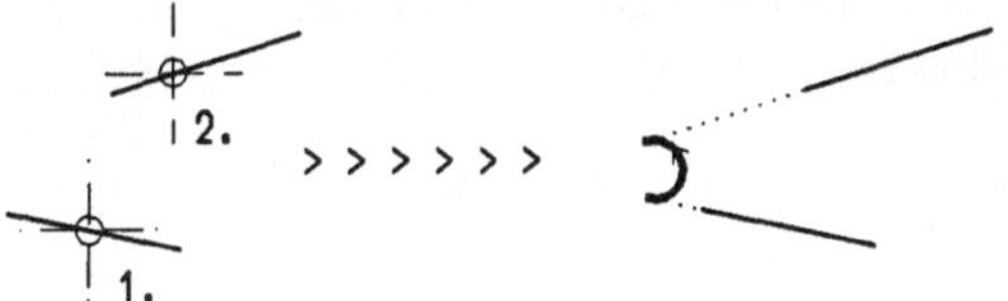

Rundung ohne Verlängerung der betroffenen Linien

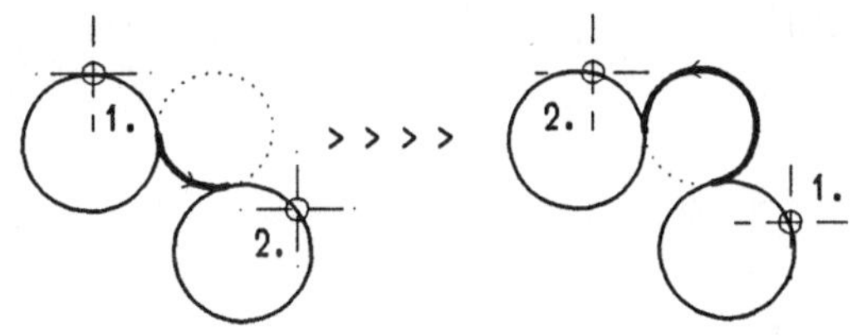

Die Reihenfolge der Identifizierung bestimmt die
Ausrundungsdrehrichtung.

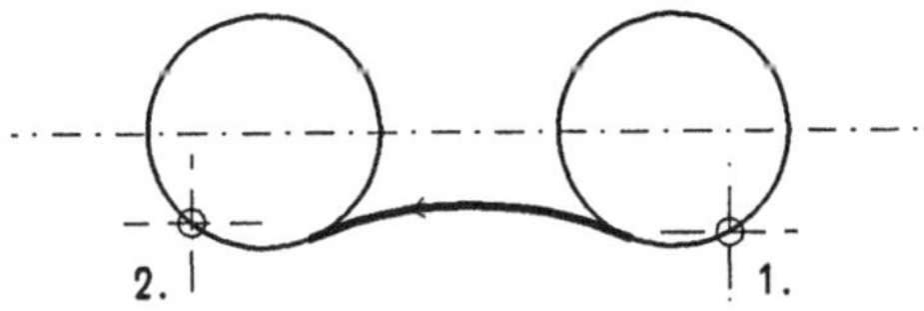

Durch Lokalisierung der Identifikationspunkte weiß
das System, auf welcher Seite die Ausrundung gezeichnet wird.

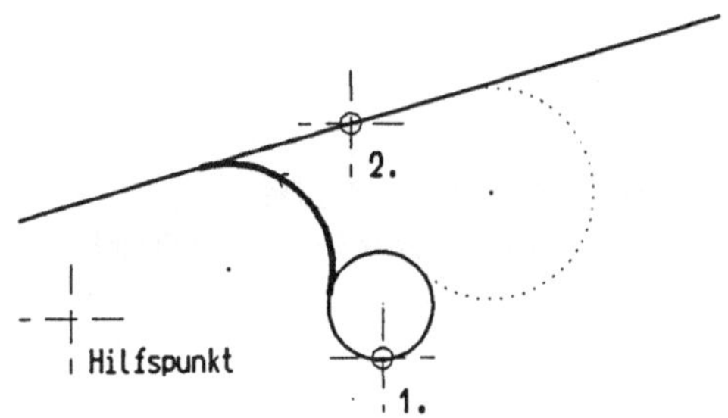

Ist die Ausrundungsrichtung nicht eindeutig defi-
niert, so besteht die Möglichkeit, diese mit der
Position eines Hilfspunktes genauer zu bestimmen.
Wenn ein Richtungspunkt benötigt wird, fordert ein
CAD-Programm den Bediener im Dialog auf, ihm diese
Position mitzuteilen.

Grundelemente

ELLIPSE

Je nach CAD-System bieten sich folgende Lösungen an, Ellipsen zu zeichnen:

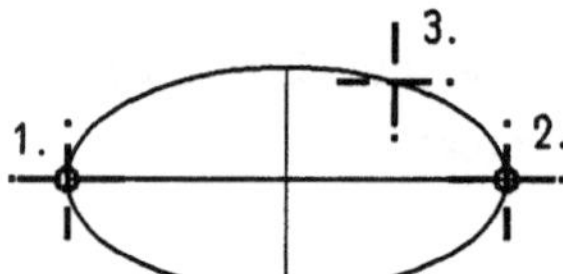 Ellipse durch Scheitelpunkte und Umfangspunkt

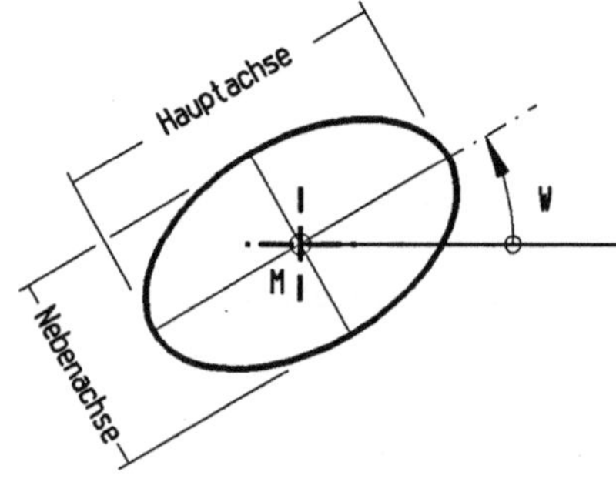

Durch Identifizieren oder Positionieren der Haupt-
achsenscheitelpunkte und einen Umfangspunkt werden Lage und Form einer Ellipse eindeutig bestimmt.

Ellipse durch Mittelpunkt, Lagewinkel zum Koordinatensystem
und zur Ellipsenachse

Durch Identifizieren/Positionieren und
Zahleneingabe

Ellipse als Zylinderschnitt im 3D-CAD

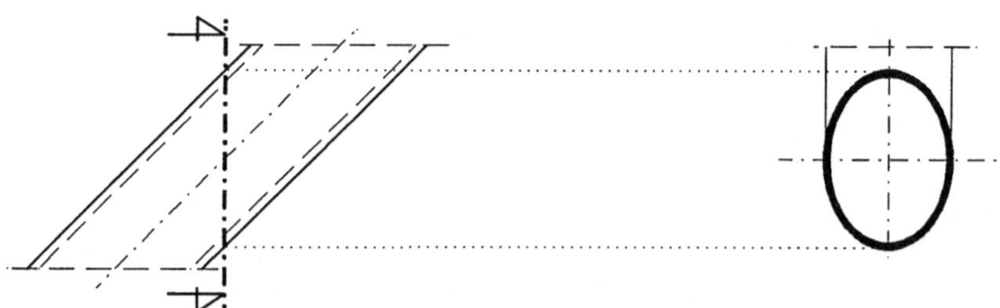

Ellipse durch Strecken oder Stauchen eines Kreises

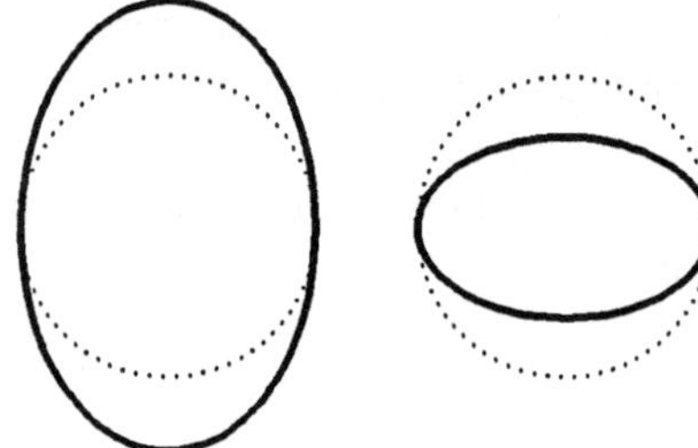

Mit der Modifikationsfunktion VERZERREN, durch die
Eingabe von Verzerrfaktoren in X- und in Y-Richtung

Grundelemente

ELEMENTKETTEN

Elementketten werden überwiegend als Segmente mit zugeordneten Segmentnummern
registriert. Bei vielen Systemen ist es dennoch möglich, einzelne Elemente einer
solchen Kette separat zu identifizieren. Einzelne Elemente, das sind Linien oder
Bögen.

Rechteck/Box

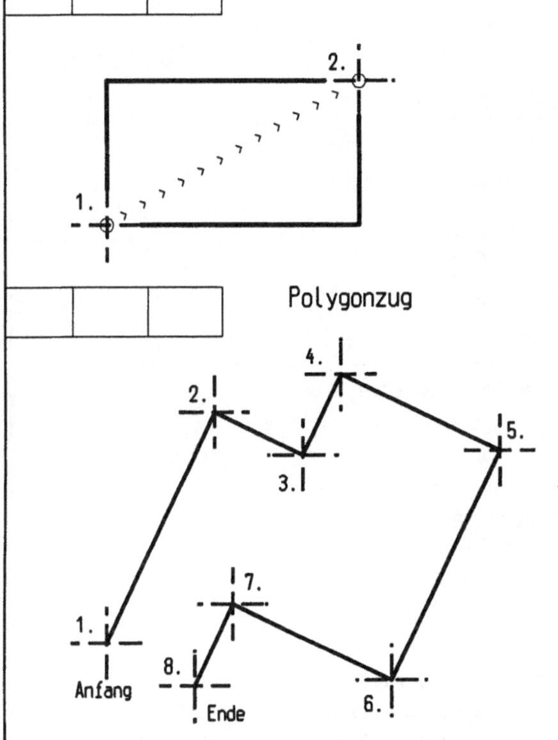

Durch Positionieren, also mittels Fadenkreuzbewegung
oder Koordinateneingabe, wird die Lage einer unsichtbaren Diagonalen beschrieben. Das zugehörige
Rechteck erscheint automatisch.

Polygonzug

Er entsteht durch Positionieren der Anfangs- und
Endpunkte zusammengehörender Linien. Der Endpunkt
der einzelnen Linie ist zugleich der Anfangspunkt
der Nächsten.

Freihandlinie

Durch diese Funktion kann der Anwender Bewegungen
mit einem grafischen Eingabegerät auf dem Bildschirm
simultan als Linienzüge sichtbar machen. Solche Linienzüge setzen sich aus beliebig kleinen Linienpar-
tikel zusammen. Die Längen dieser Partikel können
vom Bediener zuvor eingestellt werden. In der Regel
ist es nicht möglich, diese Elemente, in der Vergrößerung als Linien erkennbar, einzeln zu identifizieren.

Grundelemente

ELEMENTKETTEN

Vieleck

Wie bei den anderen Polygonzügen, brauchen auch bei den Vielecken die Schnittpunkte zwischen den Linienelementen nicht für weitere Konstruktionszwecke extra
bestimmt werden. Ein CAD-System errechnet sich automatisch alle erforderlichen
Koordinaten der gewünschten Figur.

Vieleck durch Mittelpunkt und Eckpunkt/Radius

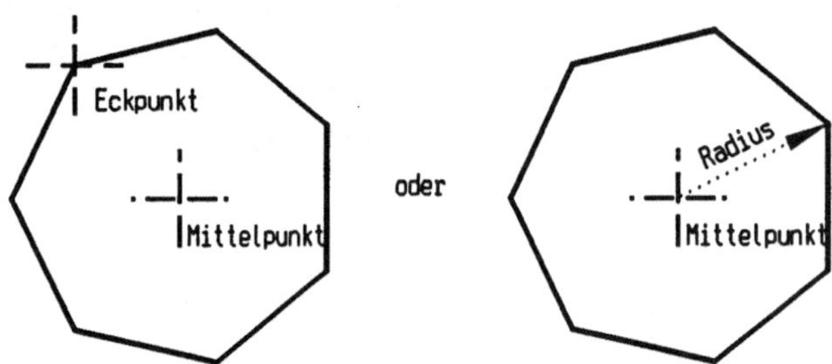

Mittelpunkt und Eckpunkt durch Identifizieren oder Positionieren -
Radius durch Zahleneingabe

Vieleck durch Mittelpunkt und Schlüsselweite

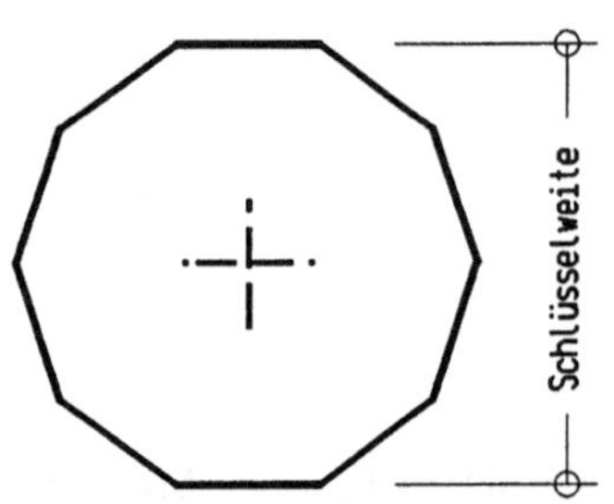

Der Anwender kann bei Figuren mit gerader Eckenzahl
nach der Mittelpunktspositionierung die Schlüssel-
weite als Zahl eingeben. Das System zeichnet damit
das gewünschte Vieleck automatisch.

Vieleck durch Basislinie, Eckenzahl und Richtungsangabe

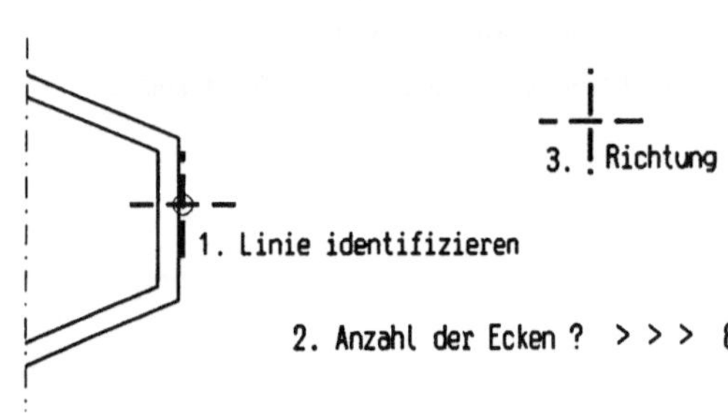

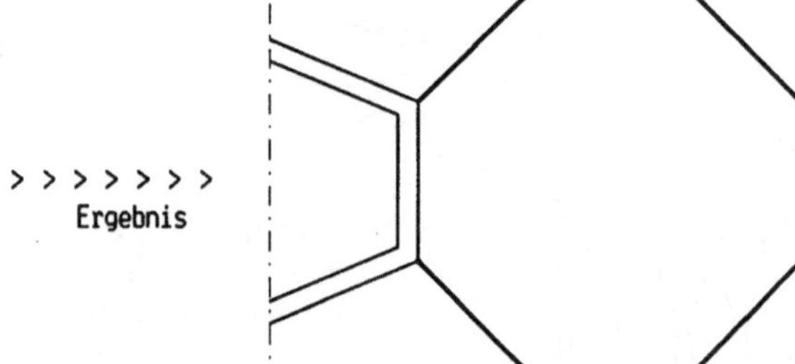

Grundelemente

ELEMENTKETTEN

Näherungskurve/Spline

Im Bau- und Versorgungswesen treffen wir hin und wieder auf Kurven, die sich mit
Kreisbögen und Ellipsen alleine nicht ausreichend darstellen lassen. Näherungs-
kurven sind insbesondere im Spannbeton-, im Wasser- und Straßenbau sowie bei der
Darstellung von Verschneidungskurven hilfreich.
CAD-Systeme, die Splines in ihrer Programmpalette anbieten, greifen meist auf
zwei Arten von Näherungskurven zurück:

Interpolierende Näherungskurve

Tangentialer Spline   Beispiel: Spanngliedlage

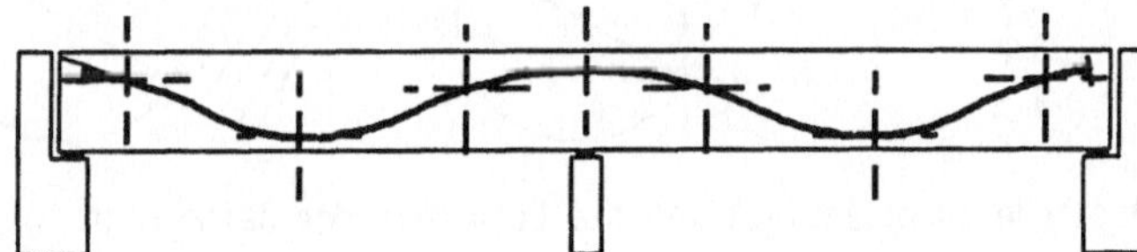

Natürlicher Spline   Beispiel: Klothoide[1]

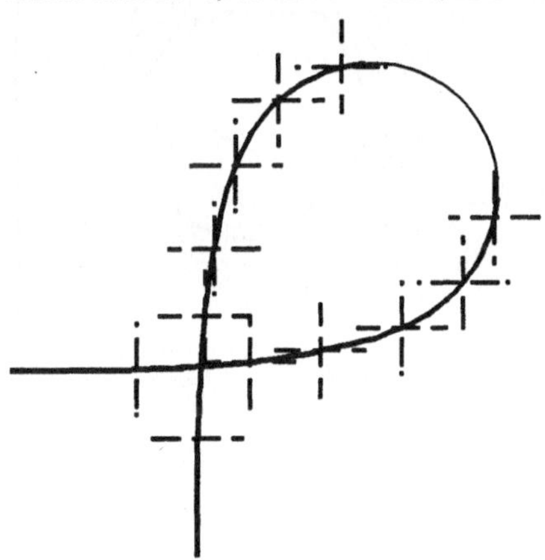

Interpolierende Splines verlaufen <u>direkt</u> durch die
angegebenen Fixpunkte.
Speziell die Erzeugung von Klothoiden ist bei manchen CAD-Systemen über die Eingabe eines Makros
(vgl.S.126) gelöst. Erforderliche Parameter wie
Anfangs- und Endradius sowie die Lage in einem
Koordinatensystem gibt der Anwender durch Identifizieren der entsprechenden Elemente an.

Approximierende Näherungskurven

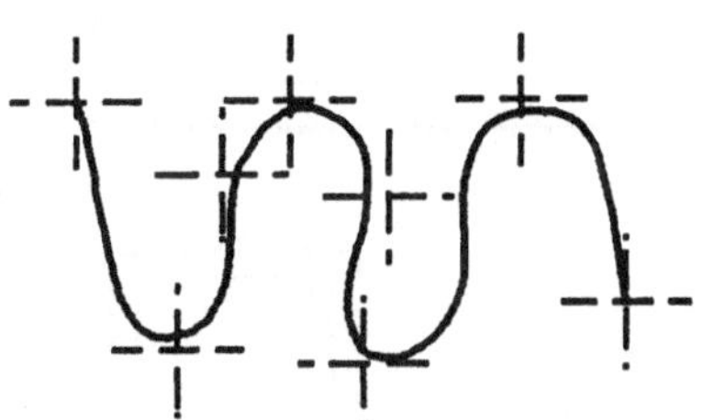

Diese Näherungskurve ist im Bauwesen weniger von Bedeutung. Sie zeichnet sich durch einen <u>ausgleichen-
den Verlauf</u> zwischen den Fixpunkten (Koordinaten)
aus. Der Anwender hat oftmals die Möglichkeit, die
Stärke des ausgleichenden Verlaufs durch Parameter
zu bestimmen.

[1] Eine Klotoide ist eine ebene Kurve mit stetiger Krümmungszunahme bzw. -abnahme.
Sie findet als Übergangsbogen im Verkehrswesen Anwendung, um Kurven mit unterschiedlichen Radien in verschiedenen Entfernungen fahrdynamisch miteinander zu
verbinden.

Grundelemente

ELEMENTKETTEN

Äquidistante

Mit Äquidistante wird im CAD eine Kontur bezeichnet, die als affine Abbildung zu einer bestehenden Kontur in jedem Punkt den gleichen Abstand zu dieser hat. Ihre Erzeugung kann systemabhängig auf folgende Weisen ermöglicht werden:

Paralleler Polygonzug

Möglicher Dialog:

Anzahl der Parallelen ?   > > >   5
erster Abstand/Richtung   > > >   0.8
zweiter Abstand/Richtung   > > >   1.6
dritter Abstand/Richtung   > > >   2.4
vierter Abstand/Richtung   > > >   3.2
fünfter Abstand/Richtung   > > >   4

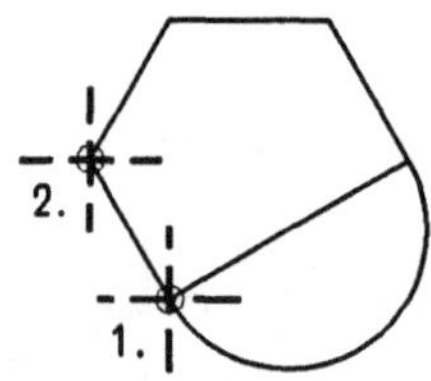
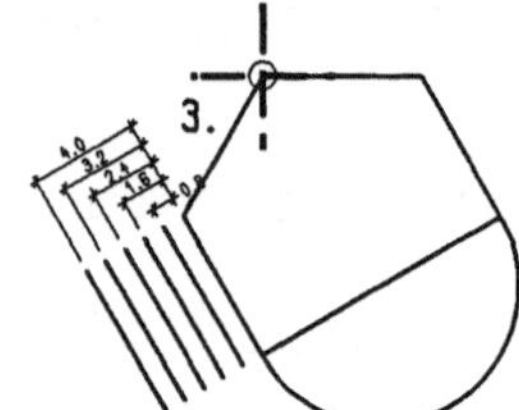

Nach dem Eingeben der der Abstände identifiziert man die Eckpunkte der Reihe nach.

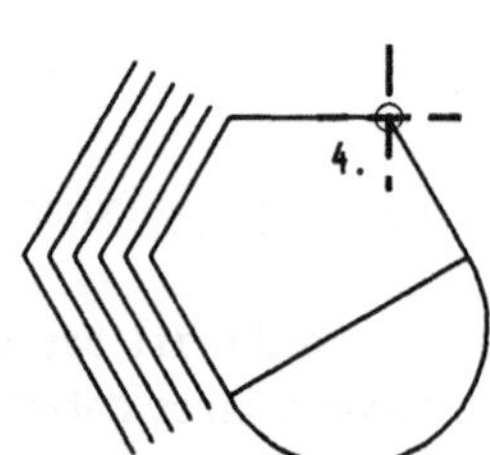
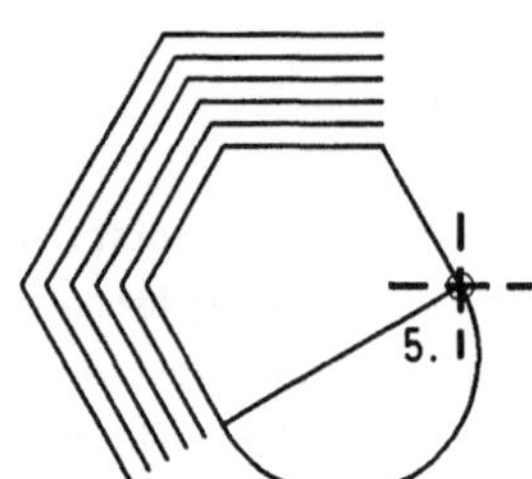
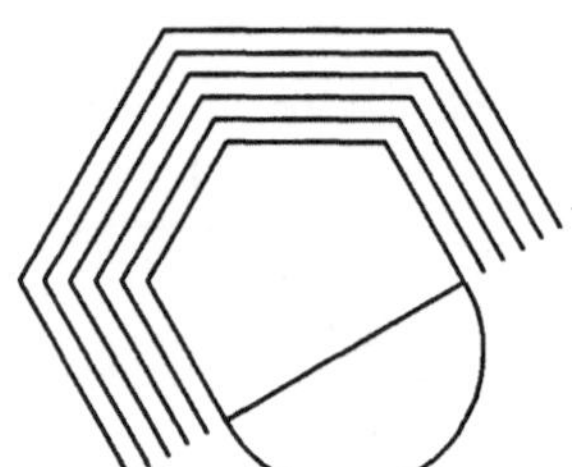

Diese Funktion kann in jedem Stadium beendet werden.

Geschlossener Polygonzug

entweder

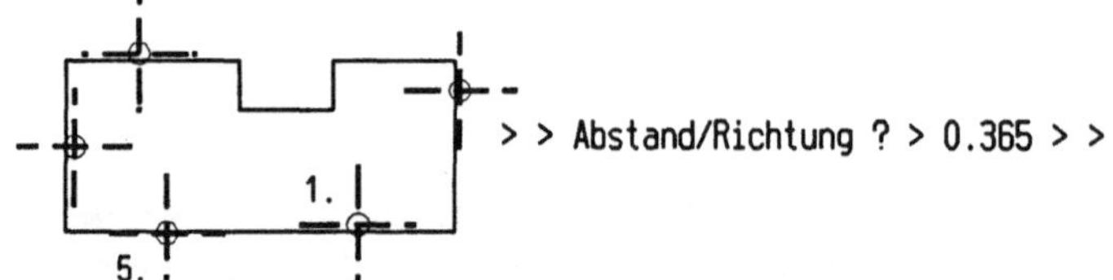
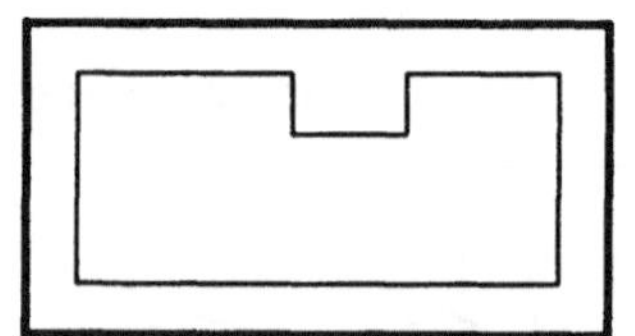

> > Abstand/Richtung ? > 0.365 > >

oder

Identifizieren einer als Segment erstellten Kontur - Eingeben des Abstandes - mit dem Fadenkreuz die Richtung der Äquidistante mitteilen, in diesem Fall außerhalb der Kontur.

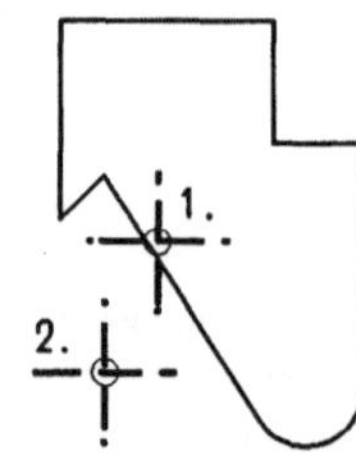
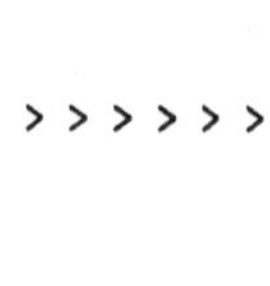

Grundelemente

Löschen

Am Ende des 3.Kapitels (vgl.S.71-73) wurde das Identifizieren anhand der Grund-
funktion Löschen erklärt. Diese Funktion ist einer der gebräuchlichsten Operatoren im CAD. Da das "Radieren" im CAD besonders leicht fällt, sollte der Anwender nicht zögern, die eine oder andere Hilfskonstruktion zu zeichnen, auf
die er bei konventioneller Planerstellung verzichtet hätte.

Übungsaufgaben zu Grundelementen

Wer sich mit diesem Buch nur über CAD im Bauwesen informieren will, darf die als
Übungsaufgaben gekennzeichneten Seiten getrost überblättern. Diese Seiten enthalten keine neuen Informationen - weiter S.97 !

Wer sich jedoch aktiv an einem CAD-System einarbeiten möchte, dem sei empfohlen,
die angebotenen Aufgaben unmittelbar nach dem Lesen des entsprechenden Teilab-
schnittes zu bearbeiten, um einen möglichst großen Lerneffekt zu erzielen. Diese
Übungen sind am Anfang natürlich recht einfach gehalten und können mit den bekannten Menüs konstruiert werden. Sie haben in erster Linie den Sinn, den CAD-
Einsteiger in das neue Medium praktisch einzuführen. Mit den folgenden Aufgaben
besteht die Möglichkeit, den Umgang mit CAD-Grundelementen zu erlernen.

Betrachten Sie diese Aufgaben als Anleitung. Es ist Ihr Vorteil, wenn Sie jetzt
etwas mehr Zeit investieren, um auf spielerische Art und Weise einen einfachen,
systembezogenen Weg zu finden, damit Sie später wirtschaftlich konstruieren.

Übungsaufgaben Grundelemente

Vor jeder Übung müssen Sie eine Zeichenebene bestimmen, auf der gearbeitet werden kann.
Achten Sie besonders auf die Dialogzeilen am Monitor. Ein CAD-System fordert notwendige Eingaben direkt an. Wenn sich die Forderungen wiederholen, war entweder die Eingabe zu ungenau, oder es handelt sich um ein Menü, das nach der Funktionsausführung abgeschaltet werden muß.

1. ÜBUNG Systemparameter

Mit dieser Übung wiederholen Sie die Palette der Systemparameter (vgl.S.54-61).
Füllen Sie den Bildschirm mit CAD-Grundelementen in beliebiger Konstellation.
Schlagen Sie im Buch zurück auf Seite 54 und testen Sie in eigener Regie die Grundfunktionen der Reihe nach durch.

Testen Sie insbesondere die Funktionen

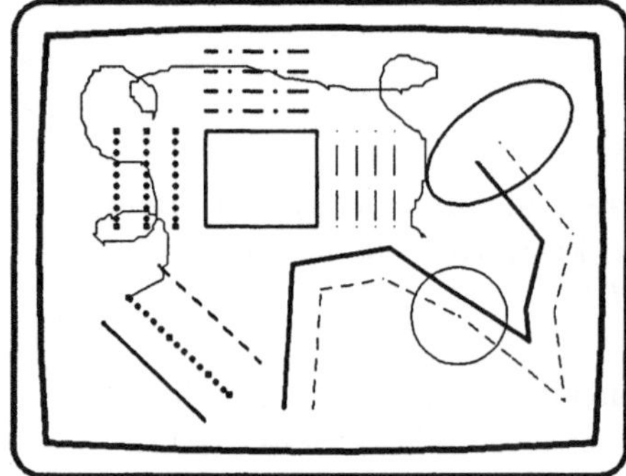

- Darstellungsgenauigkeit
- Darstellungsmaßstab
- Strichstärke/ -ändern
- Linienart/ -ändern
- Teilbilder wechseln, übereinanderlegen abspeichern, aufrufen, löschen etc.
- wenn vorhanden: Zeitabstand
- Gitterdefinitionen
- Hilfskonstruktionen

2. ÜBUNG Hilfsfunktionen

Ziel dieser Aufgabe ist das praktische Wiederholen von CAD-Hilfsfunktionen.
Testen Sie diese Menüs ebenfalls mittels freier Geometrieerstellung. Eine Anleitung ist bereits mit den Seiten 62-67 gegeben.

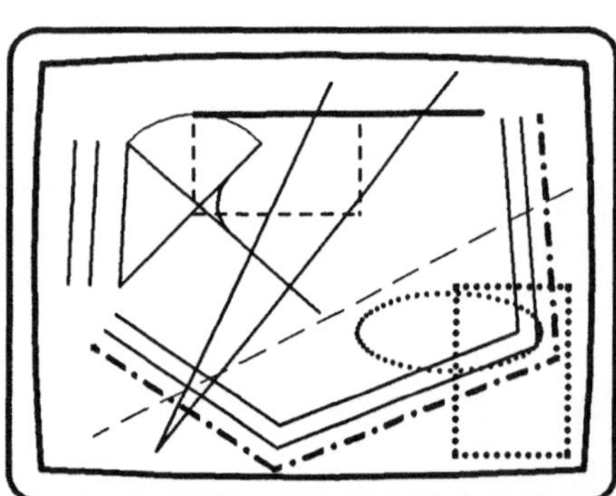

Besonders wichtig:

- Fangradius einstellen
- Ausschnittsdefinition
- Änderung des Systemwinkels
- Schnittpunktbestimmung
- Hintergrund aktivieren, umschalten - rufen Sie hierzu mehrere Folien auf !
- Segmentdefinition - fassen Sie mehrere Elemente als Segment zusammen und löschen Sie diese - etc...

Übungsaufgaben Grundelemente

> **3. ÜBUNG**   Schraffur

Mit dieser Übung testen Sie, auf welche Weisen unterschiedliche Flächen schraffiert werden können. Selbst wenn es anfangs auch etwas umständlich erscheinen
mag, ist es wegen der anfallenden Datenmenge bei großen Plänen dennoch zu empfehlen, von vornherein eine eigene Folie für Schraffuren zu aktivieren.
Für diese Aufgaben benötigen Sie also zwei Teilbilder. Entwerfen Sie auf dem
ersten mehrere beliebige Testflächen, wie z.B.:

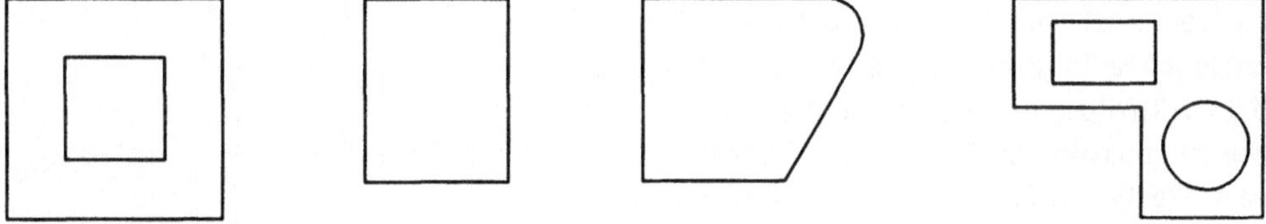

Als nächstes zeichnen Sie auf der zweiten Folie beliebige Schraffuren in diese
Flächen. Achten Sie darauf, daß hierfür beide Ebenen aktiviert werden, damit das
System vorhandene Elemente als solche erkennt.
Probieren Sie die vorhandenen Schraffurtypen aus.
Wenn es Ihr CAD-System erlaubt, testen Sie die Schraffurparameter Linienart,
Linienabstand, Schraffurwinkel und Strichstärken.

Systemabhängige Möglichkeiten:

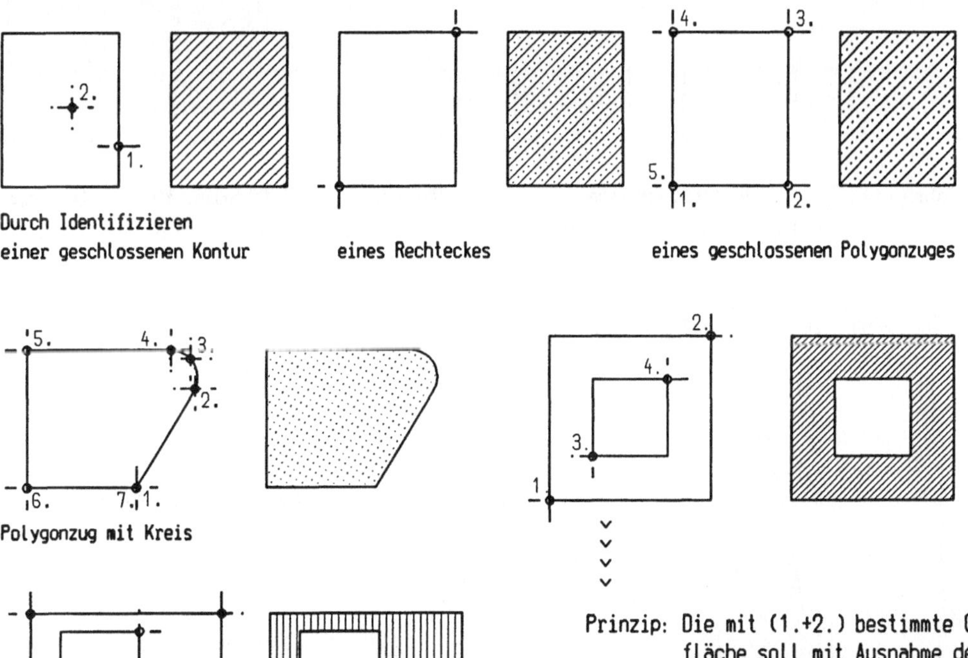

Übungsaufgaben Grundelemente

Speichern Sie die folgenden Konstruktionen nach ihrer Erstellung auf der
Festplatte ab, damit Sie später zur Vermaßung darauf zurückgreifen können.

4. ÜBUNG   Zeichnen einer Schwergewichtsmauer (ohne Maßlinien)

1. Vorschlag

Den ganzen Querschnitt als Polygonzug aufbauen –
in konstanter Reihenfolge werden die Koordinaten
in x- und in y-Richtung eingelesen. Um die
Schräglinie zu zeichnen, besitzen einige Systeme
eine Summentaste (vgl.S.63). Ansonsten legt man
diese Linie durch Identifizieren der Endpunkte
der waagerechten Linien.

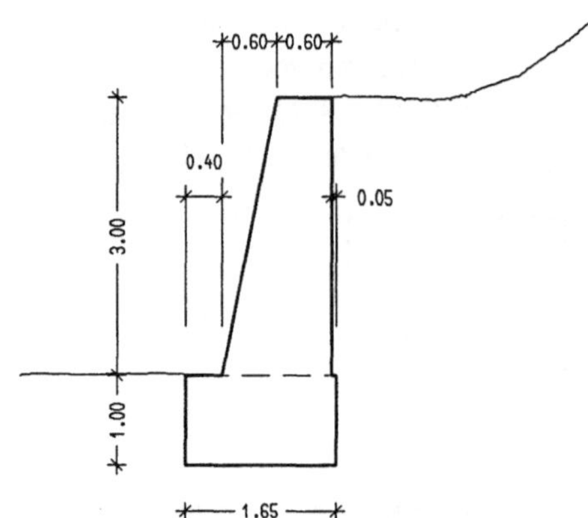

2. Vorschlag

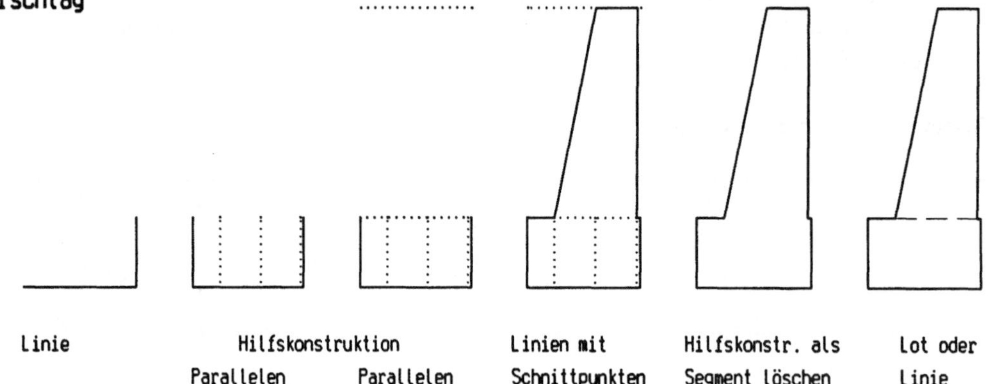

Linie	Hilfskonstruktion		Linien mit	Hilfskonstr. als	Lot oder
	Parallelen	Parallelen	Schnittpunkten	Segment löschen	Linie

Die Schraffur legen Sie wieder auf ein eigenes Teilbild.

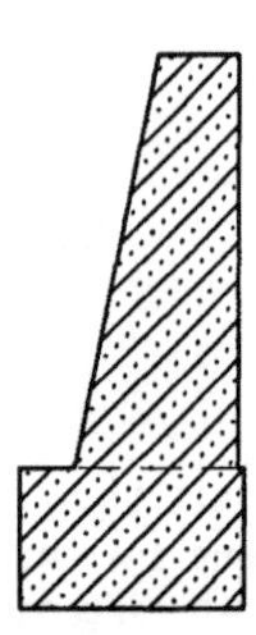

Versuchen Sie
die Schraffur auszublenden.

Ändern Sie die Schraffurparameter
oder auch die Schraffurnummer.

Lassen Sie die neue Schraffur
wieder sichtbar werden.

Rechteck   +   geschlossener Polygonzug
(unten)   (oben)

Übungsaufgaben Grundelemente

5.Übung   Zeichnen einer Winkelstützmauer

1. Vorschlag: Koordinateneingabe

2. Vorschlag

6. Übung   Detail Anschlußfundament:

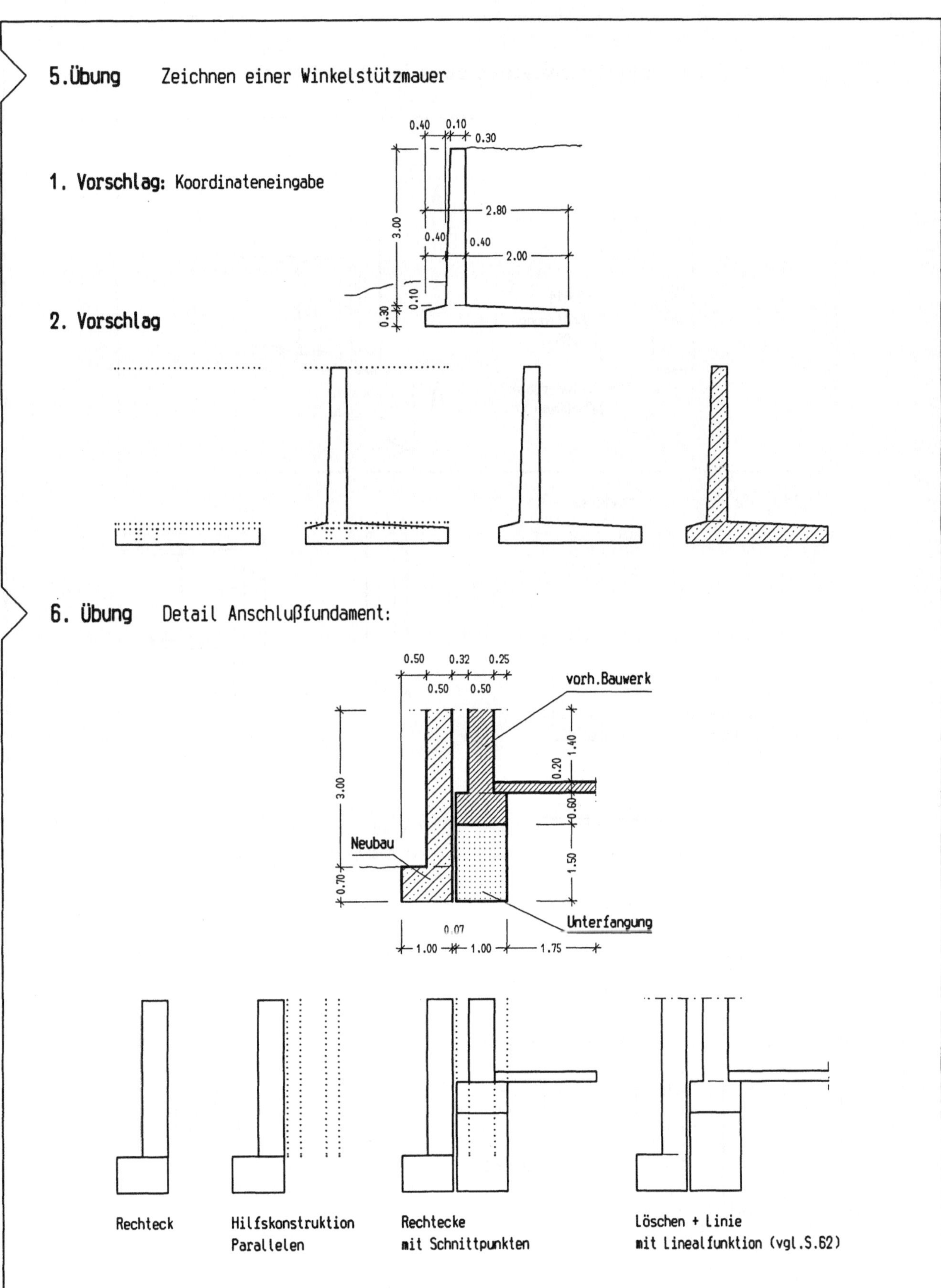

Übungsaufgaben Grundelemente

7. Übung   Konstruktion des Auflagerbereiches eines Spannbetonträgers

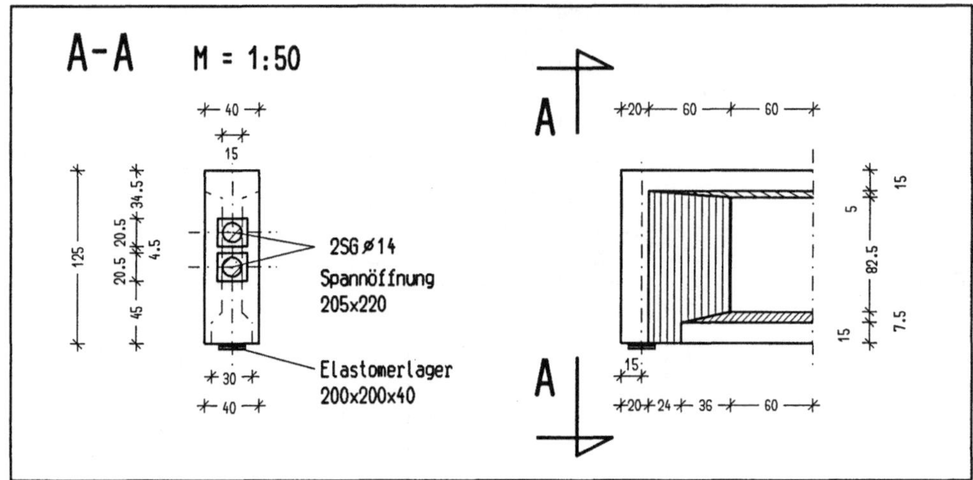

Vorschlag zur Konstruktionsweise:

Parallelen/Hilfskonstruktion –
mit Hilfe der Linealfunktion (vgl.S.62) und
der Summenfunktion (vgl.S.63) können die
Hilfslinien entfallen.

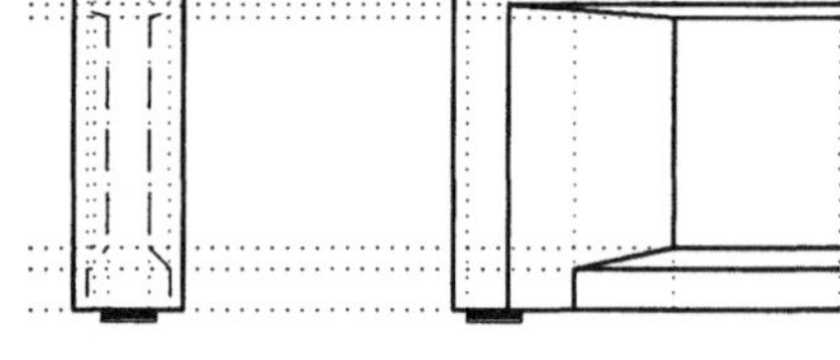

Linien / Rechteck mit Schnittpunkten

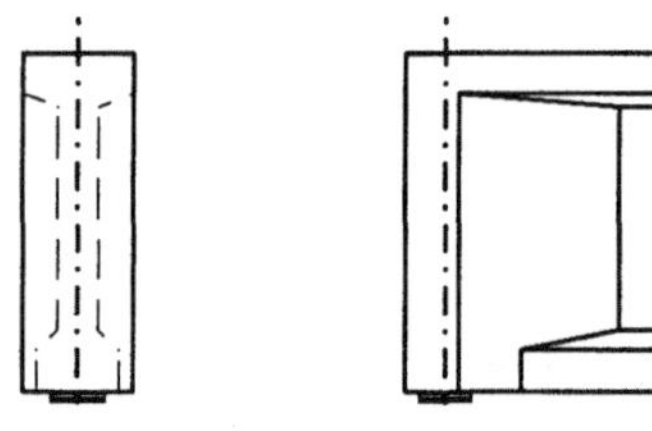

Mittelsenkrechte

Die unterschiedlichen Flächen werden
wie geschlossene Polygonzüge, die
Spanngliedenden wie Kreise schraffiert.

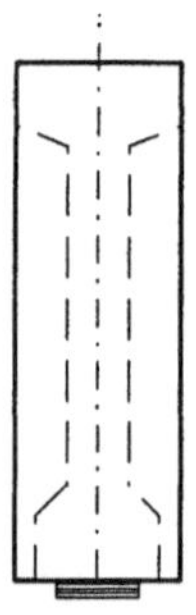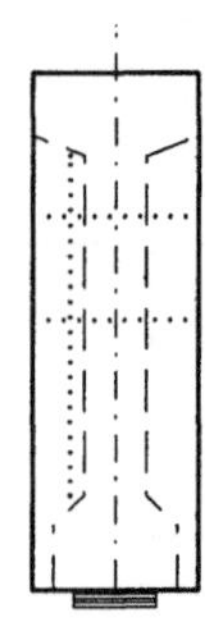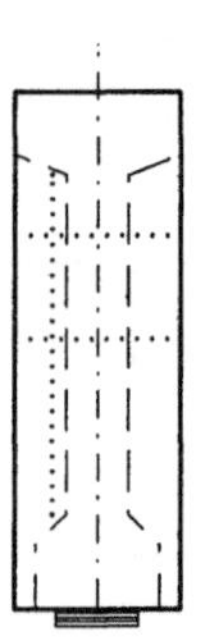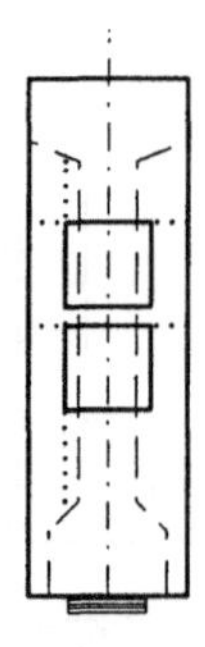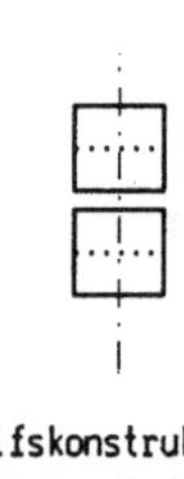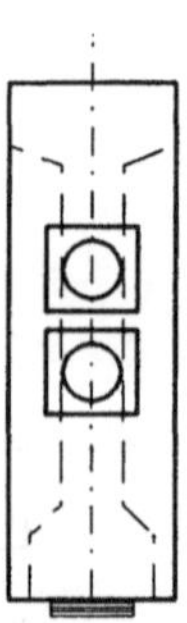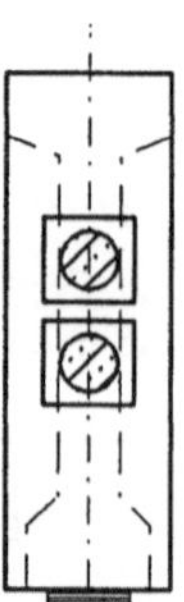

Hilfskonstruktion
Mittelsenkrechte

Kreis durch
Mittelpunkt und Radius

Modifikationsfunktionen

Unter Modifikationsfunktionen versteht man im CAD Funktionen, mit deren Hilfe
vorhandene Elemente in ihrer Art verändert werden können.
Diese Funktionen werden wie Grundelemente durch Digitalisieren ein- und ge-
gebenenfalls auch ausgeschaltet.

LÖSCHEN

Es ist bereits bekannt, wie man Elemente, Segmente, Bereiche oder ganze Zeichnungsebenen löschen kann. Im Bauwesen bieten manche CAD-Systeme darüber hinaus
Funktionen, die es dem Anwender erlauben, bestimmte Elementteile zu entfernen
oder aufzuteilen.

Teillinie löschen

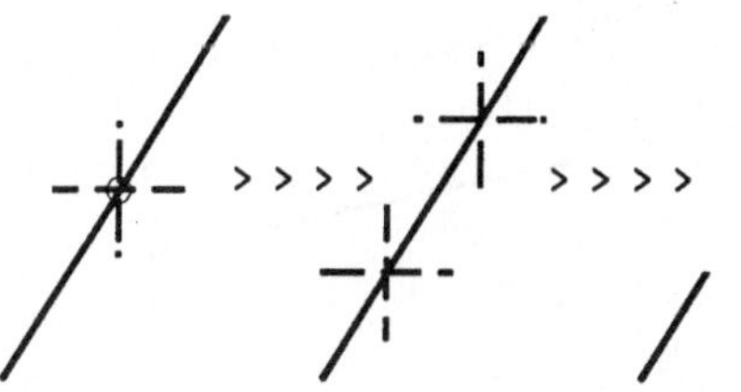

Durch Identifizieren der zu trennenden Linie und
Markieren von Anfangs- und Endpunkt der Aussparung

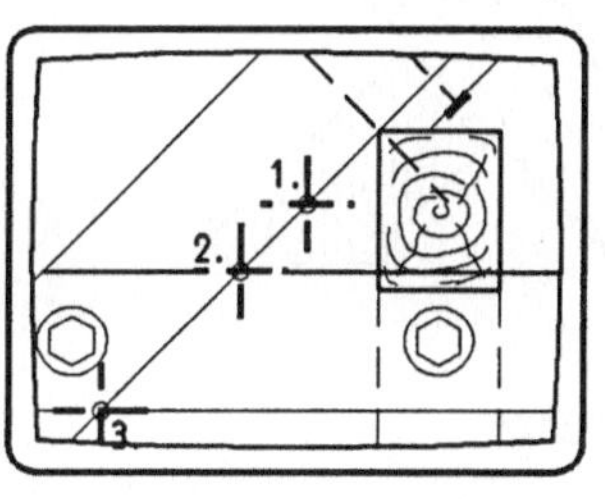
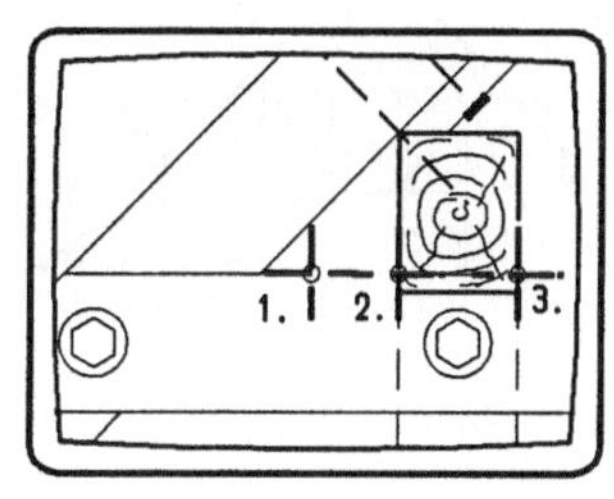
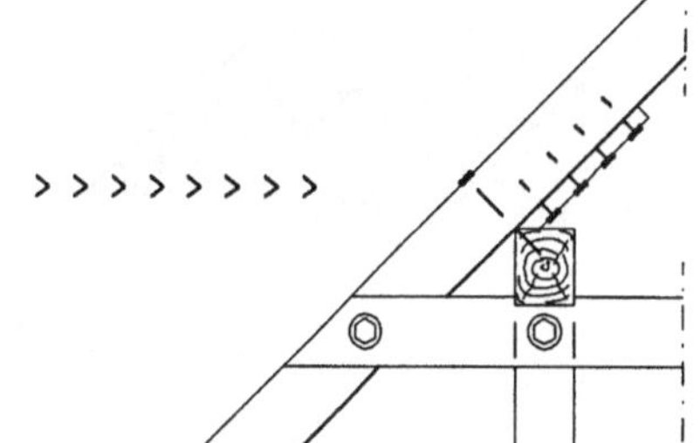

Doppellinie löschen

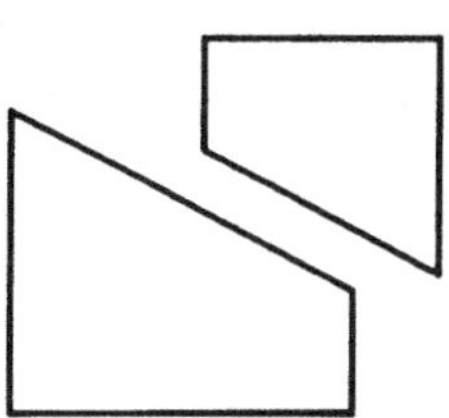
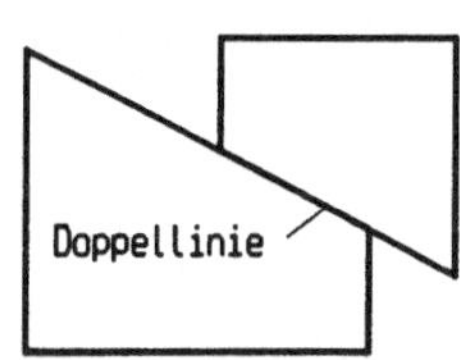

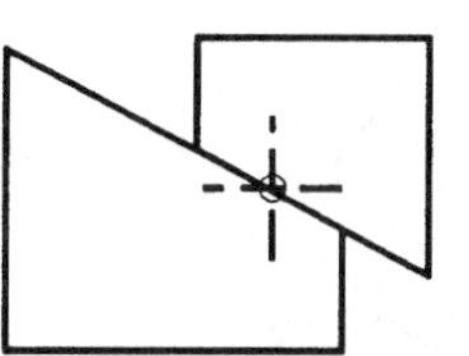
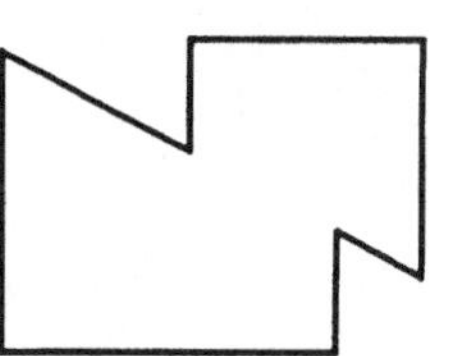

Doppellinien sind im CAD zwei übereinanderliegende Linien bzw. Linienabschnitte.
Sie entstehen zwangsweise an den Nahtstellen beim Aneinanderfügen von Elementketten. Die Doppellinie wird gelöscht, wenn man sie mit dem Fadenkreuz
identifiziert.

Modifikationsfunktionen

TRIMMEN

Als Trimmen bezeichnet man im CAD das Verlängern oder das Verkürzen bestehender
Elemente. Auf Seite 85 wurde das Trimmen mit der Funktion zum Zeichnen von
Ausrundungen bereits angesprochen. Diese Funktionen zur automatischen Linien-
modifikation sind jedoch nicht an ein Ausrundungsmenü gebunden.

Automatisches Verlängern von Linien bis zum Schnittpunkt

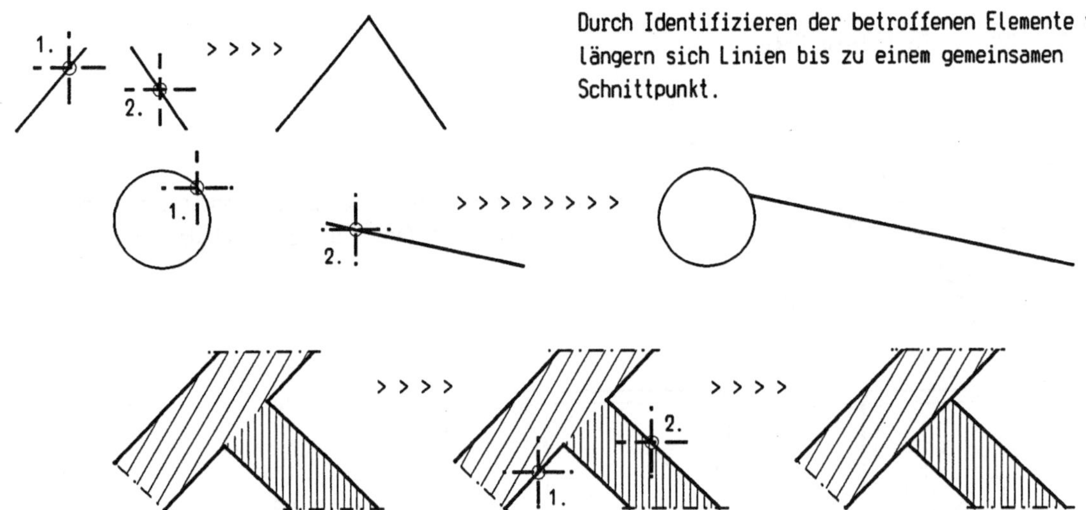

Durch Identifizieren der betroffenen Elemente verlängern sich Linien bis zu einem gemeinsamen
Schnittpunkt.

Automatisches Verkürzen von Linien bis zum Schnittpunkt

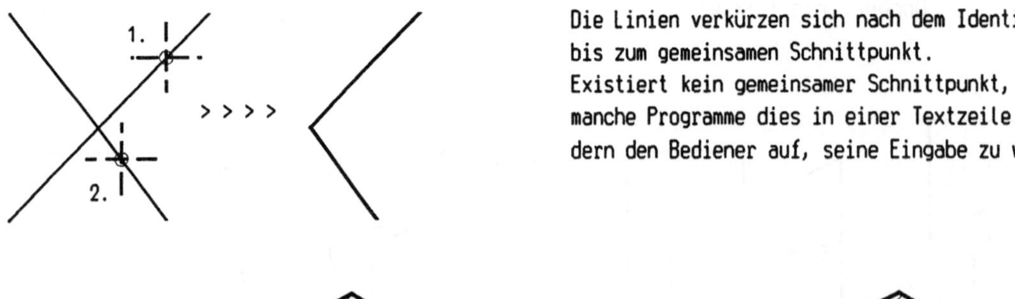

Die Linien verkürzen sich nach dem Identifizieren
bis zum gemeinsamen Schnittpunkt.
Existiert kein gemeinsamer Schnittpunkt, dann zeigen
manche Programme dies in einer Textzeile an und fordern den Bediener auf, seine Eingabe zu wiederholen.

Modifikationsfunktionen

TRIMMEN

Trimmen mit Hilfe eines Begrenzungselementes

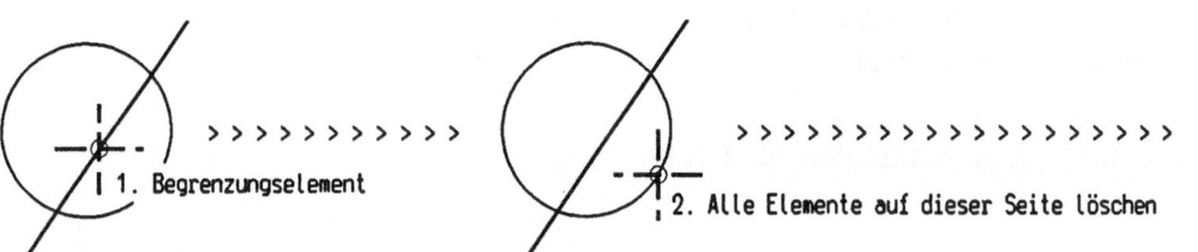

Nach dem Bestimmen eines Begrenzungselementes werden die zu modifizierenden
Elemente identifiziert. Zu diesem Menü muß oftmals die Funktion Löschen mit
aktiviert werden.

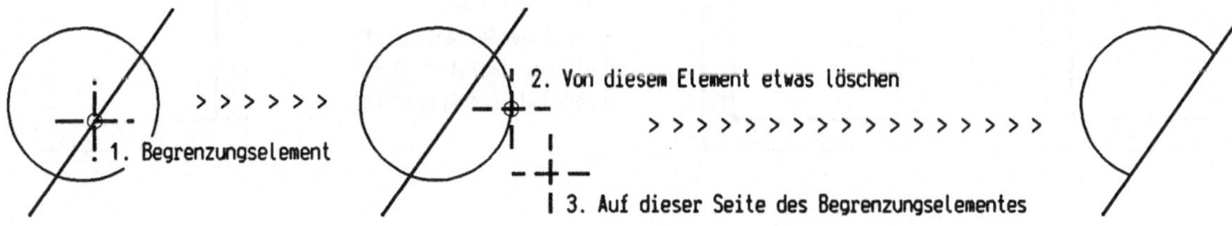

Trimmen durch Positionswechsel identifizierter Punkte

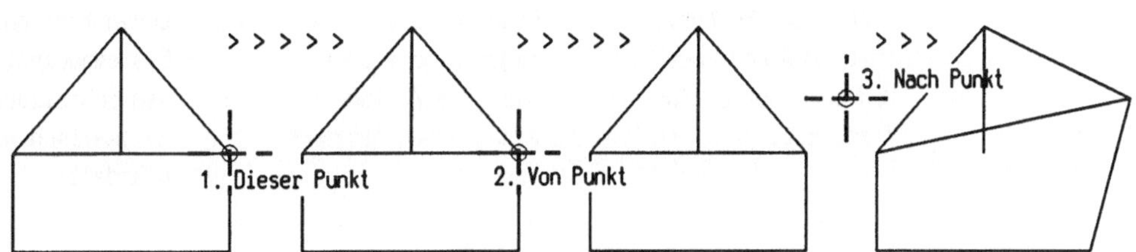

Der Anwender teilt dem System auf die oben dargestellte Art mit, welche Position
eine neue Lage erhalten soll. Alle in einer Operation identifizierten Punkte
werden unter Beibehaltung der zueinander bestehenden Abstände automatisch um das
gleiche Maß und in die selbe Richtung verschoben. Bei manchen CAD-Systemen ändert sich die Schraffur automatisch mit. Maßketten passen sich meist nur dann
an, wenn sie mit den entsprechenden Positionen zusammen identifiziert werden.
Der Abstand zwischen Ausgangspunkt und Zielpunkt wird entweder mit dem Fadenkreuz oder über Tastatur eingegeben.

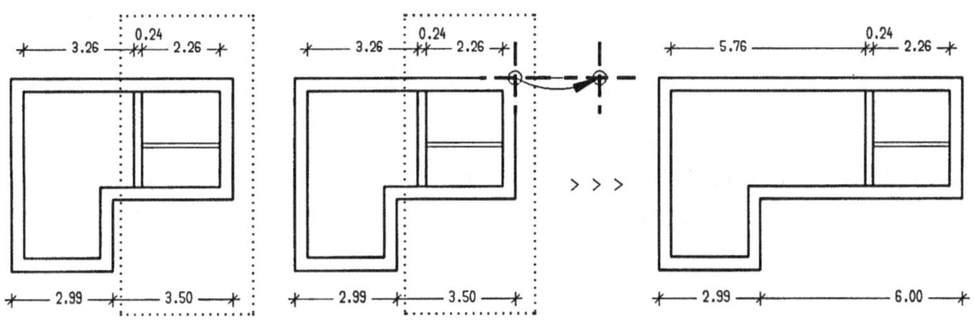

Modifikationsfunktionen

TRIMMEN

Auf dieser Seite sieht man das automatische Trimmen beim Ausrichten von parallelen Linien und beim Korrigieren von Abständen. Diese beiden Funktionen werden besonders beim Digitalisieren vorhandener Pläne in den Computer (vgl.S.122) und bei Entwurfsarbeiten benötigt.

Trimmen beim Ausrichten paralleler Linien

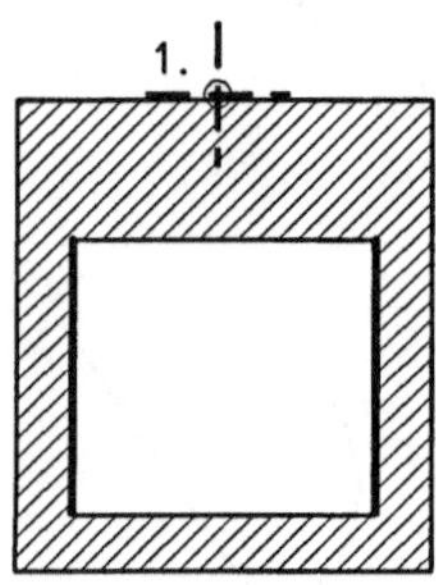
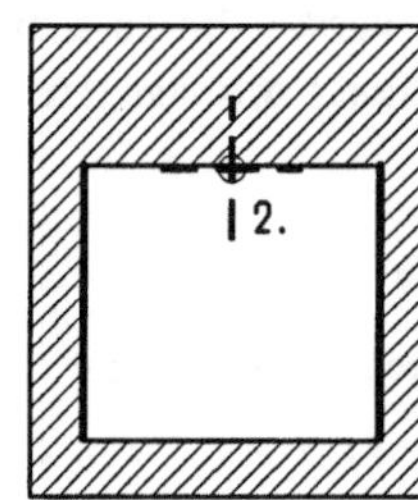
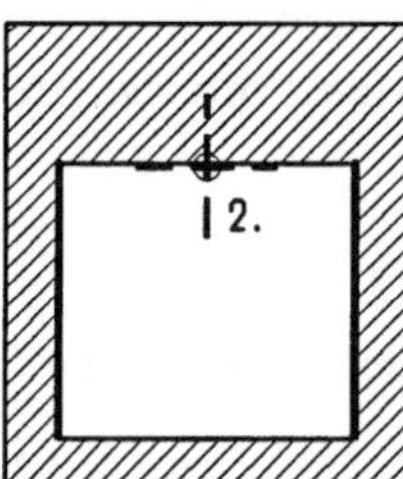

- Das System meldet z.B.:
  Abstand = 1.0m,
- der Anwender antwortet
  mit der Tastatur "0.4".
- Abstand wird korrigiert.

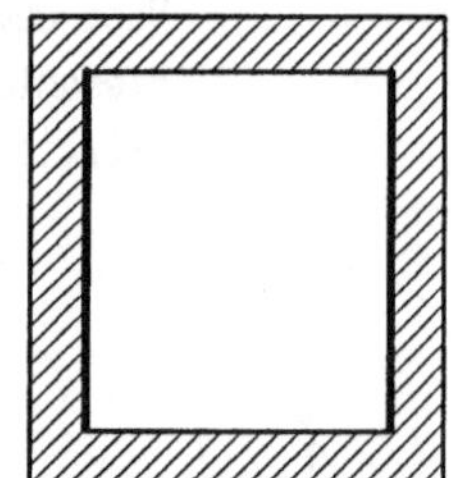

Ausgangslinie bestimmen	Die Linie identifizieren, deren Lage geändert werden soll – der Rechner teilt dem Bediener den vorhandenen Abstand mit.	Der Anwender übernimmt den vorhandenen Wert durch Drücken einer Bestätigungstaste oder gibt die Zahlen eines neuen Abstandes ein.	Das System ändert die Zeichnung und nimmt den eingegebenen Wert an. Systembedingt werden Schraffuren automatisch mit geändert.

Trimmen beim Korrigieren von Abständen

Nach dem gleichen Prinzip wie bei der Funktion oben kann die Lage von Punkten modifiziert werden.

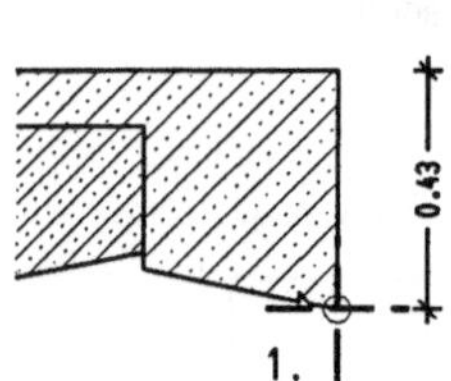
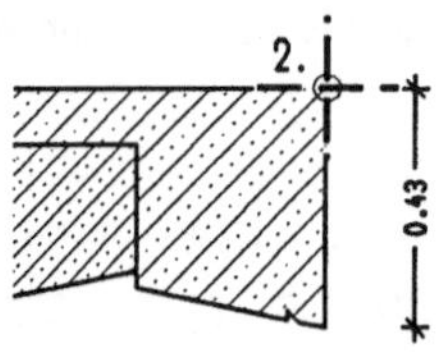

Zahleneingabe:

0.48

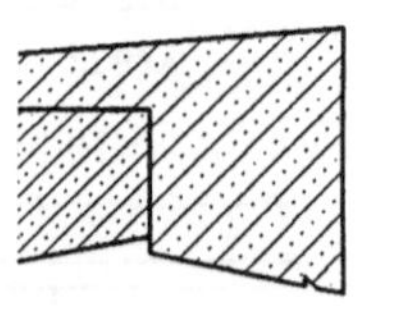

Ausgangspunkt bestimmen	Punkt identifizieren	Neuen Abstand – z.B. Zahleneingabe oder durch Identifizieren bestimmen.	Automatische Modifikation

Modifikationsfunktionen

TRIMMEN

Verzerren/Skalieren

Im Unterschied zum Zoomen werden beim Verzerren die einzelnen Elemente eines identifizierten Bereiches proportional zueinander in ihrer eigentlichen Größe und Lage verändert. Bei dieser Funktion muß ferner grundsätzlich ein Fixpunkt bestimmt werden, dessen Koordinaten sich bei diesem Vorgang nicht verändern.

Für das Verzerren findet man im CAD zwei Konstruktionsvarianten:

Verzerren durch die Eingabe von Verzerrfaktoren

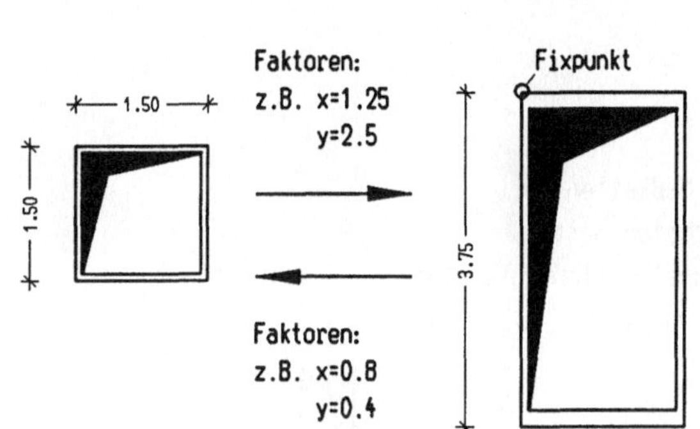

- Identifizieren des zu verändernden Bereiches
- Den Festpunkt bestimmen
- Zahleneingaben der Verzerrfaktoren

- in x- und/oder in y-Richtung
- und oder in z-Richtung im 3D-CAD (vgl.S.170)

Die Faktoren werden immer parallel zu den Koordi- Koordinatenachsen angegeben.

Verzerren ohne die Eingabe von Verzerrfaktoren

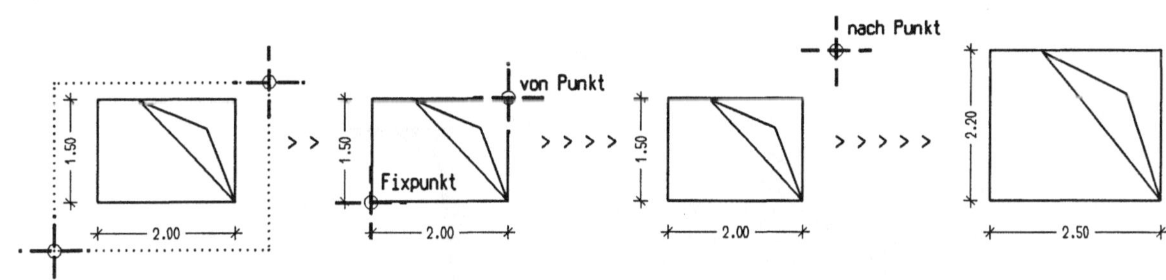

Alle vollständig im identifizierten Bereich liegenden Elemente werden in Größe und Richtung parallel zu den Koordinatenachsen vergrößert oder verkleinert, verbreitert oder verschmälert, im 3D-CAD gestreckt oder gestaucht (vgl.S.122).

Übungsaufgaben Modifikationsfunktionen

8.Übung   Zeichnen eines Aussparungssymbols

Konstruktionsvorschlag:

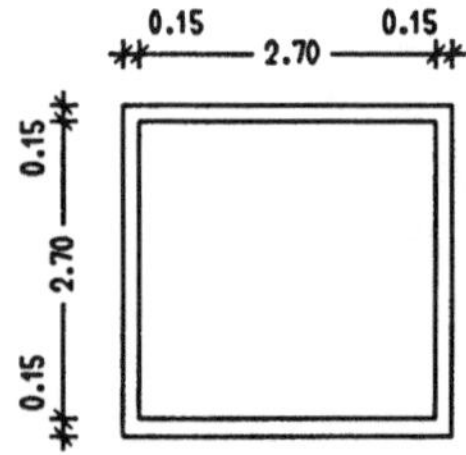

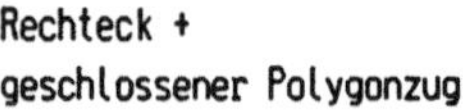

Rechteck +
geschlossener Polygonzug

Rechteckschraffur

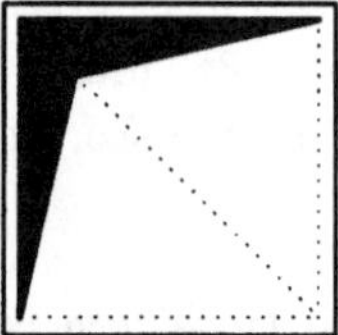

Punkt modifizieren

Parallelen

Bei dieser Aufgabe legt man die Schraffur auf das gleiche Teilbild wie die
Zeichnung. Der Schraffurlinienabstand wird ziemlich eng eingestellt. Die Strichstärke darf dagegen breiter sein. Versuchen Sie dieses Symbol in mehrere Richtungen zu verzerren.

9. Übung   Konstruieren eines Pultdachanschlusses

Üben Sie am Detail Pultdachanschluß (ohne Maßketten) !
Eine Anleitung dazu finden Sie auf den nächsten Seiten.
Betrachten Sie auch diese Anleitung als Konstruktionsvorschlag.
Die angegebenen Maßzahlen sind auf 5mm gerundet.

Pultdach M=1:50   (Bezugsmaßstab)

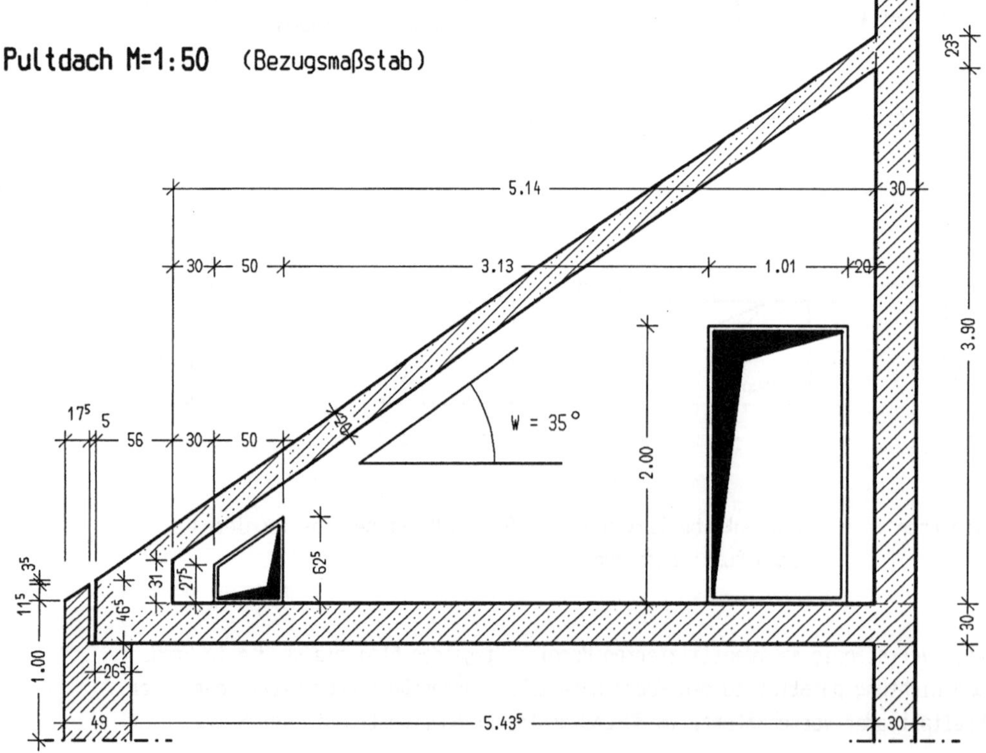

Übungsaufgaben Modifikationsfunktionen

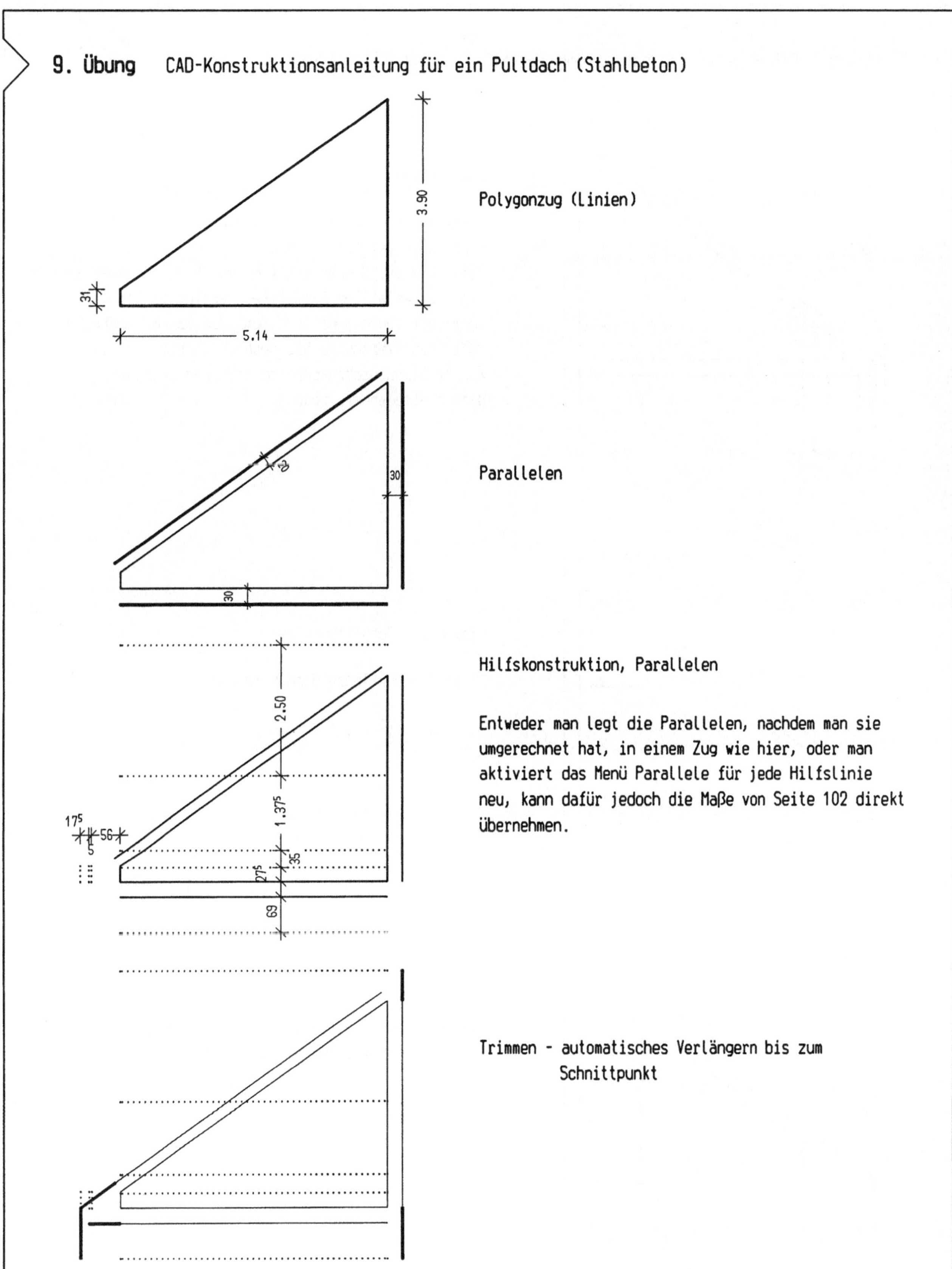

Hilfskonstruktion, Parallelen

Entweder man legt die Parallelen, nachdem man sie umgerechnet hat, in einem Zug wie hier, oder man aktiviert das Menü Parallele für jede Hilfslinie neu, kann dafür jedoch die Maße von Seite 102 direkt übernehmen.

Übungsaufgaben Modifikationsfunktionen

> **9. Übung**   CAD-Konstruktionsanleitung für ein Pultdach (Stahlbeton)

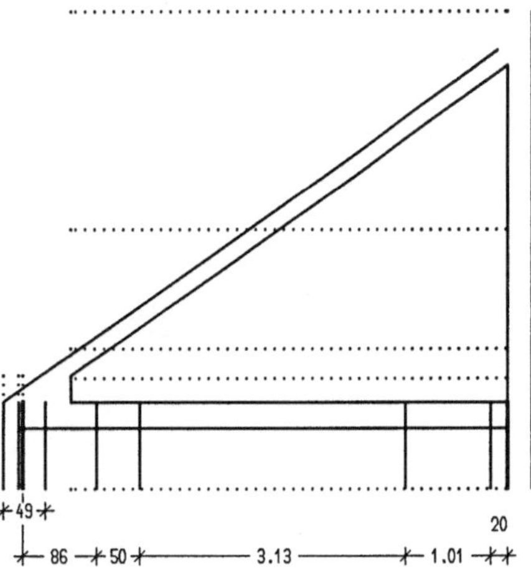

Parallelen

Parallelen können auch mit verschiedenen Strichstärken ausgeführt werden.
Mit Hilfe der Summenfunktion (vgl.S.63) kann auf die
hier dargestellten Parallelen verzichtet werden.
In dieser Übung geht es darum, die Trimm-Funktionen
zu testen. Versuchen Sie deshalb zuerst , diese
Konstruktion nachzuarbeiten und probieren Sie
danach eine andere Lösung.

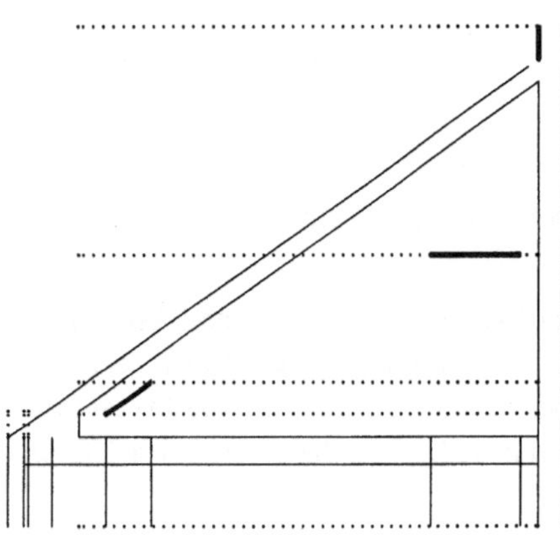

Linien mit Schnittpunkten

Hilfskonstruktionen danach löschen

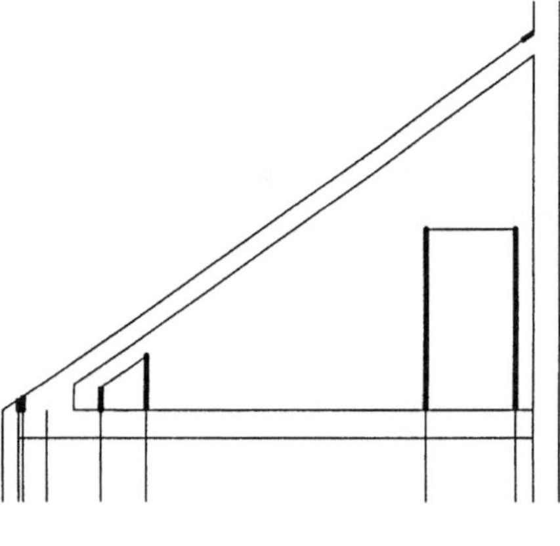

Trimmen - automatisches Verlängern bis zum
          gemeinsamen Schnittpunkt

Übungsaufgaben Modifikationsfunktionen

9. Übung   CAD-Konstruktionsanleitung für ein Pultdach (Stahlbeton)

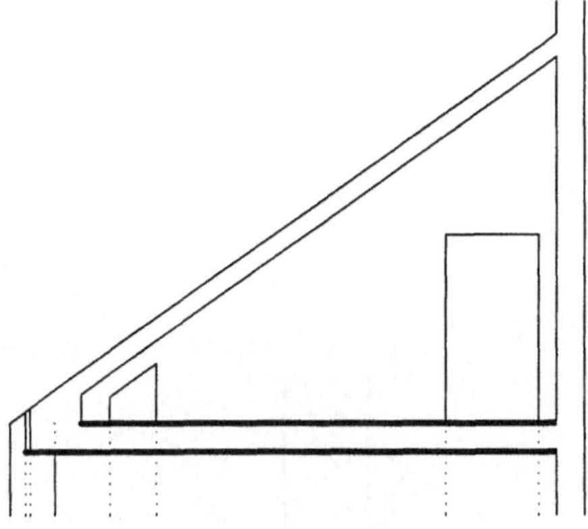

Trimmen mittels Begrenzungselement
- wie hier aufgezeigt oder durch Verkürzen der
  Linien bis zum gemeinsamen Schnittpunkt

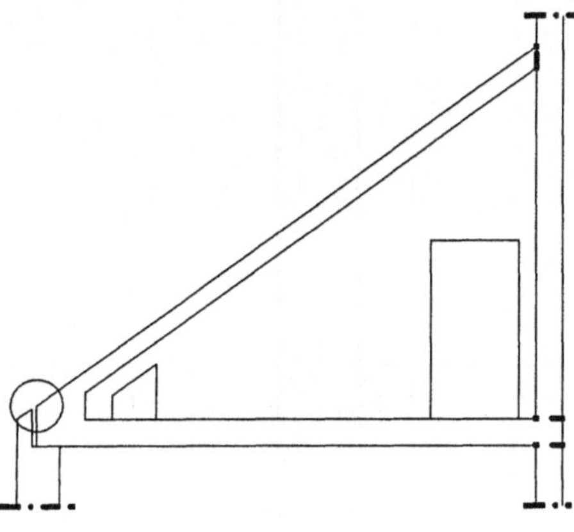

Teillinie löschen
Lot oder Linie

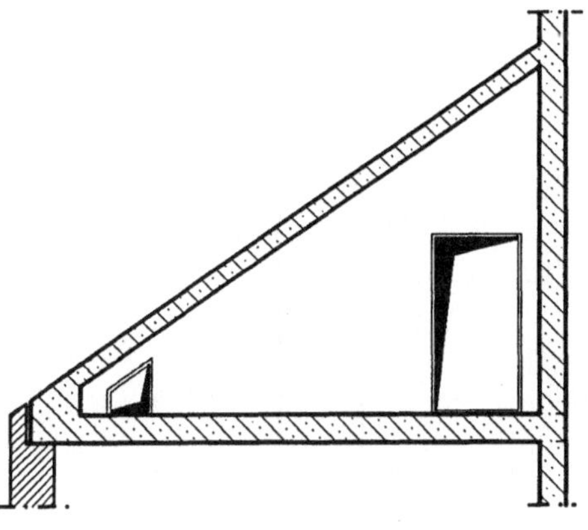

Wanddurchbrüche wie in Übung 8 (vgl.S.102)

Schraffur wie auf Seite 92:
Äußere Polygonfläche minus innere Polygonfläche

Speichern Sie diese Zeichnung auf der Festplatte,
damit Sie im Anschluß an die Maßlinienübersicht
(vgl.S.133-138) das Bauteil vermaßen können.

Übungsaufgaben Modifikationsfunktionen

10. Übung Zeichnen einer Holzüberdachung

Alle erforderlichen Konstruktionsmaße sind bereits gegeben. Unübliche Maßangaben
dienen zur Konstruktionserleichterung bzw. zur Kontrolle. Versuchen Sie diese
Konstruktion nachzuarbeiten. Zu jeder Konstruktionsphase werden erforderliche
Menüs vorgeschlagen.
Vergessen Sie nicht, die Zeichnung immer wieder abzuspeichern!

Holzüberdachung M=1:50   (Bezugsmaßstab)

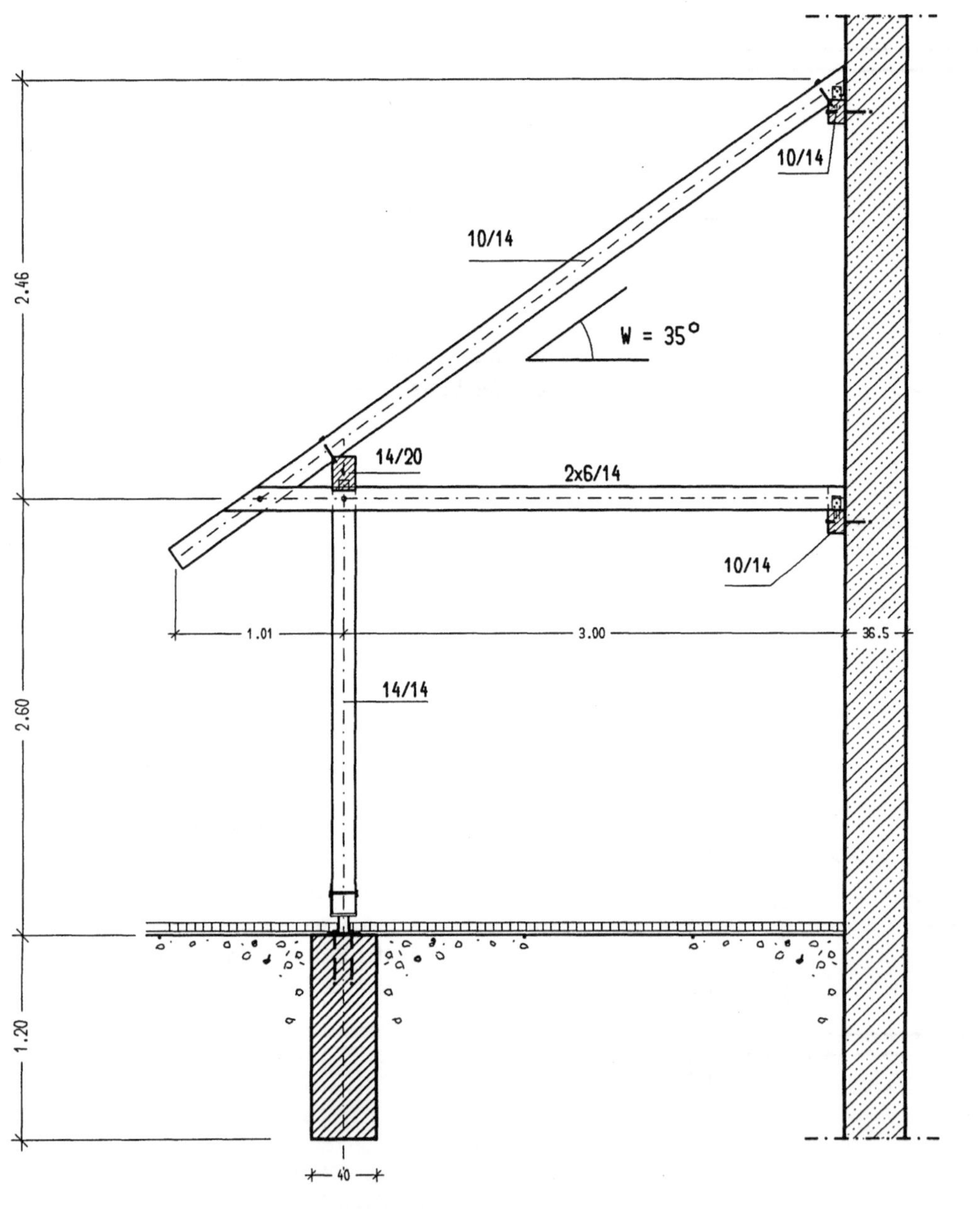

Übungsaufgaben Modifikationsfunktionen

10. Übung CAD-Konstruktionsanleitung für eine Holzüberdachung

Die angegebenen Maße sind auf 5mm gerundet.

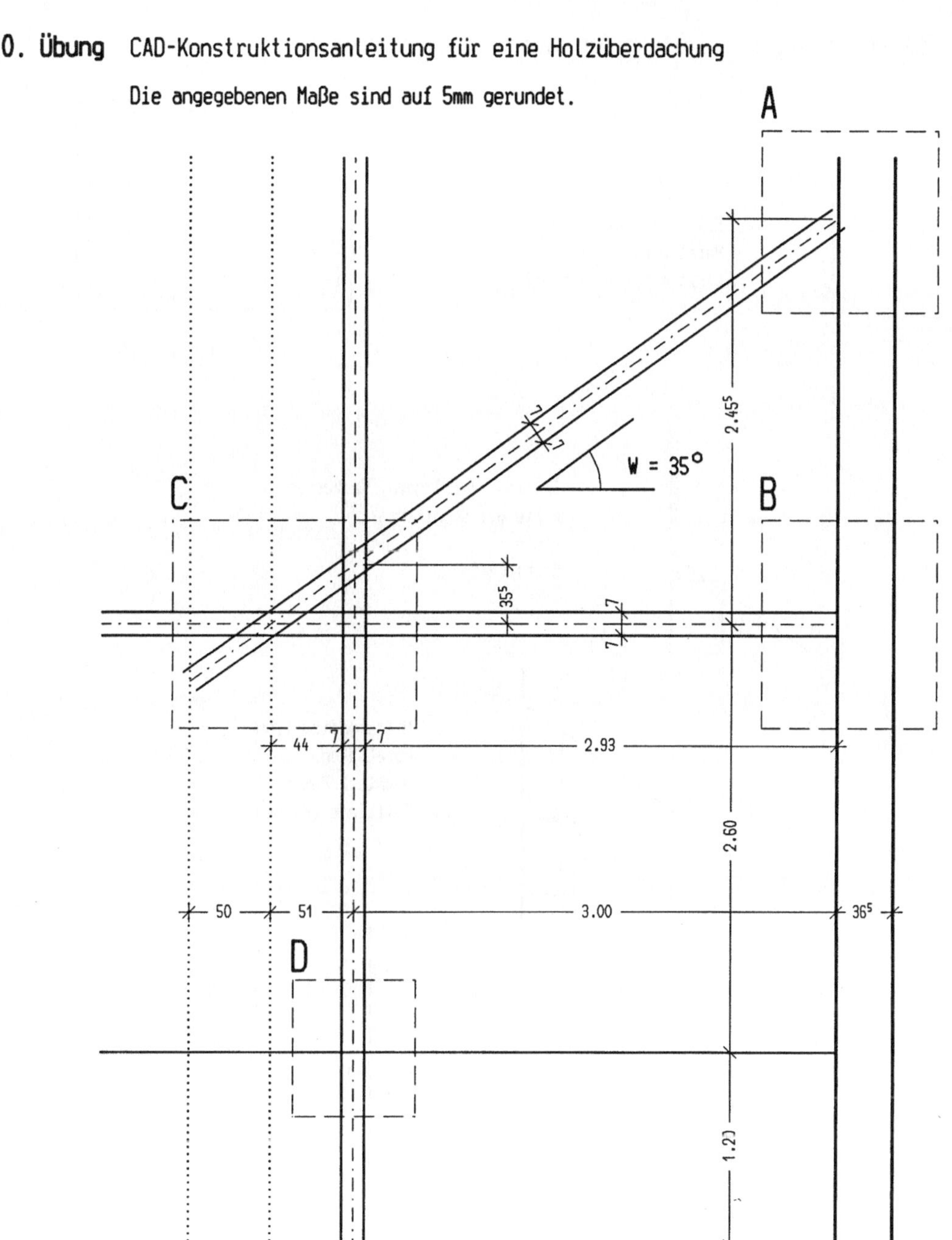

Zuerst Wand und Achsen zeichnen
- Parallelen/Hilfskonstruktion
- verschiedene Strich- und Linienarten

Am Bildschirm kann man diese Zeichnung durch Änderung des Darstellungsmaßstabes
oder mit der Funktion Lupe (vgl.S.63) beliebig vergrößern. In der Anleitung
hier im Buch (vgl.S.108f) sehen Sie die Anschlüsse in Detailzeichnungen.

Übungsaufgaben Modifikationsfunktionen

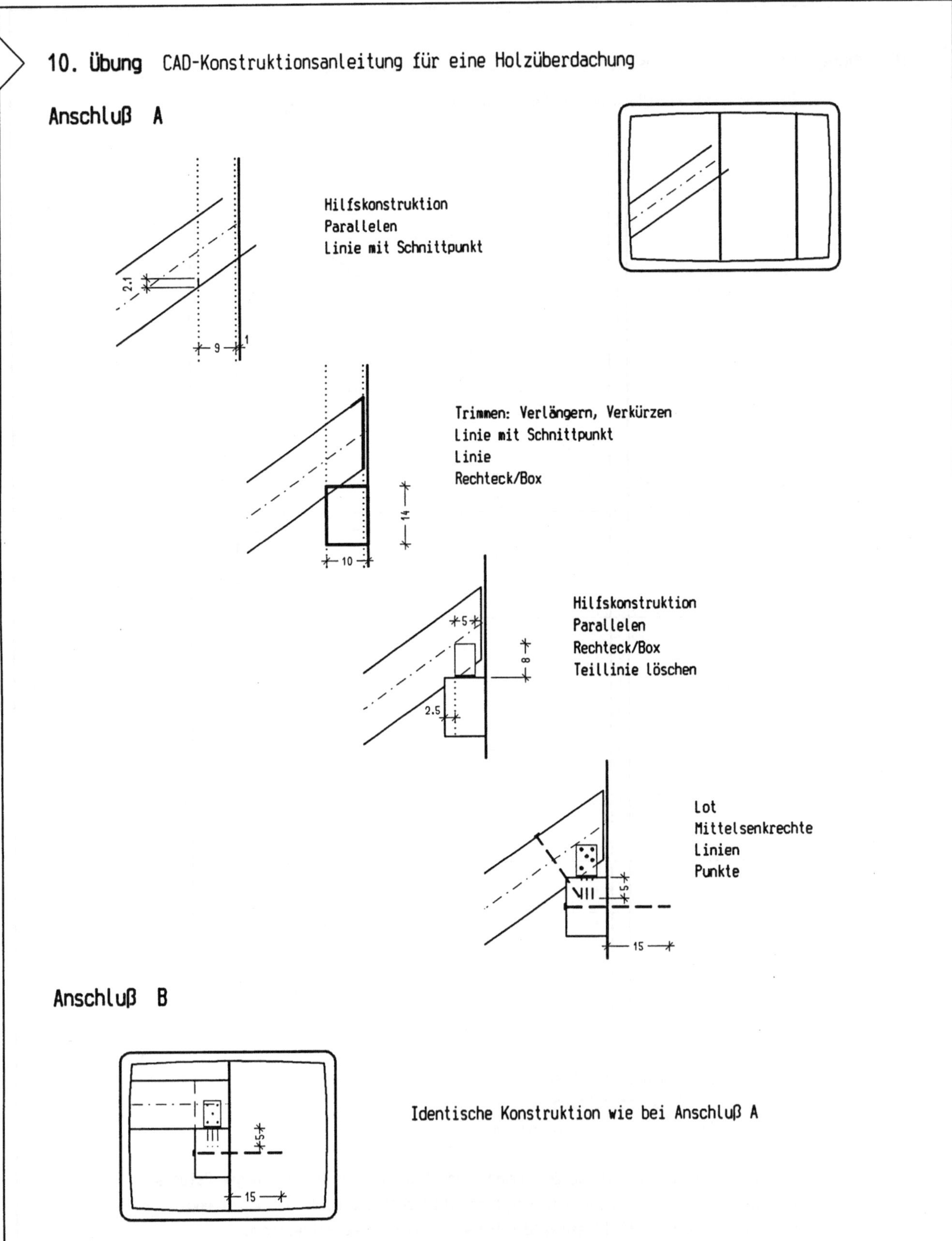

Übungsaufgaben Modifikationsfunktionen

10. Übung CAD-Konstruktionsanleitung für eine Holzüberdachung

Knoten C

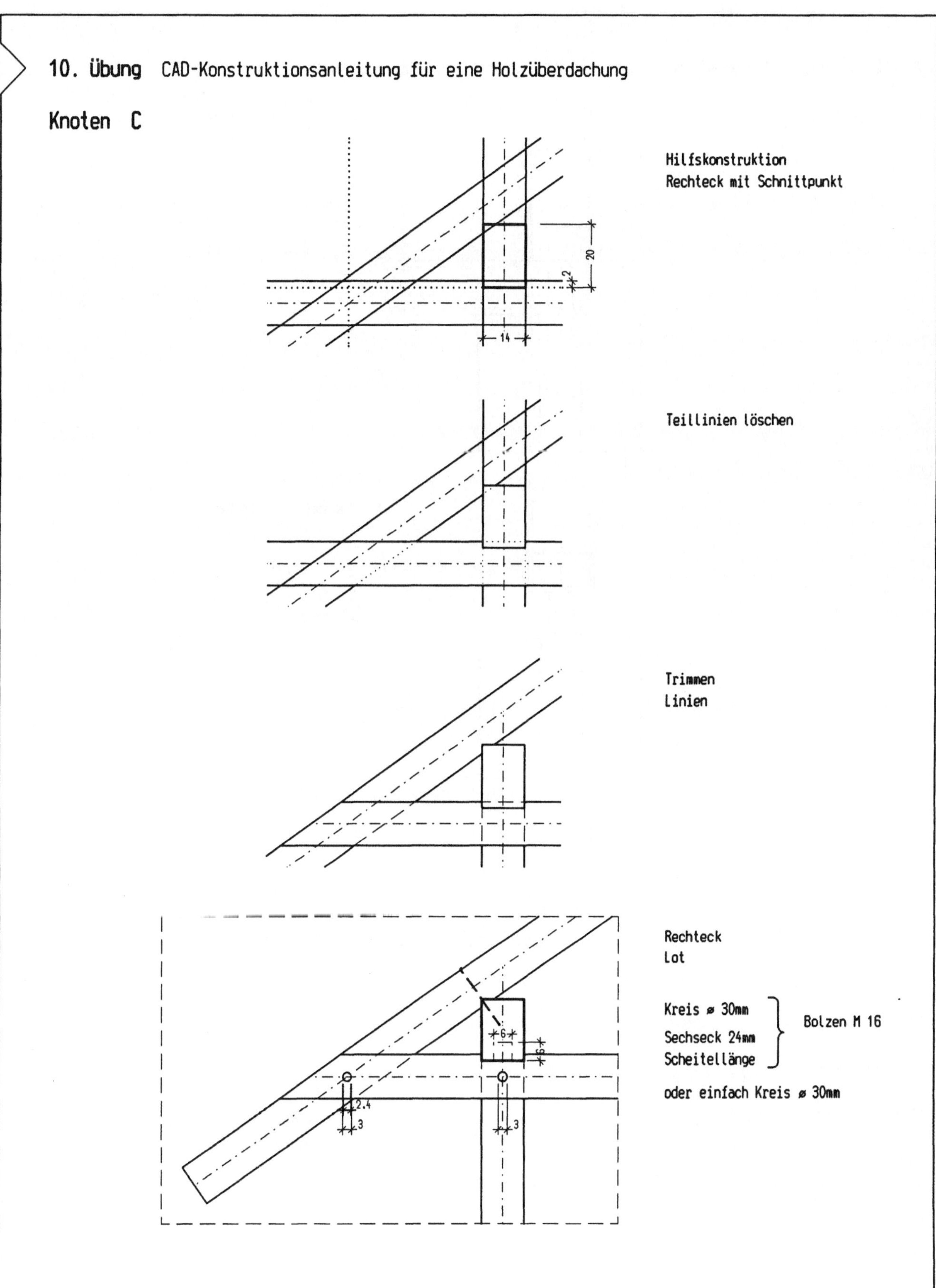

Übungsaufgaben Modifikationsfunktionen

10. Übung CAD-Konstruktionsanleitung für eine Holzüberdachung

Anschluß D

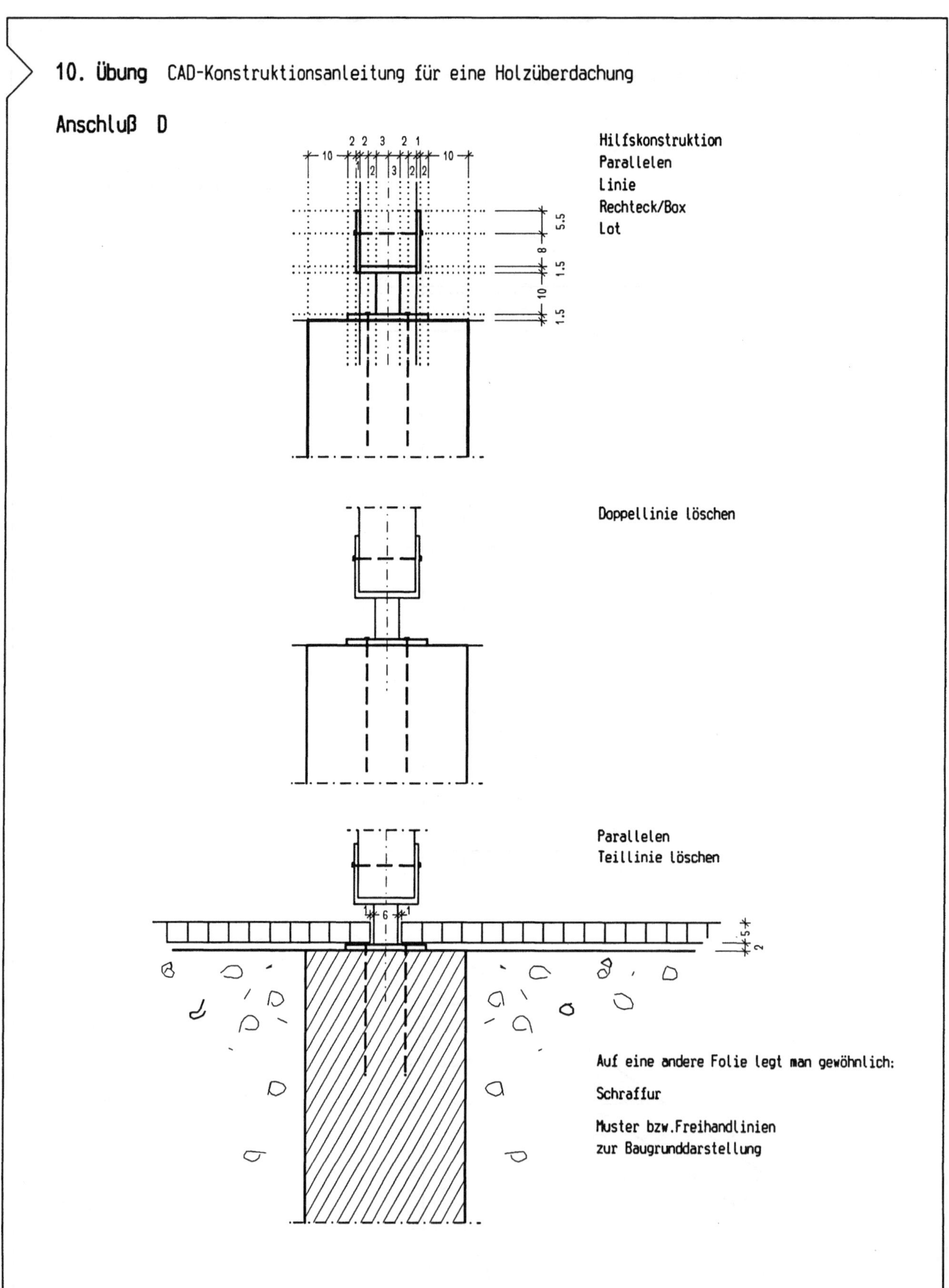

Manipulationsfunktionen

Manipulationsfunktionen sind im CAD diejenigen Funktionen, mit deren Hilfe man
Konstruktionseinheiten in ihrer Lage verändern oder vervielfältigen kann. Elementbezogene Parameter wie Strich- oder Linienarten werden mit diesen Funktionen
nicht modifiziert.

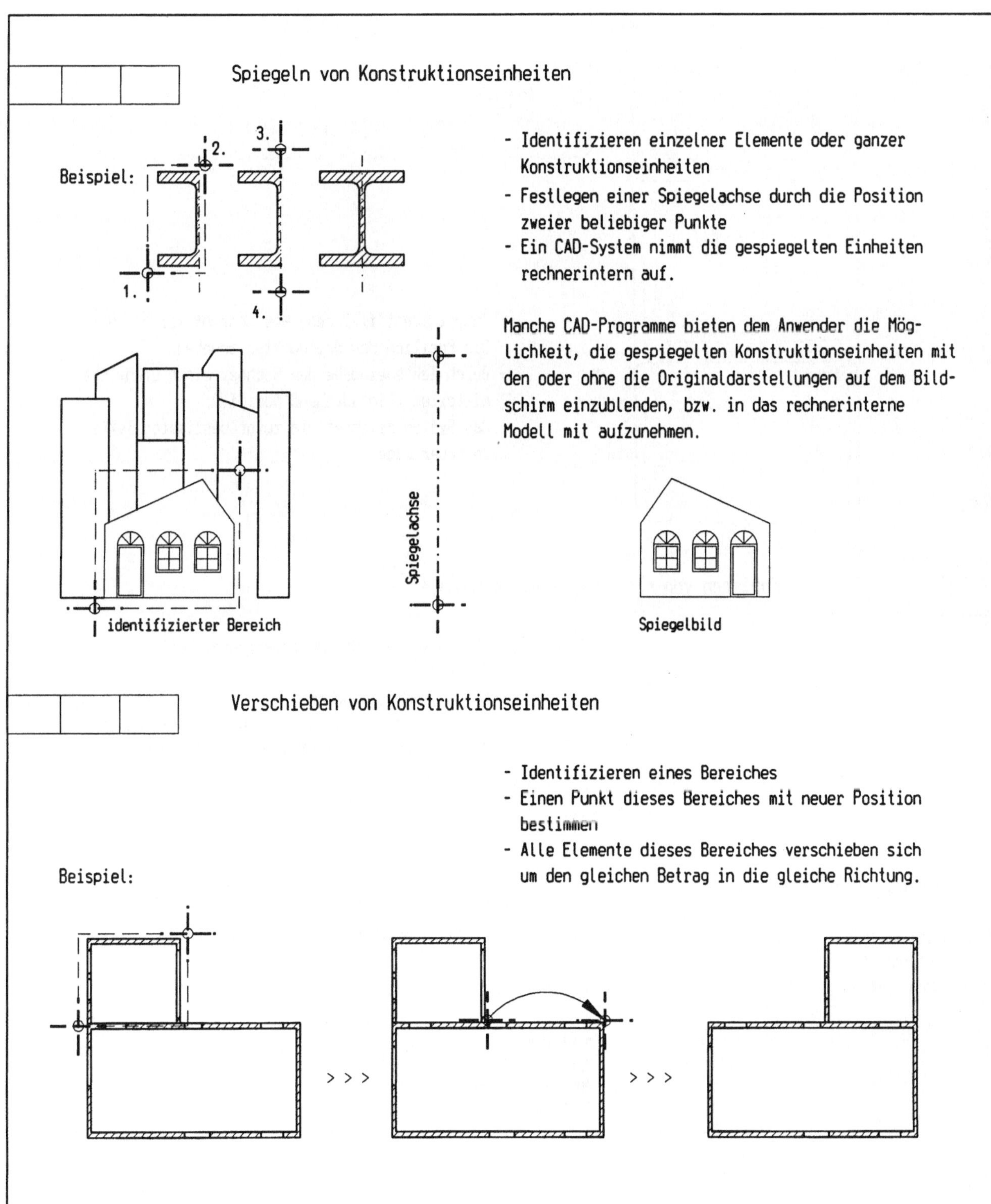

Manipulationsfunktionen

Drehen von Konstruktionseinheiten

Beispiel:

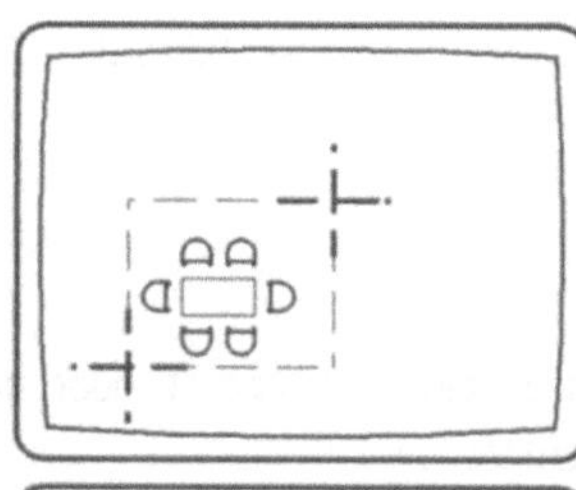
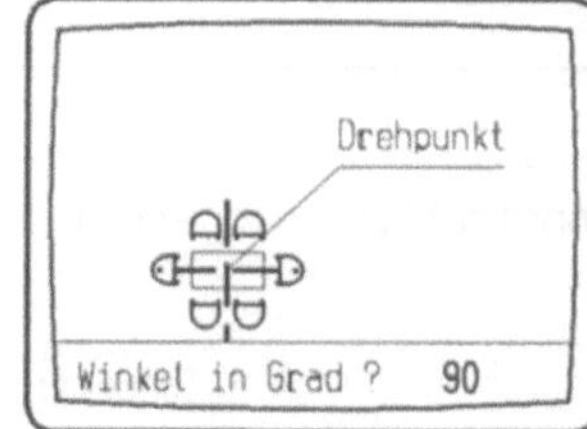

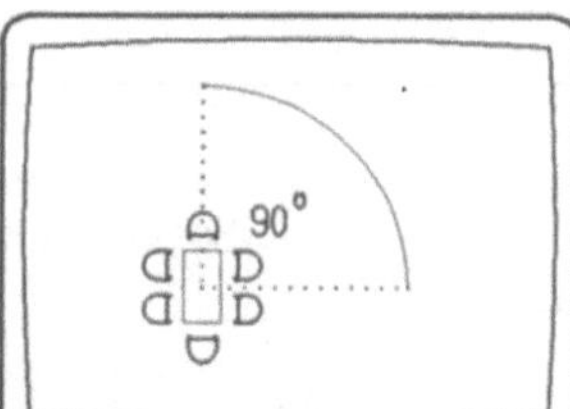

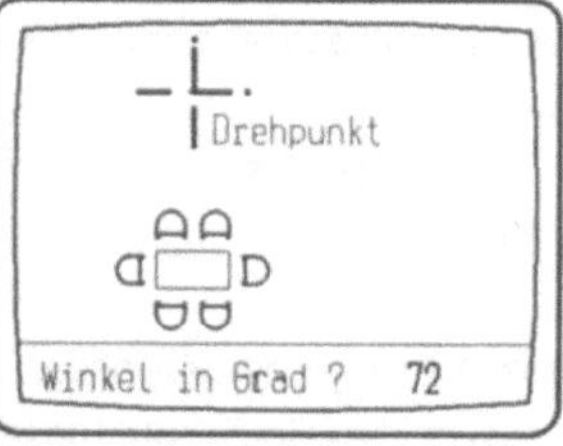

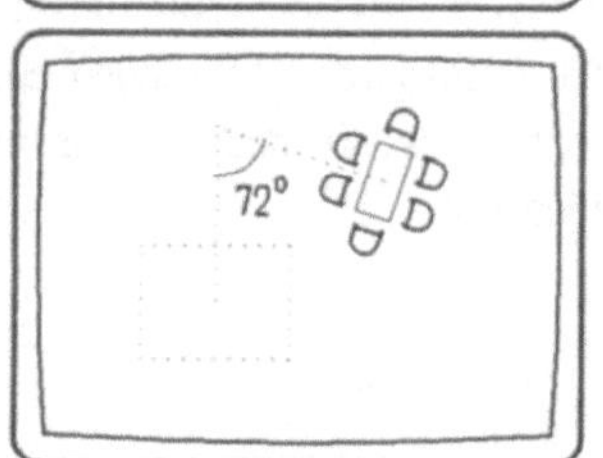

- Zuerst identifizieren, was gedreht werden soll
- Die Position des Drehpunktes angeben
- Durch Zahleneingabe dem Rechner einen Drehwinkel
  mitteilen (linksdrehend positiv)
- Das System zeichnet die zuvor bestimmten Teile
  in neuer Lage.

Kopieren von Konstruktionseinheiten

- Die zu kopierende Konstruktionseinheit
  identifizieren
- Ausgangspunkt angeben
- Neue Lage des Punktes durch Digitalisieren oder
  durch Zahleneingabe (Abstand der Koordinaten)
  mitteilen
- Angabe darüber, wie oft die Vervielfältigung in
  der selben Richtung mit gleichem Abstand ausgeführt werden soll

Die Kopien sind somit rechnerintern erfaßt. Das
CAD-System zeichnet sie automatisch.

Beispiel:

In diesem Fall
Freihandlinie
identifizieren

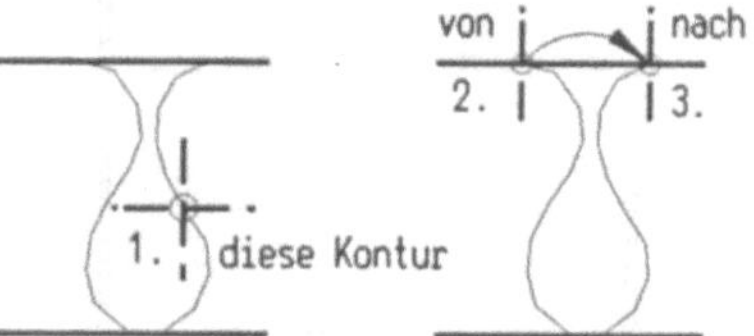

4.Dialog:
Wie oft kopieren?
Anwender mit der
Tastatur: 6

Manipulationsfunktionen

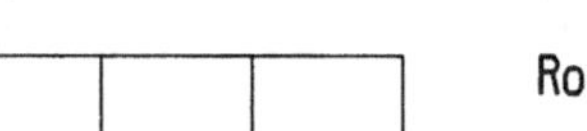 Rotieren / Kopieren und Drehen

1. Möglicher Dialog:

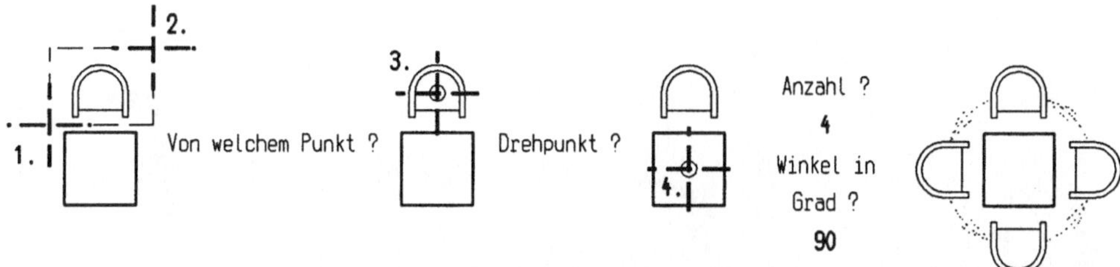

Eine Konstruktionseinheit kann um einen beliebigen Punkt drehend vervielfältigt werden:

- Identifizieren der Konstruktionseinheit
- Etwaiges Antippen eines Bezugspunktes
- Drehpunkt oder Punkt der gewünschten Kreisbahn angeben
- Zahleneingabe, wie oft kopiert werden soll
- Der Bediener kann vorgeschlagene Drehwinkel durch eine Zahleneingabe ändern.

Die identifizierten Einheiten werden automatisch kopiert und gedreht.

2. Möglicher Dialog:

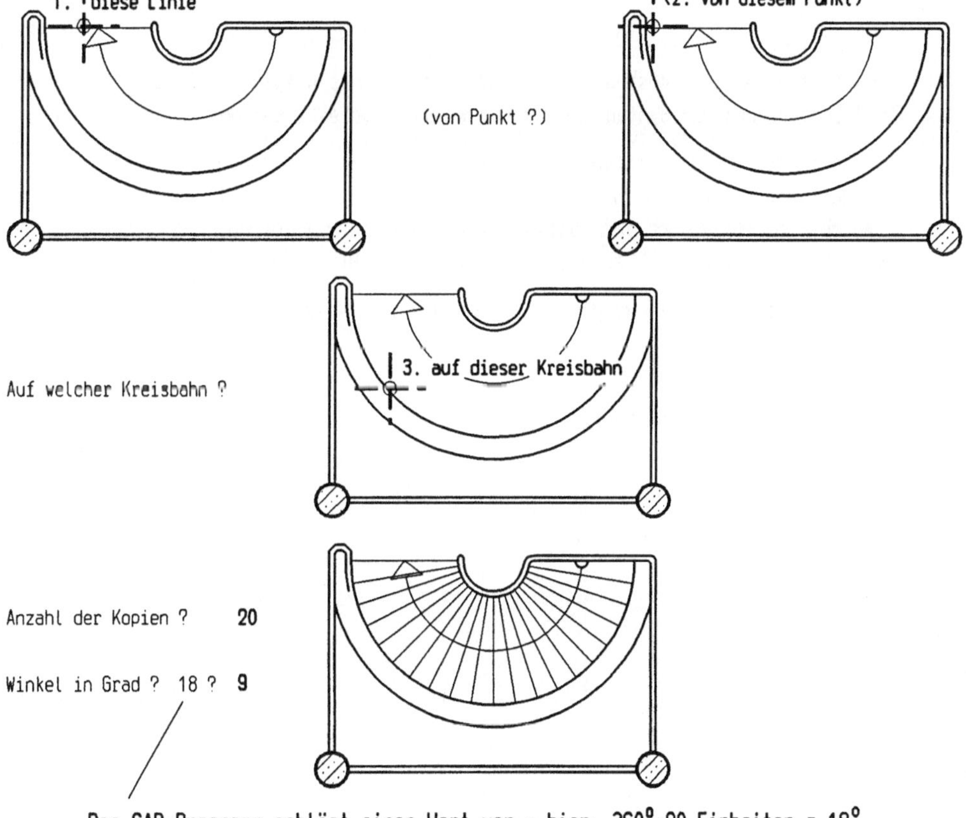

Das CAD-Programm schlägt einen Wert vor - hier: 360°:20 Einheiten = 18°.

Manipulationsfunktionen

Versetzen / Kopieren und Verzerren

Beispiel:

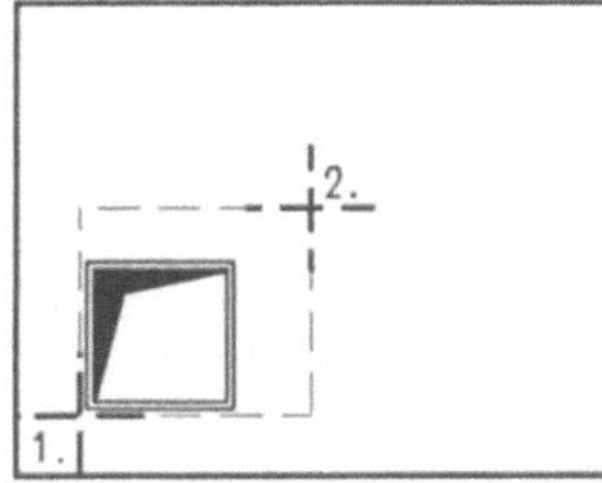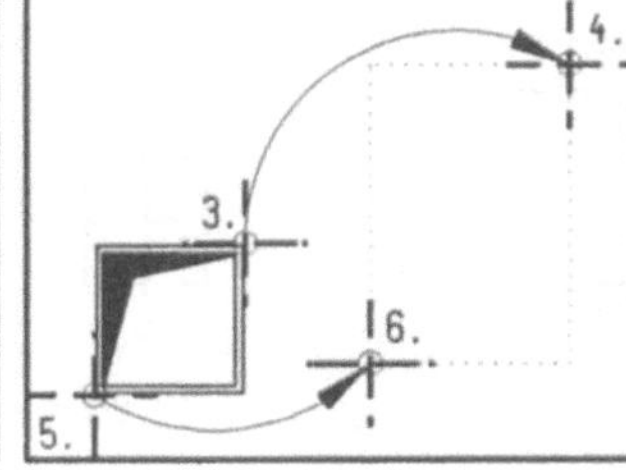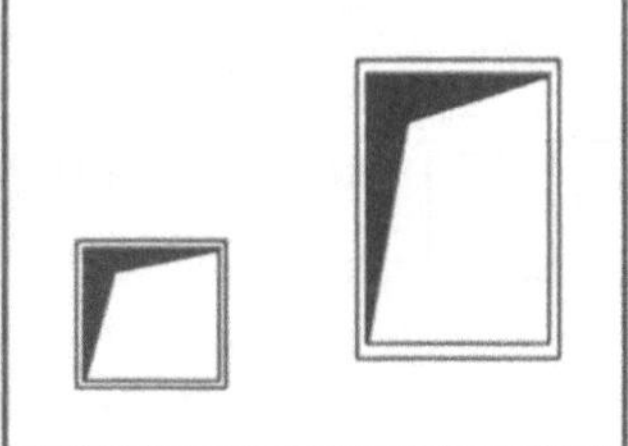

- Elemente oder Bereiche identifizieren
- Zwei Punkte nacheinander mit neuen Positionen
  bestimmen

Durch die Änderung von Lage und Richtung der Verbindungslinie beider Punkte rechnet sich ein CAD-
System die neuen Positionen des gesamten Bereiches
aus und zeichnet sie.

Rastern/In zwei Richtungen gleichzeitig kopieren

Beispiel: - Identifizieren eines Abschnittes und Bestimmen eines Ausgangspunktes
            - Im Dialog können dem System folgende Angaben mitgeteilt werden:

             - Neigung der beabsichtigten Rasterung in x- und in y-Richtung,
             - Anzahl der Kopien und ihr Abstand voneinander in x-Richtung,
             - Anzahl der Kopien und ihr Abstand voneinander in y-Richtung.
             Je nach System kann der Bediener Abstand und Anzahl variabel eingeben.

            Die identifizierten Teile werden in der gewünschten Weise kopiert.

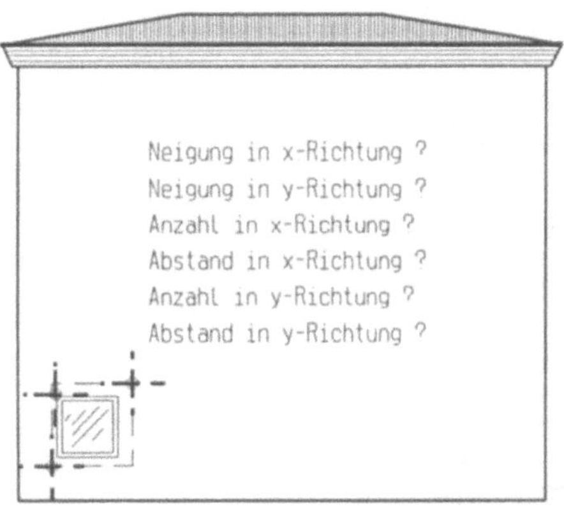

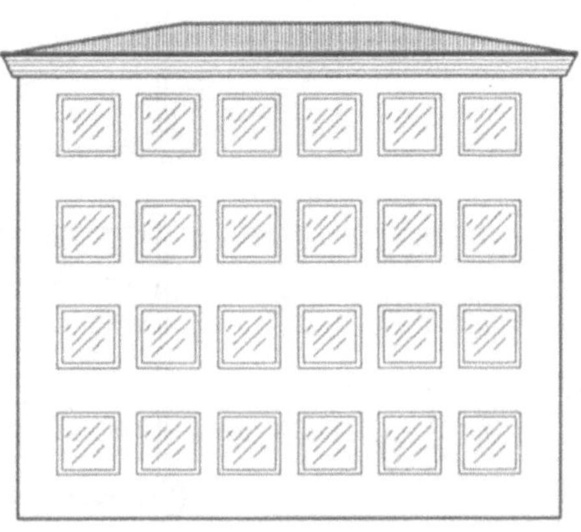

Übungsaufgaben Manipulationsfunktionen

11. Übung Detailzeichnung, Stahlbau

Zeichnen Sie von der Konstruktion einer Parkplatzüberdachung
das Detail A im Maßstab 1:5 (Bezugsmaßstab) !

Draufsicht o.M.

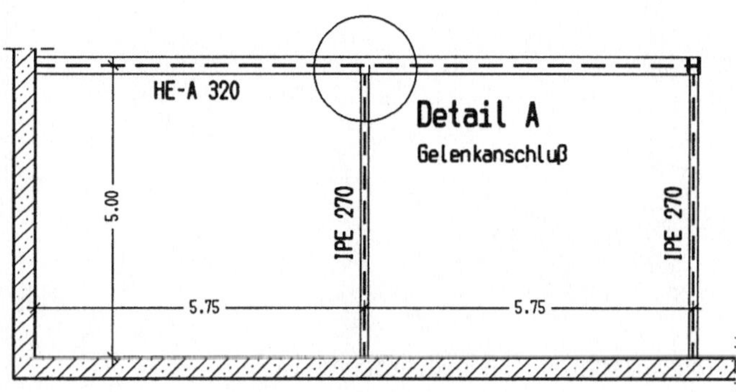

Detail A

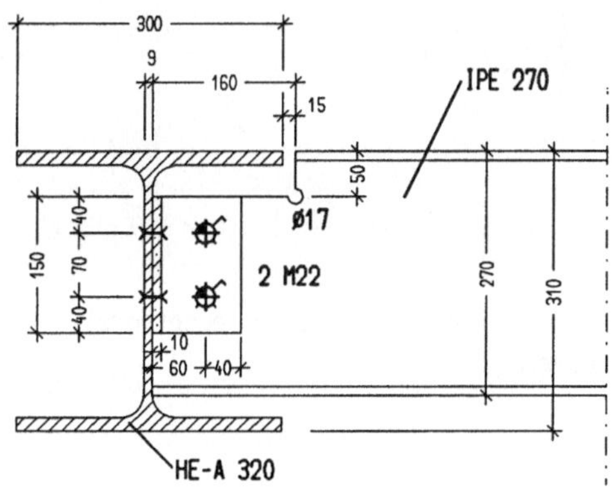

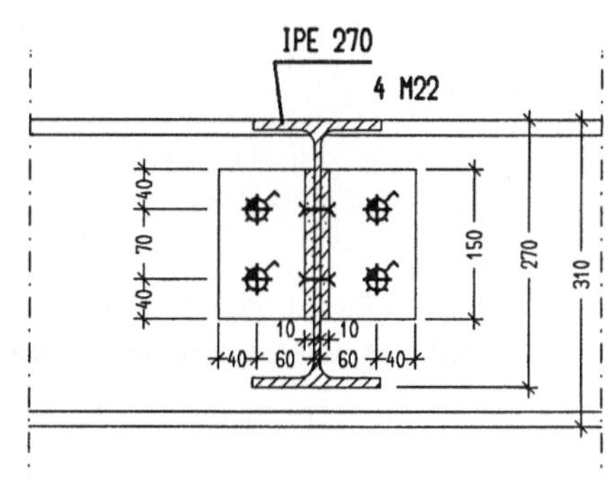

Schraubensymbol nach DIN 407 T1:
Auf der Baustelle einzuziehende Schraube M 22

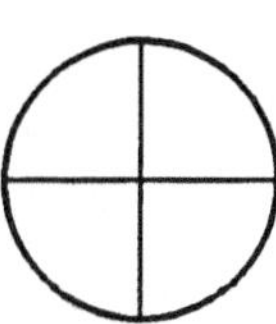
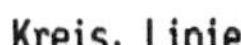

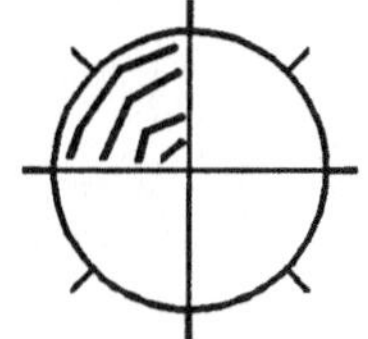

Kreis, Linie   Anstatt Schraffur   Linie, Rotieren   Trimmen
                            dicke Linien

Übungsaufgaben Manipulationsfunktionen

11. Übung Detailzeichnung, Stahlbau

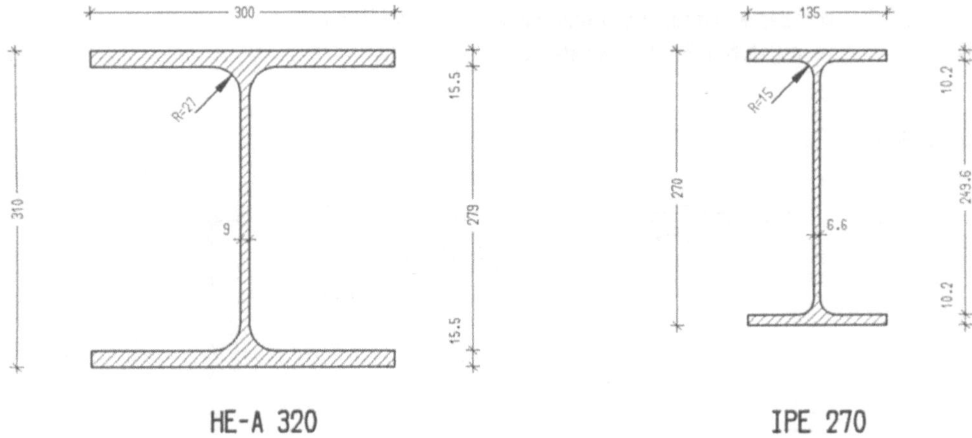

Konstruktionsvorschlag Trägerquerschnitte:

Diese Konstruktion würde in der Praxis entfallen, wenn im CAD-System Stahlbauprofile bereits in Makro- oder in Symboldateien abrufbereit vorliegen.

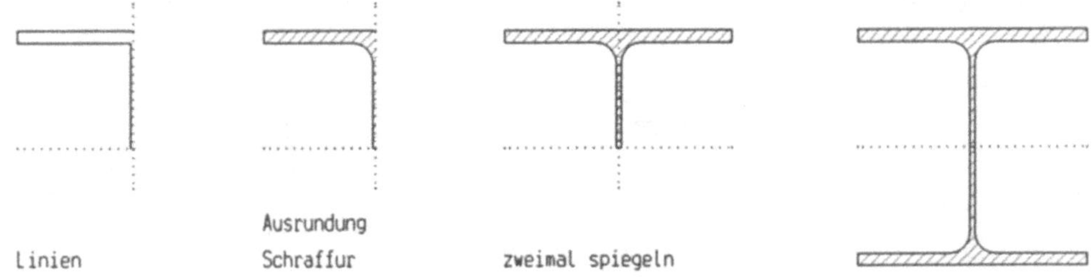

Wenn man während des weiteren Konstruktionsvorganges die Schraffur ausblendet,
bekommt man meist einen schnelleren Bildaufbau.

Konstruktionsvorschlag Detail A:

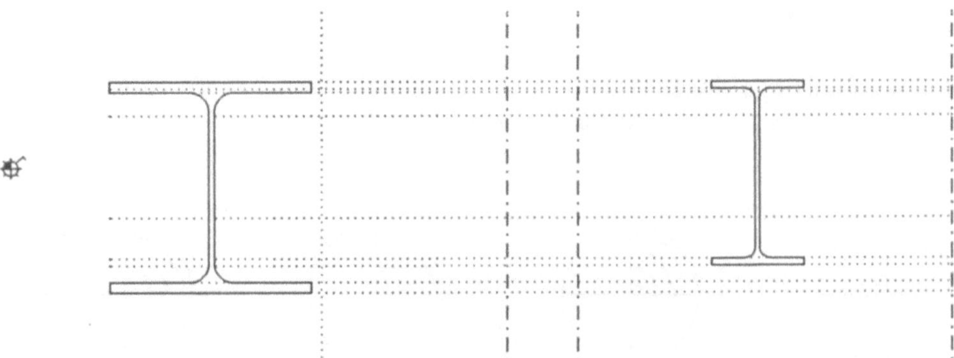

Beim Arbeiten mit der Linealfunktion (vgl.S.62) und der Summenfunktion (vgl.S.63)
verzichtet man selbstverständlich auf die meisten der hier abgebildeten Hilfslinien.

Übungsaufgaben Manipulationsfunktionen

11. Übung Detailzeichnung, Stahlbau

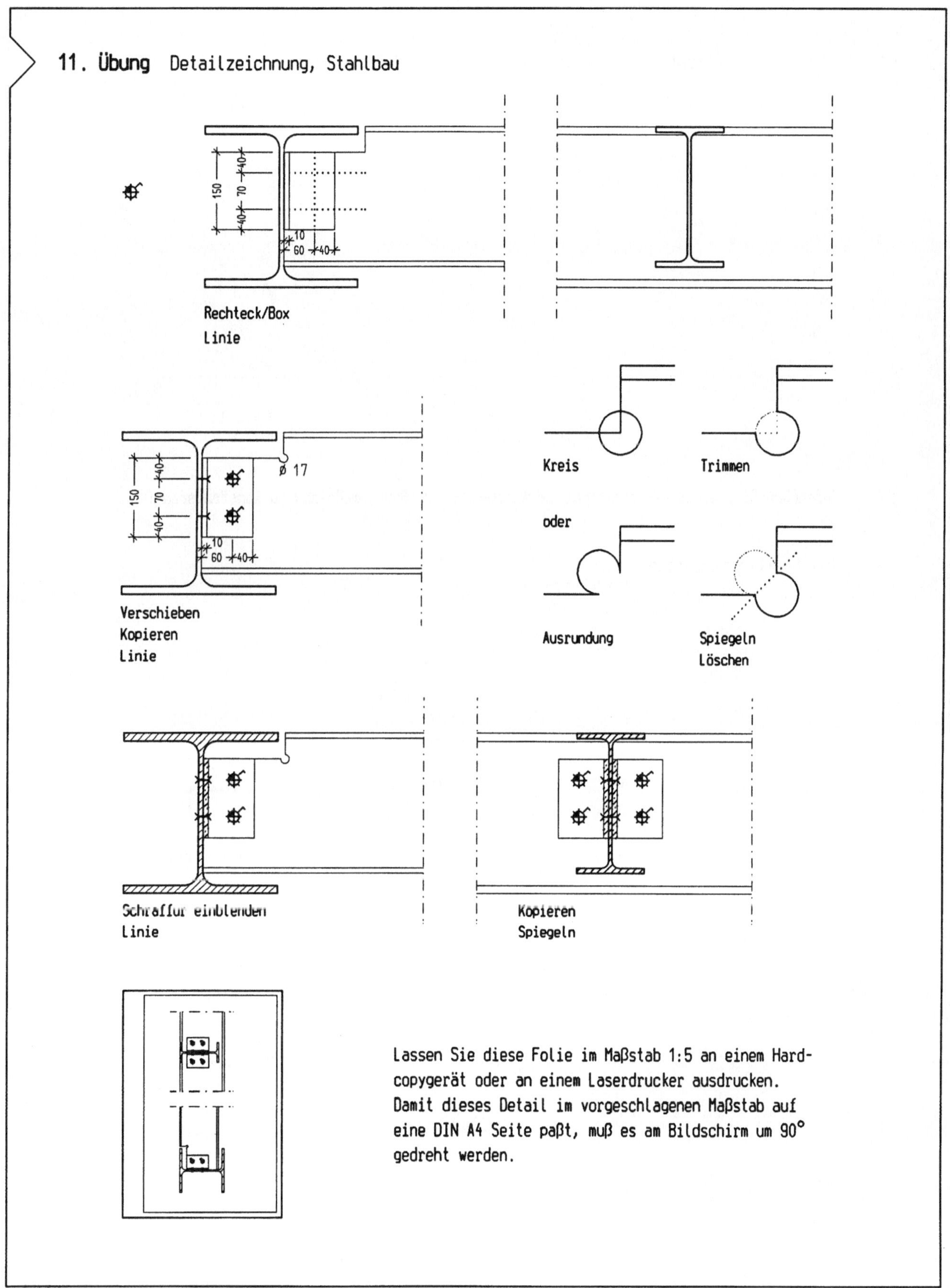

Lassen Sie diese Folie im Maßstab 1:5 an einem Hard-
copygerät oder an einem Laserdrucker ausdrucken.
Damit dieses Detail im vorgeschlagenen Maßstab auf
eine DIN A4 Seite paßt, muß es am Bildschirm um 90°
gedreht werden.

Übungsaufgaben Manipulationsfunktionen

12. Übung Giebelansicht einer Hallenkonstruktion in Holzbauweise

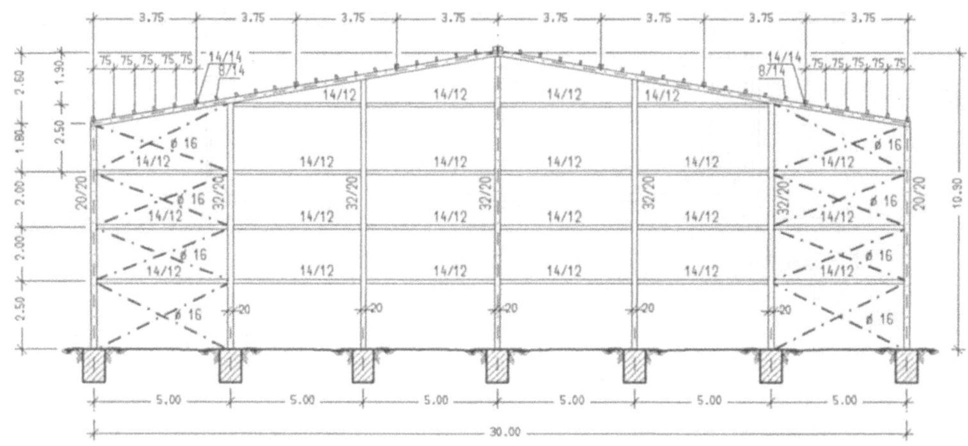

Versuchen Sie, diese Giebelansicht im Maßstab 1:100 (Bezugsmaßstab) zu konstruieren !

Konstruktionsanleitung:

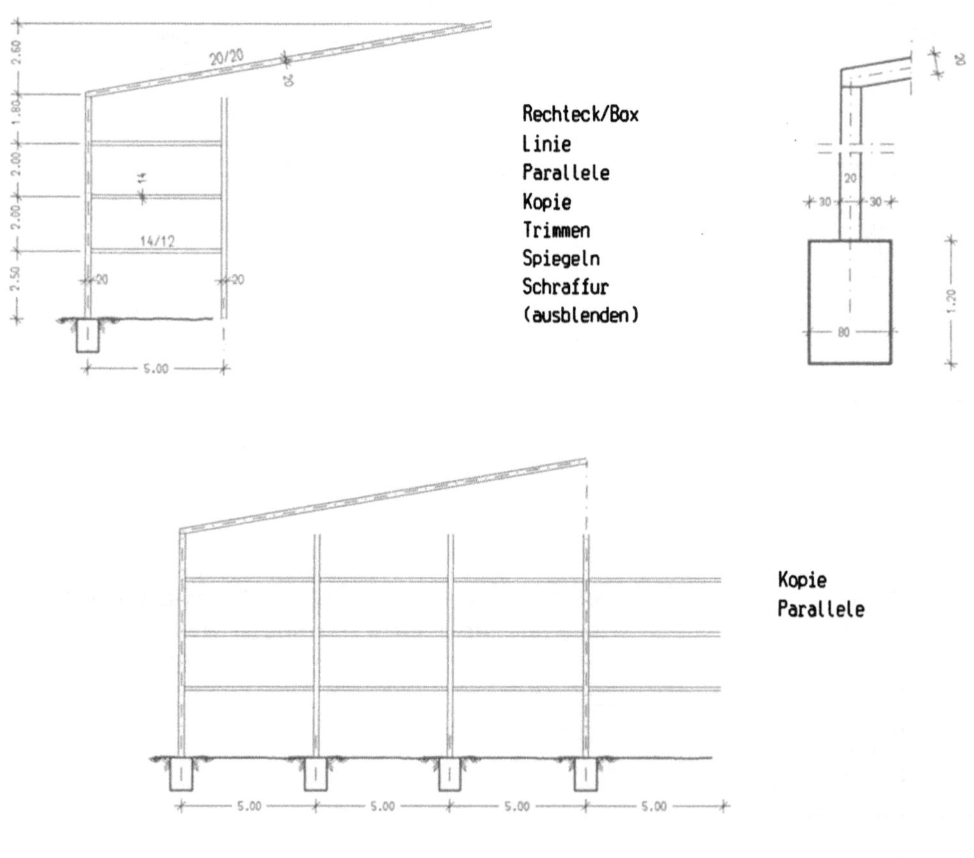

Übungsaufgaben Manipulationsfunktionen

12. Übung Giebelansicht einer Hallenkonstruktion in Holzbauweise

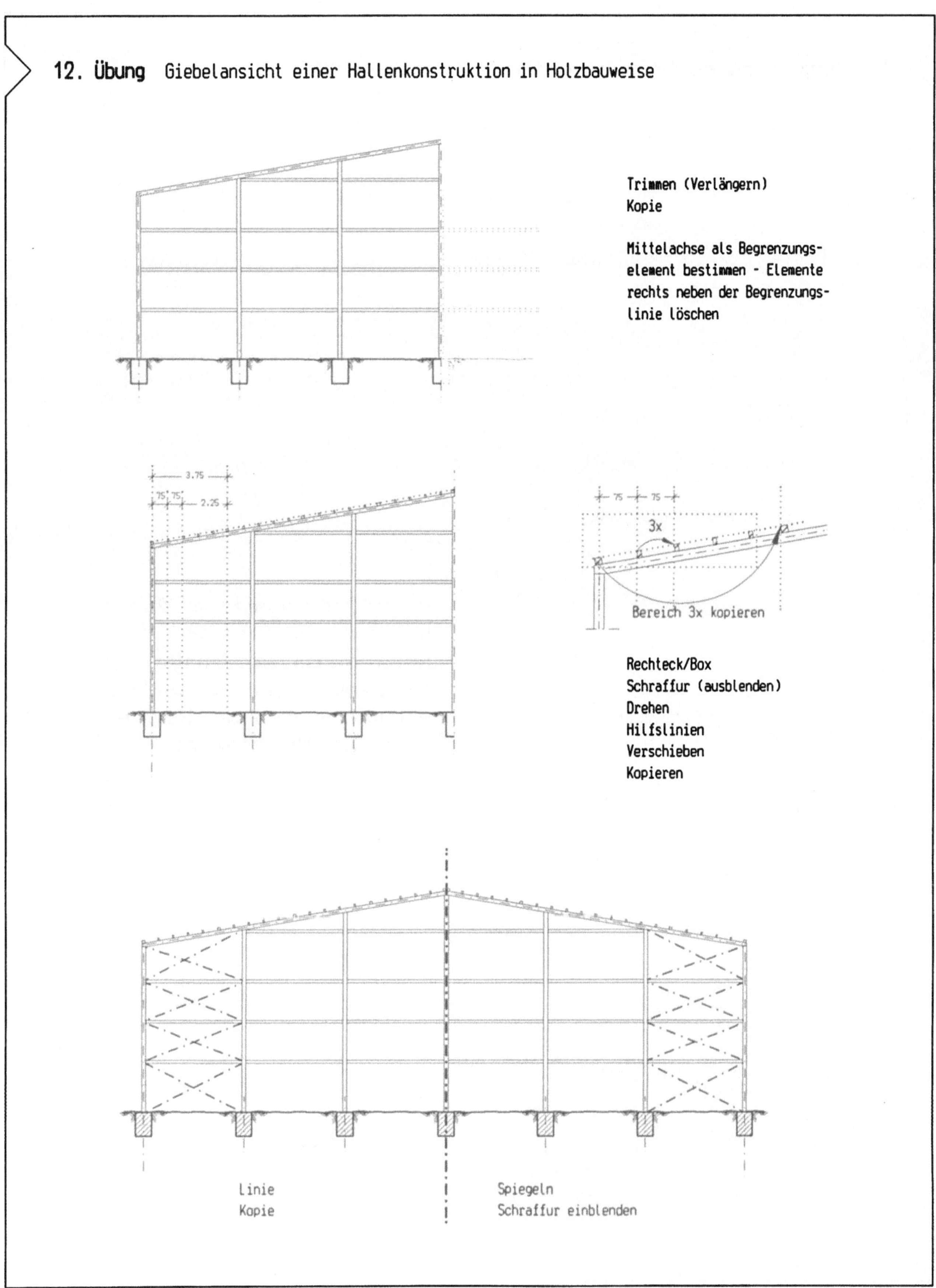

Übungsaufgaben Manipulationsfunktionen

13. Übung Fachwerkbinder in Holzbauweise (Halle aus Übung 12)

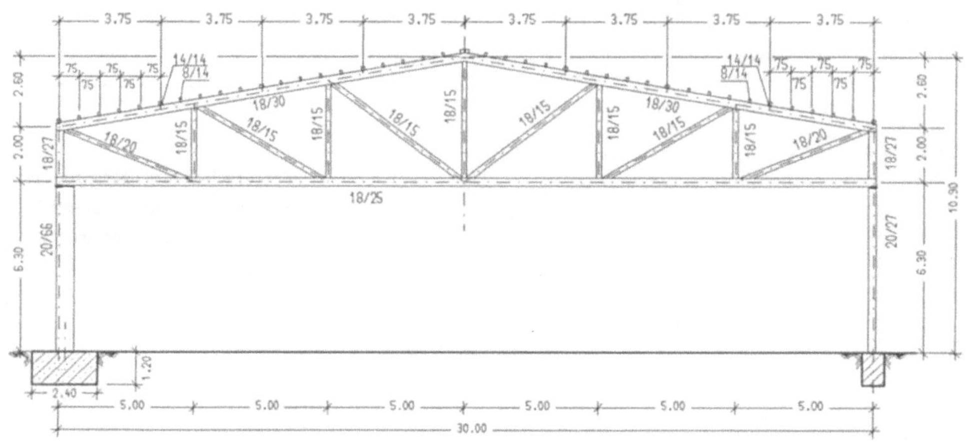

Konstruktionsvorschlag:

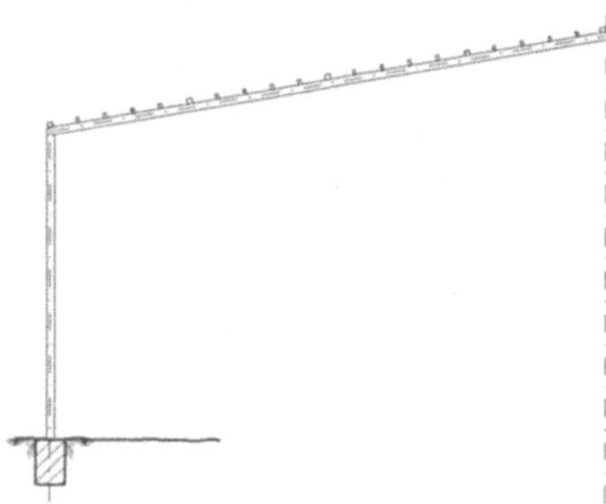

Von der Zeichnungsebene der 12.Übung
kopiert man eine Hälfte der Hallen-
ansicht auf ein neues Teilbild.
Alle Elemente, die man für den Fachwerkbinder nicht braucht, löscht man
aus der kopierten Zeichnung.

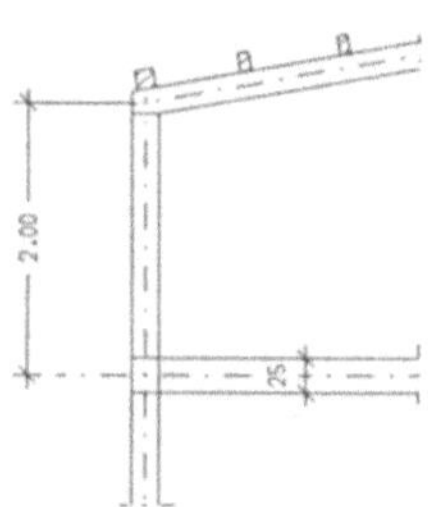

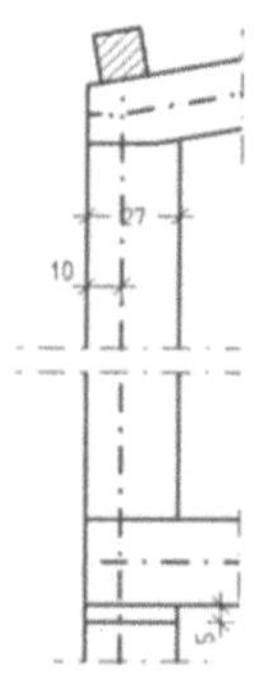

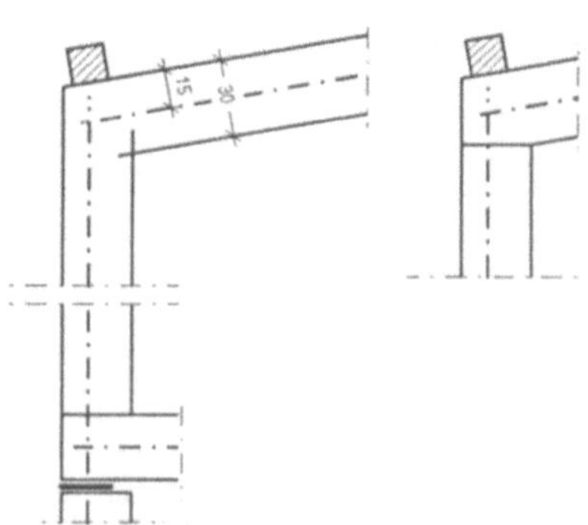

Linie   Verschieben   Linie
Parallele   Teillinie löschen   Parallelen ausrichten   Linien verkürzen

Übungsaufgaben Manipulationsfunktionen

13. Übung Fachwerkbinder in Holzbauweise M=1:100 (Bezugsmaßstab)

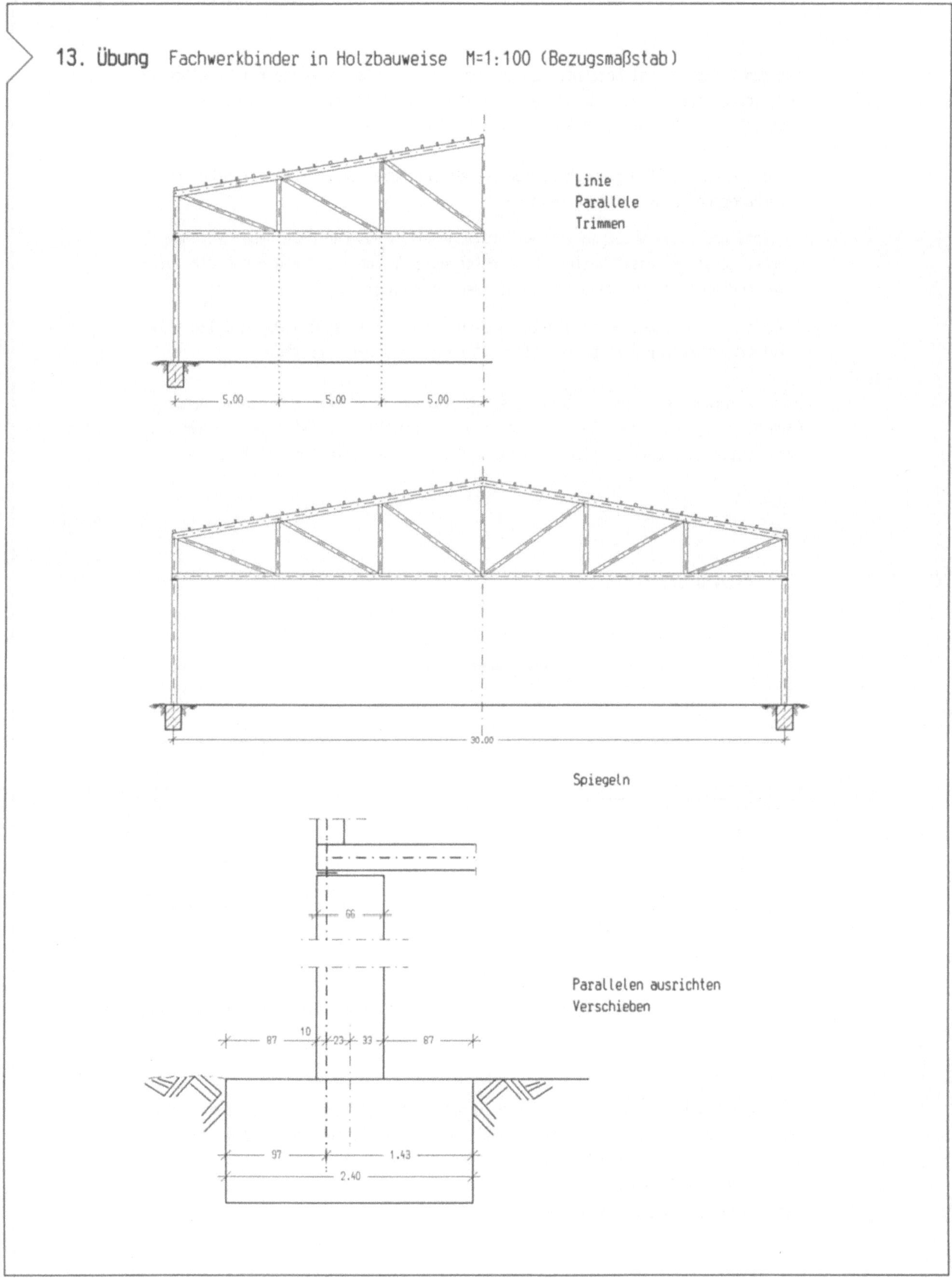

Übernahme vorhandener Pläne

Aus dem 1.Kapitel ist bekannt, daß Scanner für eine fachgerechte Weiterverarbeitung vorhandener Pläne noch ungeeignet sind. Zur Übernahme bestehender Pläne gibt es systemabhängig gegenwärtig drei Möglichkeiten:

. Abzeichnen des Planes durch Zahleneingabe der Maße oder der Koordinaten von vorhandenen Konstruktionselementen;

. Aufbau und Zusammensetzen von 3D-Volumenmodellen aus den Maßangaben vorhandener Konstruktionseinheiten. Eine entsprechende Schnittlegung durch die Volumenmodelle führt zur gewünschten affinen Abbildung;

. Aufnahme des Planes durch Digitalisieren mittels Zeichenwerkzeug und Tablett, Zeichenbrett oder Flachbettplotter mit nachträglicher Korrektur.

Um eine Zeichnung durch Digitalisieren übernehmen zu können, muß die vorhandene Planzeichnung auf einen Digitizer geheftet werden. Mit dem Aktivieren einer Plan-Digitalisierungsfunktion kann ein CAD-System folgende Angaben fordern:

Plan-Digitalisieren

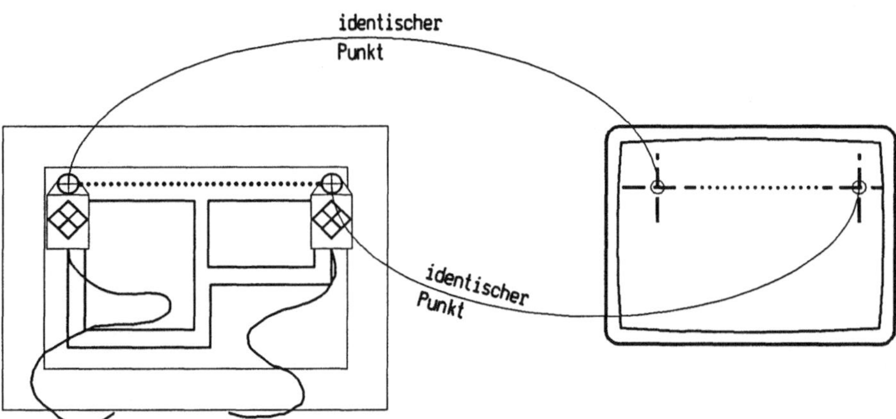

Kennstrecke am Brett 1.und 2.Punkt   Kennstrecke am Bildschirm 1.und 2.Punkt

Um eine maßstabsgerechte Konstruktion zu erhalten, legt der Bediener zuerst den rechnerinternen Bezugsmaßstab fest. Damit die Konstruktion lage- und winkeltreu wird, gibt er im nächsten Schritt eine Kennstrecke an. Für die Positionen der zweiten Punkte am Brett wie am Bildschirm werden dem System die wahren, achsparallelen Abstände durch Zahlenangaben mitgeteilt.

Übernahme vorhandener Pläne

Plan-Digitalisieren

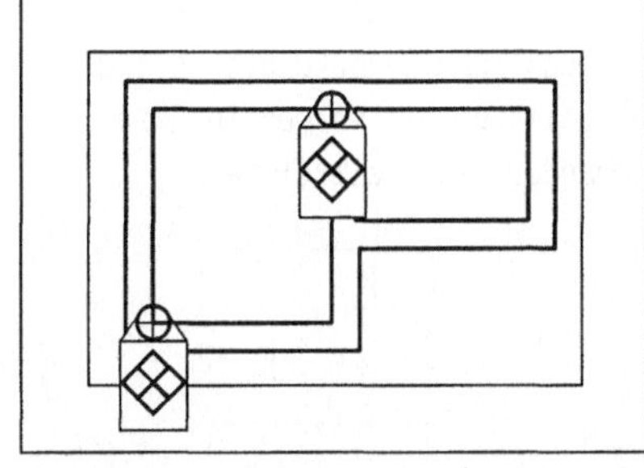

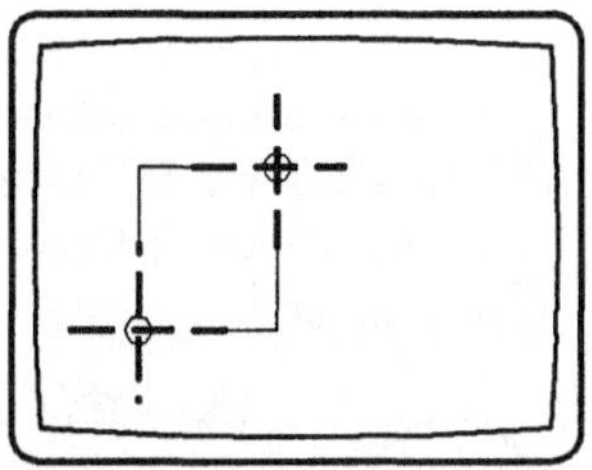

Durch das zusätzliche Aktivieren von Grundfunktionen wird eine Übernahme beschleunigt.

hier: Rechteck/Box

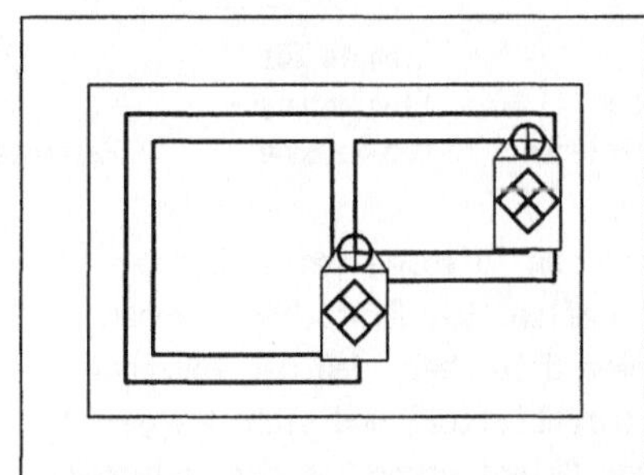

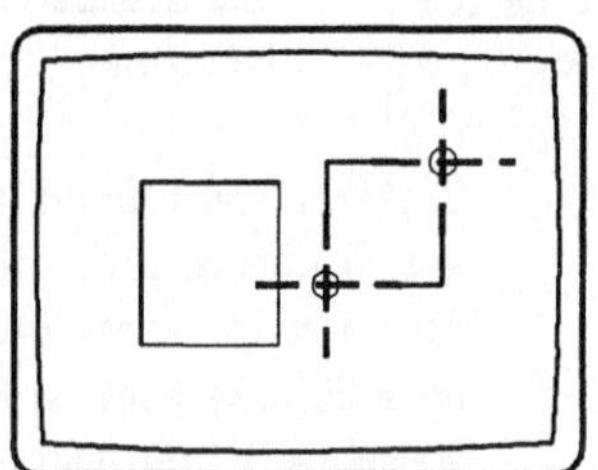

Nachdem die digitale Aufnahme beendet ist, wird die Zeichnung mit Hilfe der
Modifikationsfunktion ausgerichtet.

hier:
Parallelen ausrichten
   in x-Richtung
   in y-Richtung

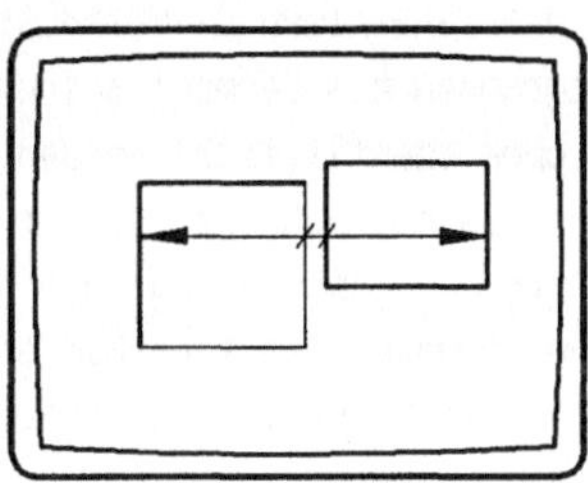

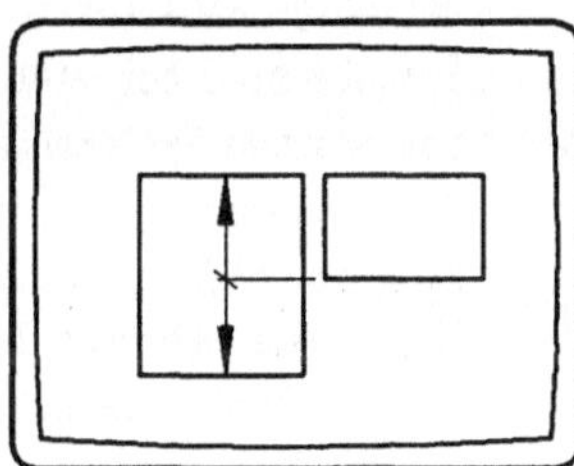

Fehlende Elemente werden unter Zuhilfenahme beliebiger Konstruktionsmenüs
ergänzt.

hier:
geschlossener
Polygonzug

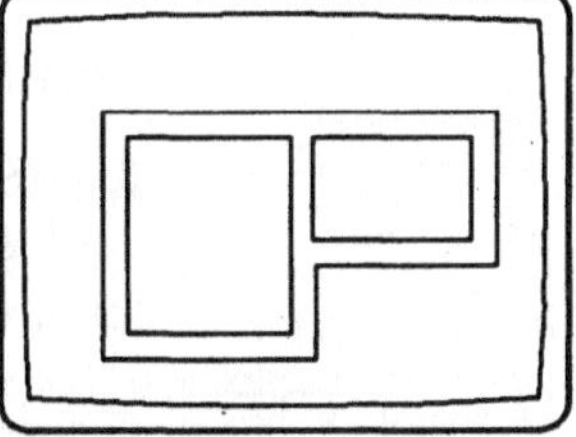

Das hier gezeigte Beispiel verdeutlicht lediglich das Prinzip der digitalen
Planaufnahme. Der Vorteil dieser Methode liegt bei der automatischen Orientie-
rung in komplizierteren Plänen. Bei diesem Beispiel wäre natürlich die bloße
Koordinateneingabe schneller.

Symbole

In der 11.Übung wurden zwei genormte Stahlbauprofile und ein Schraubensymbol gezeichnet (vgl.S.116). Das Konstruieren dieser Einheiten verdeutlicht besonders
einsichtig den Unterschied zur konventionellen Geometrieerzeugung. In der Praxis
wird man jedoch speziell diese Teile immer weniger selbst zeichnen. Viele Softwarehersteller gehen dazu über, genormte und gebräuchliche Symbole als fertig
konstruierte Einheiten mit ihrem CAD-Programm anzubieten. Sie werden in umfas-
senden Symboldateien gespeichert und sind vom Anwender jederzeit einzeln
abrufbar.

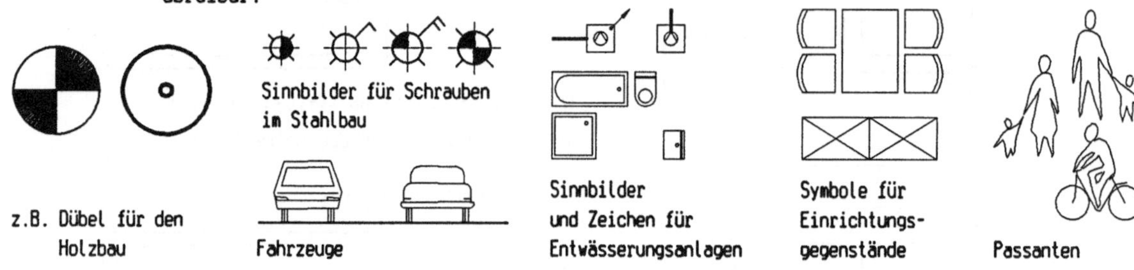

Besitzer von CAD-Systemen mit Tablettmenüs müssen zum Aufrufen von Symbolen
entsprechende Bibliothekskarten auf ihr Tablett heften. Der Einfachheit wegen
geht man in naher Zukunft auch bei diesen Systemen dazu über, daß der Anwender
ohne Blickwechsel am Monitor seine Symboldatei durchblättert und sich das gewünschte Detail dort aussuchen kann. Zur besseren Orientierung hat der Bediener
bei einzelnen Programmen die Möglichkeit, sich Auszüge aus Symboldateien am
Rand des Grafikbildschirmes in verkleinertem Maßstab aufzeichnen zu lassen.
Er identifiziert das gewünschte Symbol mit dem Fadenkreuz und kann es in jede
beliebige Konstruktion, in den jeweiligen Bezugsmaßstab (vgl.S.57) übernehmen.
Symbole sind bei vielen Programmen als Segment aufgebaut. Gleiche Symbole können
bei manchen Systemen als Gruppe identifiziert werden.
Systemabhängig besteht sogar die Möglichkeit, selbst konstruierte Einheiten in
eine Symboldatei abzuspeichern. Je nach System kann ein einziges Symbol die
Datenmenge mehrerer Zeichnungsebenen umfassen. Bei einem CAD-System mit Menümasken könnte die Zuordnung einer Konstruktionseinheit als Symbol wie folgt
geschehen:

Symbol-Eingabe

Möglicher Dialog:

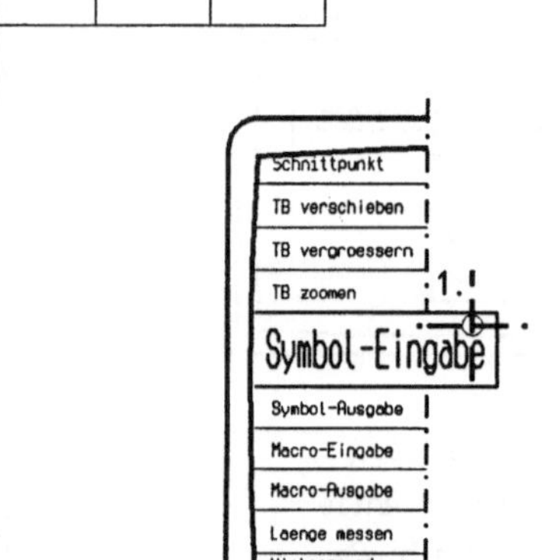

1. Symbolmenü anfahren

    Was soll ein Symbol werden ?

2.+ 3. Konstruktionseinheit identifizieren

    Symbolausgangspunkt ?

4. Bei späterem Aufrufen des Symbols
    muß der Rechner wissen, an welchen
    Ort er es in welcher Lage zeichnen muß.
    Man tippt deshalb mit dem Fadenkreuz
    einen für das Symbol sinnvollen Bezugs-
    zugspunkt an - hier: Mittelpunkt

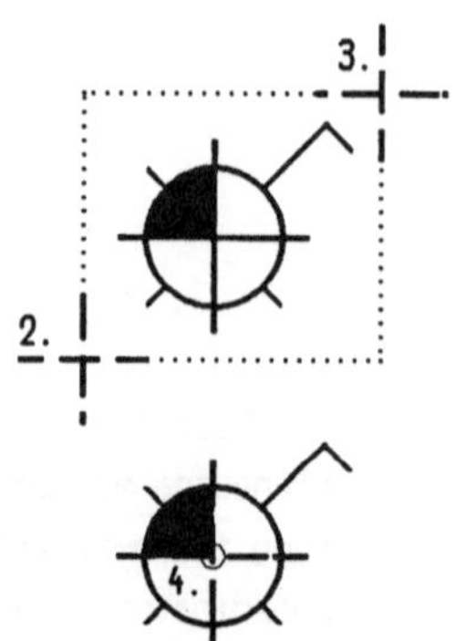

Symbole

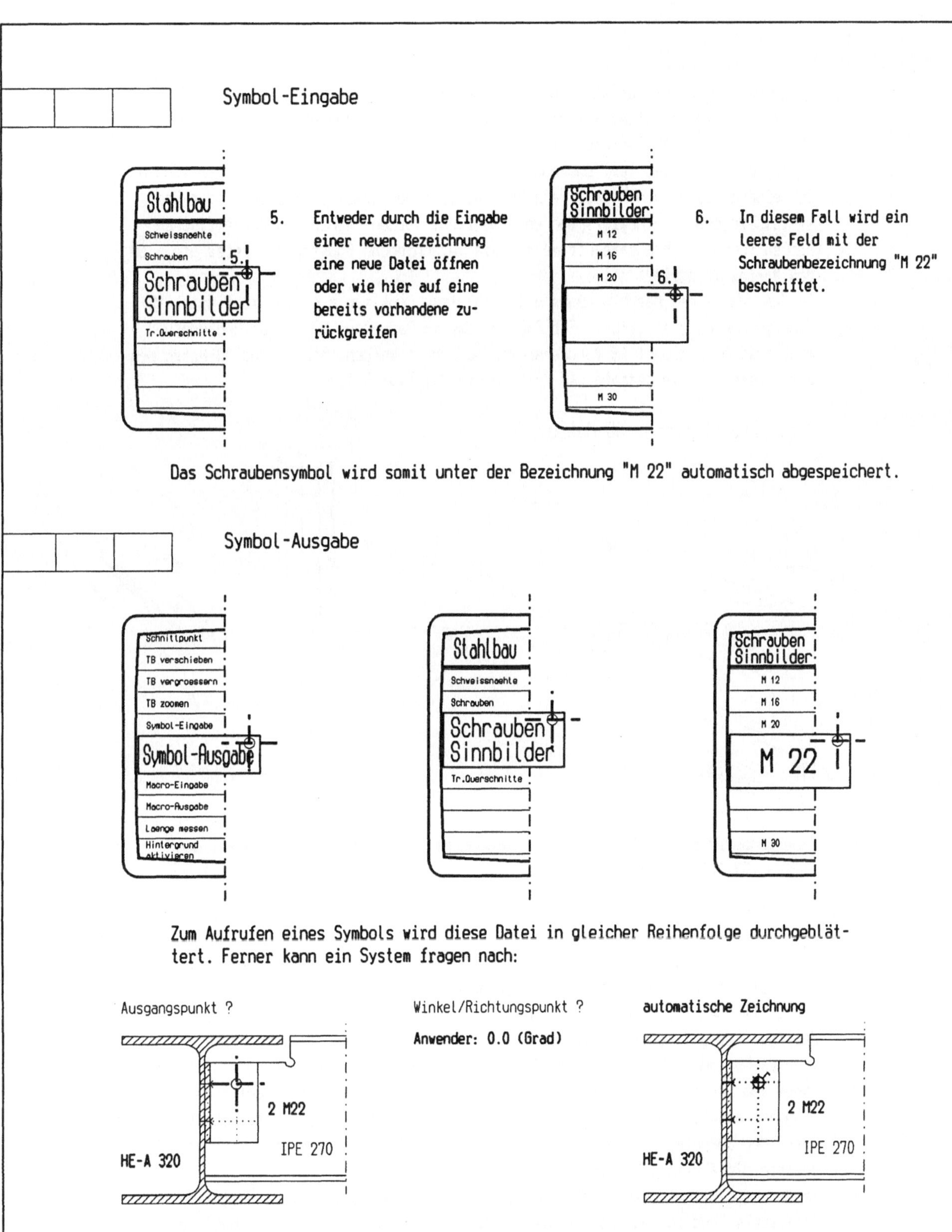

Das Schraubensymbol wird somit unter der Bezeichnung "M 22" automatisch abgespeichert.

Zum Aufrufen eines Symbols wird diese Datei in gleicher Reihenfolge durchgeblättert. Ferner kann ein System fragen nach:

CAD-Programme, die mit Tablettmenüs arbeiten, bieten dem Anwender häufig die Möglichkeit, selbst entwickelte Symbole über bisher unbelegte Felder eines Menütabletts aufzurufen. Diese Felder beschriftet der Anwender selbst.

Makro/Variantenkonstruktion

Wegen der Fülle der Variationen beliebiger Konstruktionseinheiten, wie z.B. genormter Stahlbauprofile, ist es nicht immer sinnvoll, zuviele Symbole in Dateien abzulegen. Gute CAD-Systeme verfügen über sogenannte Makrodateien, die je nach System bereits integriert und/oder selbst aufgebaut und erweitert werden können. Der eigene Aufbau von Makros kann bei CAD-Systemen grafisch erfolgen oder über systembezogene Programmiersprachen ermöglicht werden. Neben den geometrischen Größen können auch andere Parameter, wie verschiedene Baustoffe, Preise etc., in den Makros integriert sein.

In der Praxis des Maschinenbaus hat sich diese Funktion als die wichtigste CAD-Funktion bereits etabliert. Für CAD-Systeme im Bauwesen, bei denen Gebäude und Konstruktionen zuerst im Volumenmodell aufgebaut werden, stellt das 3D-Makro den Grundstein für die gesamte CAD-Philosophie dar (vgl.S.43).

Beispiele möglicher 3D-Makros:

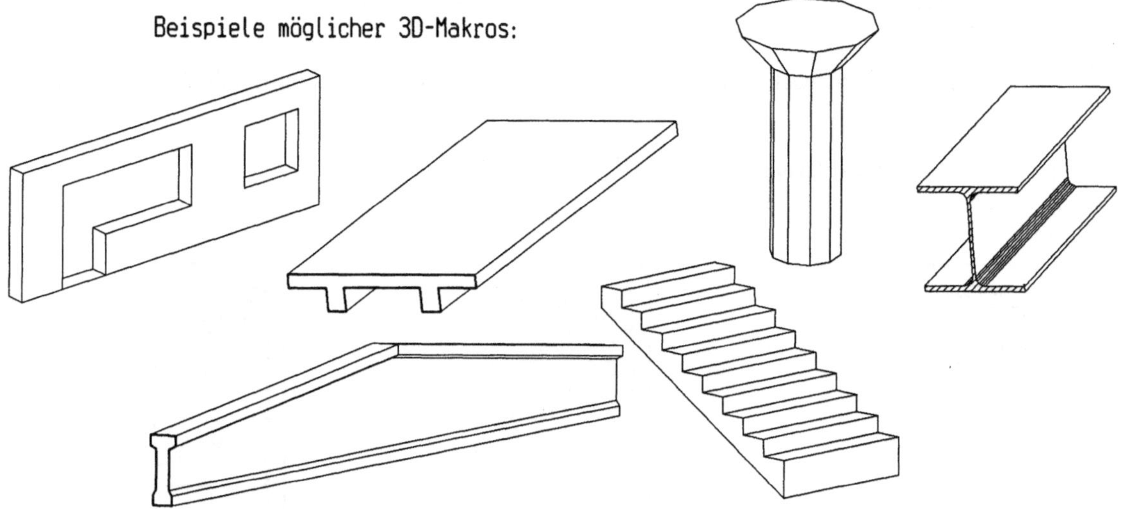

Eine genauere Beschreibung über den Umgang mit 3D-Makros findet man auf den Seiten 157-163!

Makro/Variantenkonstruktion - Eingabe

Die Variantenkonstruktion ist eine Funktion, mit welcher der Anwender in der Lage ist, Makros grafisch selbst aufzubauen.

Der grafischen Selbstaufbau von Makros ist damit zu vergleichen, als würde sich der Anwender auf konstruktive Weise ein Programm für alle ähnlichen Konstruktionseinheiten selbst schreiben. Das System folgt bei der Zeichnungserstellung jedem vom Bediener initiierten Schritt. Es speichert auf Wunsch sämtliche Maßeingaben als Variablen. Ruft der Bediener das erstellte Makro später ab, so fragt der Computer im Dialog der Reihe nach alle Variablen ab und zeichnet automatisch die ähnliche Konstruktionseinheit.

Im Bauwesen bringt diese Funktion enorme Vorteile, besonders im Industrie-, im Kraftwerks- und im Wasserbau - überall dort, wo Pläne für einander ähnliche Konstruktionen erstellt werden müssen. Je nach System können auch Maßlinien und Texte in die automatische Variantenzeichnung integriert werden.

Makro/Variantenkonstruktion

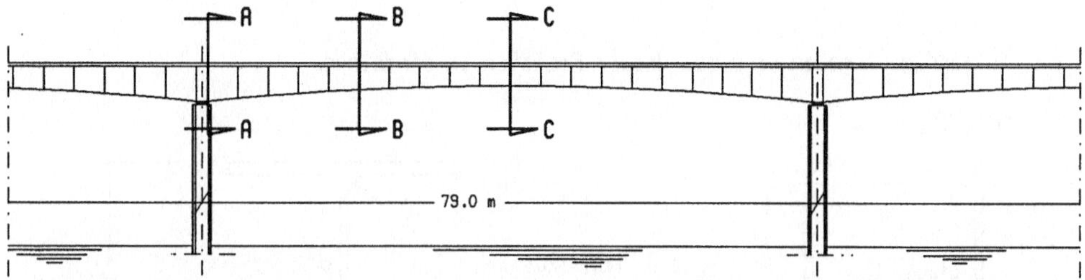

Makro/Variantenkonstruktion - Ausgabe

Selbst mit 2D-Variantenkonstruktionen lassen sich bequem Positions- und Werkpläne ähnlicher Konstruktionseinheiten erstellen, wie hier die Hohlkastenquerschnitte einer Spannbetonbrücke.

Für die Statik und die Bauausführung müssen eine Reihe von verschiedenen Querschnitten dieses Brückenüberbaus gezeichnet werden. Mit Hilfe eines CAD-Systems zeichnet man als Variantenkonstruktion einen Regelquerschnitt mit den Variablen Kastenhöhe und Dicke der Bodenplatte.

Schnitt A - A

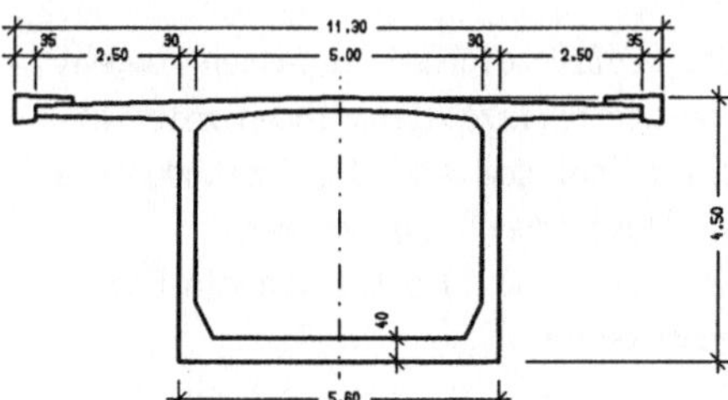

Schnitt B - B

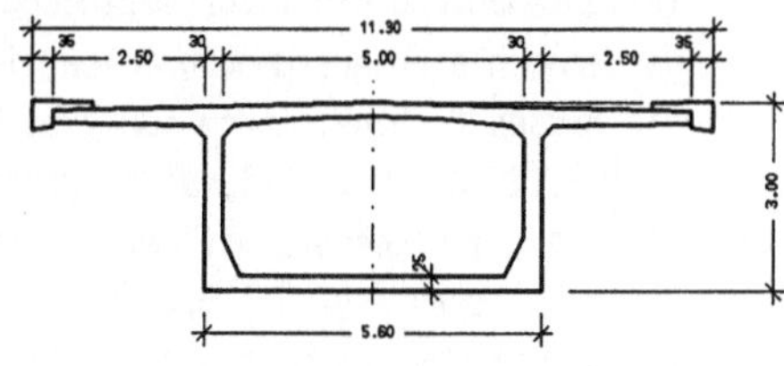

Schnitt C - C

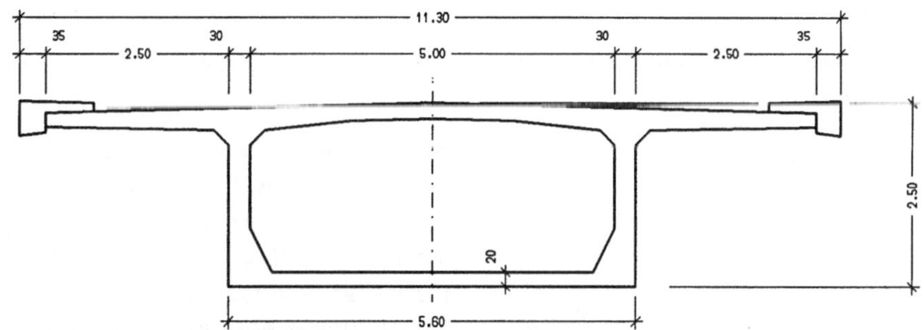

Für welchen Zweck auch immer einer dieser Querschnitte gebraucht wird, jedesmal greift der Bediener in die entsprechende Makrodatei zurück.
Die Struktur solcher Dateien sowie der Umgang mit ihnen sind mit der Handhabung und mit dem Aufbau von Symboldateien zu vergleichen.
Automatisch erstellte Variantenzeichnungen können größtenteils wie jede selbstproduzierte Zeichnung manipuliert, modifiziert, also auch in jeden beliebigen Maßstab gezoomt werden.

Übungsaufgabe Makro/Variantenkonstruktion

14. Übung Anleitung zum Aufbau einer 2D-Variantenkonstruktion

In der 11.Übung wurde ein Stahlbauprofil konstruiert. Aus diesem Grund wird der grafische Aufbau eines 2D-Makros hier für Stahlbauprofile exemplarisch vorgeführt. Ziel dieses Aufbaus ist es, mit möglichst wenig Angaben für einen automatischen Ablauf die Palette der I-Profile zu erfassen.

Notwendige Angaben sind bei diesen Profilen im einzelnen:

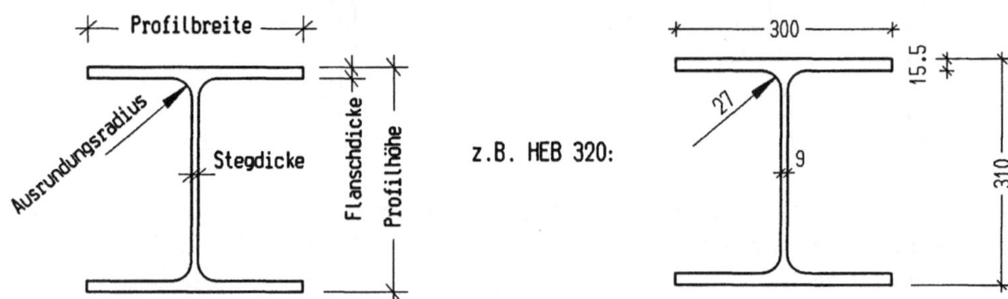

Bei dem dieser Anleitung zugrunde liegenden System stehen, wie bei anderen Systemen auch, manche Trimmfunktionen sowie die automatische Ausrundung für den Variantenaufbau nicht zur Verfügung.
Um dennoch eine Ausrundung automatisch in das Profil zeichnen zu lassen, umgeht man dieses Problem, indem man zwei Parallelen als Hilfskonstruktionen zeichnet (vgl.S.129,d). Der Abstand der Parallelen entspricht dem Wert der Ausrundungsradien und wird deshalb mit dem Variablennamen "Ausrundung" aufgenommen.
Durch Rotieren (vgl.S.129,e) und Verschieben (vgl.S.130,f) setzt man die Parallelen deckungsgleich an die künftigen Stegaußenkanten.
Mit Hilfe einer Kreisfunktion (vgl.S.130,g) gelingt es, die Ausrundungen aller möglichen I-Profile automatisch zu erfassen.

Konstruktionsvorschlag:

Als erstes öffnet man die Makrodatei, um Speicherort und Variantenbezeichnung zu bestimmen.

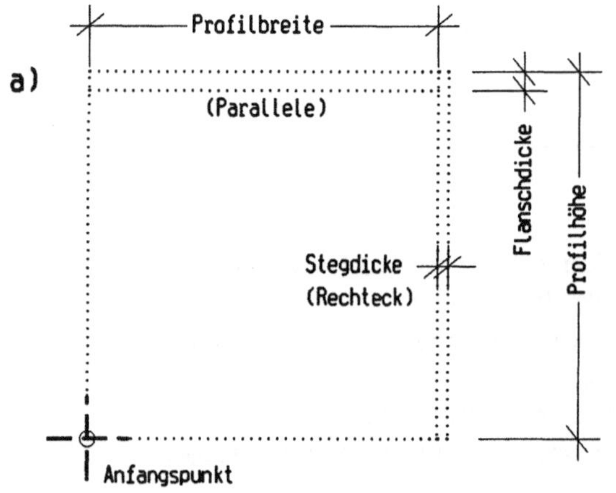

Nach der Wahl des Anfangspunktes fährt der Bediener die Funktionen Hilfskonstruktion und Rechteck an. Im Dialog hat er die Möglichkeit, jede Maßeingabe mit einem Namen zu versehen. Die beschrifteten Maße werden beim späteren Ablauf als Variablen abgefragt. Drückt man nach der Aufforderung, einen Namen anzugeben, die CR-Taste, so übernimmt das System den zuvor eingegebenen Wert als Fixwert für jede weitere Variation. Steg- und Flanschdicke legt man an als:

Hilfskonstruktion/Rechteck, Parallele

Übungsaufgabe Makro/Variantenkonstruktion

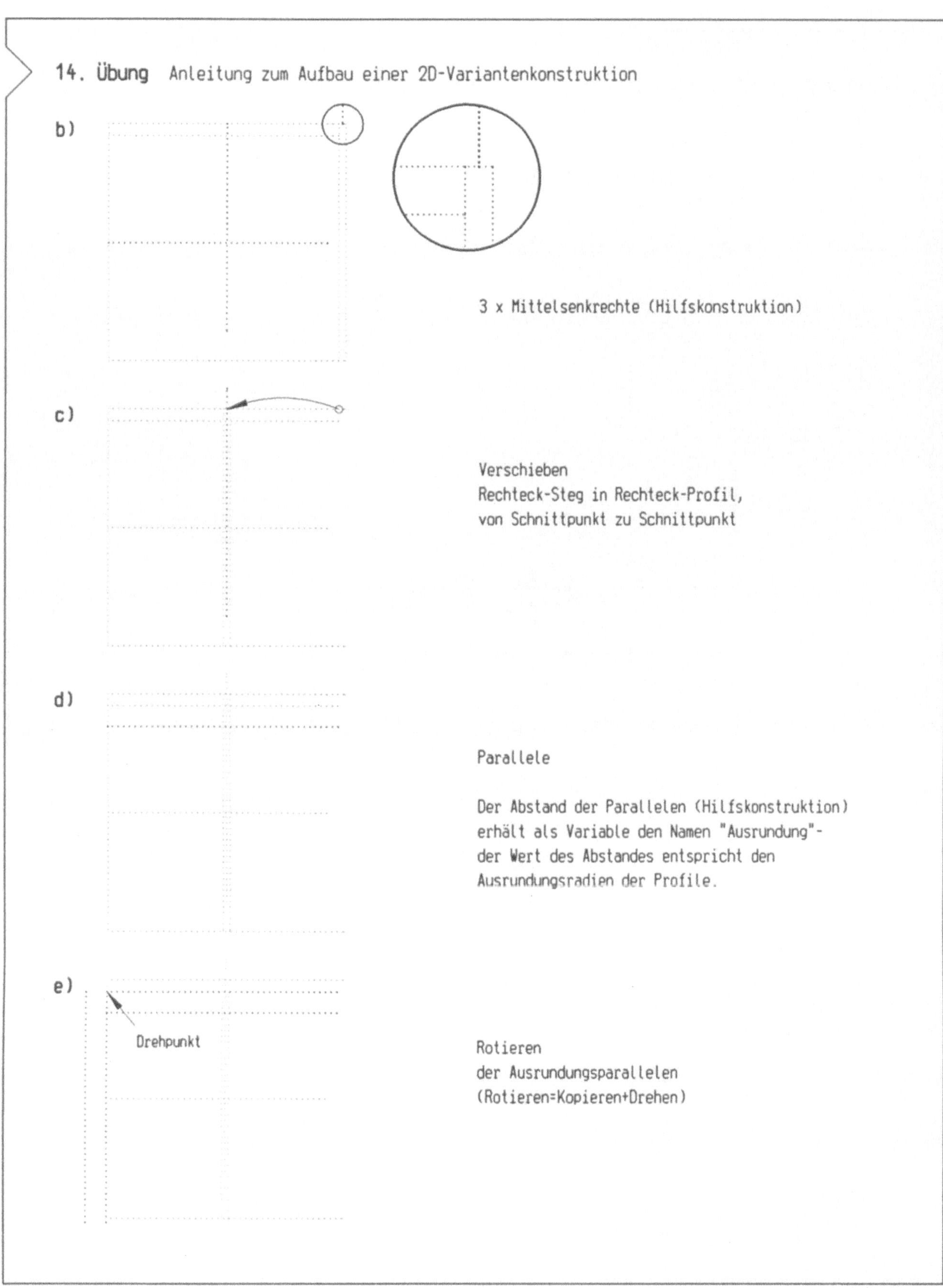

14. Übung Anleitung zum Aufbau einer 2D-Variantenkonstruktion

b)

3 x Mittelsenkrechte (Hilfskonstruktion)

c)

Verschieben
Rechteck-Steg in Rechteck-Profil,
von Schnittpunkt zu Schnittpunkt

d)

Parallele

Der Abstand der Parallelen (Hilfskonstruktion)
erhält als Variable den Namen "Ausrundung"-
der Wert des Abstandes entspricht den
Ausrundungsradien der Profile.

e)

Rotieren
der Ausrundungsparallelen
(Rotieren=Kopieren+Drehen)

Übungsaufgabe Makro/Variantenkonstruktion

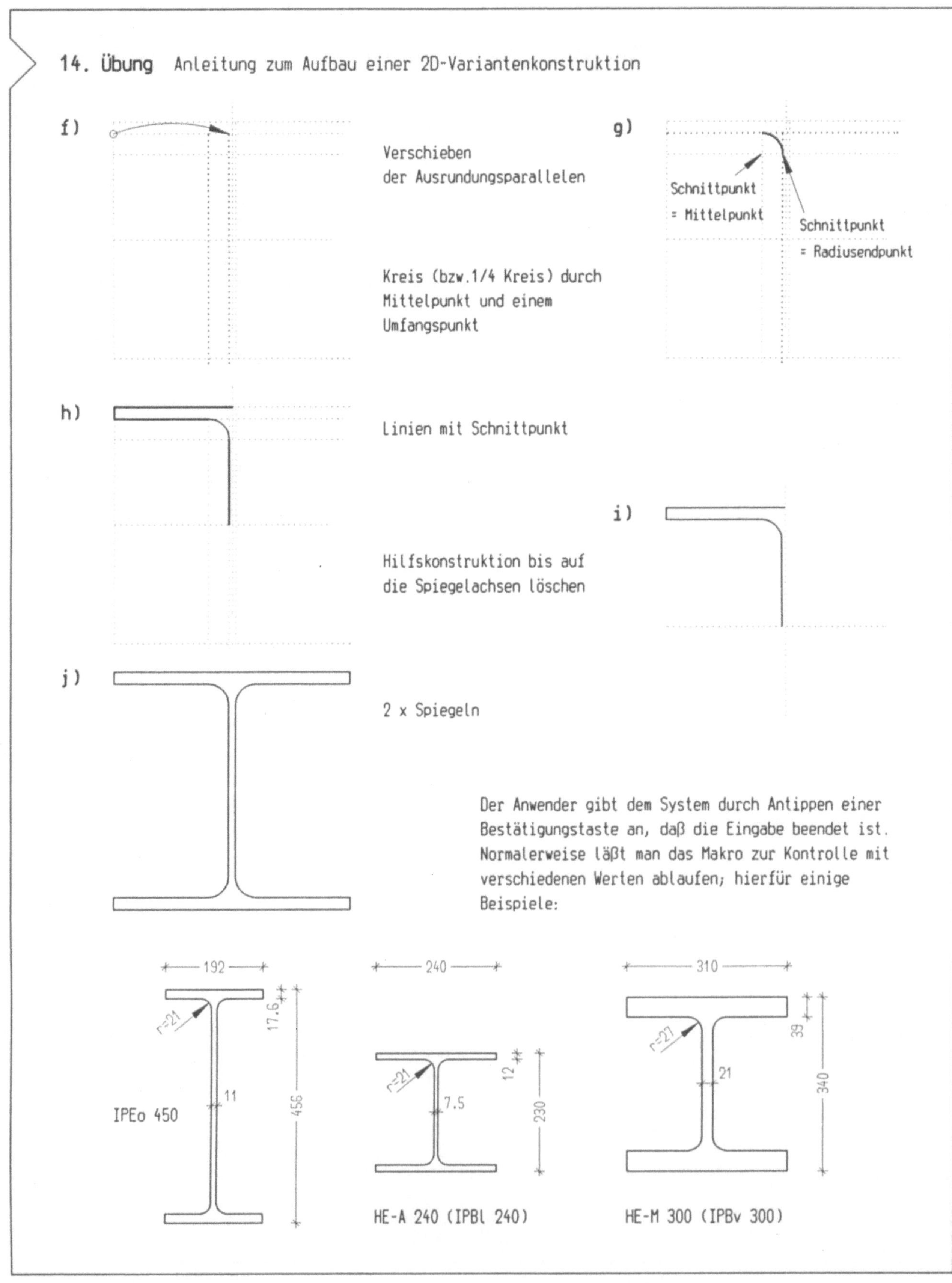

Planbeschriftung

Die Textverarbeitung in einem bauspezifischen CAD-System ist normalerweise speziell auf die Belange des Planbeschriftens abgestimmt. Wie jede Konstruktionseinheit, setzen sich die Buchstaben aus Vektoren zusammen. Texte können aus diesem Grund auch als solche manipuliert oder modifiziert werden. An einige CAD-
Programme kann über eine Schnittstelle ein Textverarbeitungssystem angeschlossen
werden. Der Anwender ist dadurch in der Lage, Texte mit einem Textverarbeitungssystem zu schreiben, diese direkt auf ein Layer zu übertragen und als Vektor-
zeichnung im CAD weiter zu bearbeiten.
Die hier angesprochenen Textfunktionen beziehen sich lediglich auf CAD-spezi-
fische Möglichkeiten der Planbeschriftung.
Beim Ein-Bildschirm-Arbeitsplatz kontrolliert der Bediener die Eingabe von
Texten in einer separaten Textzeile. Häufig liegt die maximale Zeichenzahl bei
80 Zeichen pro Zeile. Die Eingabekontrolle beim Zwei-Bildschirm-Arbeitsplatz
findet am alphanumerischen Monitor statt.

Wie werden Texte im CAD erstellt ?
Wie bringt man sie an den gewünschten Bestimmungsort ?

Textzeilen werden entweder in einem zur Zeile gehörenden beliebigen Punkt oder
an einem fest definierten Punkt, meist dem Anfangspunkt, identifiziert. Der Bediener fährt z.B. das Menü "Horizontaler Text" an und eröffnet damit einen Dialog, der wie folgt aussehen kann:

Textanfangspunkt ?
1. Positionieren

3. Automatische Planbeschriftung

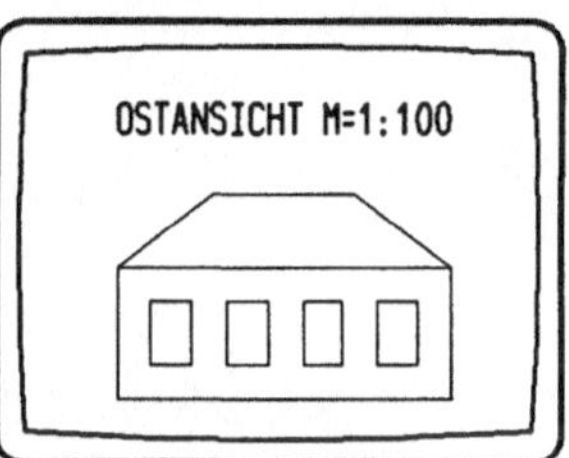

Das System fragt:
Text ?
2. Der Bediener schreibt:

OSTANSICHT M=1:100

und drückt die CR -Taste.

Wie werden Texte in einem Winkel geschrieben ?

Zuerst wird entweder der gewünschte
Textwinkel in Grad oder in Gon eingegeben. Der CAD-Anwender kann die
Textneigung auch wie hier durch
die Position zweier Punkte festlegen:

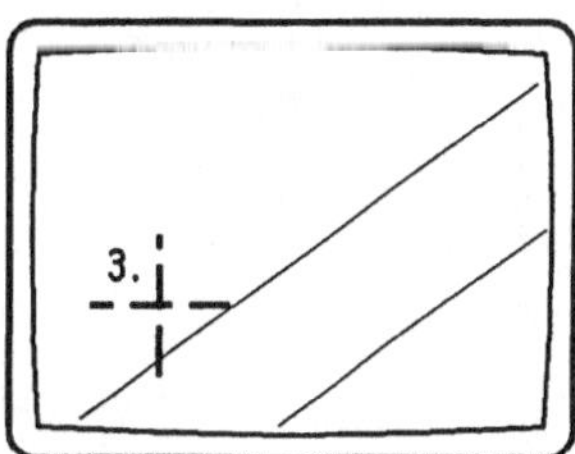

4. Der Bediener schreibt seinen
Text:

Sparren 14/18

und drückt die CR -Taste.

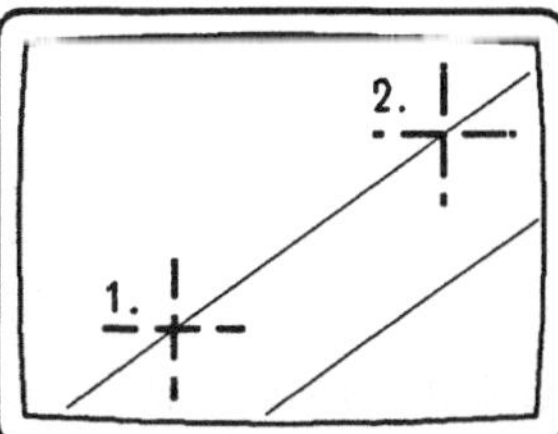

3. Textanfang positionieren

5. Automatische Textübernahme

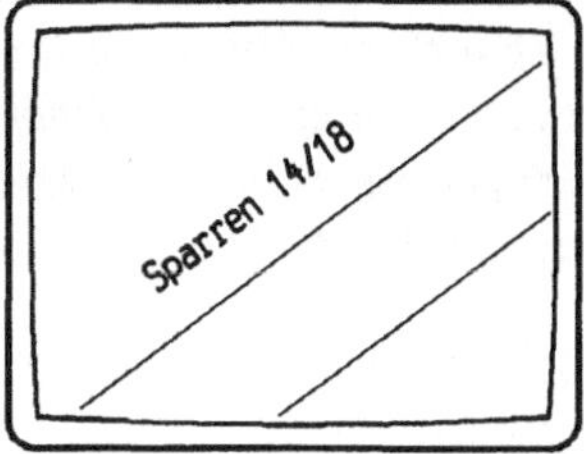

Planbeschriftung

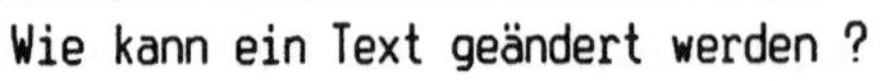

Nach dem Aktivieren der Textmodifikationsfunktion:

1. Text identifizieren !

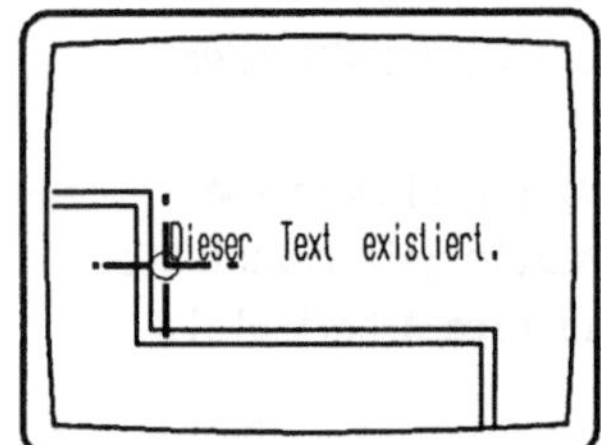

Der Text erscheint in einer
Textzeile/Zweit-Bildschirm

2. Text neu schreiben oder
ändern;

CR-Taste drücken.

Beim Ändern des Bezugsmaßstabes sowie beim Zoomen bleiben die Textparameter oftmals unberührt, werden also weder größer noch kleiner.
Systembedingt kann man sich dadurch helfen, daß man die betroffenen Parameter
ändert und mit der entsprechenden Funktion alle identifizierten Texte in einem
Zug modifiziert.

Textparameter modifizieren

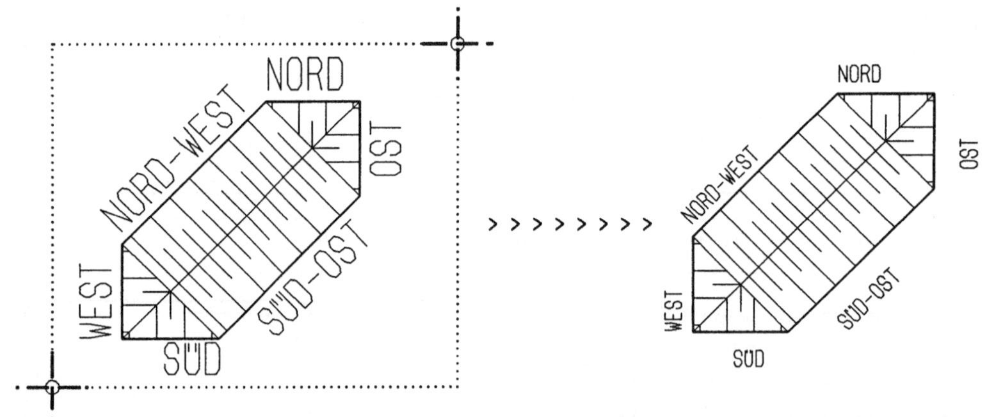

Im allgemeinen kann man mit CAD-Systemen Textparameter wie Zeichenhöhe, Zei-
chenbreite, Zeichen- und Zeilenabstand etc. in beliebigen Variationen zusammen-
stellen. Je nach System, oft auch in Abhängigkeit von den Ausgabegeräten, kann
zwischen verschiedenen Schrifttypen bzw. *Schriftneigungen* gewählt werden.
Manche Systeme bieten die Möglichkeit, Texte unabhängig von vorhandenen Konstruktionseinheiten mit eigenen Textfunktionen zu beeinflussen.

Vermaßung

Die Möglichkeit, Bauteile zu vermaßen, hat bei CAD-Systemen einen Grad erreicht, der besonders bei automatischer und halbautomatischer Bemaßung über derjenigen der konventionellen Planerstellung steht. Es ist jedoch empfehlenswert, wenn man Maßlinien wie bereits Texte oder Schraffuren auf eigenen Folien ablegt. Diese Maßnahme hat den Sinn, die Datenmenge des Teilbildes, auf dem die Konstruktion liegt, nicht unnötig zu erhöhen.

> Wie entstehen Maßlinien im CAD ?

Zuerst wird die entsprechende Maßlinienfunktion aktiviert –
hier z.B.: Horizontale Maßlinie.

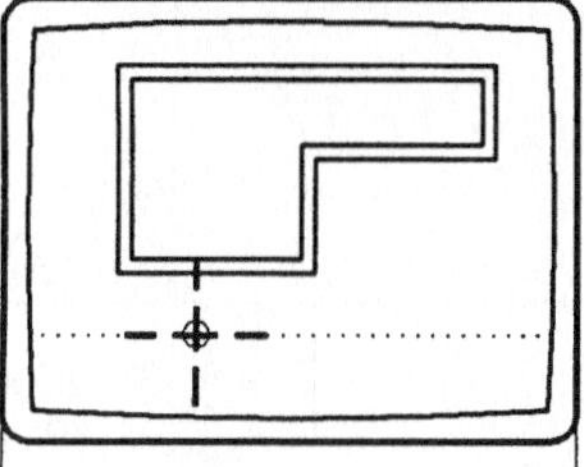

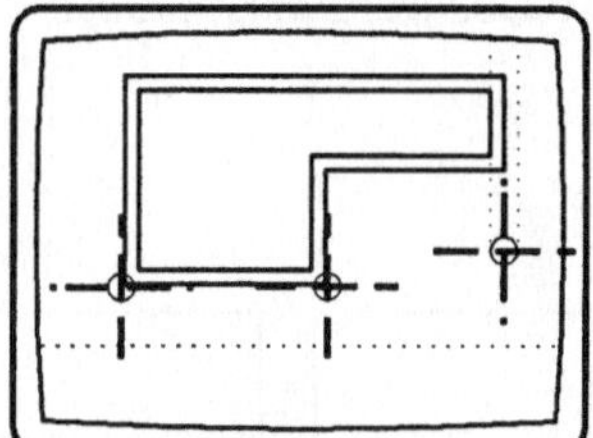

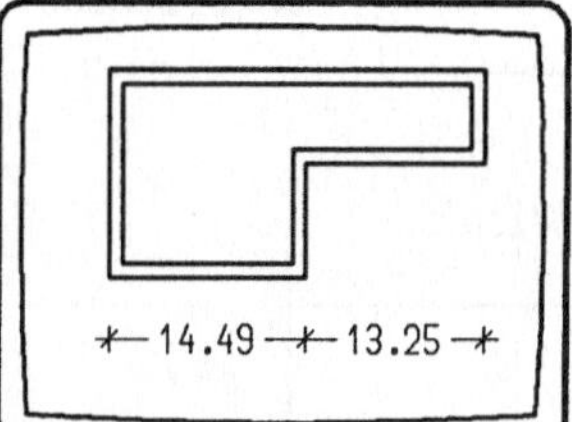

1. Positionieren

Ort der Maßlinie angeben, in welcher Entfernung die Maßlinie zum Baukörper gezeichnet werden soll

2. Identifizieren der zu vermessenden Punkte.

Mit Unterstützung der Linealfunktion müssen die Punkte nicht direkt angefahren werden.

Eine Maßlinie wird nach dem Antippen der Bestätigungstaste automatisch gezeichnet und als Segment gespeichert.

Die Maßlinienfunktion wird entweder nach dieser Operation ausgeschaltet oder steht zum Zeichnen der nächsten Maßlinie zur Verfügung.

> Welche Maßlinienparameter können je nach Bedarf
> einzeln eingestellt werden ?

Maßketten/Normale Vermaßung

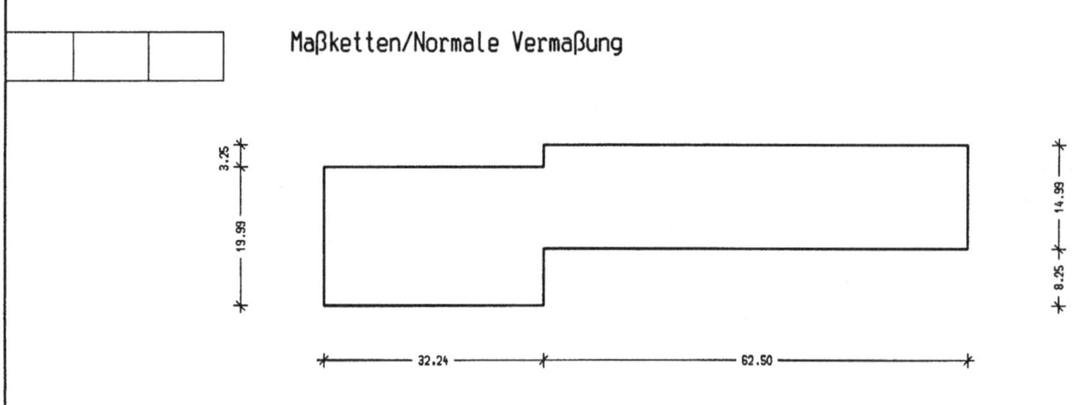

Vermaßung

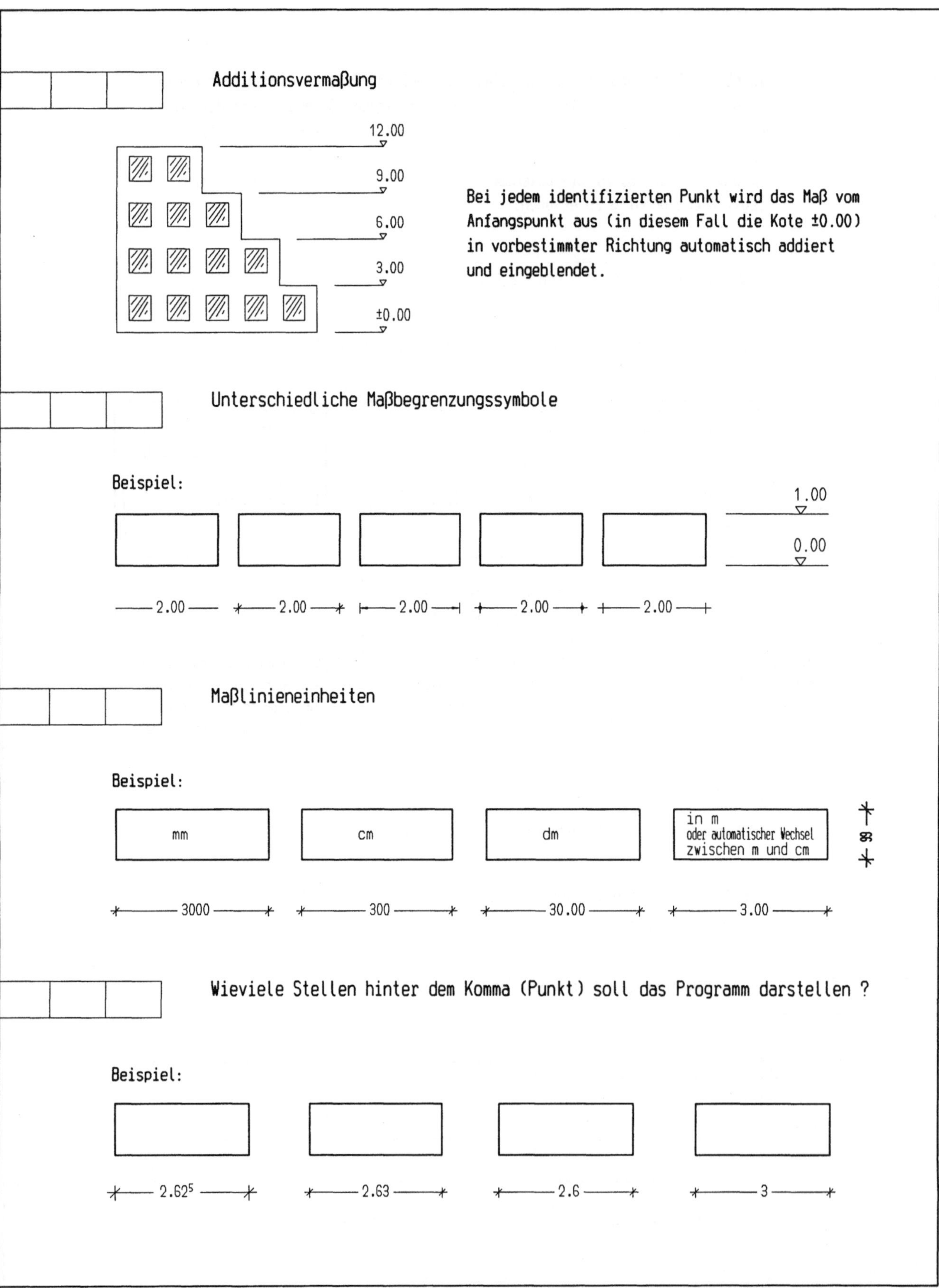

Additionsvermaßung

12.00
9.00
6.00
3.00
±0.00

Bei jedem identifizierten Punkt wird das Maß vom
Anfangspunkt aus (in diesem Fall die Kote ±0.00)
in vorbestimmter Richtung automatisch addiert
und eingeblendet.

Unterschiedliche Maßbegrenzungssymbole

Beispiel:

1.00
0.00

2.00   2.00   2.00   2.00   2.00

Maßlinieneinheiten

Beispiel:

mm   cm   dm   in m
                                    oder automatischer Wechsel
                                    zwischen m und cm

3000   300   30.00   3.00

Wieviele Stellen hinter dem Komma (Punkt) soll das Programm darstellen ?

Beispiel:

2.62⁵   2.63   2.6   3

Vermaßung

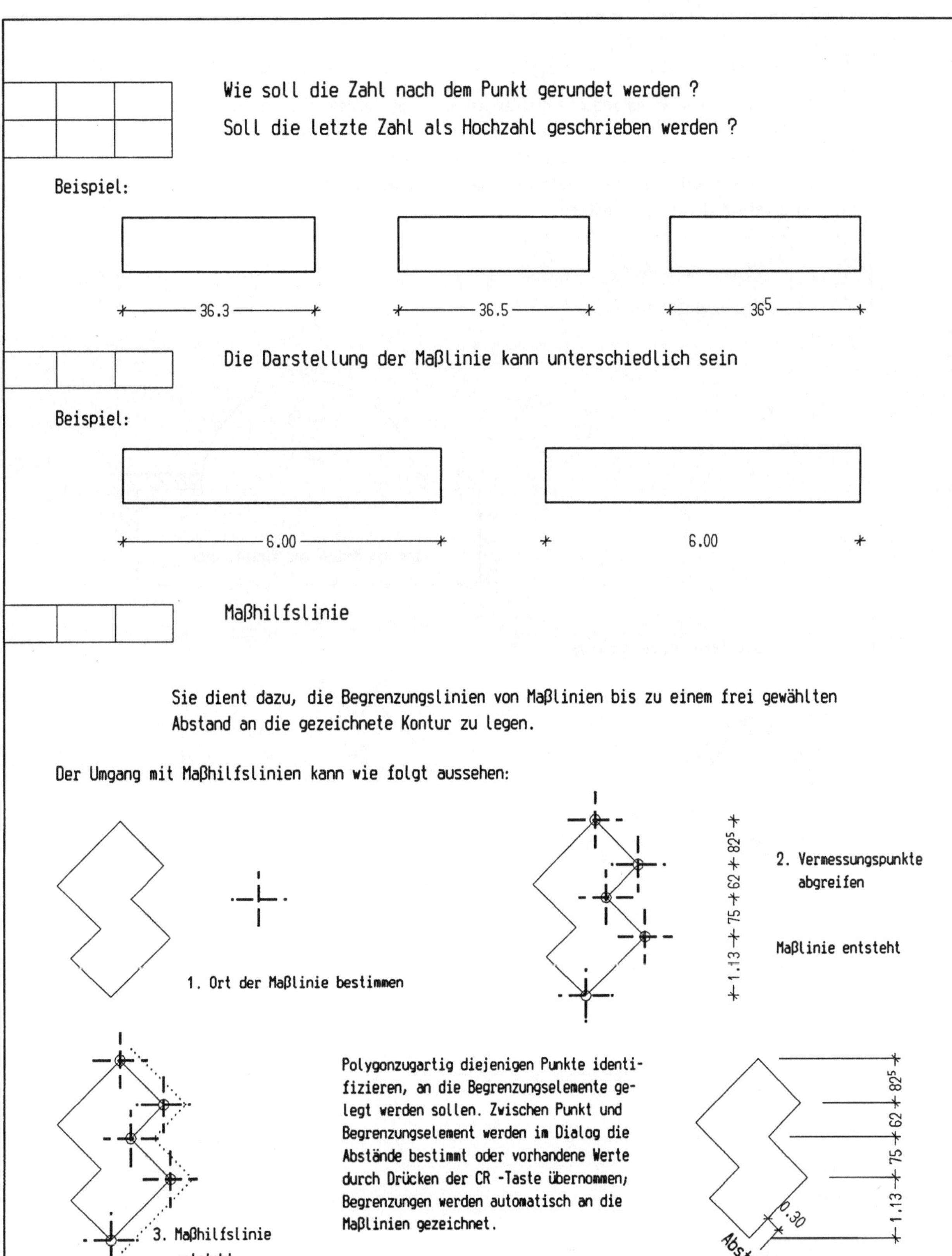
Wie soll die Zahl nach dem Punkt gerundet werden ?
Soll die letzte Zahl als Hochzahl geschrieben werden ?
Beispiel:
36.3
36.5
36⁵
Die Darstellung der Maßlinie kann unterschiedlich sein
Beispiel:
6.00
6.00
Maßhilfslinie
Sie dient dazu, die Begrenzungslinien von Maßlinien bis zu einem frei gewählten
Abstand an die gezeichnete Kontur zu legen.
Der Umgang mit Maßhilfslinien kann wie folgt aussehen:
1. Ort der Maßlinie bestimmen
2. Vermessungspunkte
abgreifen
Maßlinie entsteht
3. Maßhilfslinie
entsteht
Polygonzugartig diejenigen Punkte identi-
fizieren, an die Begrenzungselemente gelegt werden sollen. Zwischen Punkt und
Begrenzungselement werden im Dialog die
Abstände bestimmt oder vorhandene Werte
durch Drücken der CR -Taste übernommen;
Begrenzungen werden automatisch an die
Maßlinien gezeichnet.
Abstand
0.30

Vermaßung

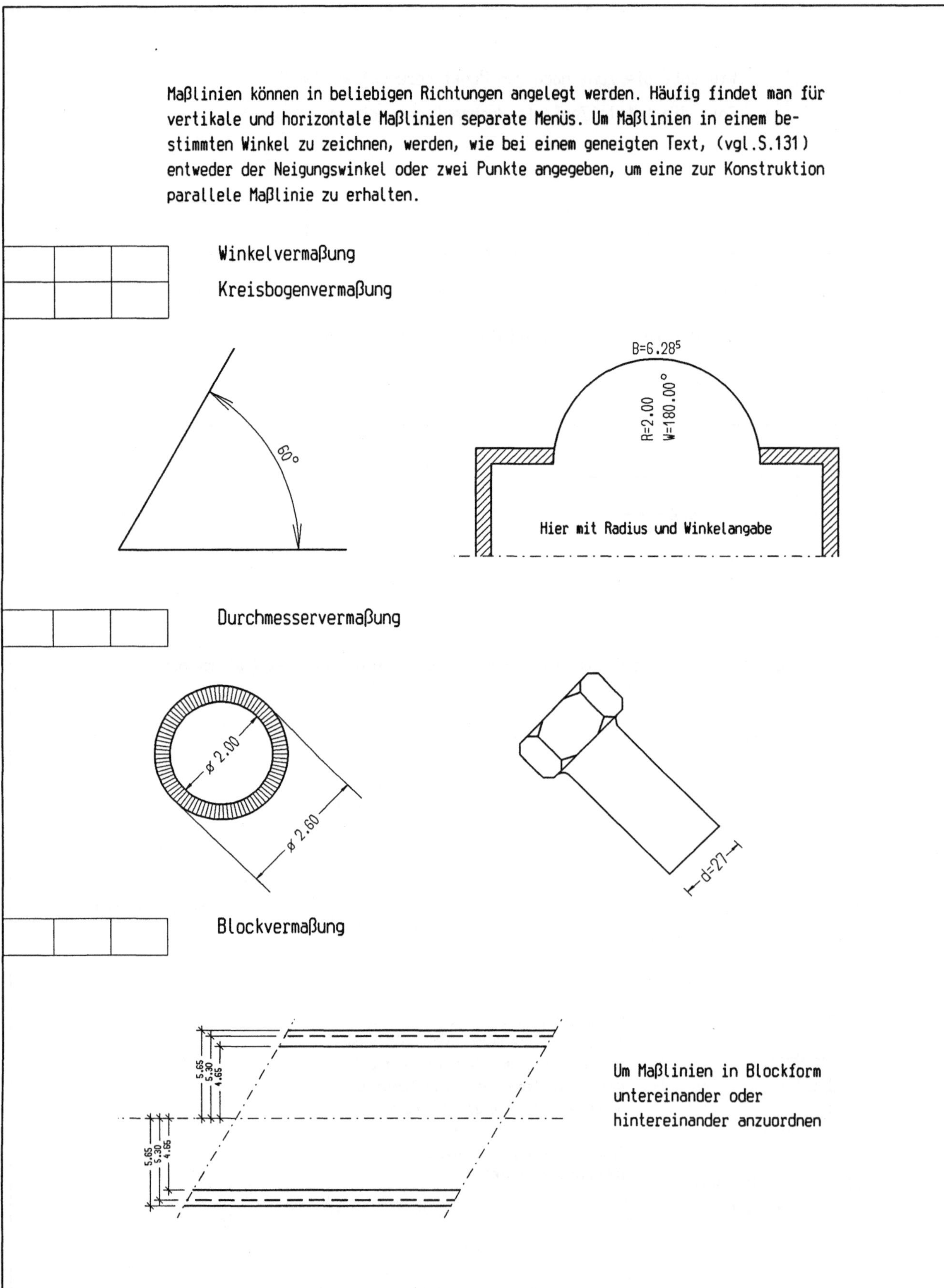

Maßlinien können in beliebigen Richtungen angelegt werden. Häufig findet man für vertikale und horizontale Maßlinien separate Menüs. Um Maßlinien in einem bestimmten Winkel zu zeichnen, werden, wie bei einem geneigten Text, (vgl.S.131) entweder der Neigungswinkel oder zwei Punkte angegeben, um eine zur Konstruktion parallele Maßlinie zu erhalten.

Vermaßung

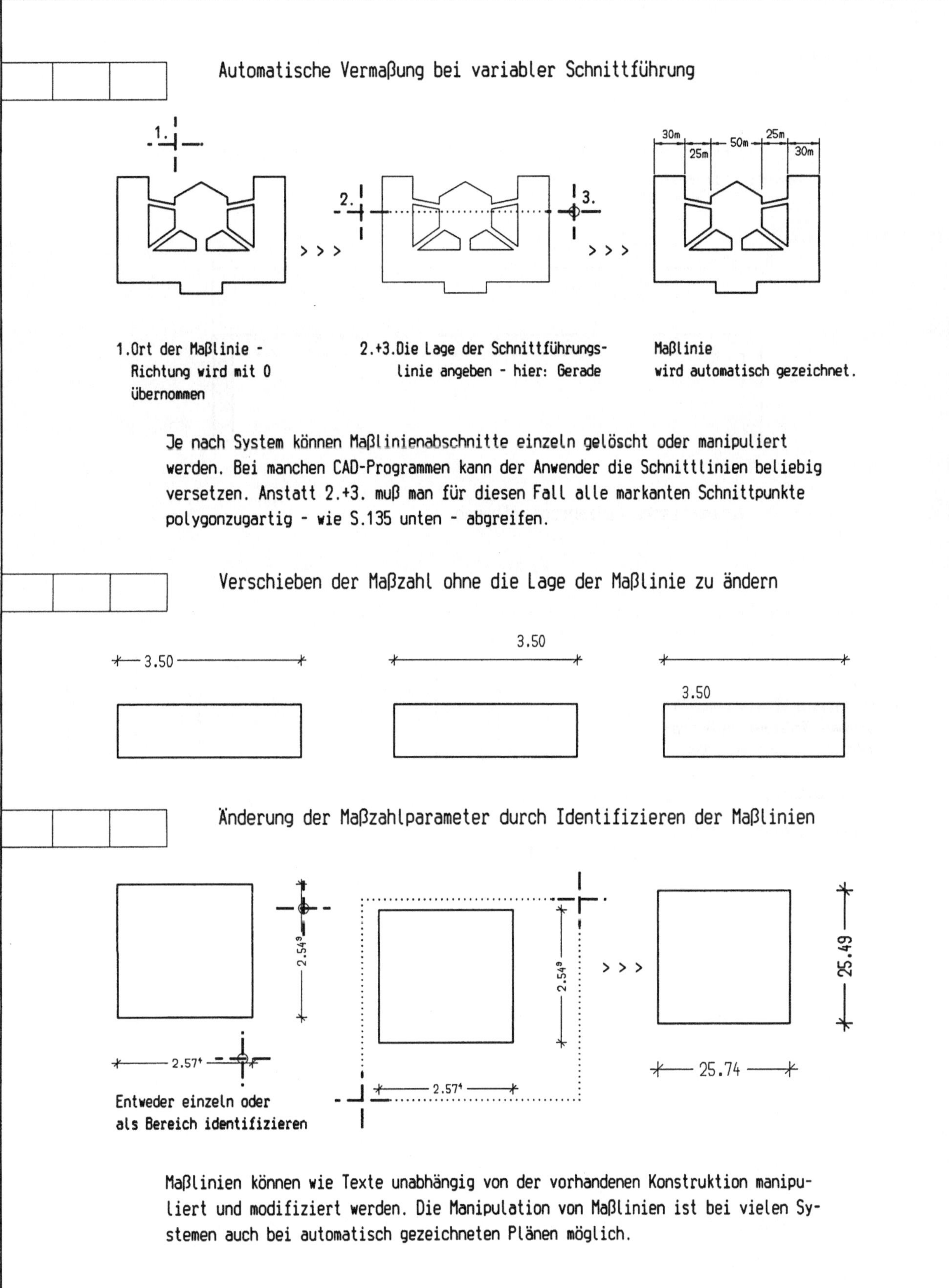

Je nach System können Maßlinienabschnitte einzeln gelöscht oder manipuliert
werden. Bei manchen CAD-Programmen kann der Anwender die Schnittlinien beliebig
versetzen. Anstatt 2.+3. muß man für diesen Fall alle markanten Schnittpunkte
polygonzugartig - wie S.135 unten - abgreifen.

Maßlinien können wie Texte unabhängig von der vorhandenen Konstruktion manipuliert und modifiziert werden. Die Manipulation von Maßlinien ist bei vielen Systemen auch bei automatisch gezeichneten Plänen möglich.

Vermaßung

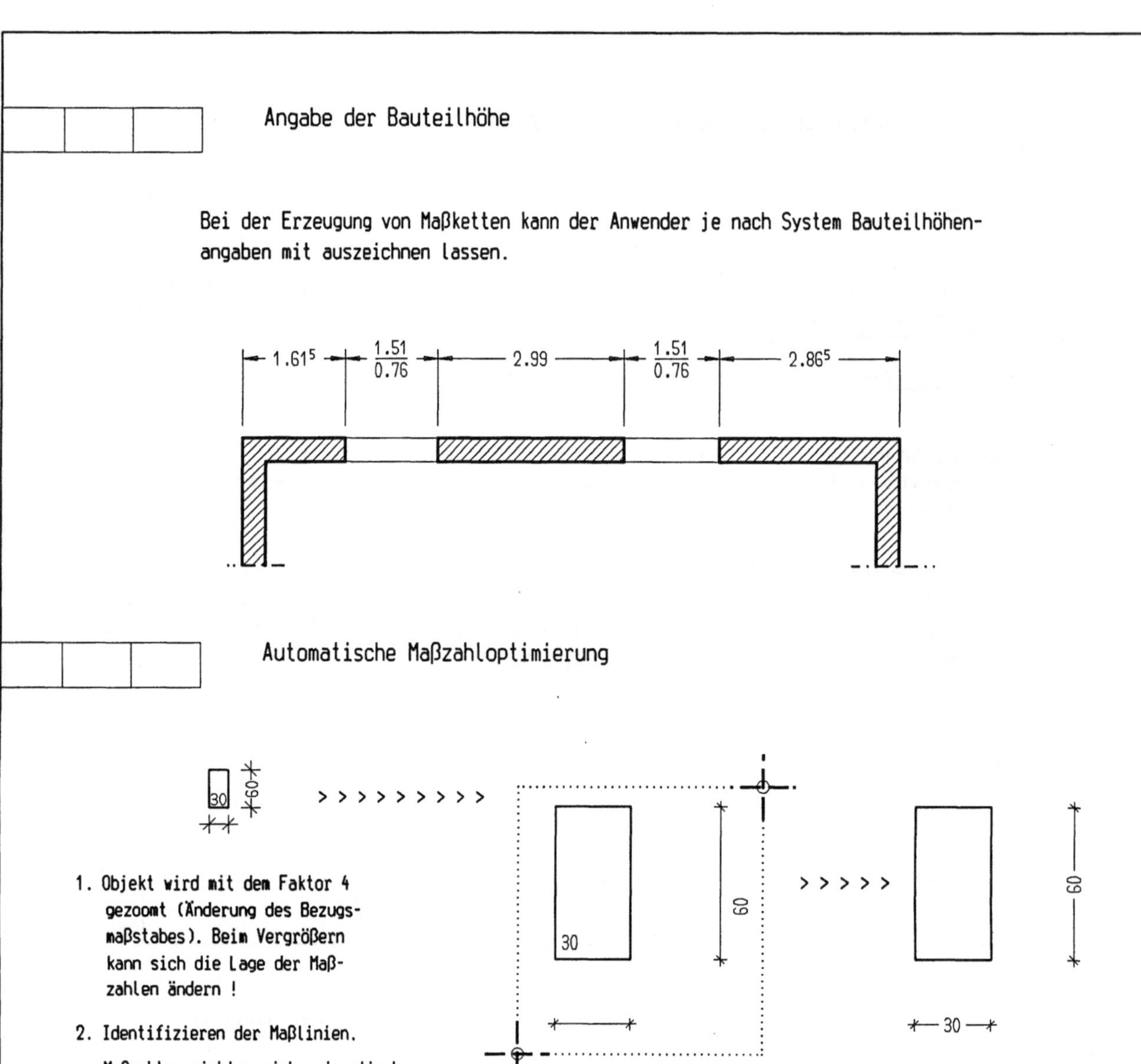

Angabe der Bauteilhöhe

Bei der Erzeugung von Maßketten kann der Anwender je nach System Bauteilhöhen-
angaben mit auszeichnen lassen.

Automatische Maßzahloptimierung

1. Objekt wird mit dem Faktor 4
   gezoomt (Änderung des Bezugsmaßstabes). Beim Vergrößern
   kann sich die Lage der Maßzahlen ändern !

2. Identifizieren der Maßlinien.

   Maßzahlen richten sich automatisch aus.

5 Arbeitstechniken im 3D-CAD

Dieses Kapitel erläutert verschiedene Konstruktionsweisen im 3D bzw.
im $2\frac{1}{2}$ D-CAD. Im einzelnen werden folgende Informationsbereiche angesprochen:

-   Tabelle, mit groben Unterscheidungsmerkmalen
    verschiedener Modelltypen im räumlichen CAD

-   Was versteht man unter der Bezeichnung $2\frac{1}{2}$ D-CAD ?

-   Worin unterscheiden sich im einzelnen Drahtmodell, Kantenmodell,
    Flächenorientierte Darstellung, Flächenmodell und Volumenmodell ?

-   Mit welchen Funktionen kann
    innerhalb räumlicher Modellsimulationen konstruiert werden ?

-   Wie sind dreidimensionale Makros im 3D-CAD integriert ?

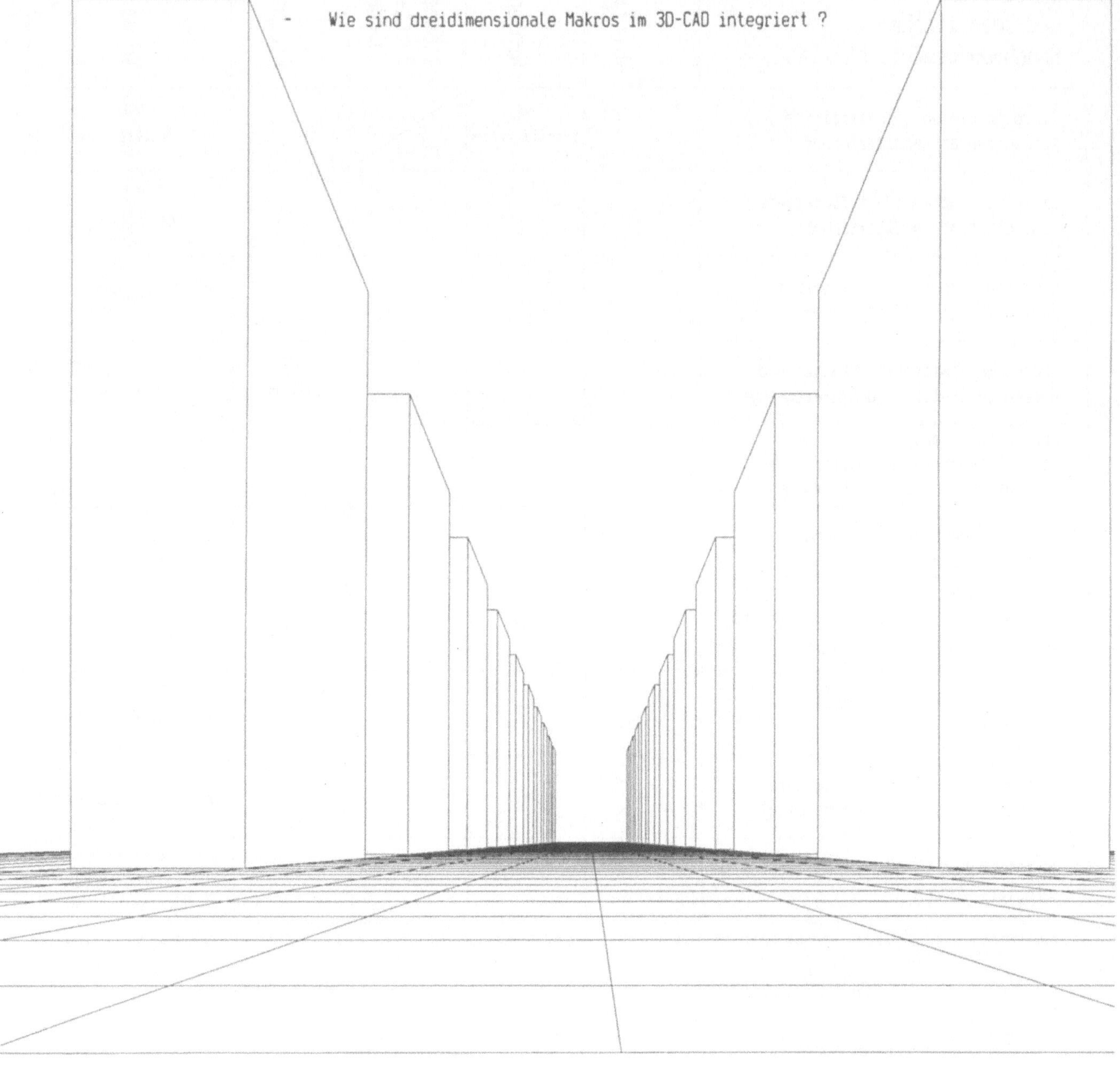

Hier sieht man eine tabellarische Übersicht über die verschiedenen Modelltypen,
wie man sie beim Erstellen räumlicher CAD-Konstruktionen antrifft.
Um Unterschiede zu verdeutlichen, sind sie anhand einiger charakteristischer
CAD-Funktionen gegenübergestellt.

Systemabhängige, CAD-spezifische Handhabungsmöglichkeiten	Linienmodell		flächenorientierte Darstellung "hidden lines"	Flächenmodell	Volumenmodell
	Drahtmodell	Kantenmodell			
Einzelne Linien identifizierbar, manipulierbar, modifizierbar	X	nur identifizieren	X		nur identifizieren
Einzelne Flächen identifizierbar, manipulierbar, modifizierbar				X	nur identifizieren
Einzelne Körper identifizierbar, manipulierbar, modifizierbar		X			X
Übernahme ermittelter Flächen und Massen in Statik- und AVA-Programme				nur Flächen	X
Darstellung verschiedener Strichstärken (Farben) am Monitor, auch bei automatischer Schnittlegung					X
Automatische Schraffurlegung in Schnittebene					X
Automatische Darstellung von Arbeitsfugen bei gleichen Baustoffen		X	X		X
Freie räumliche Drehbarkeit des Modells	X	X		X	meist als Kantenmodell
Wechsel von beliebigen Isometrien und Perspektiven auf einer Folie	X	X			meist als Kantenmodell
Objektflächen können automatisch koloriert werden			X	X	oft kombiniert mit einer flächenorientierten Darstellung

"CAD für Architekten" Vieweg '88

X Funktion möglich   Funktion nicht üblich/nicht möglich

2½ D-Drahtmodell

Unter dem Begriff 2½ D-CAD versteht man in der EDV die räumliche Darstellbarkeit
von konstruierten Modellen, bei denen das Volumen nicht oder nur teilweise erfaßt bzw. dargestellt wird.
2½ D-Darstellungen haben in erster Linie den Sinn, die in einer Ebene gezeichneten Konstruktionen mit räumlichen Perspektiven zu kontrollieren. Ein Gebäude
wird wie bisher im Grundriß, in der xy- bzw. xz-Ebene entwickelt. Zu jedem
Zeichnungselement gibt der Anwender eine Höhenkote an. Haben alle Elemente die-
selbe Höhe, so muß diese nur einmal in den Rechner eingegeben werden. Manche
Systeme erlauben es dem Anwender, beliebige Lagen von oberen und unteren Ebenen
festzulegen. Zwischen beiden Ebenen errechnet sich ein CAD-Programm die Höhenkoten angrenzender Elemente selbst. Für den Konstrukteur auf dem Bildschirm
nicht sichtbar, wird der Grundriß somit rechnerintern doppelt registriert.

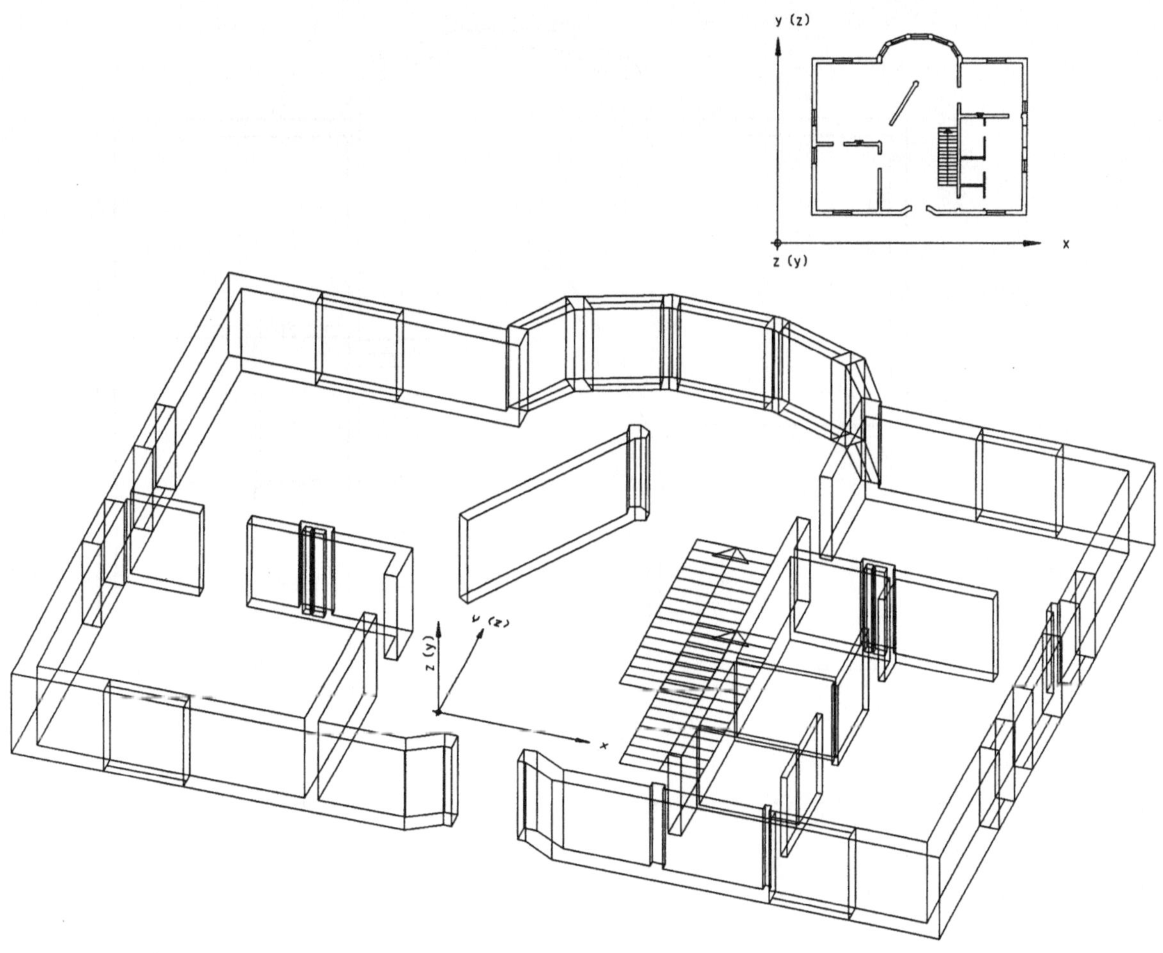

Bei vielen Systemen muß die "doppelte" Konstruktion, zur räumlichen Darstellung
auf eine neue Folie kopiert werden. Rechnerintern werden die End- bzw. Eckpunkte
der affinen Konstruktionseinheiten mit Linien verbunden. Diese Linien sind beim
Umschalten zwischen verschiedenen Perspektiven für den Anwender sichtbar. Im so
entstandenen Drahtmodell werden Volumen und Flächen nicht erfaßt, was bei ver-
gleichbaren Computerleistungen einen schnelleren Bildaufbau begründet.

2½ D-Kantenmodell

Die Vorteile eines Computers werden erst dann richtig genutzt, wenn er die in
räumlichen Darstellungen entstehenden Volumina und Flächen erkennt und abrufbereit im System speichert. Bei vielen CAD-Systemen im Bauwesen können den entstehenden Körpern zusätzlich Baustoffe als Parameter zugeordnet werden, um sie
zum späteren Zeitpunkt direkt in Statik- oder Ausschreibungsprogramme zu übernehmen.
Manche Hersteller kombinieren ein auf diese Weise entstehendes rechnerinternes
Volumenmodell mit dem schnelleren Bildaufbau der 2½ D-Darstellung.
Gebäude werden zuerst im Grundriß gezeichnet. Mit vorheriger Bestimmung der
Baustoffe und Höhenangaben oder Ebenendefinitionen werden geschlossene Polygonzüge vom System als Körper erkannt.

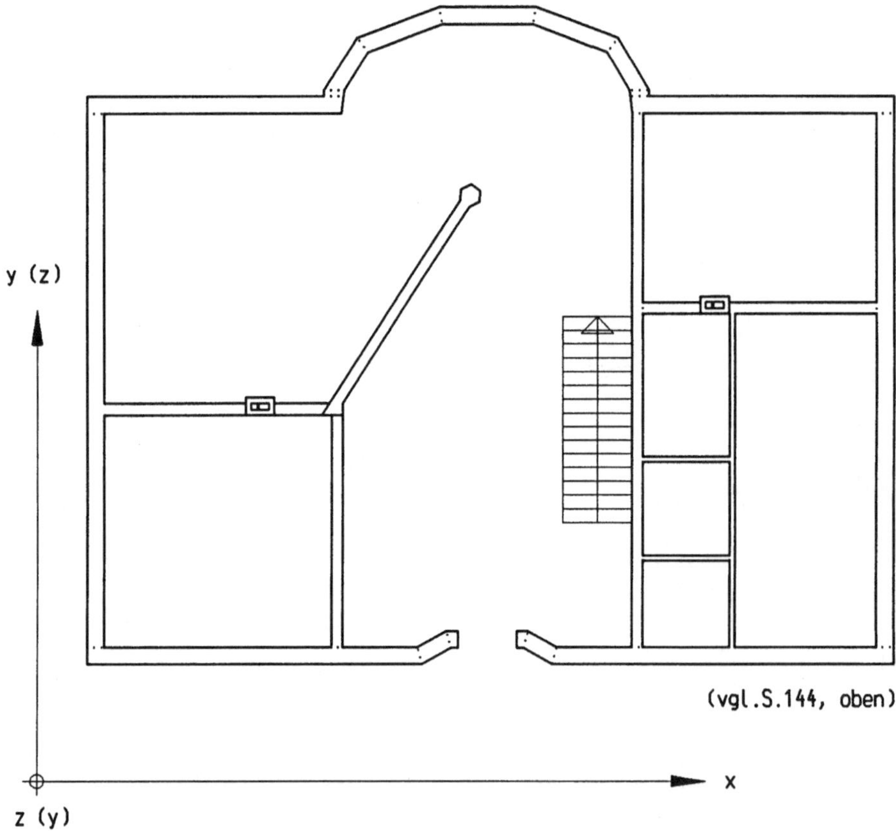

Zuerst fügt der Bediener Wände bzw. Doppellinien mit Höhenkote und auf Wunsch
mit Baustoffparameter aneinander. Er muß darauf achten, daß die Enden der Wände
zeichnerisch geschlossen sind.
Schornstein und Treppe holt sich der Anwender aus der Symbol- oder Makrodatei.
Legt er diese Details auf eine gesonderte Folie, so kann er sie für eine räumliche Darstellung des gesamten Bauwerks ausblenden.

2½ D-Kantenmodell

Fenster, Türen und andere Aussparungen können in jedem Konstruktionsstadium,
ebenfalls als Makros, passend in die Wände eingesetzt werden. Bei Systemen, die
über die Möglichkeit verfügen, zwischen 2½ D- und 3D-Darstellungen umzuschalten,
legt man diese Wanddurchbrüche auf ein separates Teilbild.
Die Schraffur erfolgt abhängig von den Baustoffparametern automatisch oder teilweise automatisch. Zugunsten eines schnelleren Bildaufbaus wird auch sie nur bei
Bedarf eingeblendet.

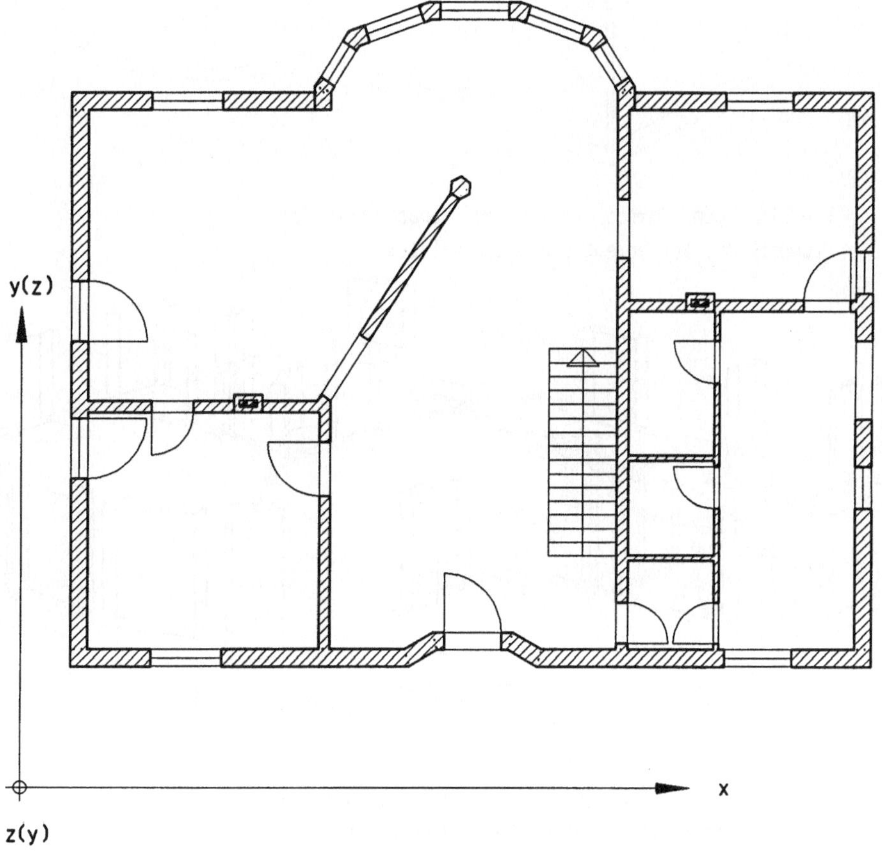

Für die 2½ D-Darstellungsweise werden Wände auf dem Bildschirm an den Ausspa-
rungsstellen in ihrer ganzen Höhe ausgeschnitten (S.144 unten). Rechnerintern
bleiben die Wände in ihrer vollen Kubatur erhalten.
Zur besseren Orientierung für den Anwender werden die eingesetzten Wanddurchbrüche am Farbmonitor meist in einer anderen Farbe als die Wand selbst eingeblendet. Durch die vom System erfaßten Volumen und Flächen besteht systemabhängig die Möglichkeit, von dem bei Perspektiven entstehenden Kantenmodell alle
sichtbaren Oberflächen zu errechnen und darstellen zu lassen (S.145 unten). Mit
Hilfe der bekannten 2D-CAD-Menüs ist der Anwender in der Lage, die so entstan-
dene räumliche Darstellung nach seinen Vorstellungen zeichnerisch zu modifizieren oder zu ergänzen.

2½ D-Kantenmodell

Wände, Volumina im System erfaßt

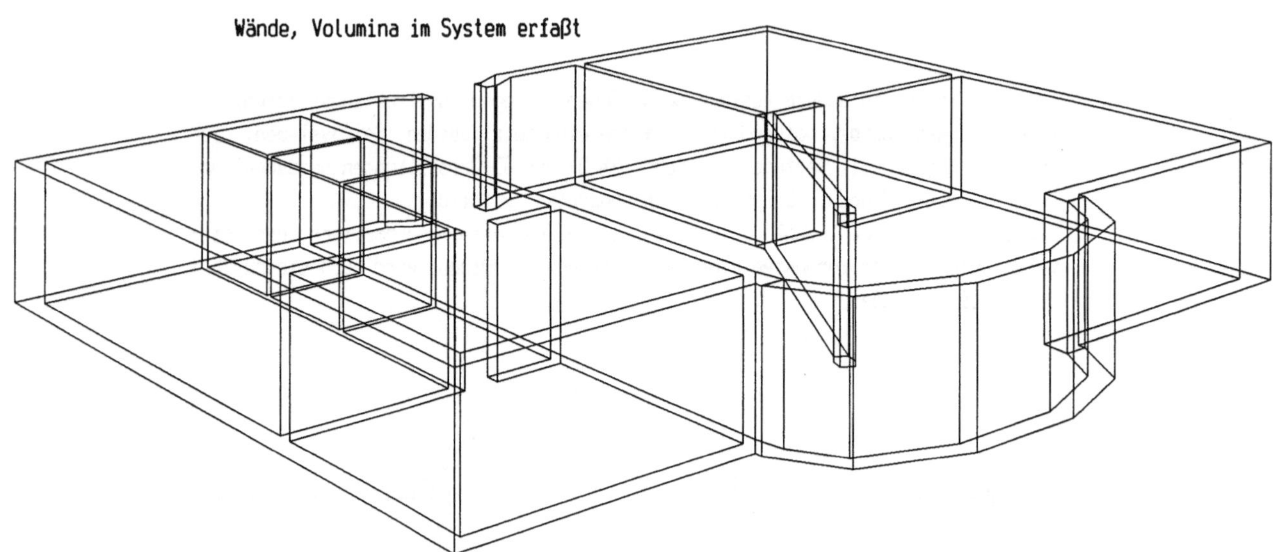

Wandöffnungen, Makros, jeweils auf separaten Folien.
Grundriß nur zur Orientierung dargestellt

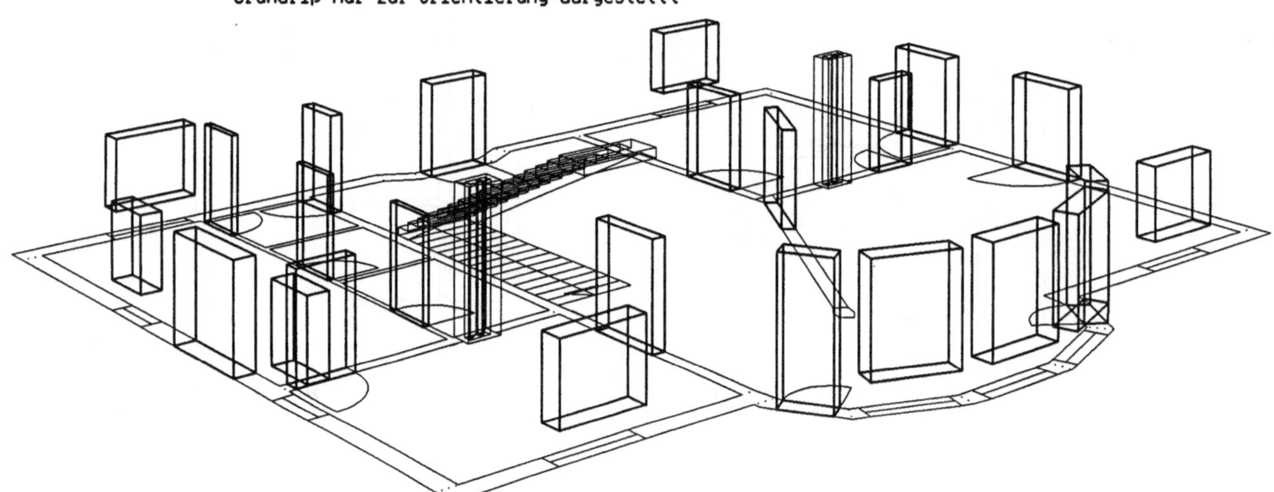

Für einen schnelleren Bildaufbau werden die Wände in voller Höhe ausgeschnitten.
Abbildung hier: flächenorientierte Darstellung

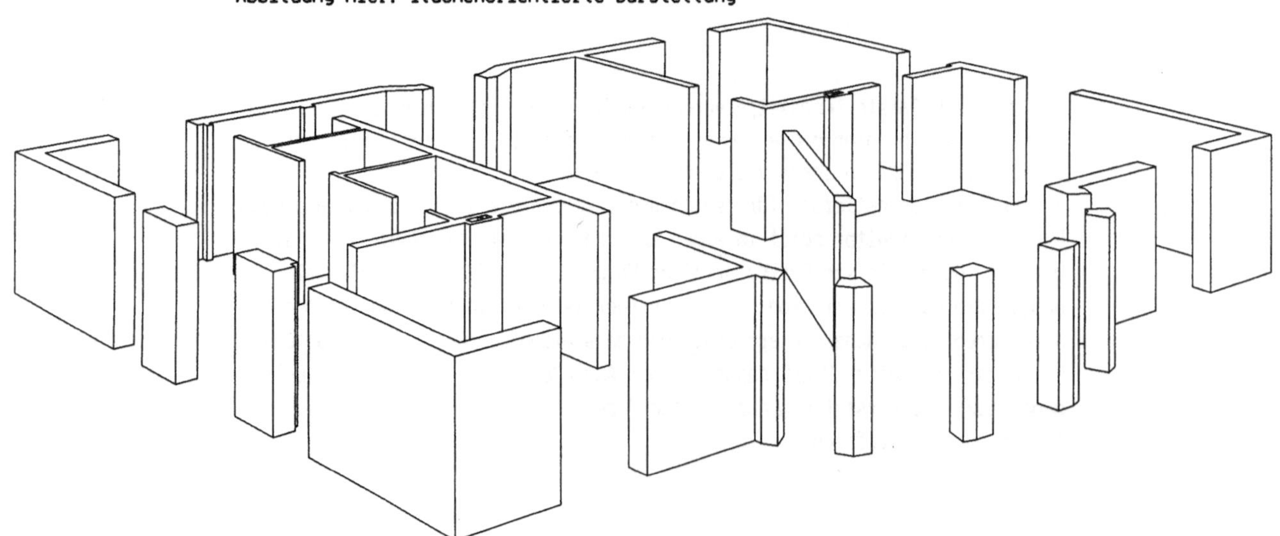

2½ D-Kantenmodell

Hier sieht man das gesamte Kantenmodell für das Erdgeschoß nach einer Überla-
gerung aller zusammengehörenden Folien. Es kann schnell und unkompliziert von
verschiedenen Beobachtungspunkten in unterschiedlichen Perspektiven dargestellt
werden. Der Anwender dreht und wendet dieses Modell, bis er die geeignete Abbildung gefunden hat.

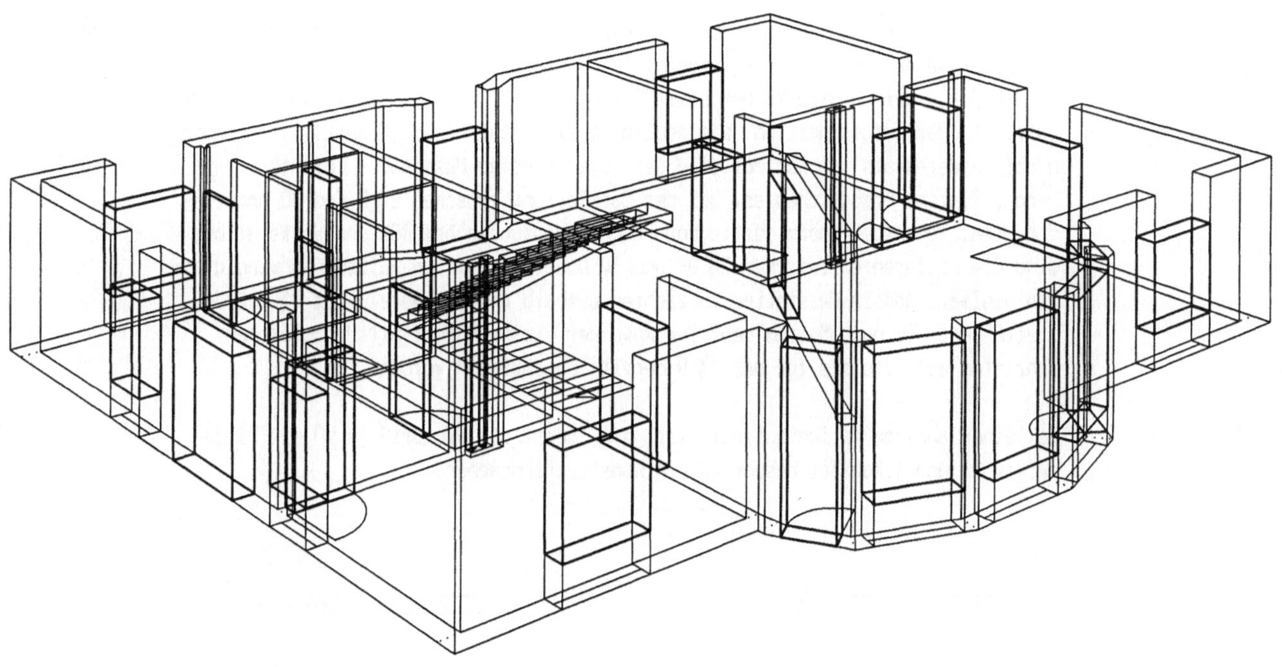

Manche Systeme, die mit 2½ D-Darstellungen arbeiten, können das Kantenmodell
über die gesonderte "hidden-lines"-Funktion so umrechnen, daß nur sichtbare
Kanten und Flächen zu sehen sind. Diese Umrechnung findet bei den meisten Programmen auf einer eigenen Folie statt.

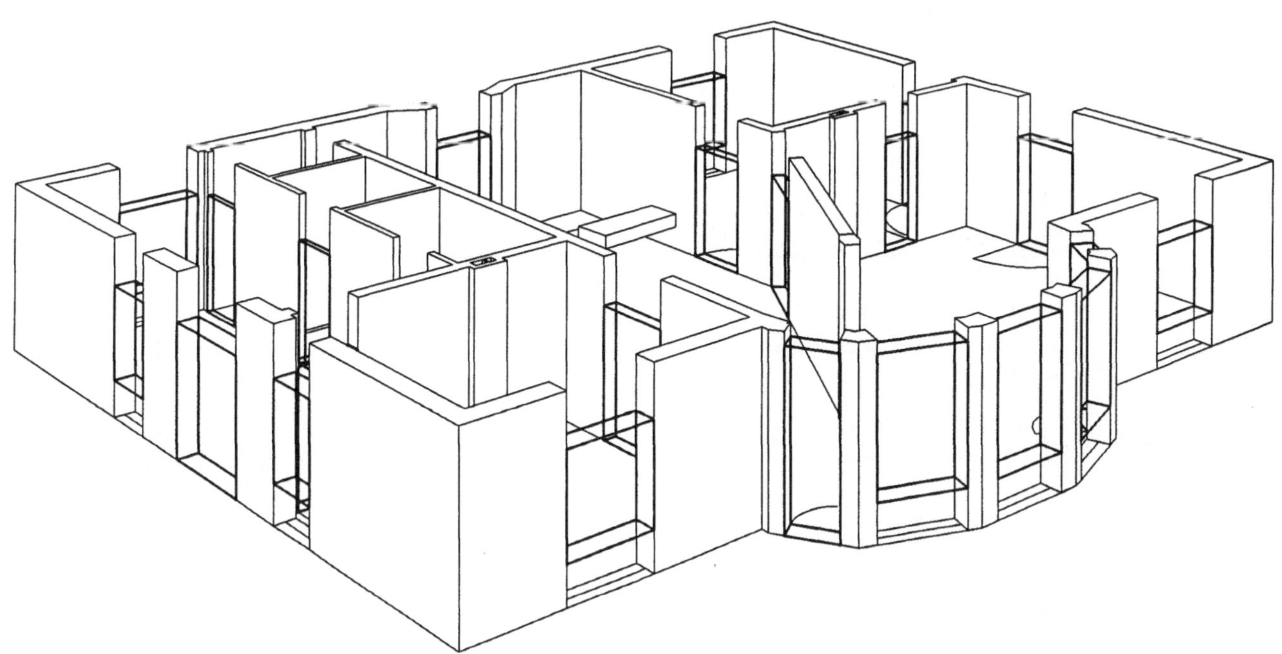

3D-Kantenmodell

Unter dem Begriff 3D-Modell versteht man im CAD die räumliche Darstellung von
Konstruktionseinheiten, deren Volumen oder Flächen rechnerintern erfaßt sind.
Die Datenstruktur eines 3D-Modells erlaubt es dem Anwender, Körper und Flächen
als solche zu identifizieren, um sie zu modifizieren oder zu manipulieren.
Die Volumina z.B. von Fenstern und Aussparungen werden im Modell sichtbar von
denen der Wände oder Decken abgezogen. Im Unterschied zur Darstellungsweise des
2½ D-Modells werden also Körper beim 3D-Kantenmodell nicht in ihrer vollen Größe
getrennt oder aufgeschnitten. Die Abbildung eines solchen 3D-Modells ist demnach
nichts anderes als ein Kontrollbild der registrierten Massen des Objekts.
Manche Systeme ermöglichen es, bei der Darstellung zwischen 2½ D und 3D umzuschalten. Wegen der enorm gestiegenen Rechenleistungen bei PCs und Workstations
sind die Differenzen zwischen 2½ D- und 3D-Modellen bei den Aufbaugeschwindigkei-
ten minimal. Andere Hersteller verzichten deshalb von vornherein auf 2½ D-Darstellungen. Je nach System baut der Anwender dieses Modell mit den gleichen
Schritten auf, wie sie für das 2½ D bereits beschrieben wurden.

Bei einer anderen Variante konstruiert man zuerst den Grundriß im 2D mit Hilfe
der im 3. und 4.Kapitel beschriebenen Konstruktionsmenüs.

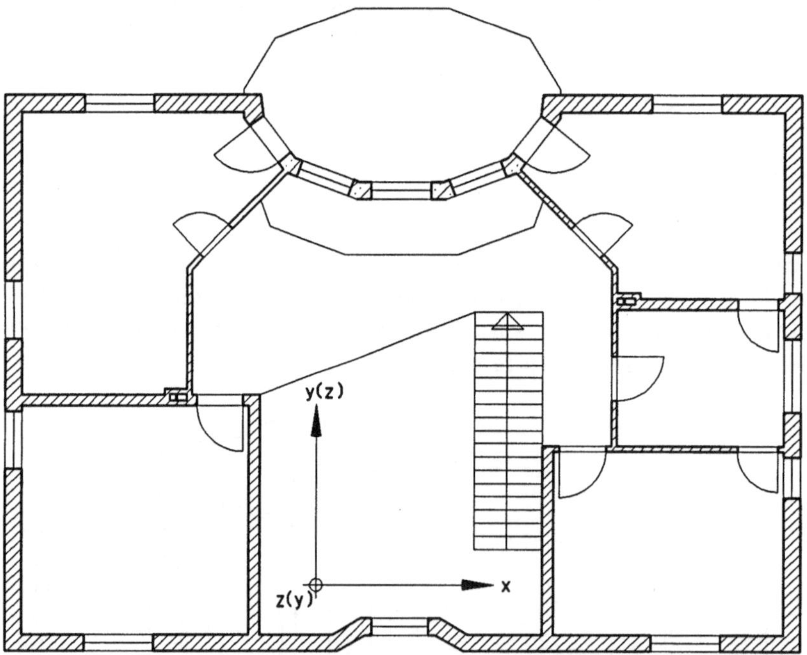

Für den Anwender werden Fenster, Türen usw., in diesem Konstruktionsstadium
oft nur in der Grundebene sichtbar, als räumliche Makros abrufbereit gespeichert.

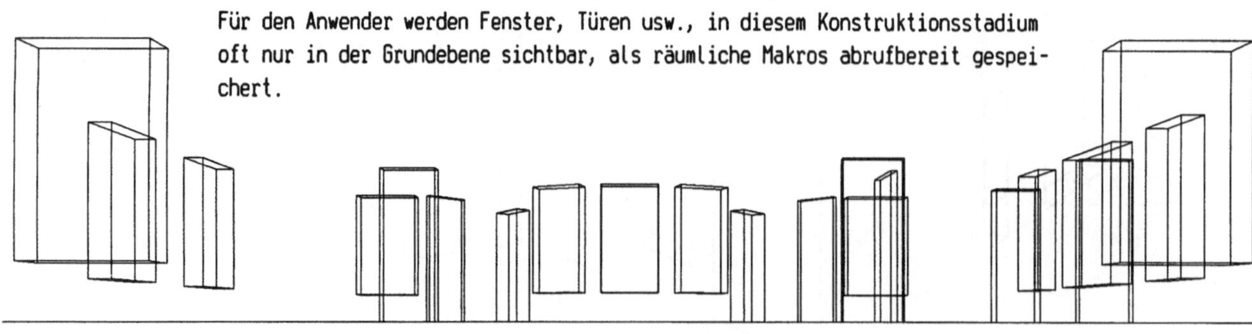

3D-Kantenmodell

Wird vom Anwender eine Massenermittlung verlangt, so identifiziert er in einem
weiteren Konstruktionsstadium der Reihe nach alle Wände sowie deren Durchbrüche.
Letztere werden in ihren räumlichen Abmessungen auf Wunsch automatisch in die
Massenermittlung übernommen. Für die Wände errechnen sich die Höhen entweder
zwischen den zuvor eingegebenen oberen und unteren Ebenen, oder man teilt dem
System die Höhenkoten für jede Wand einzeln mit. Somit sind auch Konstruktionen
mit weniger gebräuchlichen Maßen möglich.

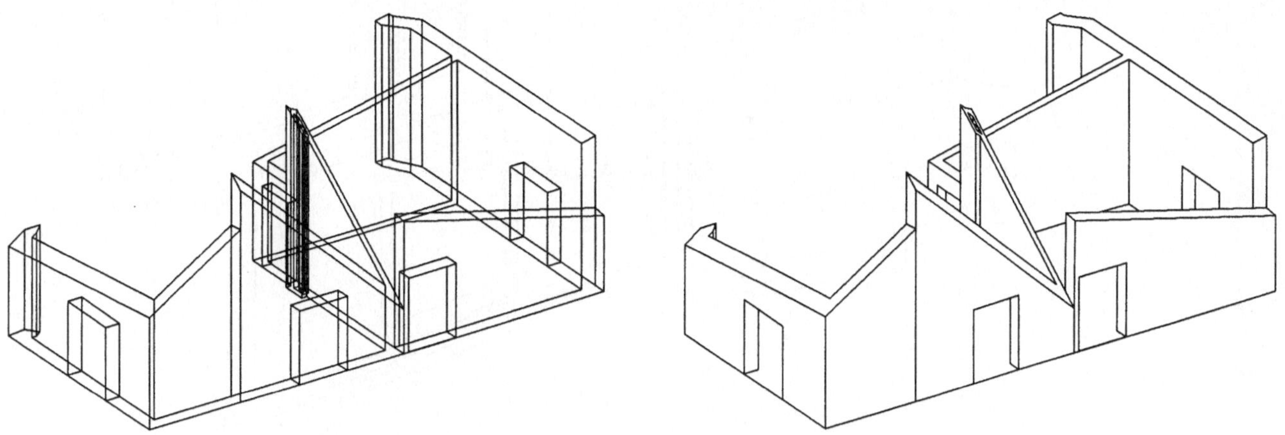

Die verschiedenen Konstruktionsstadien können je nach Bedarf räumlich kontrol-
liert werden. Bei den meisten Systemen muß man dafür die Daten auf ein neues
Teilbild kopieren. Auf dieser Folie kann der Anwender das entstehende Kanten-
modell nach Belieben drehen und wenden.
Zur besseren Erkennung sind bei den folgenden Kantenmodellen flächenorientierte
Darstellungen mit abgebildet.

Beispiel 1

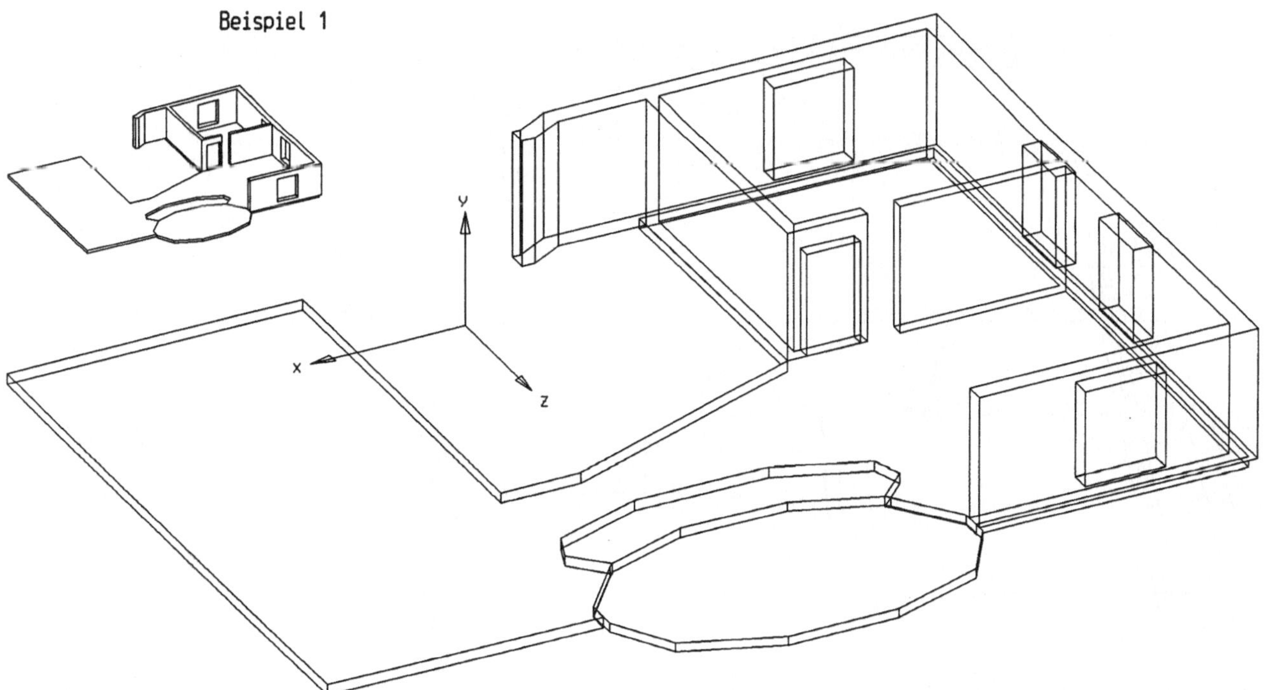

3D-Kantenmodell

Beispiel 2

Beispiel 3

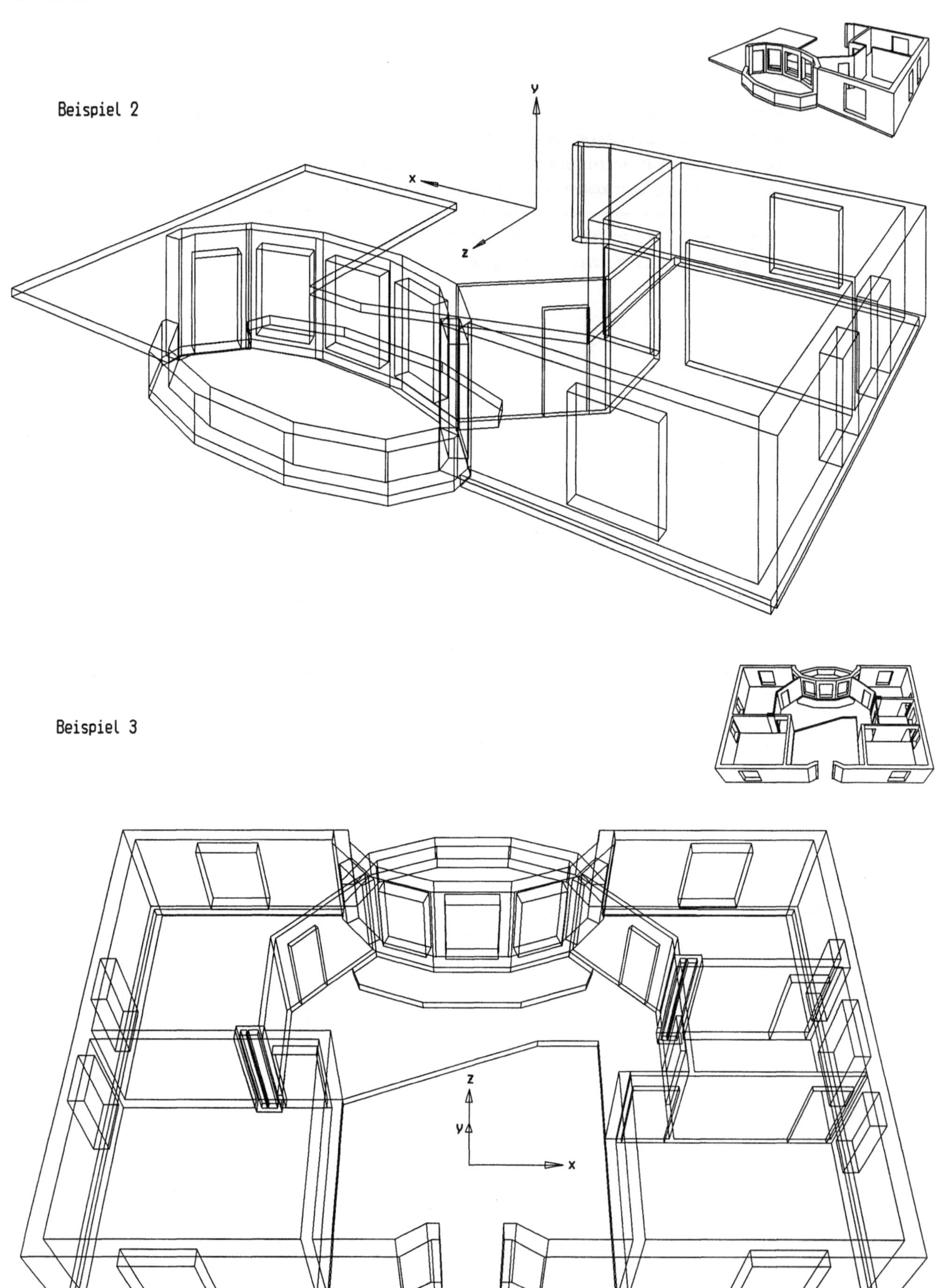

3D-Kantenmodell

Hier sieht man die Abbildung mehrerer übereinandergelegter Folien. Die Daten für
die Volumen aller im Kantenmodell dargestellten Körper sind im Rechner abgelegt.

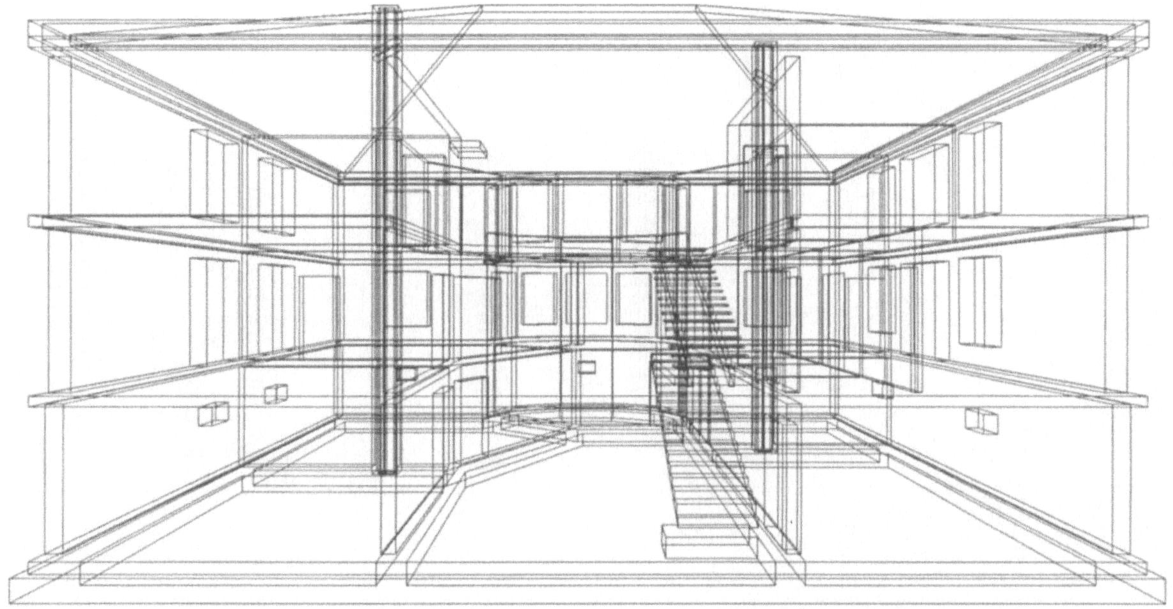

Mit Hilfe der "hidden-lines"-Funktion werden die Oberflächen der Kuben sichtbar,
nicht sichtbare Linien werden weggerechnet.
Aus dem oben abgebildeten Kantenmodell errechnet sich ein CAD-System die unten
wiedergegebene Perspektive mit einer normalen 32 Bit-Workstation in wenigen
Minuten, meist auf einem separaten Layer.
Für beliebige Vergrößerungen oder Verkleinerungen dieser flächenorientierten
Darstellung sowie für 2D-Manipulationen aller Art dauert ein weiterer Bild-
aufbau wenige Sekunden, oftmals sogar nur noch Sekundenbruchteile.

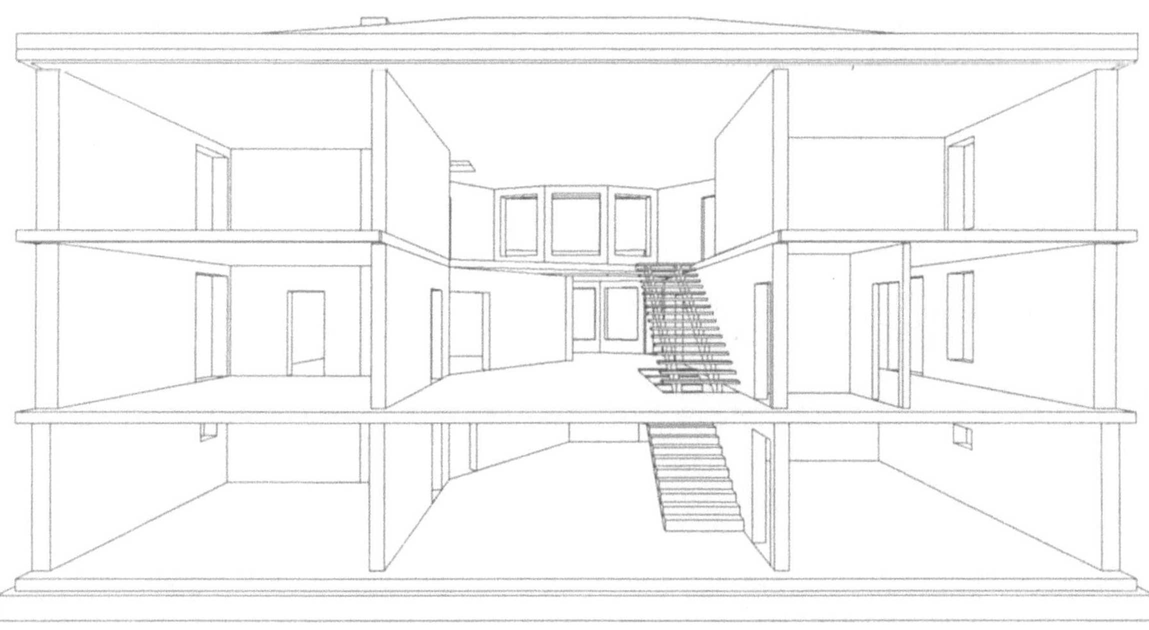

Flächenorientierte Darstellung (Modell)

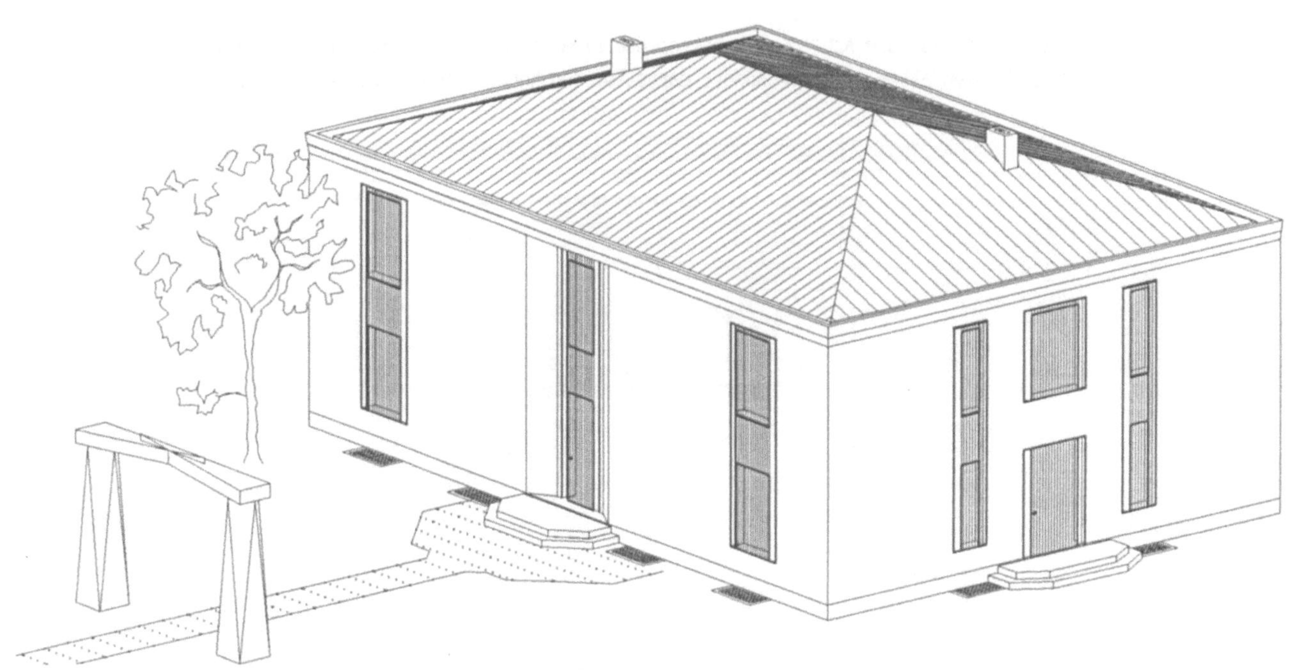

Im Unterschied zum volumenorientierten Kantenmodell, bei dem das System die
Außenkanten rechnerintern erfaßter Volumen am Bildschirm einblendet, werden bei
der flächenorientierten Darstellung die Oberflächen konstruierter Körper abgebildet. Vom frei gewählten Beobachtungspunkt aus rechnet der Computer die zuge-
hörigen, nicht sichtbaren Flächen und Kanten weg.
Zur besseren Orientierung, findet man in diesem Buch bei jeder Abbildung eines
Kantenmodells eine entsprechende flächenorientierte Darstellung. Sie kann selbst
nicht gedreht oder in ihrer Perspektive verändert werden. Für jeden Wechsel des
Beobachtungspunktes oder eines Fluchtpunktes muß die Darstellung auf einem separaten Layer oder in einem eigenen Window (vgl.S.167) neu ausgerechnet werden.
Eine individuelle Weiterbearbeitung der erzeugten Darstellungen wird mit Hilfe
sämtlicher 2D-Operatoren möglich.

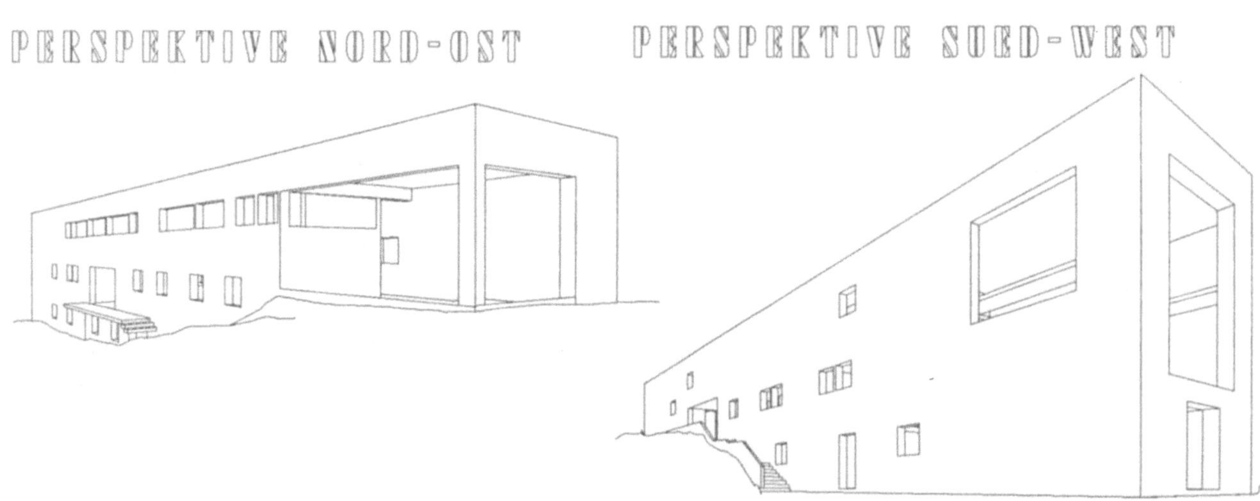

3D-Flächenmodell

Da CAD-Systeme im Bauwesen unbedingt mit einer automatischen Massenermittlung
gekoppelt sein sollten, treffen wir seltener auf das Flächenmodell. Dieses Modell findet vorwiegend im Karosseriebau Anwendung. Die Basis für diesen Modell-
typus kann ein Linien- oder Drahtmodell liefern. Zusammen mit weiteren Höhenangaben definieren Linien im Grundriß Flächen, deren Flächeninhalt, Flächenschwer-
punkt und Flächenträgheitsmoment automatisch berechnet werden können.
Berechnungen erfolgen ebenfalls für verdeckte Kanten, Schnittpunkte und Schnittlinien meist automatisch.

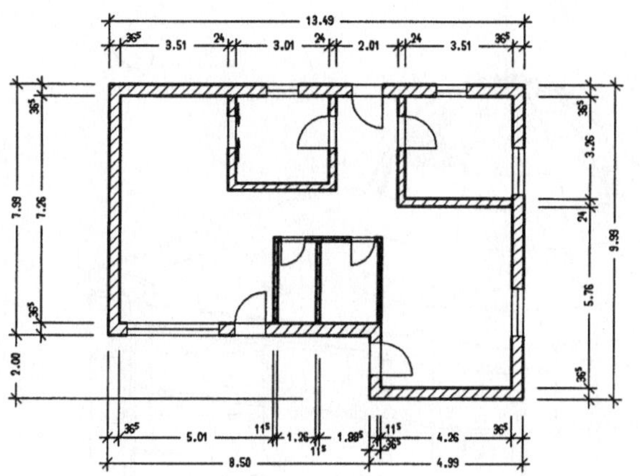

Bei dieser Variante wird
das Modell im Grundriß
konstruiert. Wandöff-
nungen positioniert der
Anwender z.B. über Ma-
kros. Durch die zuvor
eingegebene Höhe besteht
die Möglichkeit, sich
das Objekt auf separaten
Folien in räumliche Per-
spektiven umrechnen zu
lassen.

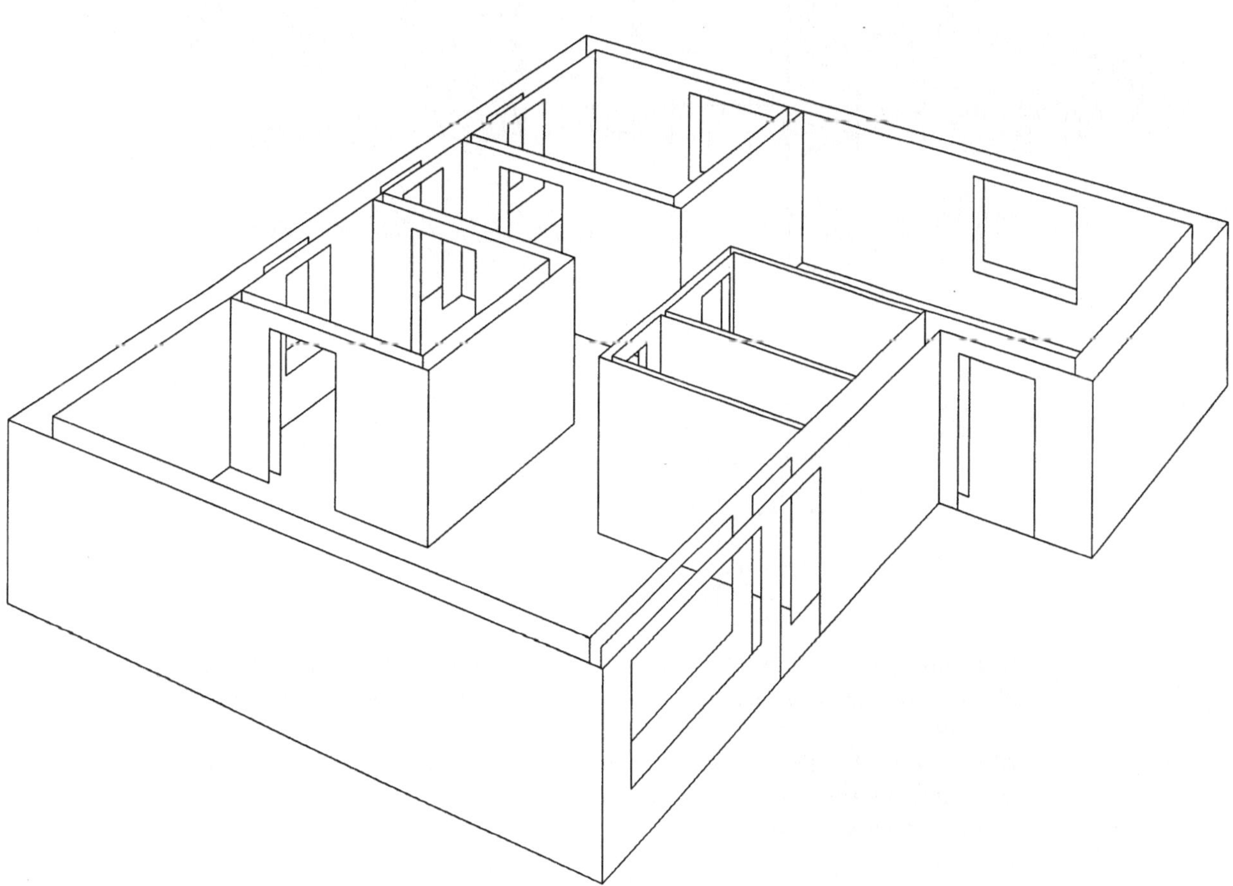

3D-Flächenmodell

Diese Systemzeichnung soll verdeutlichen, daß der Anwender beim Flächenmodell, im Unterschied zum Volumenmodell, die Flächen einzeln identifizieren, manipulieren und modifizieren kann. Selbstverständlich hängt dies auch davon ab, in welcher Weise er die Flächen konstruiert, um ein Objekt zu simulieren. Die Abbildung zeigt verschiedene Möglichkeiten.

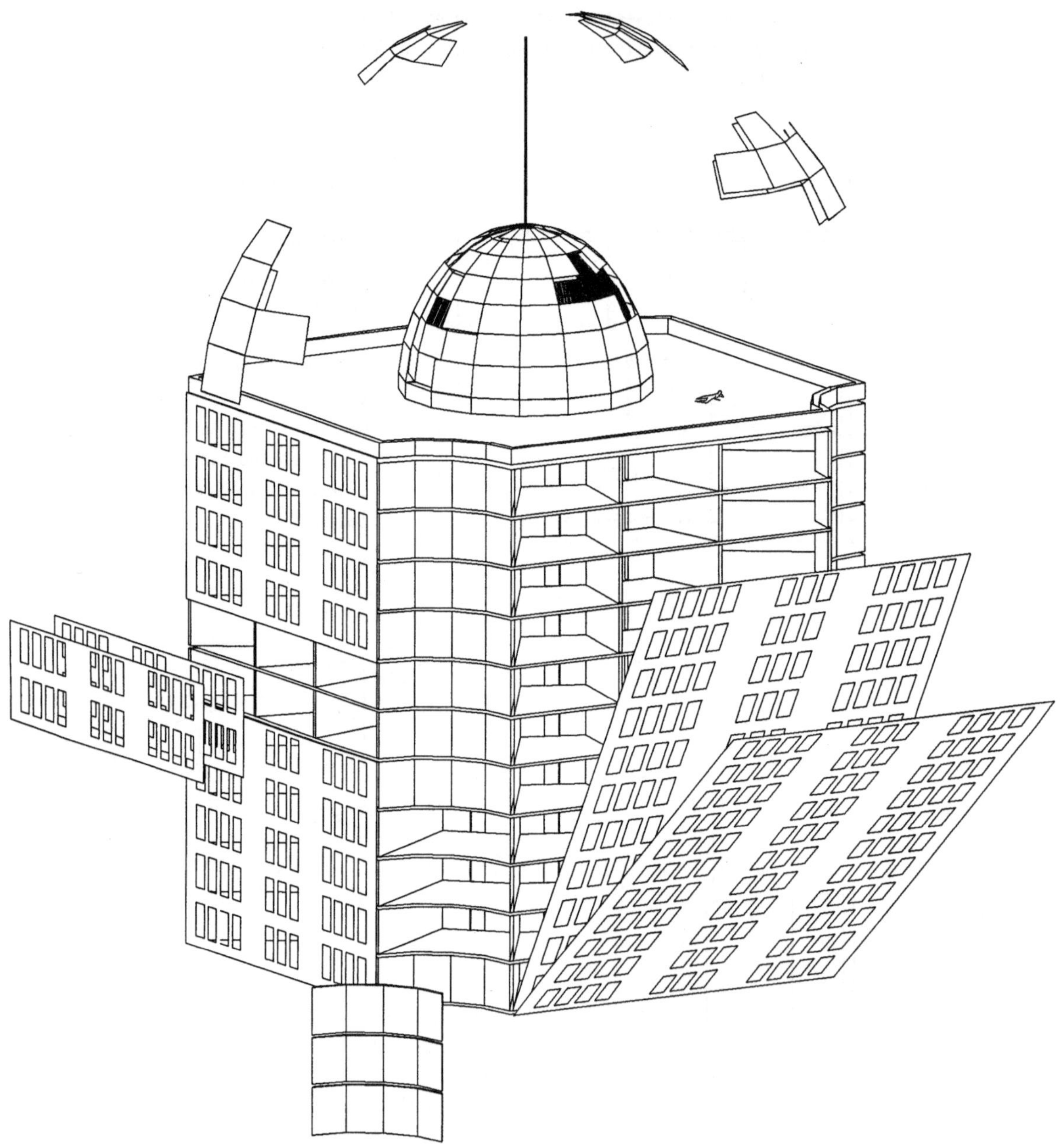

Zu der hier dargestellten Flächenmodellsimulation sollte man fairerweise sagen, daß auch sie, wie alle Zeichnungen in diesem Buch, mit einem leistungsfähigen 3D-Volumenmodell aufgebaut wurde. Bereits nach kurzer Einarbeitungszeit an einem CAD-System greift jeder CAD-Konstrukteur auf eigene zeichentechnische Tricks zurück. Diese im einzelnen zu beschreiben bzw. zu illustrieren, würde wegen der unterschiedlichen Systeme den Rahmen dieses Buches erheblich sprengen.

3D-Volumenmodell

Unter dem Begriff Volumenmodell versteht man im CAD eine am Bildschirm entwickelte Konstruktion, von deren einzelnen Konstruktionseinheiten sich das System die Volumen errechnet, sie mit ihren Kanten oder Oberflächen darstellt und
abrufbereit speichert.
Volumenmodelle können von verschiedenen Beobachtungspunkten aus eingeblendet
werden; automatische Schnittkonstruktionen bei Gebäudeschnitten sind machbar.
Volumenmodelle verfügen bei manchen Systemen über die Möglichkeit, simultan zu
konstruieren. Simultan bedeutet in diesem Fall, daß ein CAD-System Konstruktionen und Änderungen am Volumenmodell in allen dem Modell zugeordneten Schnitten und Perspektiven gleichzeitig durchführt.
Zur schnellen Übersicht stellen CAD-Systeme Volumenmodelle meist als Kantenmo-
delle dar. Bei Bedarf läßt der Anwender das Kantenmodell in eine flächenorientierte Darstellung umrechnen. Manche Programme sind in der Lage, die errechneten
Oberflächen am Bildschirm koloriert einzublenden.
Im Kantenmodell können die an Volumen gebundenen Kanten nicht einzeln in ihrer
Größe modifiziert oder in ihrer Lage manipuliert werden. Änderungen sind nur an
ganzen Volumensegmenten, wie Wänden, Fenstern, Stahlbauprofilen, Holzbalken
usw., möglich. Die errechnete flächenorientierte Darstellung ist mit 2D-Kon-
struktionsmenüs beliebig variierbar.
Bei CAD-Systemen im Bauwesen gibt es drei verschiedene Vorgehensweisen, mit denen 3D-Volumenmodelle erzeugt werden:

1.   - Grundrißkonstruktion mit dem 2D-Konstruktionsprogramm
     - Ermittlung der Massen, häufig auf einem dem Grundriß
       überlagerten Teilbild
     - 3D-Modell auf neuer Folie, als Kontrollbild der erfaßten Massen

2.   - Aufbau eines 2½ D-Drahtmodells
     - Als Konstruktionsebene wählt man der Einfachheit halber meist eine
       Grundrißdarstellung.
     - Objekt auf gleicher Folie beliebig drehbar
     - Massenermittlung auf einer neuen Zeichnungsebene
     - Das 3D-Modell kann auf neuem Teilbild ebenfalls frei gedreht werden.

3.   - Aufbau eines 3D-Modells überwiegend durch ein Zusammenfügen variabler
       Makros
     - Auf der Konstruktionsebene wählt der Anwender ebenfalls meist eine
       Grundrißdarstellung.
     - Das 3D-Modell wird entweder auf einer neuen Folie überprüft, auf dem
       gleichen Teilbild gedreht oder in zusätzlich eingeblendeten Windows
       simultan räumlich kontrolliert.

Bei allen drei Variationen besteht die Möglichkeit, den ermittelten Massen Baustoffparameter, die automatische Schraffuren ermöglichen, zuzuordnen. Ebenfalls
wird bei allen drei Konstruktionstypen der Aufbau von Modellen durch den Gebrauch von Symbolen und Makros beschleunigt. Über eine Schnittstelle*verbindet
det man die im CAD ermittelten Massen mit Ausschreibungsprogrammen.

*Unter dem Begriff Schnittstelle versteht man in diesem Zusammenhang ein vom
Softwarehersteller geschriebenes Verbindungsprogramm, das den Austausch von
Datenbeständen zwischen zwei verschiedenen Programmen ermöglicht. Die über-
tragenen Daten können damit im angekoppelten Programm, in diesem Fall dem
Ausschreibungsprogramm, weiterbearbeitet werden.

3D-Volumenmodell

1. Konstruktionsvariante: 2D - Massenermittlung - 3D

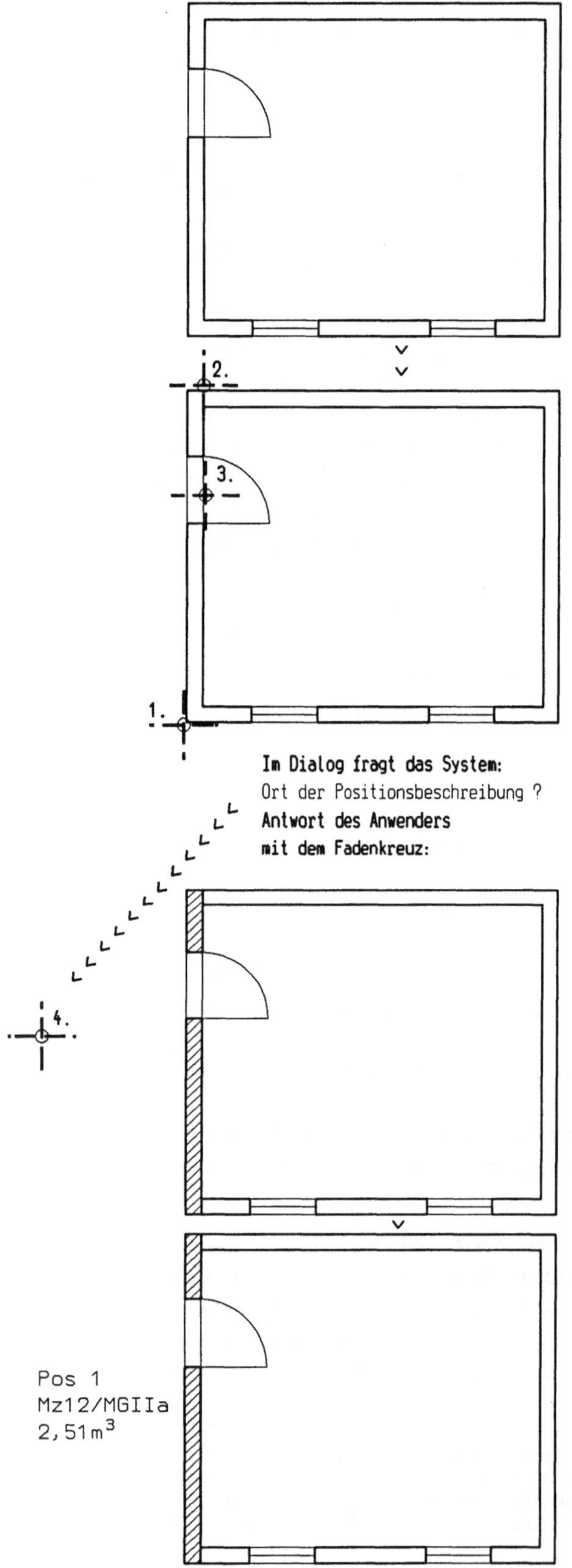

Konstruieren eines 2D-Grundrisses.
Fenster und Türen werden als Makros eingesetzt.
Schraffieren ist unabhängig vom 3D-Programm
möglich.

Mit dem Fadenkreuz identifiziert man Konstruktionseinheiten als Wände, meist auf einem eigenen Teilbild. Durch Antippen der Makros sub-
trahiert das System Fenster- und Türvolumen von
dem der Wände. Der Anwender hat zuvor die zuge-
hörigen Höhen bzw. obere und untere Ebenen bestimmt. Die Ebenen dürfen beliebig geneigt sein.

Jeder Position kann ein Baustoffparameter zugeordnet werden. Auf Wunsch, d.h. durch Positionieren eines Textbezugspunktes, beschriften
manche Systeme die einzelnen Positionen.
Textbezugspunkt ist hier Punkt "4.".

> > > > > > > > >   weiter S.155 oben !

3D-Volumenmodell

1. Konstruktionsvariante: 2D - Massenermittlung - 3D

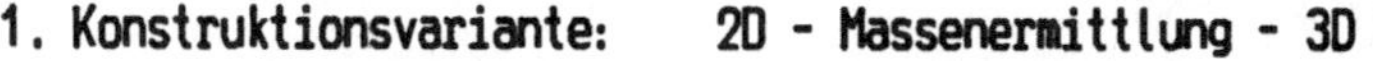

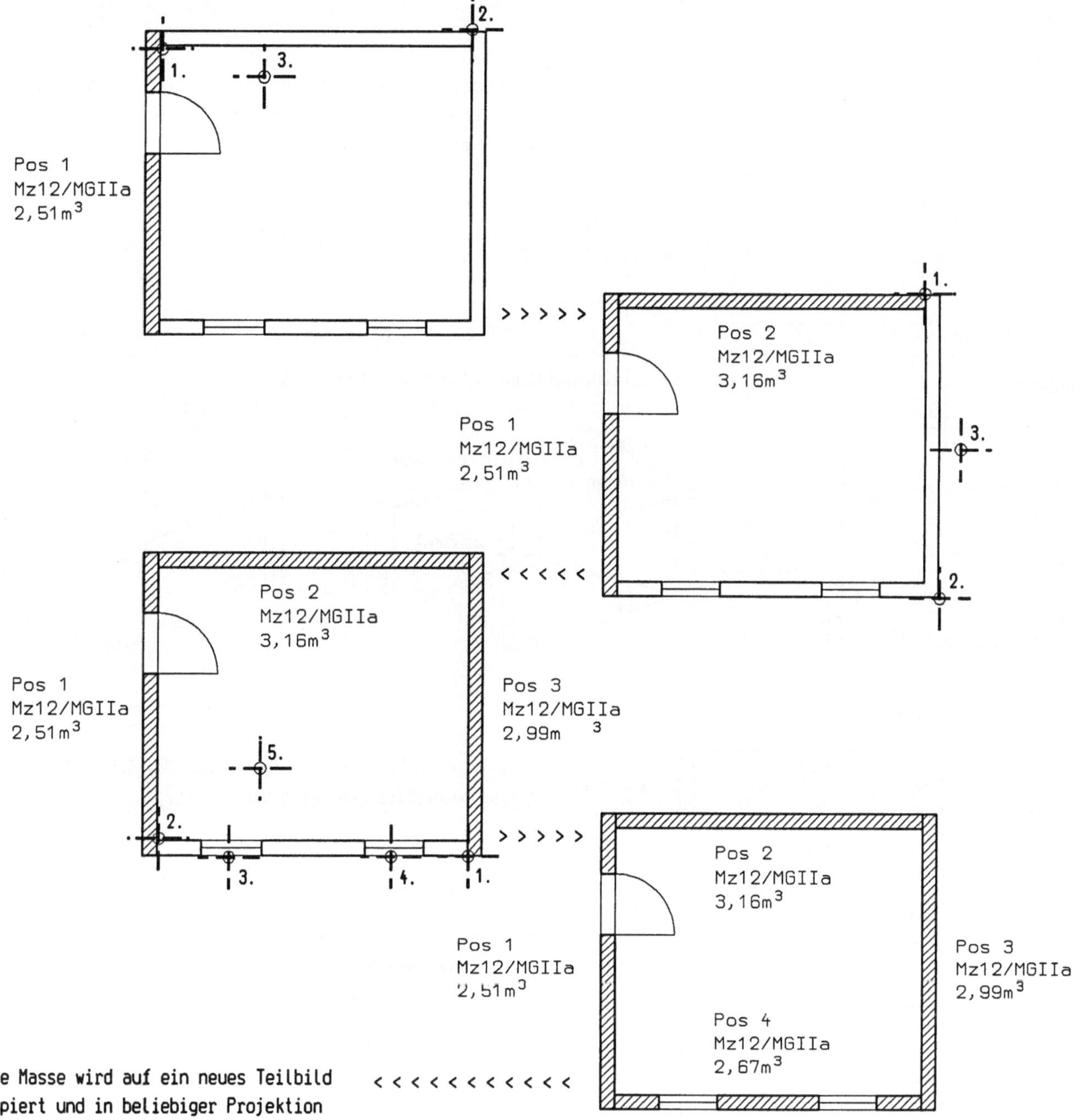

Die Masse wird auf ein neues Teilbild kopiert und in beliebiger Projektion vom Anwender kontrolliert.

Eine Umrechnung über die Funktion "hidden-lines" ist möglich.

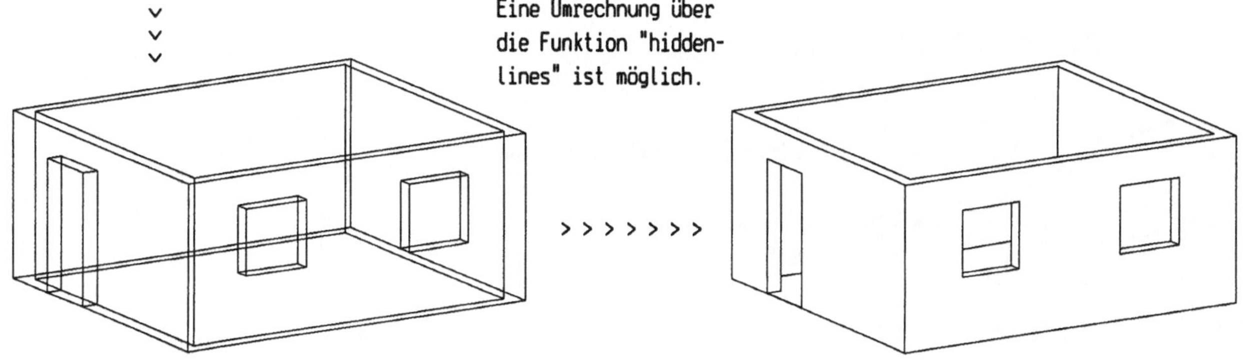

3D-Volumenmodell

2. Konstruktionsvariante: 2½ D - Massenermittlung - 3D

Grundriß:

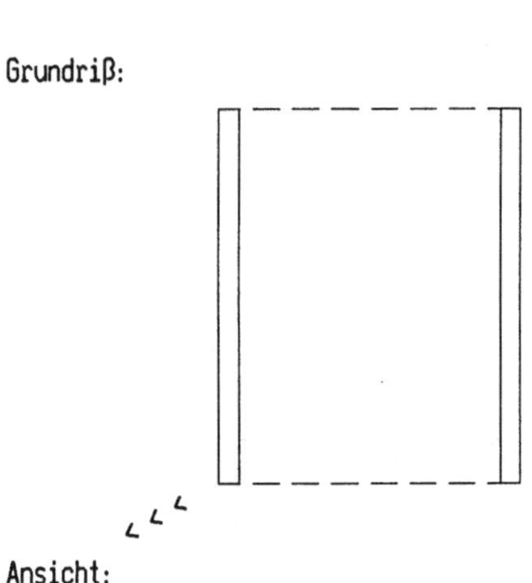

Am Monitor konstruierte Elemente erhalten vom Anwender ein Maß senkrecht zur Bildschirmebene. Das Objekt ist auf dem Konstruktionslayer frei drehbar.

Ansicht:

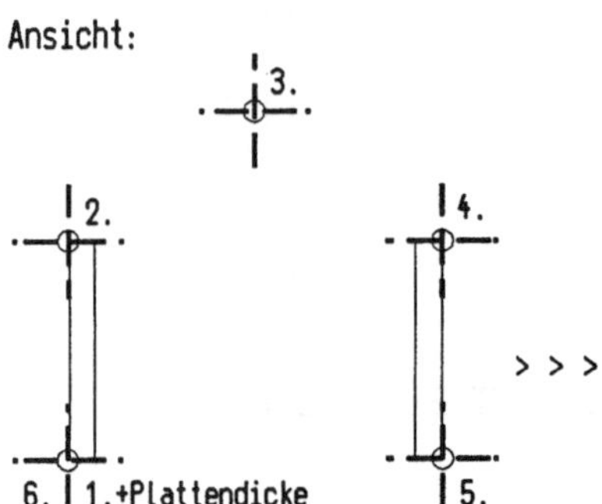

Parallelprojektion: auf der gleichen Folie

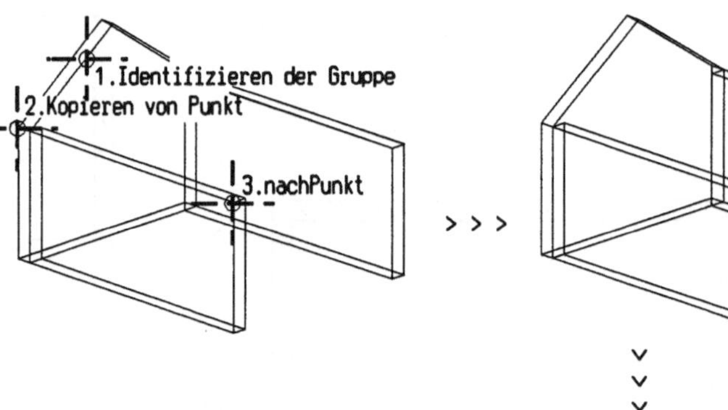

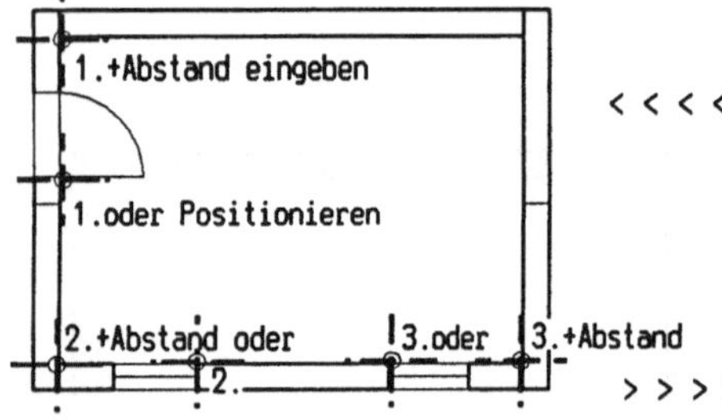

Einsetzen von Fenster- und Türmakros. Das System legt die Makros automatisch auf eine neue Folie.

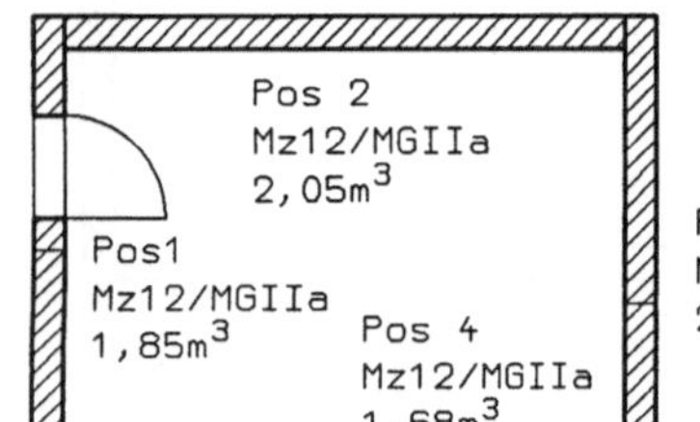

Massenermittlung und Beschriftung der Positionen sind mit der Vorgehensweise auf den Seiten 154+155 nahezu identisch. Sie werden auf einem neuen Layer durchgeführt.

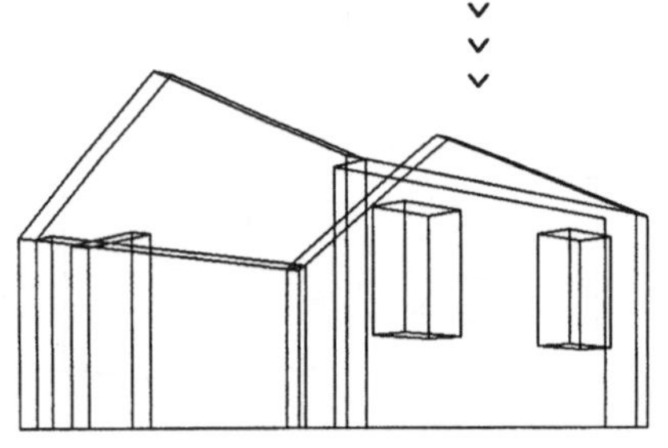

Ein Überprüfen der ermittelten Massen ist in beliebigen Perspektiven möglich.
Umrechnung über "hidden lines": > > >

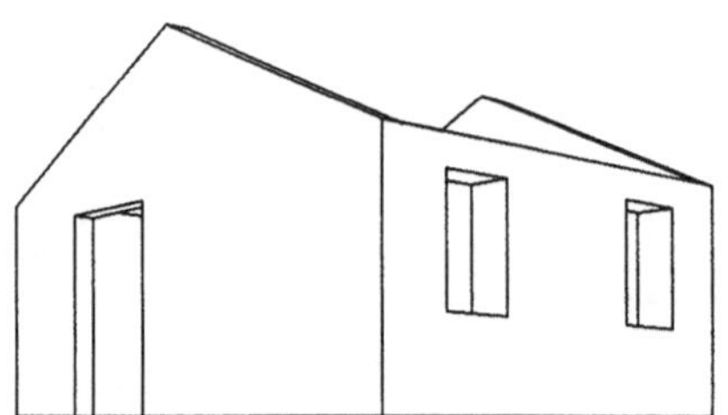

3D-Volumenmodell

3. Konstruktionsvariante: 3D-Makros - 3D

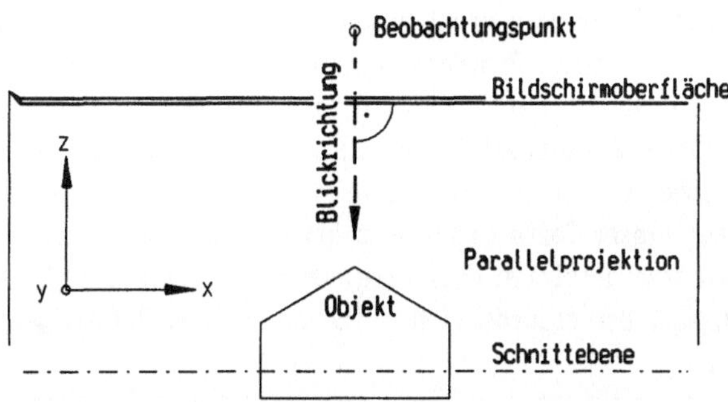

Systembild

Für die aktive Folie stellt sich der Anwender zu Beginn einer Konstruktion die
Projektionsart, die Lage des Beobachtungsounktes, die Blickrichtung und die Lage
der Schnittebene ein. Diese Einstellungen organisieren einige Systeme automatisch.

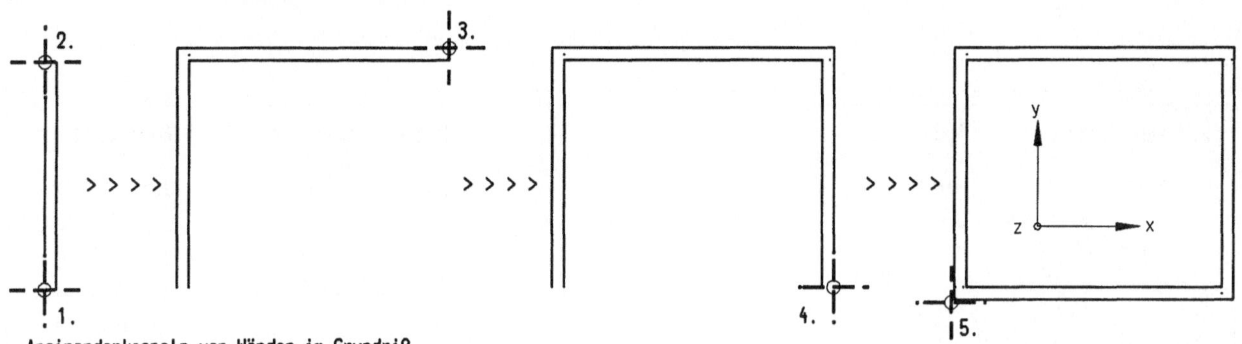

Aneinanderkoppeln von Wänden im Grundriß

Der Grundriß entsteht durch ein Aneinanderfügen von Wandmakros. Jede Linie entspricht der Kante einer Wand, deren Breite, Höhe und deren Baustoff der Anwender
zuerst festlegt. Die Wandlänge wird durch Positionieren bestimmt. Das System
übernimmt das Höhenmaß automatisch, wenn es für die nächste Wand nicht geändert
wird. Mehrere Wände aneinandergefügt sind häufig auch als Gruppe oder als Segment identifizierbar.
Nach dem Einsetzen der Fenster- und Türmakros identifiziert der Anwender einzelne Bereiche, um dem System gewünschte Positionen mitzuteilen. Das Identifizieren
führt man überwiegend in ähnlicher Weise durch wie die Massenermittlung (S.154).
Bei Systemen, die Konstruktionen mit dem Volumenmodell direkt an Berechnungspro-
gramme koppeln, treffen wir auch auf eine automatische Positionsvergabe.

Innerhalb der Position können zugeordnete Makros auch nachträglich
verschoben werden.
Die räumliche Überprüfung geschieht
entweder auf dem gleichen Teilbild,
auf einer neuen Folie oder in beliebig eingeblendeten Windows.
Zur besseren Orientierung wird auf
die Darstellung des Kantenmodells
auf dieser Seite verzichtet.

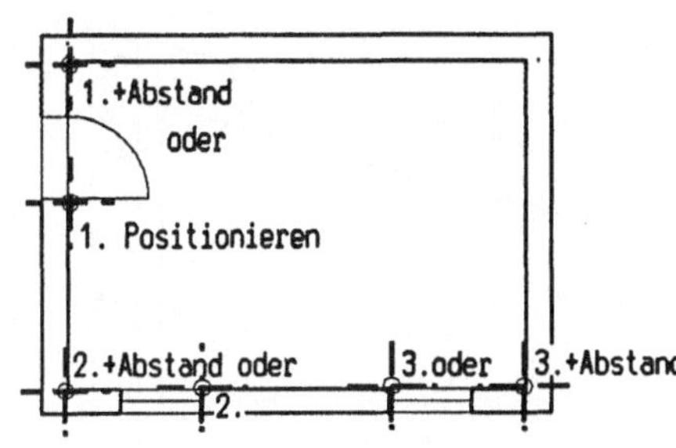

Einsetzen von Fenster und Türen

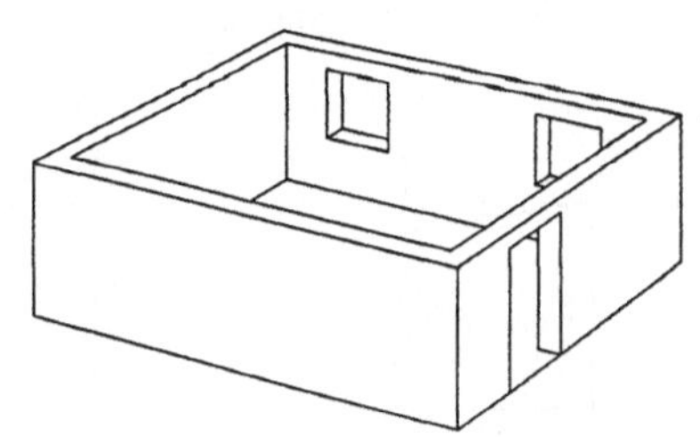

Überprüfen in beliebiger Perspektive

3D-Volumenmodell

3. Konstruktionsvariante: 3D-Makros – 3D

Der Umgang mit 3D-Makros gewinnt besonders im Stahl-, Holz- und im Anlagenbau
immer mehr an Bedeutung. Den Konstruktionseinheiten, die aus verschiedenen Makros entstehen, werden von Programmseite her automatisch Positionsnummern für
unterschiedliche Mengenstücklisten zugeordnet. Das CAD-System speichert die Konstruktionseinheiten mit den zugewiesenen Positionsnummern automatisch.
Man sieht auf dieser Seite die Konstruktion einer aus verschiedenen variablen
3D-Makros zusammengesetzten Holzhalle. Um die Übersicht zu behalten, ist hier
nur eine Auswahl der erforderlichen Makros exemplarisch aufgelistet.

1.Makro: Quader	Sparrenpfette	Randpfette	Zugband	Hartholzauflager
Baustoff:	NH II	NH II	NH II	EI
	1 x 12/16	1 x 16/16	2 x 10/18	1 x 20/34
	l = 7,00m	l = 7,00m	l = 6.70m	l = 0.04m

2.Makro: Quader	Außenwand
Baustoff:	Stb B 25
	b = 36.5 cm
	h = 4.80 m
	l = 30.00 m

3.Makro: Giebelwand	Außenwand
Baustoff:	Stb B 25
	b = 36.5 cm
	h_1 = 4.80 m
	h_2 = 2.92 m
	l_1 = 10.18 m
	l_2 = 10.18 m

4.Makro: HE-Profil

Baustoff:

Stirnplatte, Firstgelenk

ST 37

1 x IPE 400

l = 0.20 m

Die Abmessungen der genormten
Profile liegen entweder in
einer angekoppelten Datenbank
oder werden vom System als
zusätzliche Parameter abgefragt.

Variantenkonstruktion: Unregelmäßige Platte

z.B.: 1. Knagge, EI, d = 10cm   2. Binder, BSchH, d = 20cm

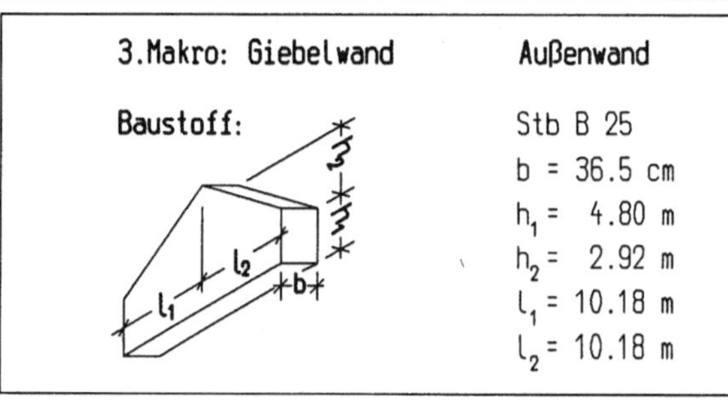

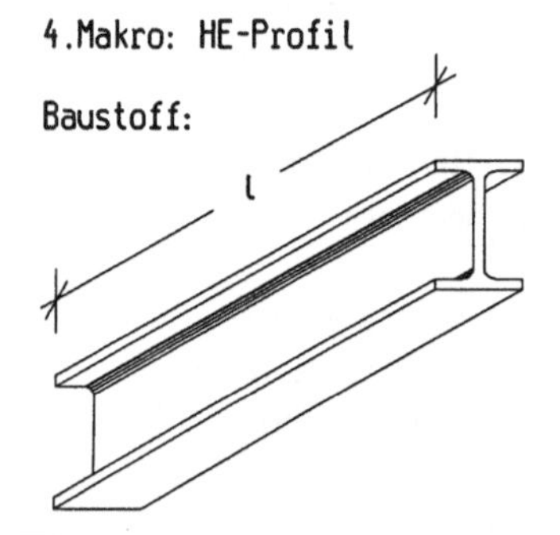

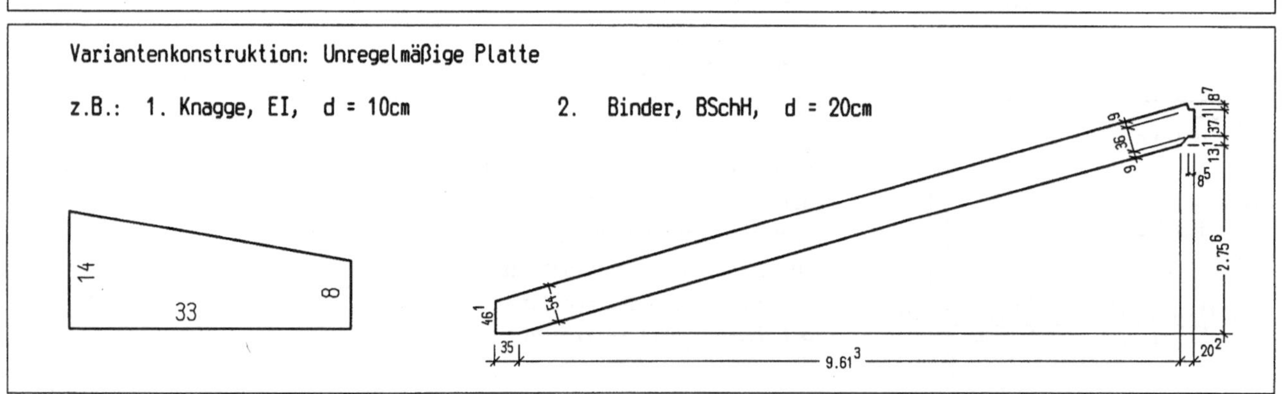

3D-Volumenmodell

3. Konstruktionsvariante: 3D-Makros - 3D

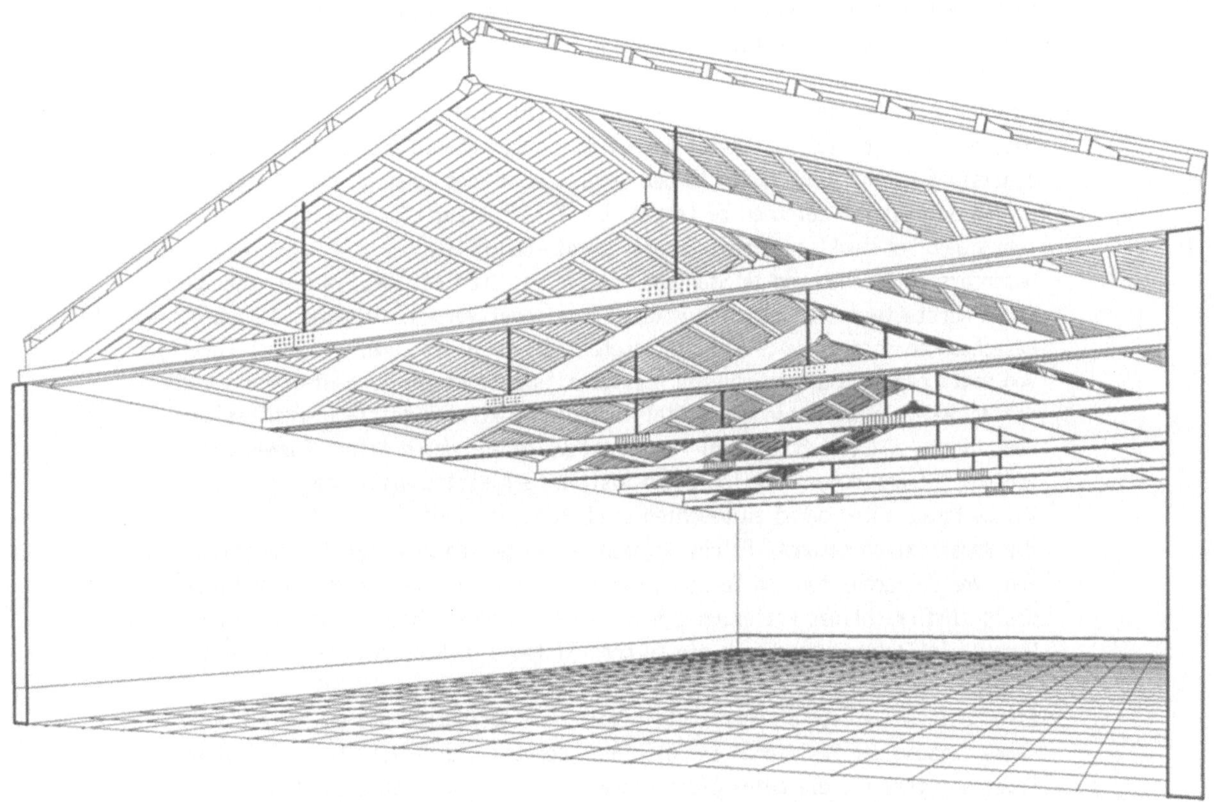

Der Konstrukteur ruft die einzelnen Makros aus der Makrodatei und baut sie der
Reihe nach auf. Mit der räumliche Drehbarkeit der Volumenteile ist er in der
Lage, Ecken und Kanten, an denen er einzelnen Bauteile zusammensetzen will, mit
dem Fadenkreuz zu identifizieren. Auf eine Koordinateneingabe wird somit verzichtet. Durch Drehen, Verschieben, Spiegeln und Kopieren wird ein Volumenmodell
der Halle erzeugt. Automatisches Erstellen von Schnitten und Ansichten ist
möglich.
Das bei vielen Systemen entstehende Kantenmodell wird der Übersichtlichkeit wegen hier nicht mit abgebildet.

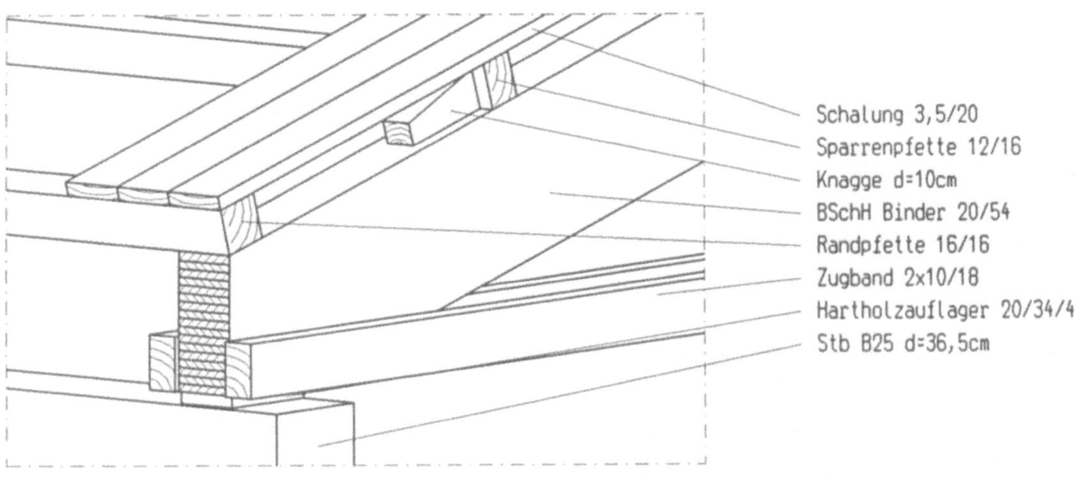

3D-Volumenmodell

3. Konstruktionsvariante: 3D-Makros - 3D

Der Ingenieur konstruiert die für Werkpläne erforderlichen Anschlußdetails entweder manuell oder mit Hilfe von Symbolen und Makros (vgl.S.124f). Diese können nach den geltenden Normen räumlich erfaßt sein, so daß eine Weiterleitung zu erforderlichen Materialstücklisten ermöglicht wird.

Systeme, die sich auf das Erstellen von Holz- oder Stahlbaukonstruktionen spezialisiert haben, sind häufig in der Lage, manche Knotenpunkte über Statikprogramme automatisch zeichnen zu lassen. Der Konstrukteur übernimmt die vorgeschlagenen Konstruktionen oder ändert sie mit CAD-Hilfe.

Besonders im Holzbau und im Stahlbau treffen wir auch auf CAD-Systeme, die von ihren Herstellern als "Expertensysteme" bezeichnet werden. Aufgrund statischer Berechnungen sind diese Systeme in manchen Fällen in der Lage, aus einer Palette von möglichen Lösungen sowohl die Querschnittswerte einzelner Bauteile als auch die erforderlichen Verbindungsmittel in Knotenpunkten selbstständig zu bestimmen. Hierzu zählt auch die Wahl von Anschlußblechen, deren Arten, Formen und Größen. Entscheidungen treffen diese Systeme nach wirtschaftlichen Kriterien. Welche Prioritäten dabei zu beachten sind, gibt der Konstrukteur dem System vor der Konstruktion bekannt. Solche Angaben beziehen sich z.B. auf die bevorzugte Wahl von Querschnitten und Verbindungsmitteln, die im Werk direkt vorhanden oder übrig sind. Wichtiges Kriterium ist ferner die Berücksichtigung der geltenden Normen. Im Stahlbau bevorzugt ein solches System u.U. Konstruktionen aus dem Stahlbau-Ringbuch[*].

Eine Positionsvergabe in Übersichts-, Werk- und Ausführungsplänen sowie die Zusammenfassung der Positionen in Material-, Mengen- und Preislisten erledigt ein Expertensystem für die automatisch erstellten Konstruktionen ebenfalls selbstständig.

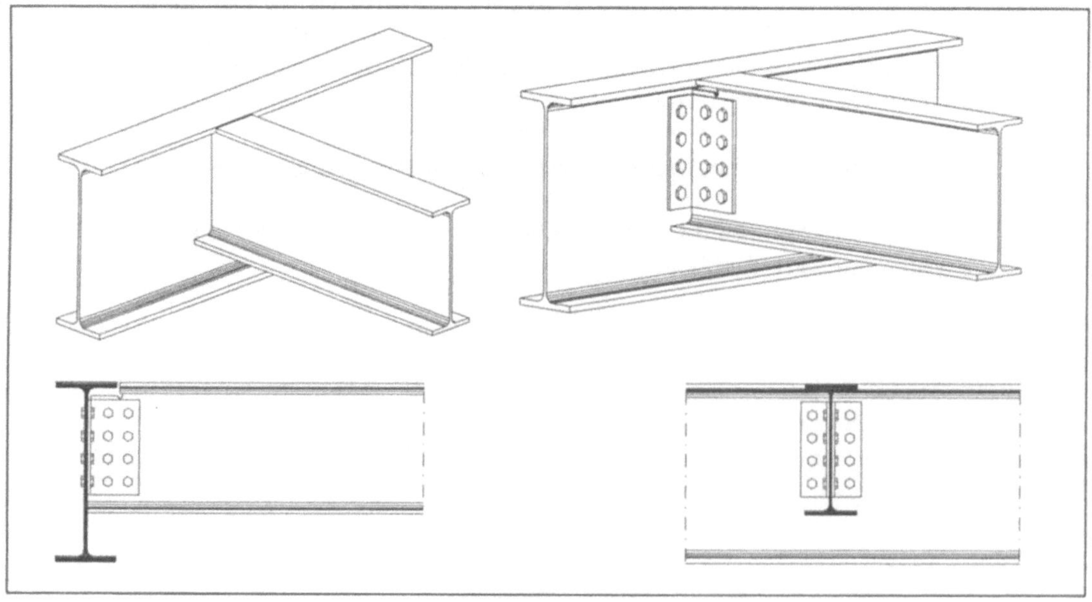

---

[*] Das Stahlbau-Ringbuch ist ein Katalog, der eine Vielzahl von typisierten Anschlüssen zwischen genormten Stahlbauprofilen beschreibt. Erarbeitet wurde diese Sammlung vom DASt (Deutscher Ausschuß Stahlbau). Sie dient dazu, Konstruktionen von Stahlbauverbindungen zu vereinheitlichen, um damit eine höhere Wirtschaftlichkeit zu erreichen.

3D-Volumenmodell

3. Konstruktionsvariante: 3D-Makros - 3D

Im Umgang mit dem Volumenmodell trifft man auf unterschiedliche Möglichkeiten,
die Planungsphasen von Bauprojekten zu beschleunigen. Je nach System werden dem
CAD-Anwender Ergänzungsmodule zur räumlichen Konstruktion und Materialerfassung
z.B. von Fertigteilen, Treppen, Fensterrahmen, Dach-, Wand- und Fußbodenaufbau-
ten angeboten. Einmal muß sich der Architekt zwischen vorgeschlagenen, ge-
brauchsüblichen Konstruktionen entscheiden, ein anderes Mal hat er die Möglichkeit, Aufbau und Materialien selbst festzulegen.
Bei dem folgenden, exemplarisch aufgeführten Beispiel eines Treppenmakros errechnet sich das System diejenigen Parameter selbstständig, die sich beim Modifizieren von vorgeschlagenen Werten in Abhängigkeit zu diesen ebenfalls ändern müssen.
Wie bei den meisten Makros, ist auch dieser Treppe ein Bezugspunkt zugeordnet,
mit dessen Hilfe der Anwender sie häufig im Grundriß positionieren kann.

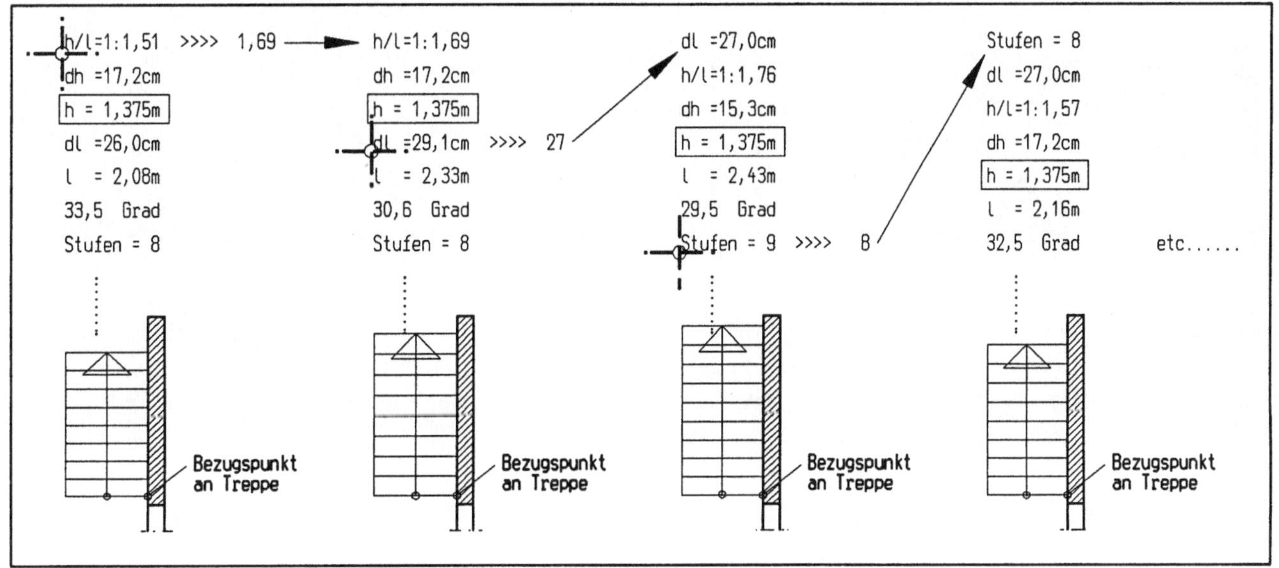

Der Konstrukteur identifiziert das vorgeschlagene Steigungsverhältnis und gibt
danach einen neuen Wert mit der Tastatur oder über Tablettmenüs ein. Das System
weist der zuvor identifizierten Höhe "h" sowie dem zuletzt eingegebenen Zahlenwert automatisch die höchsten Prioritäten zu. Wenn es also möglich ist, werden
diese Werte vom CAD-Programm als Fixwerte übernommen.
Bei einem anderen System blendet man die Treppe in einem separaten Window auf
dem Bildschirm ein und kontrolliert die gewählten Treppenmaße in einer Schnitt-
oder in einer isometrischen Darstellung. Die Zeichnung ändert sich mit der Eingabe neuer Werte.

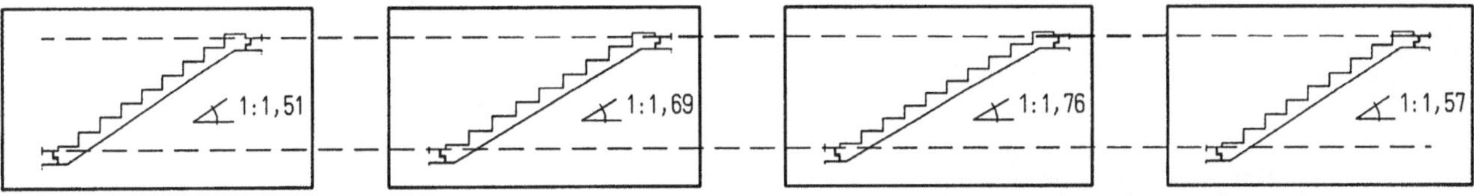

Für Sanitär und Wohnungseinrichtungen stehen dem Anwender je nach System Symboldateien zur Verfügung, in denen einzelne Gegenstände mit ihrem Volumen gespeichert sind, manchmal sogar mit Typenbezeichnung, Material, Stückpreis usw.

3D-Konstruktionselemente

Als Ergänzung zu bauspezifischen Makros und Variantenkonstruktionen bieten manche CAD-Systeme zusätzlich eine Palette von Makros zum Aufbau verschiedener geo-
metrischer Körper an. Ohne hier näher darauf einzugehen, sind auf den folgenden
Seiten einige solcher Raumgebilde dargestellt. Manche Systeme erlauben es dem
Anwender, Schrittweiten für die Zeichnung von Rundungen einzustellen. Kleinere
Schrittweiten liefern ihm ein genaueres Bild, größere dagegen lassen die Darstellung schneller aufbauen und benötigen weniger Speicherplatz.

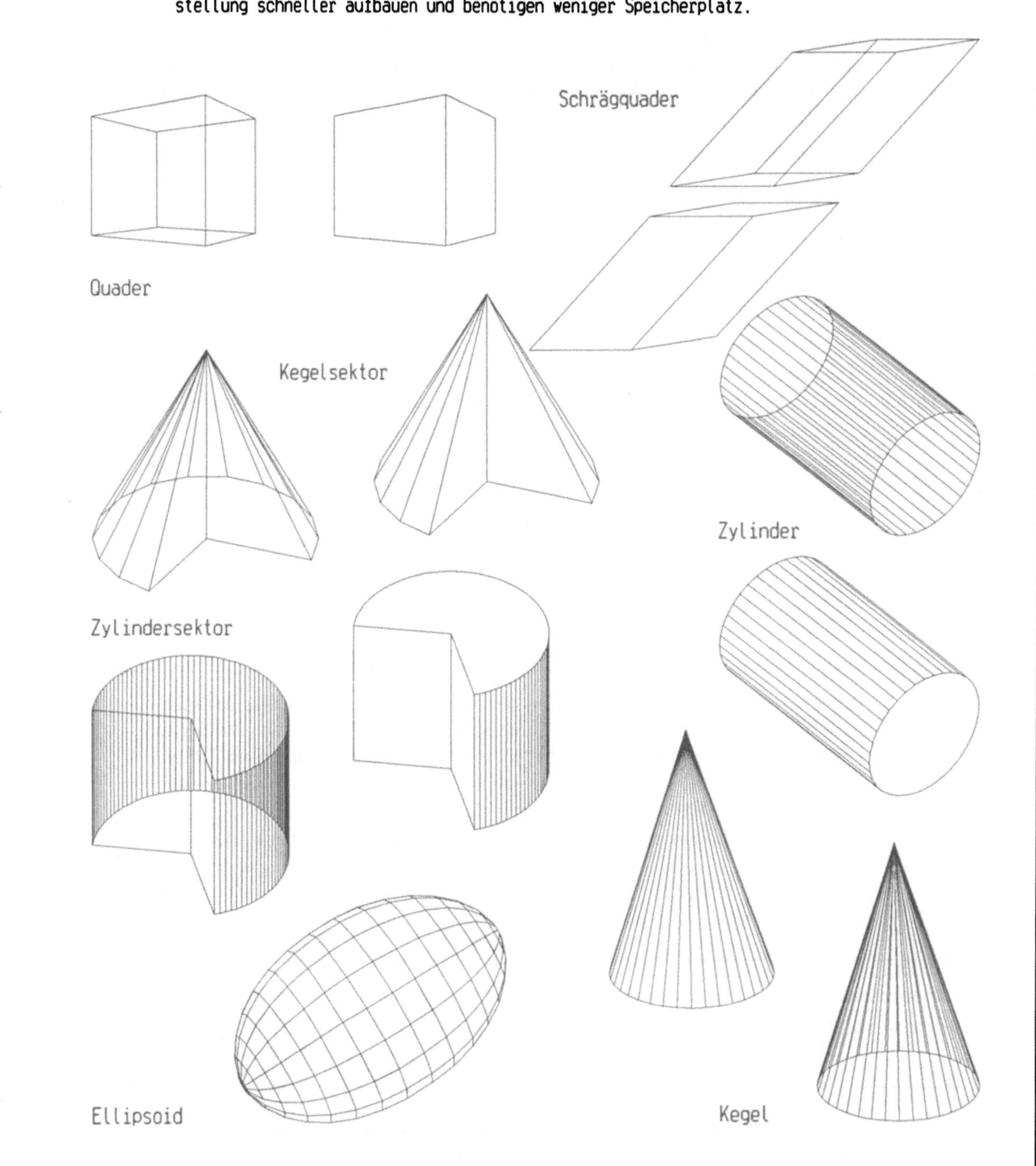

3D-Konstruktionselemente

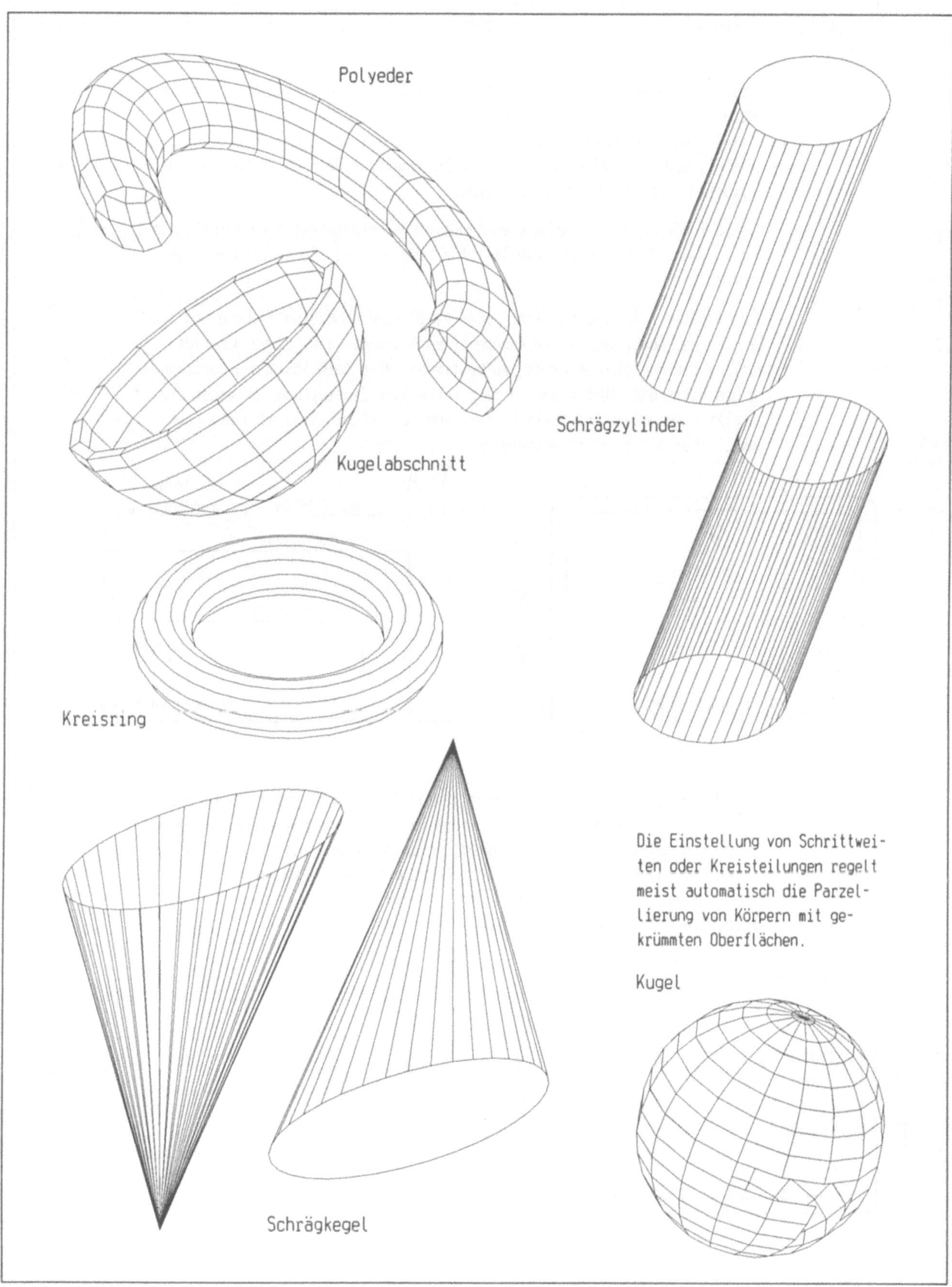

Positionieren

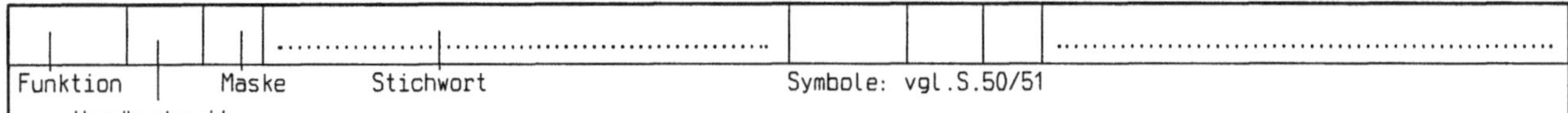

Im Unterschied zum 2D-CAD (vgl.S.69) reicht dem Computer die am Bildschirm ein-
geblendete Fadenkreuzposition bei den $2\frac{1}{2}$D-/3D-Modulen nicht aus, um sich die Position im Koordinatensystem selbst zu errechnen. Damit das System die gewünschte
Lage erkennt, bedarf es einer zusätzlichen Information. Je nach System wird diese Information unterschiedlich organisiert:

1. Die Abstände zu einem vorhandenen Punkt werden als relative Koordinaten in
    x-, y- und z-Richtung über die Tastatur oder über ein Zahlenfeld auf dem
    Menütablett eingegeben.

2. Die aktuelle Zeichenebene liegt parallel zu einer Koordinatenebene und zur
    Sichtebene. Somit reicht die Angabe eines Abstandes bzw. einer Höhenkote
    aus, um die Position eindeutig zu bestimmen. Wird kein Abstand eingegeben,
    so übernimmt das CAD-System, je nach vorheriger Einstellung, entweder die
    zuletzt eingegebene lotrechte Distanz von der Zeichenebene oder die Lage
    unmittelbar auf der Zeichenebene.

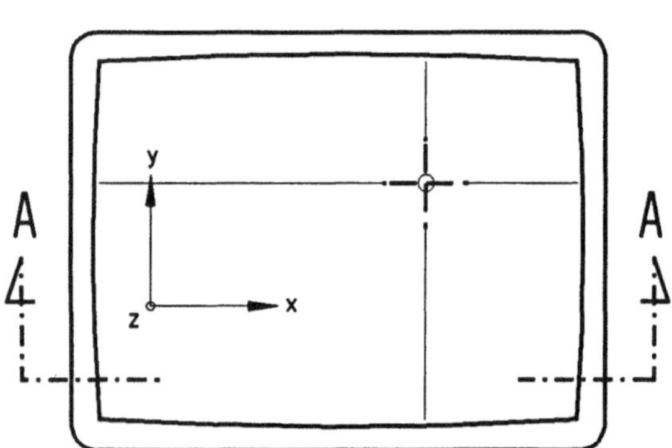

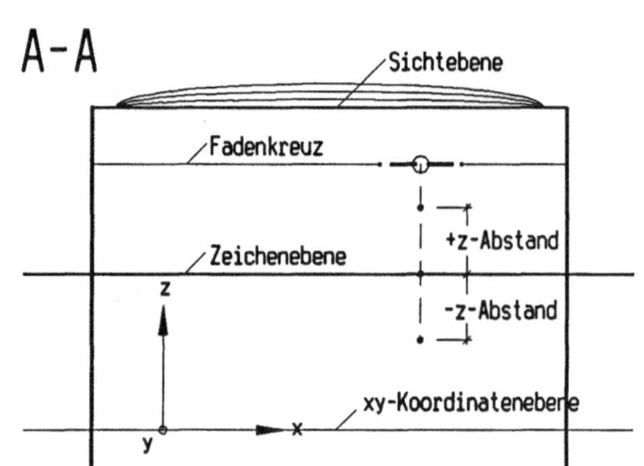

3. Wenn die aktuelle Zeichenebene parallel zur Sichtebene, jedoch nicht paral-
    lel zu einer der Koordinatenebenen liegt, muß der Konstrukteur zuvor einen
    lotrechten Abstand zwischen der aktuellen Zeichenebene und dem Koordinaten-
    natenursprung einstellen. Diese Einstellung erfolgt häufig automatisch. Ein
    CAD-Programm errechnet sich damit die Lage der Positionen direkt auf der
    Zeichenebene und somit auch im Raum.

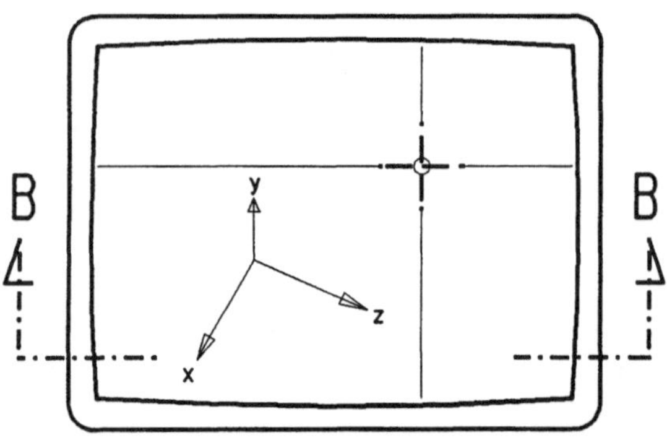

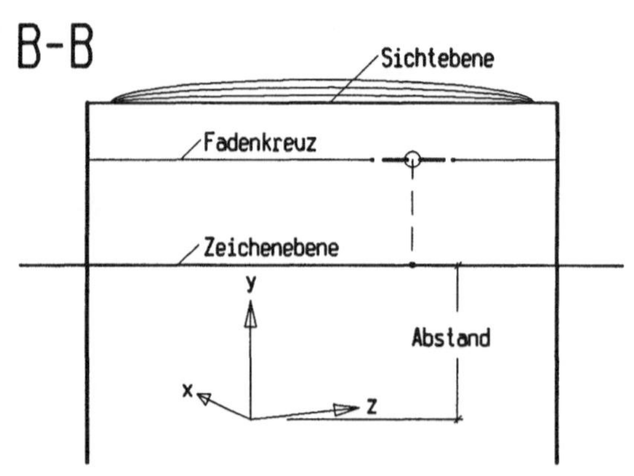

Identifizieren

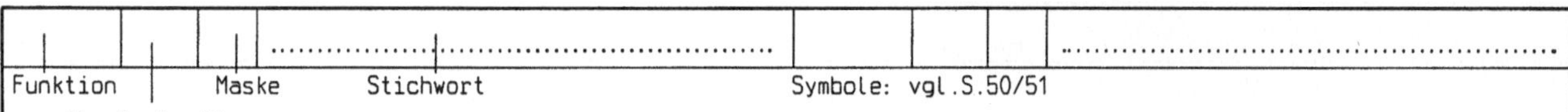

Das Identifizieren von Abbildungen auf dem Bildschirm ist grundsätzlich identisch mit den Identifizierungsarten im 2D-CAD (vgl.S.70-73). Im Umgang mit dem
3D-CAD sind jedoch nachfolgend aufgeführte Ergänzungen bzw. Einschränkungen zu
erwähnen:

1. Anfangs- und Endpunkte zu identifizieren, bezieht sich im 3D überwiegend
    auf die Erkennung von Eckpunkten geometrischer Körper. Der am System ein-
    gestellte Fangradius behält auch im räumlichen CAD seine Gültigkeit.

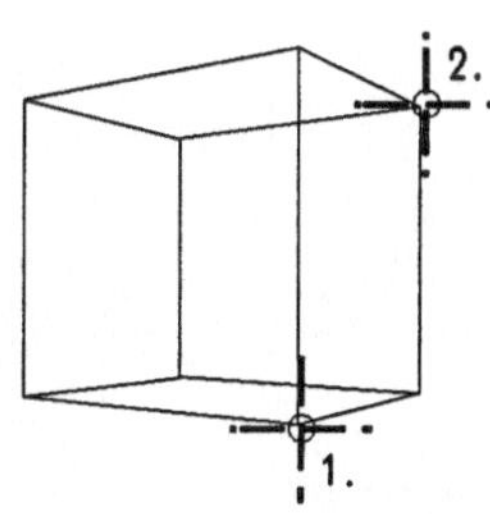
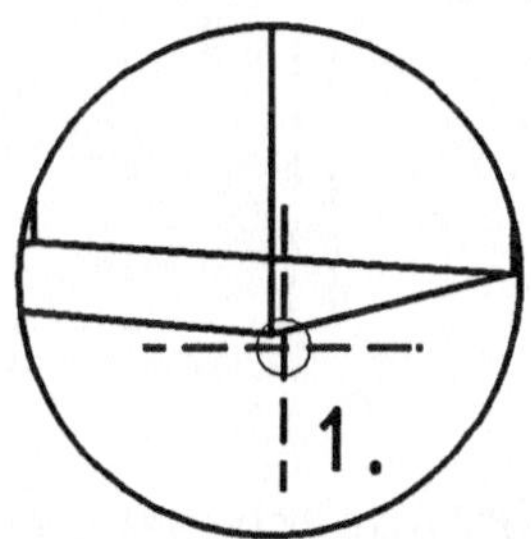
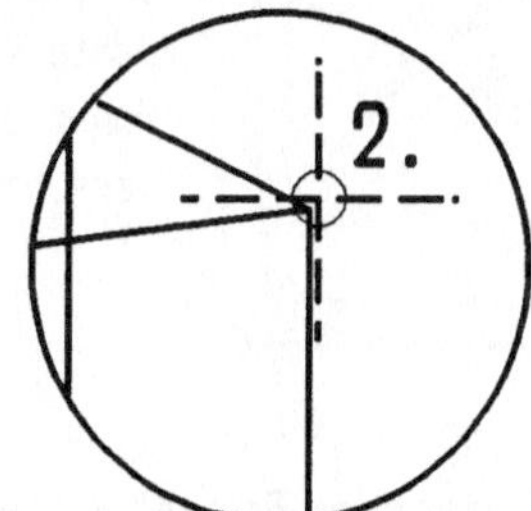
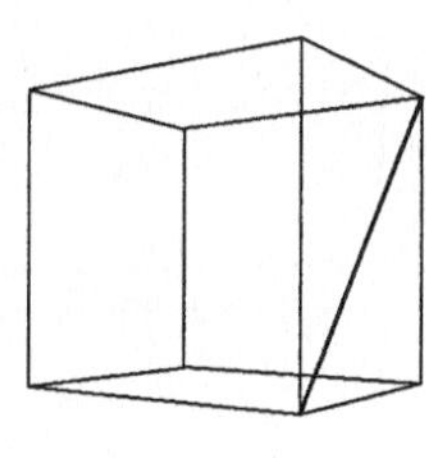

2. Einzelne Elemente können nur dann einzeln angesprochen werden, wenn sie als
    solche in dem oder für das 3D-Modul gezeichnet wurden. Kanten eines geome-
    trischen Körpers erkennt der Computer nicht als eigenständige Linien. Iden-
    tifiziert man eine Außenlinie, um sie zu löschen, so blendet das System au-
    tomatisch alle Elemente aus, die dem entsprechenden Körper zugeordnet sind.

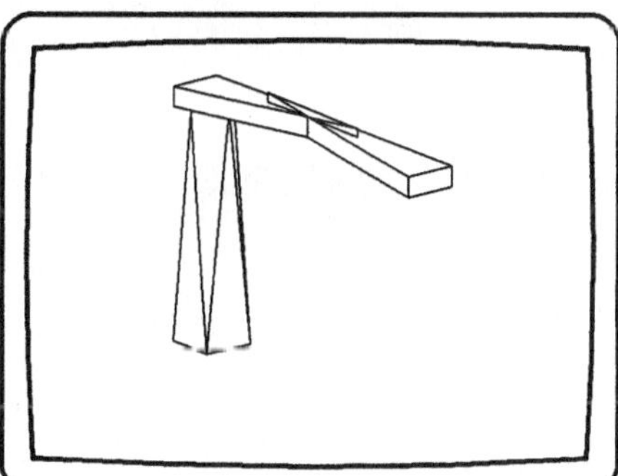

Beim Löschen:

Wenn eine solche
Linie identifi-
ziert wird, löscht
der Rechner z.B.
das Stützenmakro.

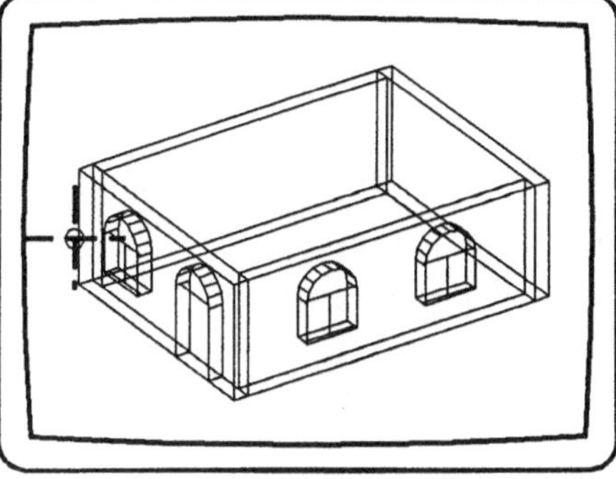
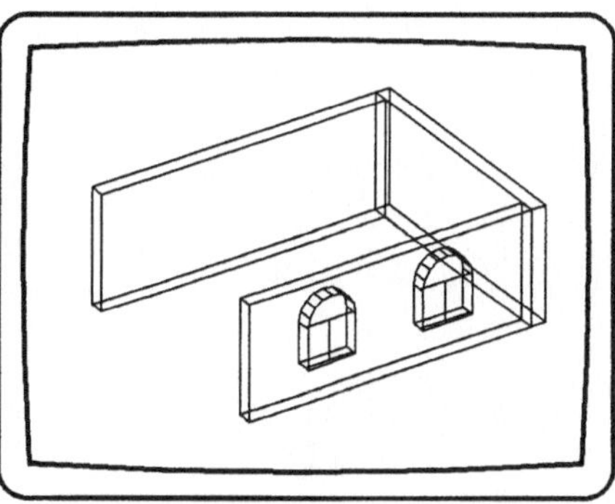

Wenn eine solche
Linie identifi-
ziert wird, löscht
der Rechner z.B.
die Wandgruppe.

Identifizieren

3. Der Computer erkennt Makros auch dann, wenn der Anwender mit dem Fadenkreuz eine der Oberflächen des Körpers antippt. Dies gilt auch beim Kantenmodell.

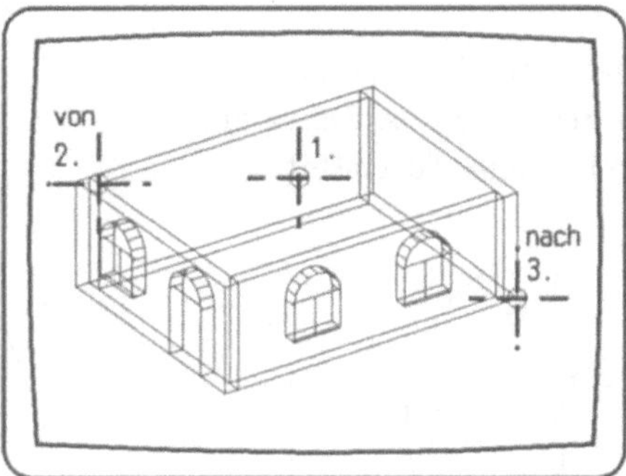

Beim Verschieben:
Die Oberfläche (1.) der hinteren Wand antippen, die gesamte Wand wird von Punkt 2. nach 3. verschoben.

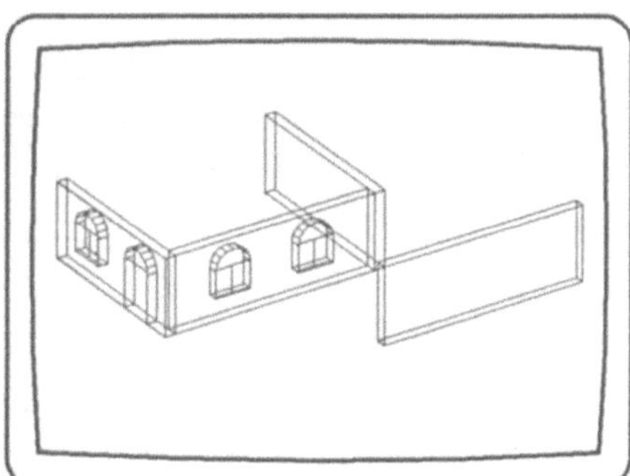

4. Identifizieren im Rechteck- sowie im Polygonfenster versteht sich wie im 2D-CAD so, daß alle sichtbaren Elemente innerhalb eines solchen Fensters, bzw. alle Elemente, die von einem solchen Fenster berührt werden (vgl.S.71), aktiviert werden. Es spielt dabei keine Rolle, in welcher Perspektive das Modell oder Ausschnitte des Modells eingeblendet sind.

Hier: Identifizieren aller Elemente innerhalb
eines Rechteckfeldes   > > > > > > > > > >

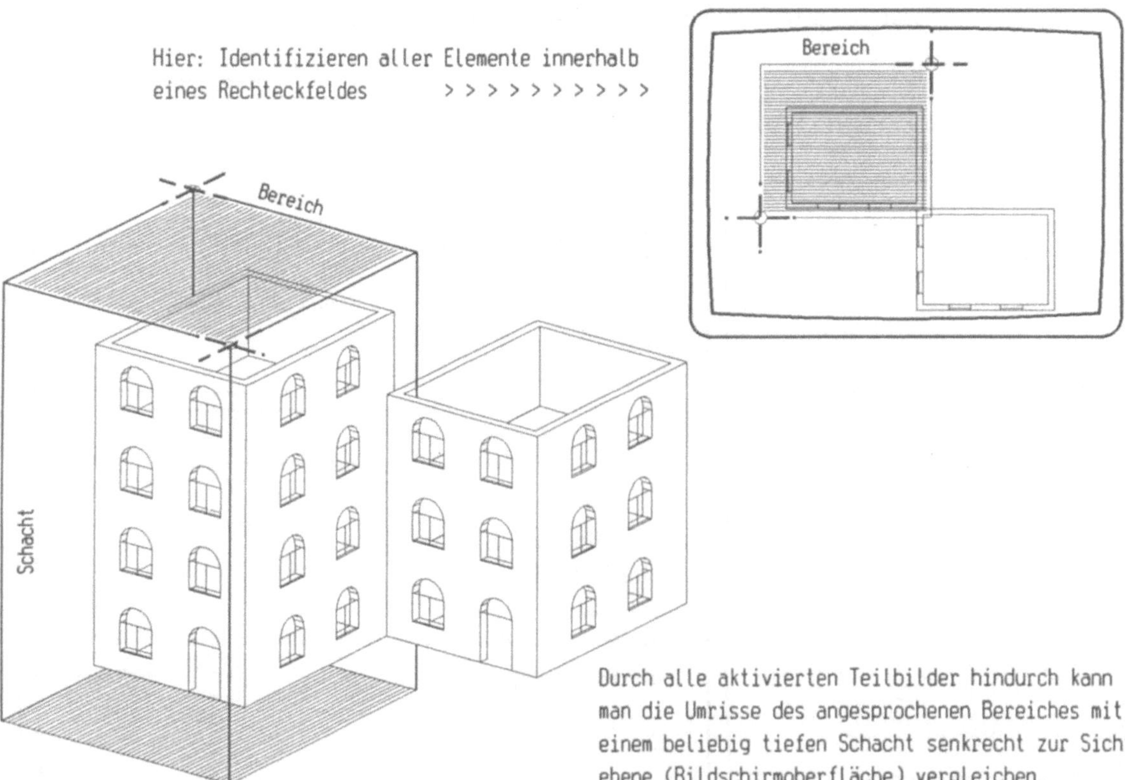

Durch alle aktivierten Teilbilder hindurch kann man die Umrisse des angesprochenen Bereiches mit einem beliebig tiefen Schacht senkrecht zur Sichtebene (Bildschirmoberfläche) vergleichen.

Identifizieren

5. Segmente oder Gruppen, z.B. Einrichtungsgegenstände, Wandzüge, Knoten-
   punktkonstruktionen usw., sind wie im 2D-CAD identifizierbar und manipu-
   lierbar. In den folgenden Abbildungen bildet das Wandmakro zusammen mit
   den Fenstermakros eine Gruppe (Segment).

Beispiel: Verschieben einer Wandgruppe, hier: Simultankonstruktion

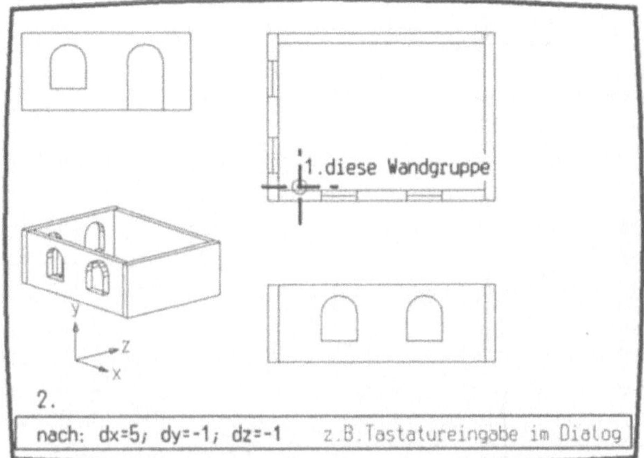

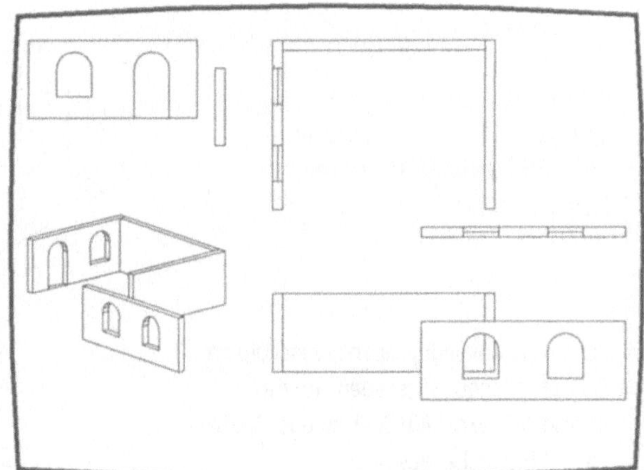

Zur Organisation des Identifizierens

Die meisten CAD-Systeme erkennen zwar alle identifizierten, sichtbaren Elemente,
modifizieren oder manipulieren jedoch nur diejenigen, die auf aktivierten Folien
liegen. Befinden sich auf den aktiven Teilbildern mehrere Bauteile übereinander,
so wird im Gegensatz zu der Bereichsidentifizierung (vgl.S.166) bei der Element-
identifizierung nur das obere Makro erkannt. Bei Simultankonstruktionen reicht
es aus, Elemente in einer der eingeblendeten Darstellungen zu identifizieren.

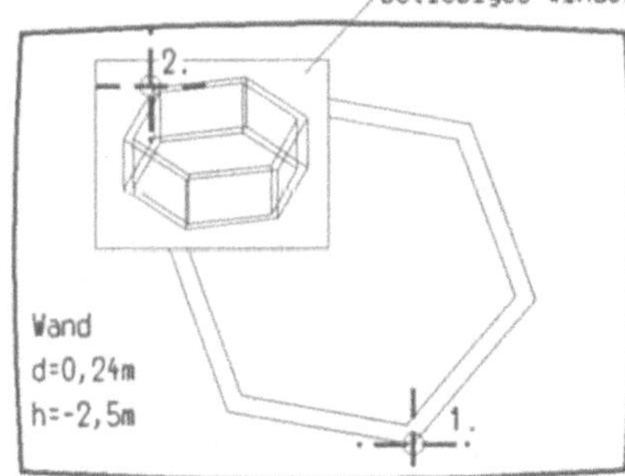

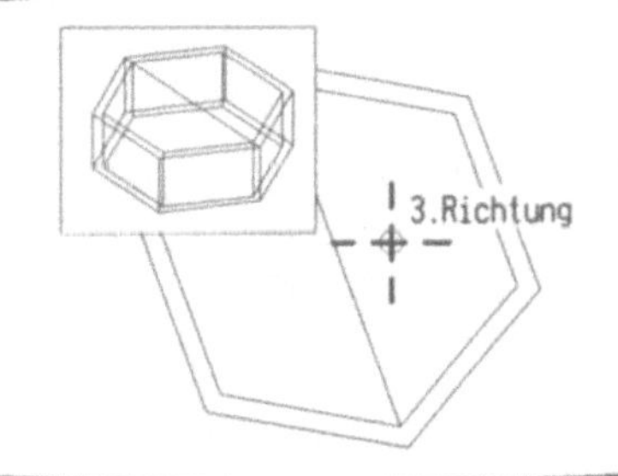

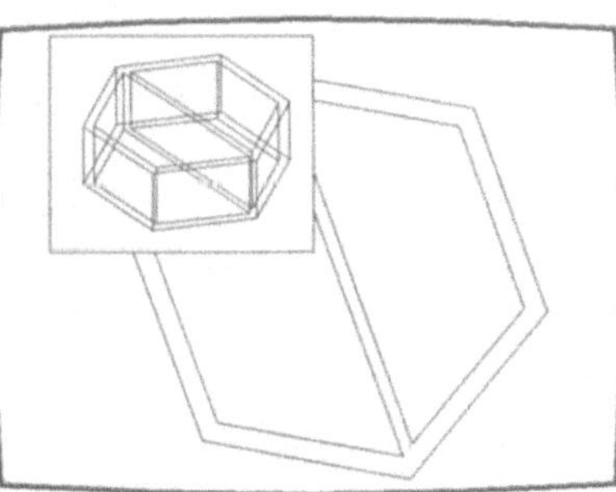

Ein Window ist ein Prozeßfenster. In ihm können sowohl der aktuelle Konstruk-
tionsaufbau in verschiedenen Projektionsarten simultan ablaufen als auch eigene
Rechenprozesse stattfinden. Solche Prozesse sind z.B. die Umrechnung eines Kantenmodells mit der "Hidden-Lines"-Funktion oder das Blättern in der rechnerinternen Teilbildverwaltung. Windows können in beliebiger Zahl auf dem Grafikbildschirm über die aktiven Folien geblendet werden. Manche Systeme gehen soweit,
eine Identifizierung über Window und Konstruktion hinweg zu ermöglichen.
Die Windowtechnik wird bei CAD-Systemen möglich, die auf Unix-ähnlichen Betriebs-
systemen laufen und somit die Fähigkeit zum Multi-tasking besitzen (vgl.S.33).

3D-Modifikationsfunktionen

Die bereits behandelten Modifikationsfunktionen (vgl.S.97-101) lassen sich bei
einigen Systemen teilweise ins 3D-CAD übertragen. In diesem Anschnitt werden
deshalb nur bauspezifische 3D-Funktionen aufgegriffen.

Teilelement löschen

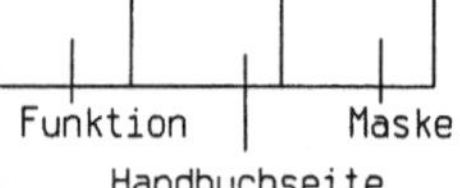

Durch Identifizieren des
Bauteils (1.) und Markieren
von Anfangspunkt (2.) und
Endpunkt (3.)

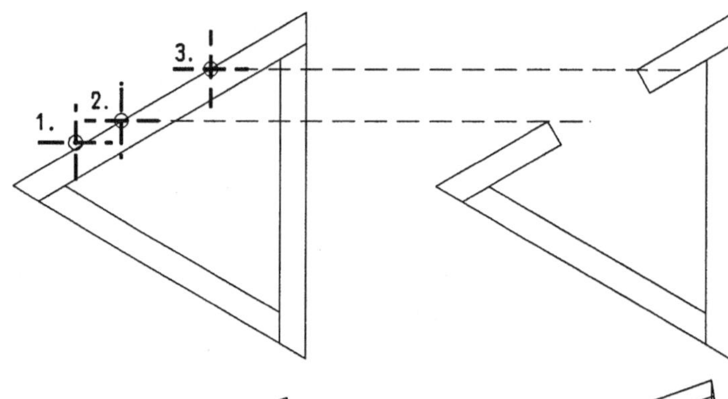

Wenn vom Anwender keine besonderen
Schnittebenen angegeben werden,
schneidet ein CAD-System das Bauteil
in voller Höhe aus.

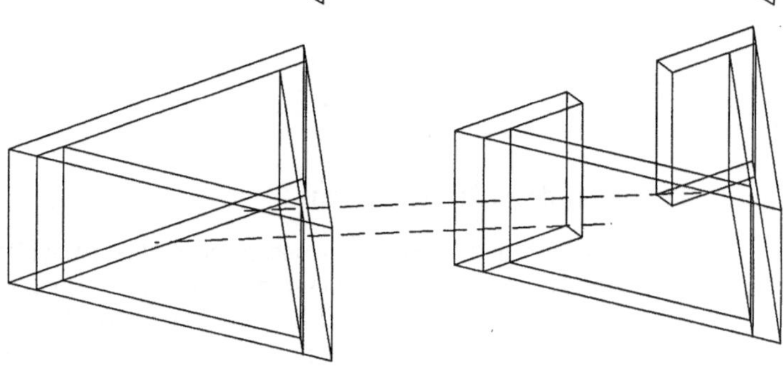

Trimmen durch Positionswechsel identifizierter Punkte mit Abstandseingabe

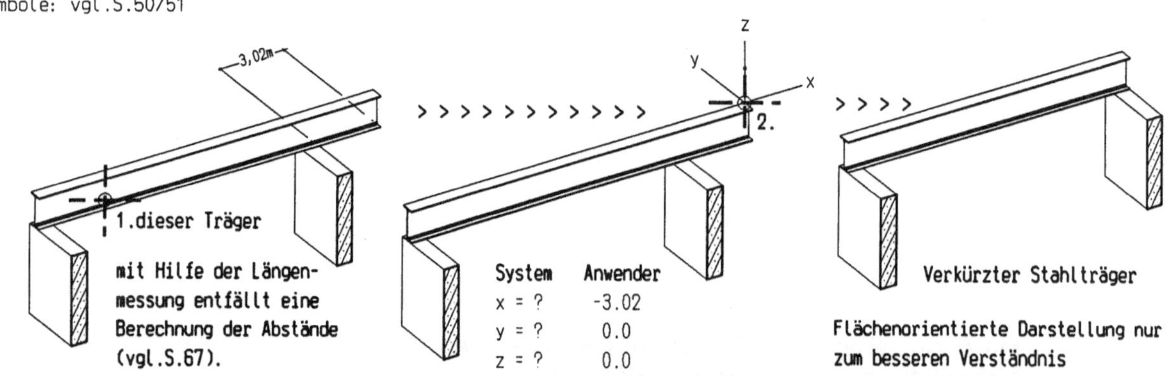

Beim Markieren eines Bezugspunktes (2.) blenden manche Systeme automatisch relative Koordinatenachsen ein. Der CAD-Konstrukteur orientiert sich daran. Im Dialog verlangt das System nach den Abständen in Koordinatenrichtung, um diese zu
modifizieren.

3D-Modifikationsfunktionen

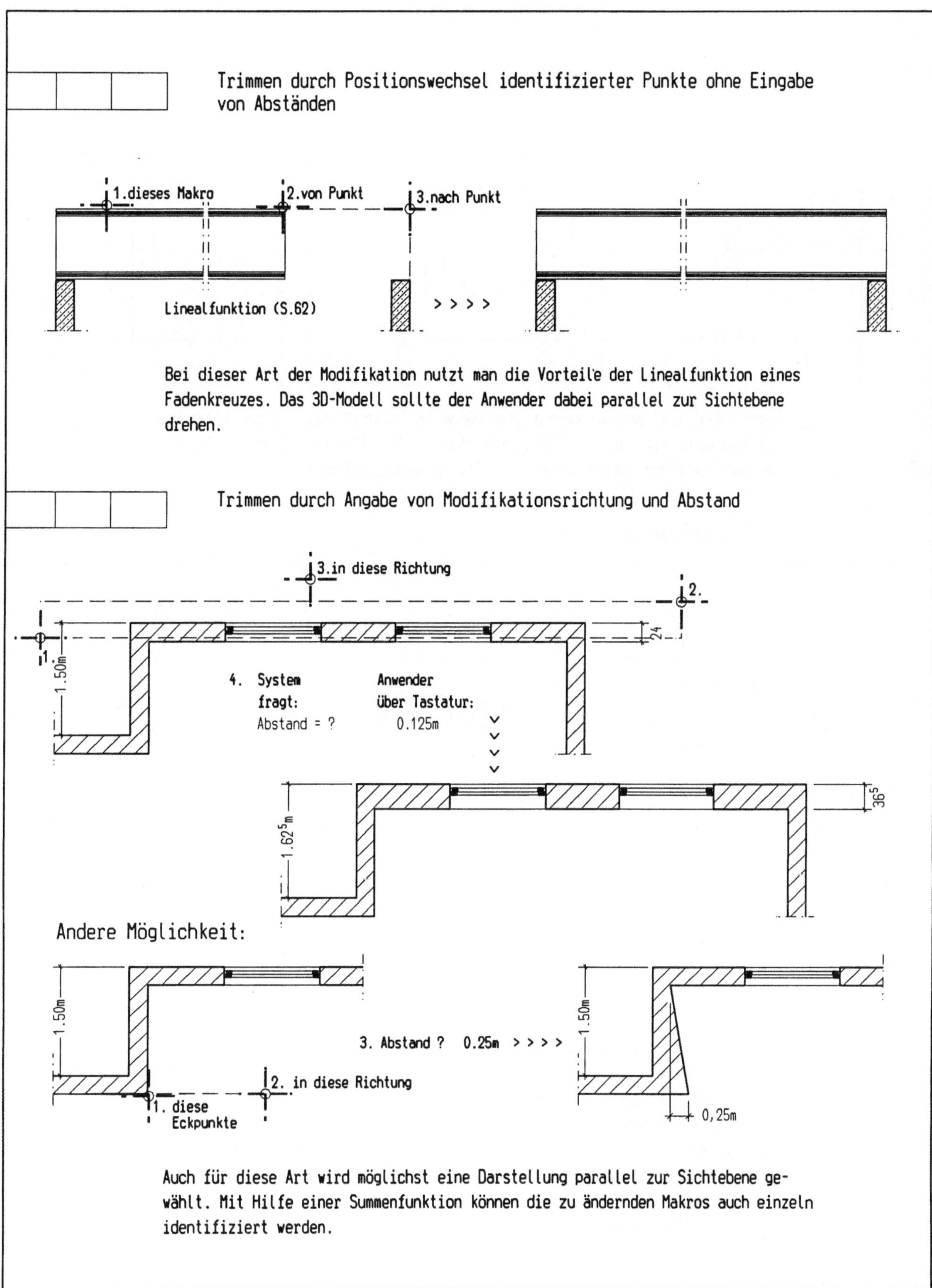

Bei dieser Art der Modifikation nutzt man die Vorteile der Linealfunktion eines Fadenkreuzes. Das 3D-Modell sollte der Anwender dabei parallel zur Sichtebene drehen.

Auch für diese Art wird möglichst eine Darstellung parallel zur Sichtebene gewählt. Mit Hilfe einer Summenfunktion können die zu ändernden Makros auch einzeln identifiziert werden.

3D-Modifikationsfunktionen

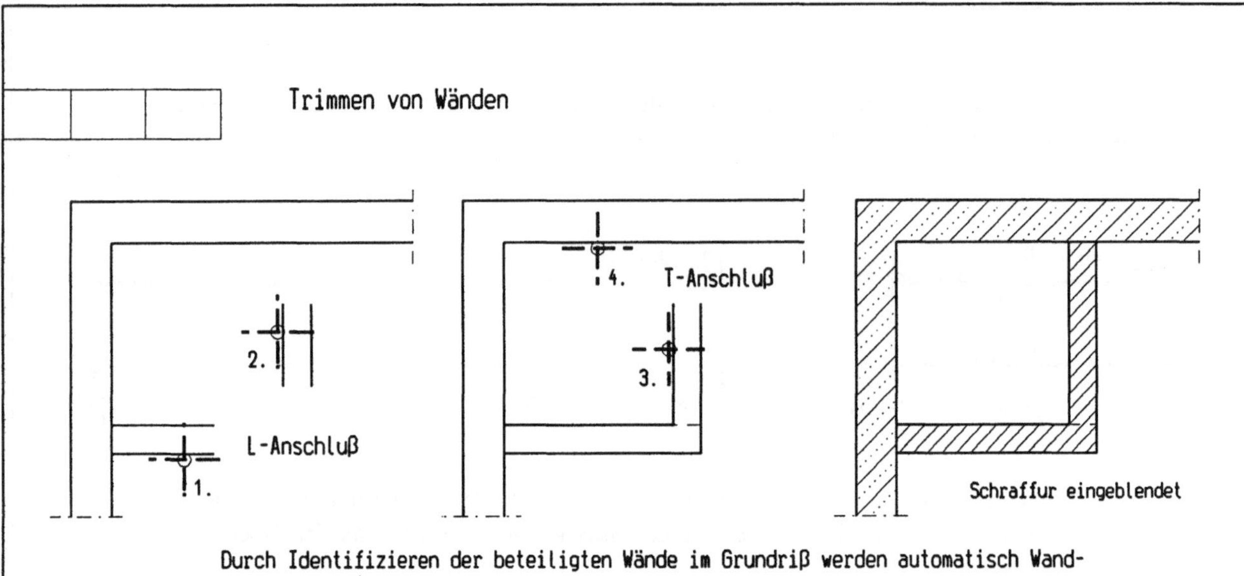

Durch Identifizieren der beteiligten Wände im Grundriß werden automatisch Wand-
anschlüsse gezeichnet. Ein CAD-System stellt Schnittkanten nur an den Anschlüssen dar, an denen verschiedene Baustoffe zusammentreffen.

Die Koordinaten von Fix- oder Festpunkten werden durch den Skalierungsprozeß
nicht verändert. Die Verzerrung findet nur in Richtung der angegebenen Verzerrachse statt. Bei dem hier abgebildeten Beispiel liegt die Grundfläche des Kegelsektors prallel zur x/z-Ebene. Die Verzerrachse steht lotrecht zu dieser Ebene,
parallel zur y-Achse. Bei der Grundfläche des Kegelsektors ändern sich somit
weder die Form noch die Lage im Raum.
Bei manchen Systemen skaliert man Objekte auch ähnlich wie im 2D-CAD (vgl.S.101)
durch die Eingabe von Verzerrfaktoren in x-, y- und z-Richtung.

3D-Modifikationsfunktionen

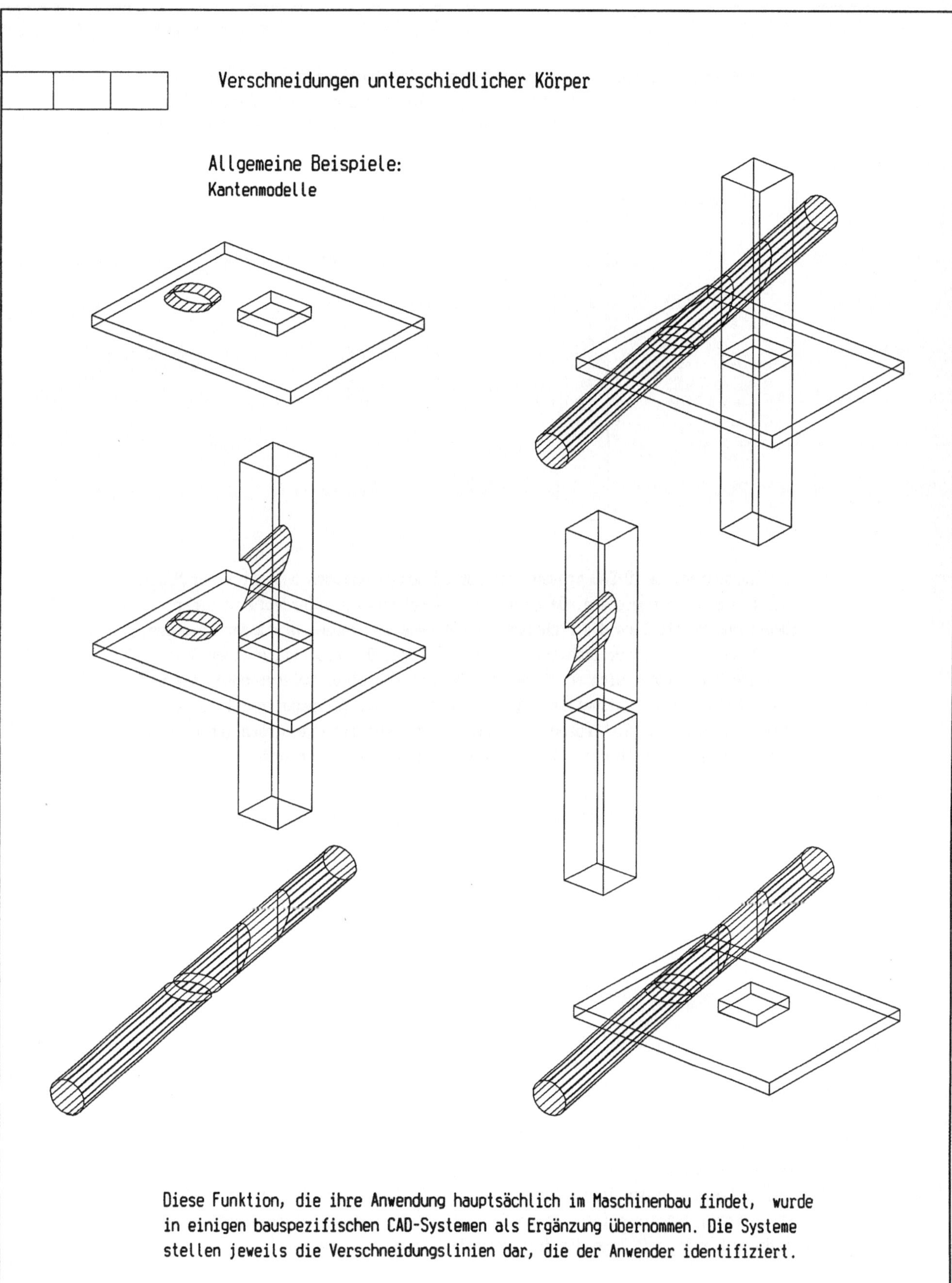

Diese Funktion, die ihre Anwendung hauptsächlich im Maschinenbau findet, wurde
in einigen bauspezifischen CAD-Systemen als Ergänzung übernommen. Die Systeme
stellen jeweils die Verschneidungslinien dar, die der Anwender identifiziert.

3D-Manipulationsfunktionen

Die im 4.Kapitel bereits behandelten Manipulationsfunktionen (vgl.S.111-114) lassen sich sinngemäß ins 3D-CAD übertragen. Zur Ausübung dieser Funktion muß der Anwender oftmals das Konstruktionsobjekt in Grundriß, Schnitt und Ansicht darstellen.

Spiegeln von Konstruktionseinheiten

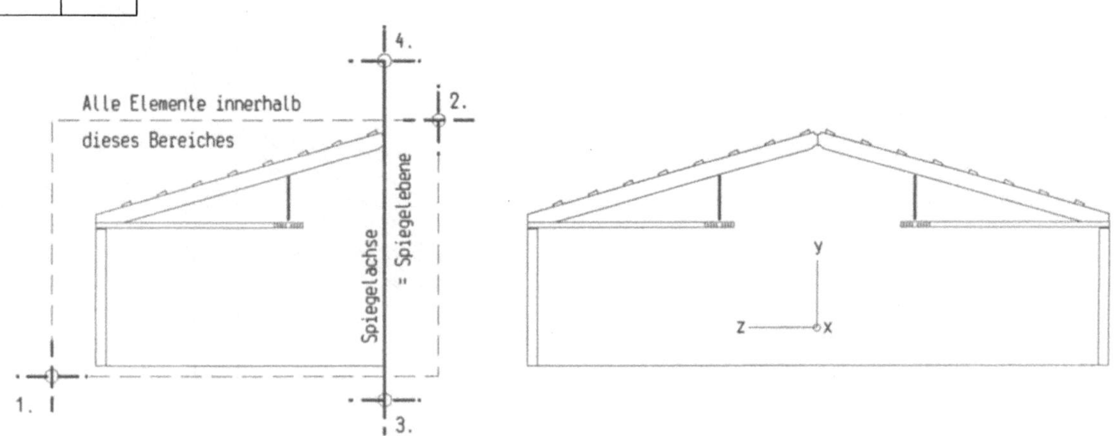

Im Unterschied zum 2D-CAD braucht man für 3D-Konstruktionen anstatt einer Spiegelachse eine Spiegelebene. Da es einigen Rechenaufwand erfordert, in einer räumlichen Darstellung die richtige Spiegelebene zu finden, dreht der Anwender sein Modell in eine zur Sichtebene parallele Lage. Die Projektion einer Spiegelebene vereinfacht sich somit auf die Darstellung einer Spiegelachse, die mit zwei Punkten exakt bestimmt ist. Man muß sich die Spiegelebene in beliebiger Tiefe, lotrecht zur Sichtebene vorstellen. Die identifizierten räumlichen Konstruktionseinheiten können auf diese Weise bequem gespiegelt werden.

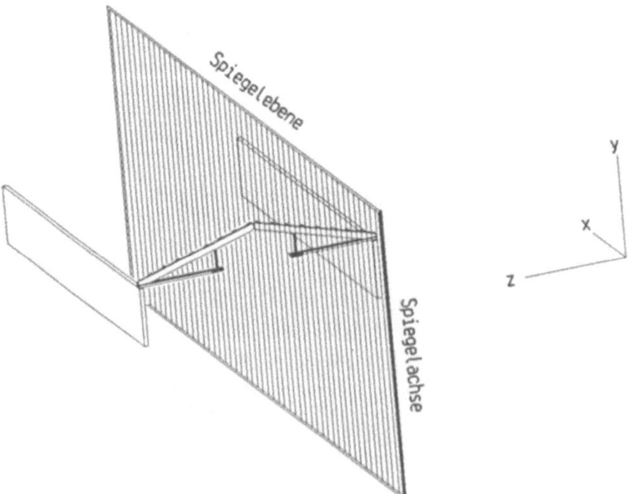

Manche Systeme besitzen bei dieser Funktion die Möglichkeit, Objekte mit oder ohne Beibehaltung des Originals zu spiegeln. Systeme, die automatisch Bauteil- oder Stücklisten erstellen, nehmen die gespiegelten Konstruktionseinheiten mit in diese Listen auf, wenn die Ausgangsmodelle erhalten bleiben.

3D-Manipulationsfunktionen

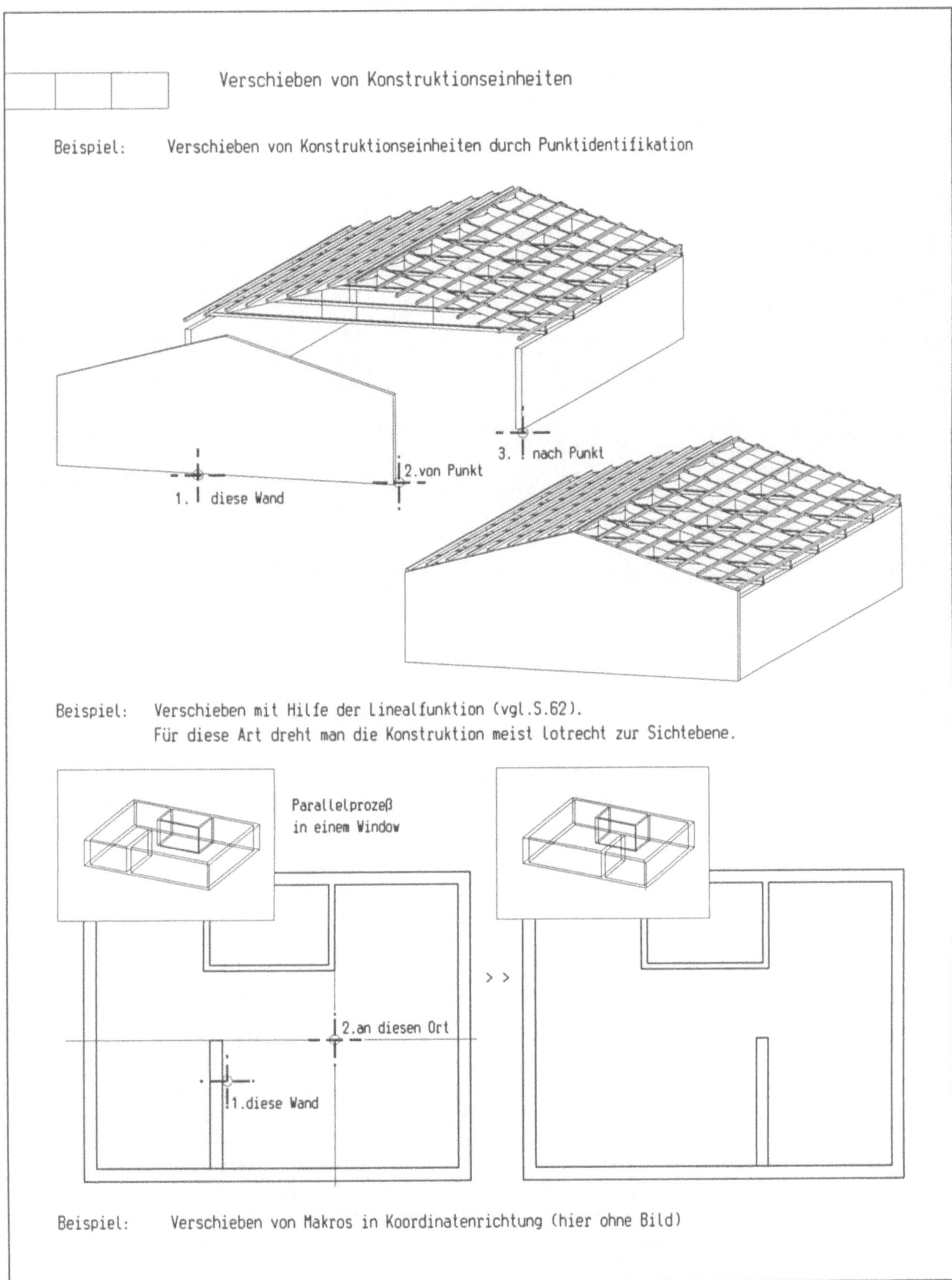

3D-Manipulationsfunktionen

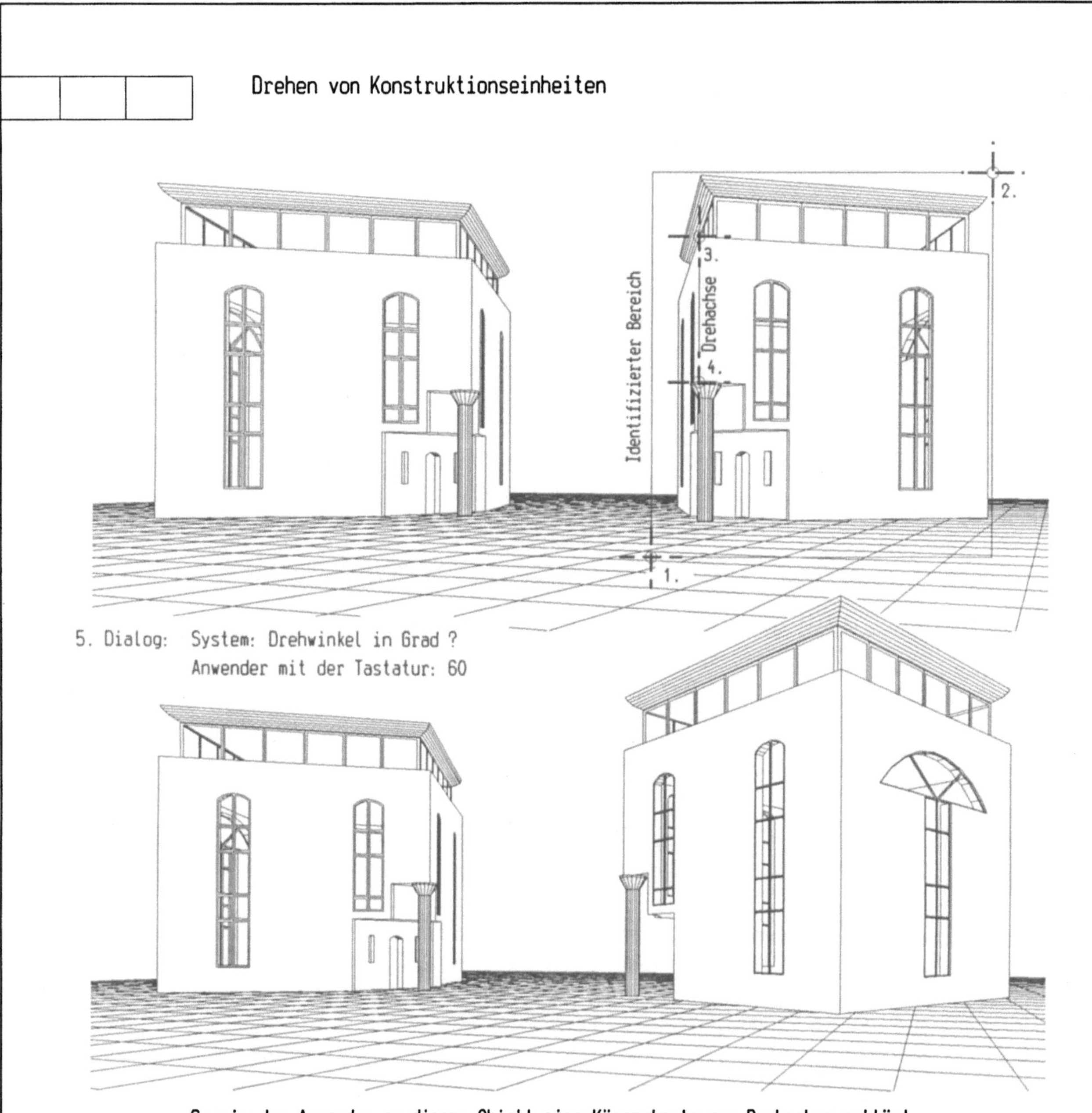

So wie der Anwender an diesem Objekt eine Körperkante zur Drehachse erklärt,
könnte er ebenfalls jede am Bildschirm sichtbare Linie identifizieren. Die
Drehrichtung bestimmt er durch die Eingabe von positiven oder negativen Winkel-
werten. Die Drehung wird unabhängig von den orthogonalen Koordinatenebenen in
konstanten Abständen zur Drehachse senkrecht zu dieser durchgeführt. Will der
Bediener Konstruktionseinheiten im 3D-CAD drehen, sollte er seine Baukörper
räumlich so einblenden, daß ein Programm die Drehachsen beim Identifizieren un-
mißverständlich erkennt. Zu Mißverständnissen zwischen System und Anwender kann
es kommen, wenn in einer Darstellung mehrere Linien oder Kanten übereinander-
liegen. Punkt 4. der oberen Abbildung ist bei dieser Vergrößerung nicht eindeutig bestimmt. Die oben abgebildeten Perspektiven errechnet sich ein 32-Bit-Rech-
ner als Kantenmodell in wenigen Sekunden, oft sogar in Sekundenbruchteilen.

3D-Manipulationsfunktionen

Kopieren von Konstruktionseinheiten

Wie zuvor beim Modifizieren und beim Verschieben trifft man auch beim Kopieren auf mehrere Möglichkeiten der Abstandseingabe, wie z.B.:

Kopieren   – mit Hilfe der Linealfunktion in Grund- oder Aufriß;
           – durch die Eingabe von x-, y- und z-Koordinaten;
           – durch Punktidentifikation.

Für die verschiedenen Eingabemöglichkeiten verfügen manche Systeme über mehrere Menüfelder. Andere Systeme kommen mit einer Funktion aus, bei der die Reihenfolge der Eingaben, für die sich der Anwender entscheidet, automatisch die Eingabepriorität regelt.

Beispiel: Punktidentifikation zum Kopieren von Fertigteilstützen

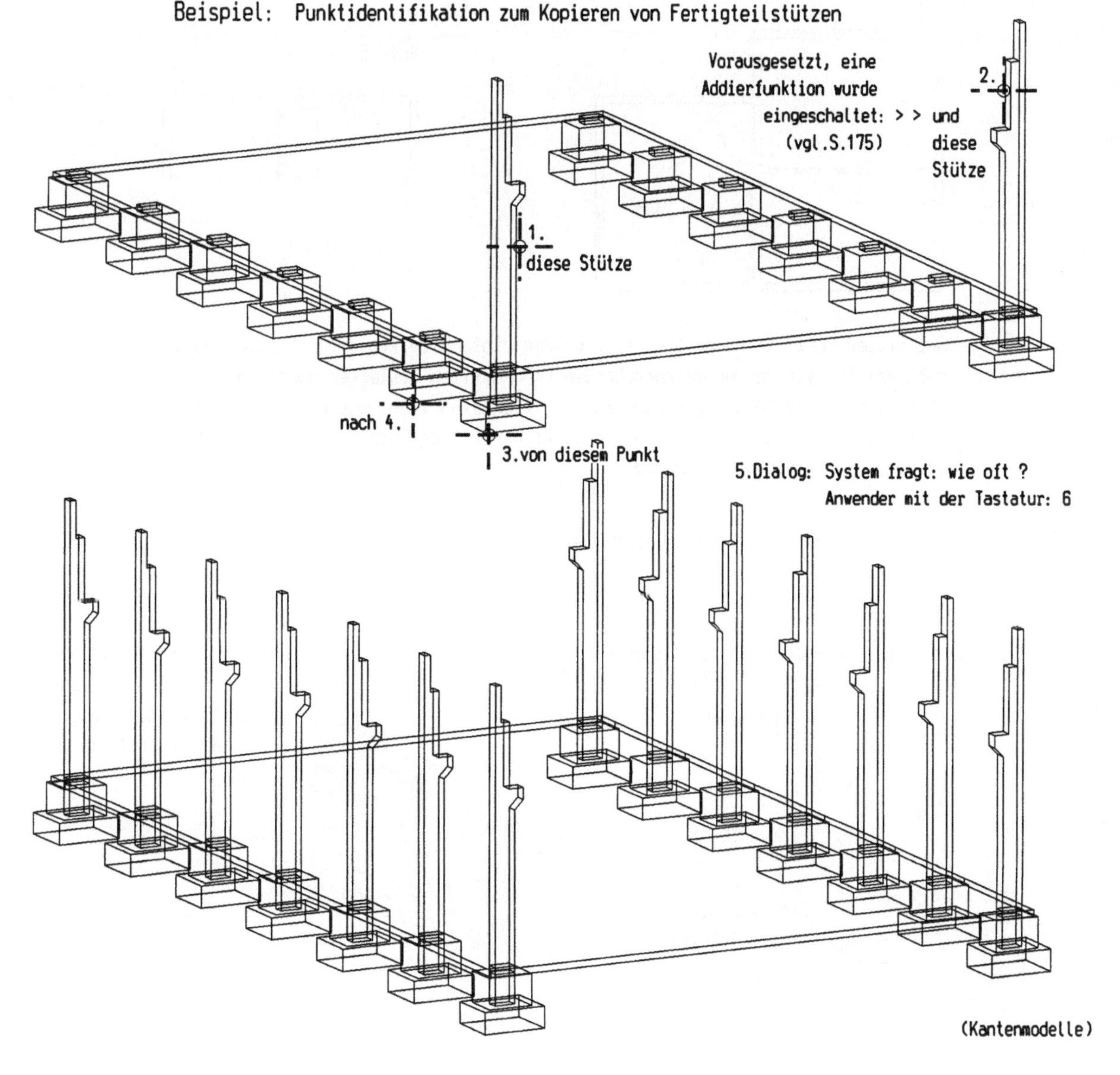

Schnitterzeugung

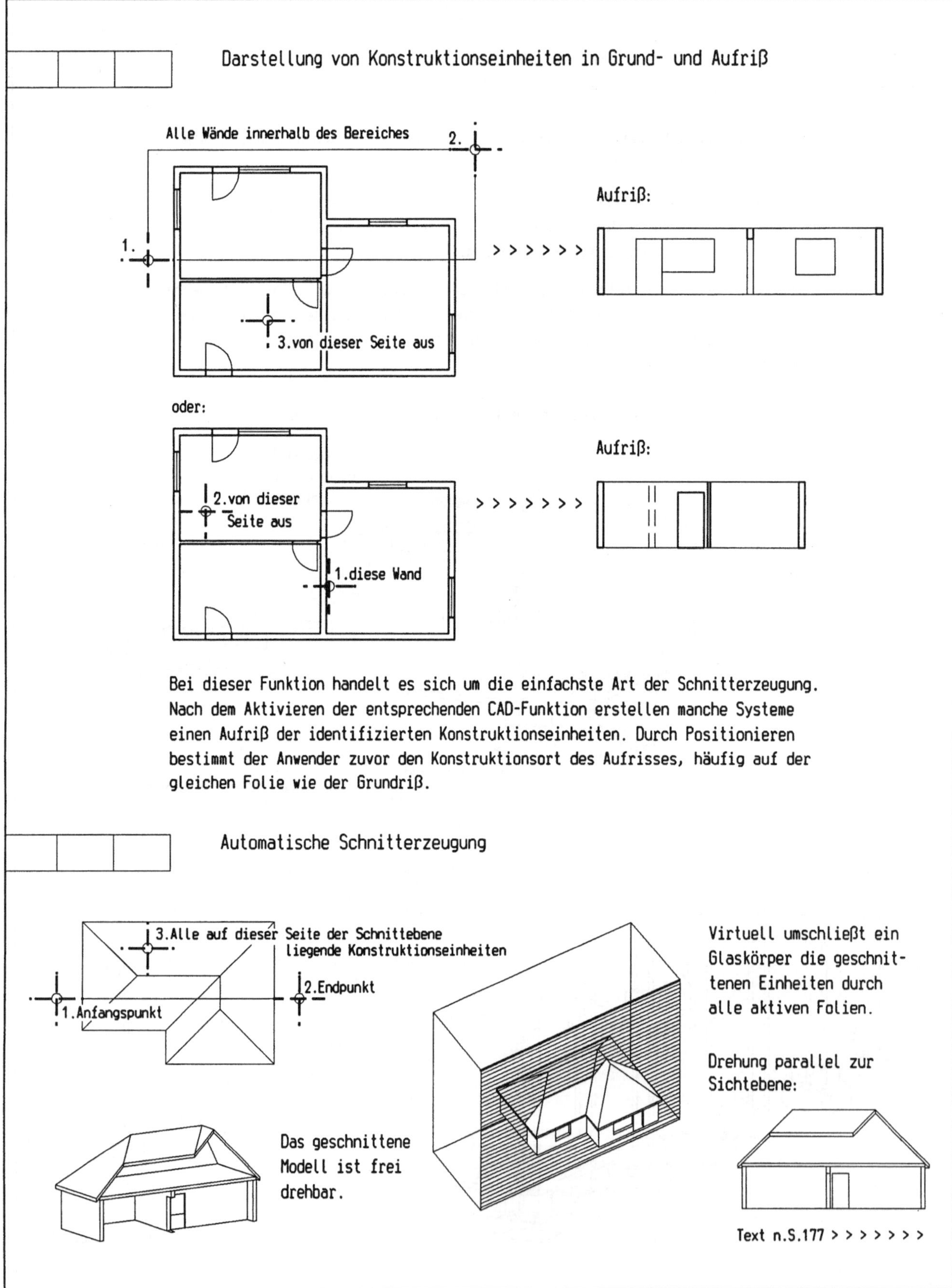

Bei dieser Funktion handelt es sich um die einfachste Art der Schnitterzeugung.
Nach dem Aktivieren der entsprechenden CAD-Funktion erstellen manche Systeme
einen Aufriß der identifizierten Konstruktionseinheiten. Durch Positionieren
bestimmt der Anwender zuvor den Konstruktionsort des Aufrisses, häufig auf der
gleichen Folie wie der Grundriß.

Schnitterzeugung

Die geschnittenen Konstruktionseinheiten lassen sich, wie das Modell selbst, in beliebigen Darstellungen projizieren. Damit der Schnitt unabhängig vom Modell weiter bearbeitet werden kann, legt ihn der Anwender bei vielen Systemen auf eine neue Folie oder in ein neues Window. Da somit das Ausgangsmodell bei der Schnitterzeugung nicht zerstört wird, sind beliebig viele Schnitte an ihm möglich. Man muß sich einen Schnitt so vorstellen, als würde das System einen Glaskörper um alle identifizierten Teile legen. Die Maße des umhüllenden Körpers bestimmt der Anwender durch Richtungsangabe, Anfangs- und Endpunkt. Seine Höhe umfaßt automatisch alle angesprochenen Konstruktionseinheiten, auch über mehrere Teilbilder bzw. Geschosse hinweg.

Erzeugung von versetzten Schnitten

Die oben beschriebene Glaskörpervorstellung gilt auch für die Erzeugung von versetzten Schnitten. Im Unterschied zur automatischen Schnitterstellung kann der Anwender mit diesem Menü beliebig gestufte Schnittlinien beschreiben.

Beispiel:

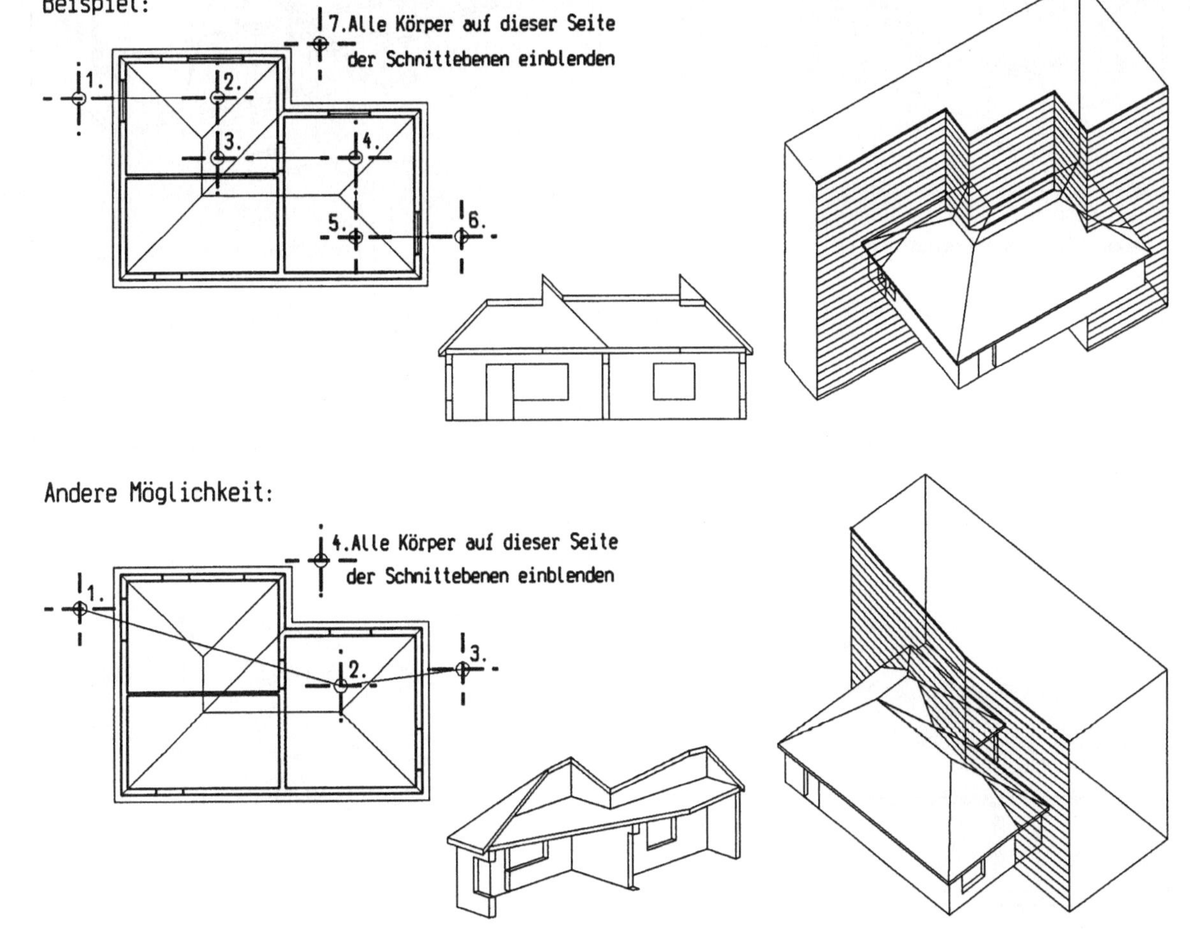

Andere Möglichkeit:

Projektionsarten

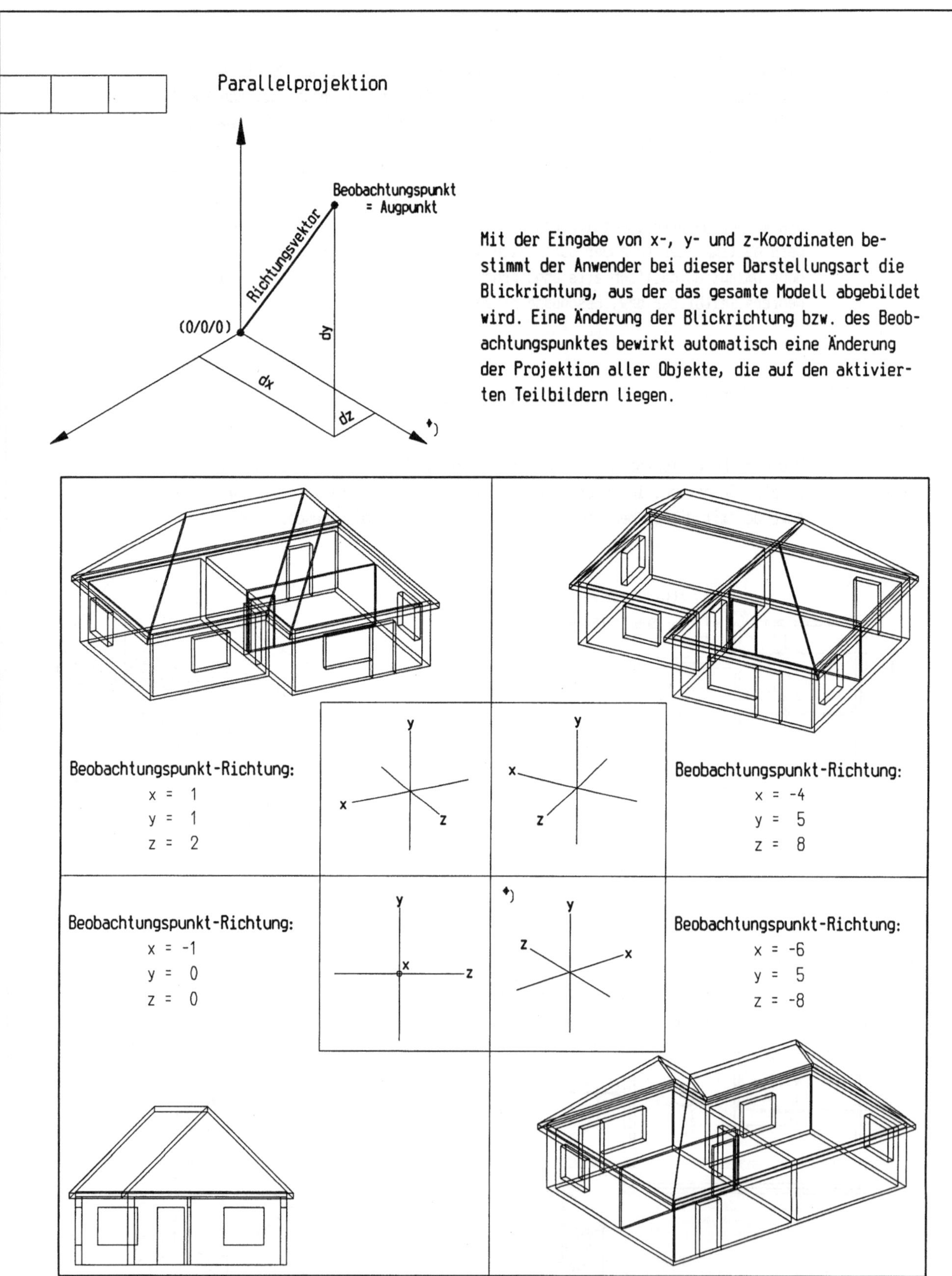

Mit der Eingabe von x-, y- und z-Koordinaten bestimmt der Anwender bei dieser Darstellungsart die Blickrichtung, aus der das gesamte Modell abgebildet wird. Eine Änderung der Blickrichtung bzw. des Beobachtungspunktes bewirkt automatisch eine Änderung der Projektion aller Objekte, die auf den aktivierten Teilbildern liegen.

*) Es gibt derzeit noch keine einheitliche Koordinatenbezeichnung im CAD. Je nach System sind dann y- und z-Koordinaten sinngemäß zu vertauschen.

Projektionsarten

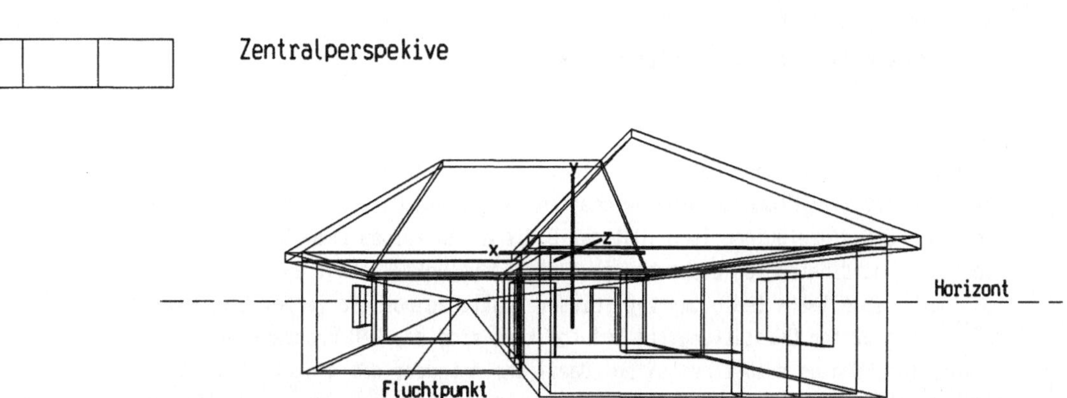

Manche Systeme errechnen sich nach der Eingabe der Beobachtungspunktkoordinaten
automatisch die Fluchtpunktkoordinaten. Wie bei der Parallelprojektion findet
man auch bei der Zentralperspektive den Koordinatenursprung häufig im Schwerpunkt der Grundrißfläche bei der Höhenkote ±0.00, im Schwerpunkt des darzustel-
lenden Baukörpers oder im Bezugspunkt, der vor der Konstruktion vom Anwender
festgelegt wird. Bei CAD-Konstruktionen, die der Anwender ohne direkten Bezug
auf ein Koordinatensystem erstellt, muß der Anwender oft mehrere Projektionen
ausprobieren, um eine realistische Abbildung zu erhalten. Als Orientierungshilfe wird bei einigen Systemen der rechnerinterne Koordinatenursprung mit dem
Modell am Bildschirm eingeblendet.
Ermöglicht es ein System dem Anwender, neben dem Beobachtungspunkt auch den
Zielpunkt selbst einzugeben, so sollte er für die Erstellung einer realistischen
Darstellung folgende Kriterien beachten:

1. Die Höhenkoten der beiden Punkte sollten möglichst gleich sein. Ein ge-
    eigneter Wert beträgt 1.60 m über Geländeoberkante.
2. Es ist von Vorteil, wenn beide Punkte in einer Flucht liegen.
3. Die abzubildenden Objekte sollten möglichst mittig zwischen dem Beobach-
    tungspunkt und dem Zielpunkt liegen.
4. Bei der Zentralperspektive entsteht ein realistisches Bild, wenn die Haupt-
    achsen der Konstruktion parallel zur Achse Beobachtungs-/Zielpunkt liegen.

Die oben abgebildete Zentralperspektive hat die Koordinaten:

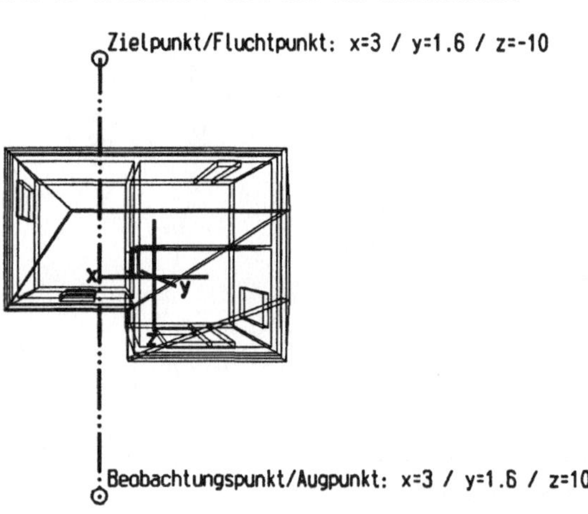

Projektionsarten

Perspektive mit zwei Fluchtpunkten

Bei einigen Systemen kann der Konstrukteur von der Zentralperspektive in Perspektiven mit zwei Fluchtpunkten umschalten. Angepaßte Darstellungen errechnen
sich solche Systeme automatisch. Hat der Bediener an seinem Computer die Möglichkeit, Koordinaten für Beobachtungs- und Fluchtpunkte selbst zu bestimmen,
so braucht er oftmals lediglich zwei dieser Punkte zu positionieren. Den Gesetzmäßigkeiten dieser Darstellungsart zufolge kann sich das CAD-Programm die Lage
des dritten Punktes selbst herleiten. Damit der Anwender die geometrische Be-
ziehung der Punkte zueinander sieht, blenden manche Systeme zwischen der Position des ersten Punktes und dem Fadenkreuz ein rechtwinkliges Dreieck ein. Mit
Änderung der Fadenkreuzposition vergrößert oder verkleinert sich dieses Dreieck,
was die Wahl der passenden Punkte für den Anwender erleichtert.[+]
Eine realistische Abbildung eines Modells erzeugt man, wenn man sich an folgenden Regeln orientiert:

1.   Die Hauptachsen des Bauwerks sollten in einem Winkel von ca. 45°zur Flucht-
     punktachse liegen.
2.   Es ist von Vorteil, wenn Beobachtungs- und Fluchtpunkt etwa die gleiche
     Höhe über dem Gelände aufweisen; z.B. 1.60 m über Geländeoberkante.
3.   Günstig wirkt es sich aus, wenn man das darzustellende Objekt mittig zwi-
     schen den Fluchtpunkten platziert.
4.   Der Abstand des Beobachtungspunktes ist gut gewählt, wenn er im 1.5-fachen
     Abstand von "d" lotrecht zur Fluchtpunktachse liegt.

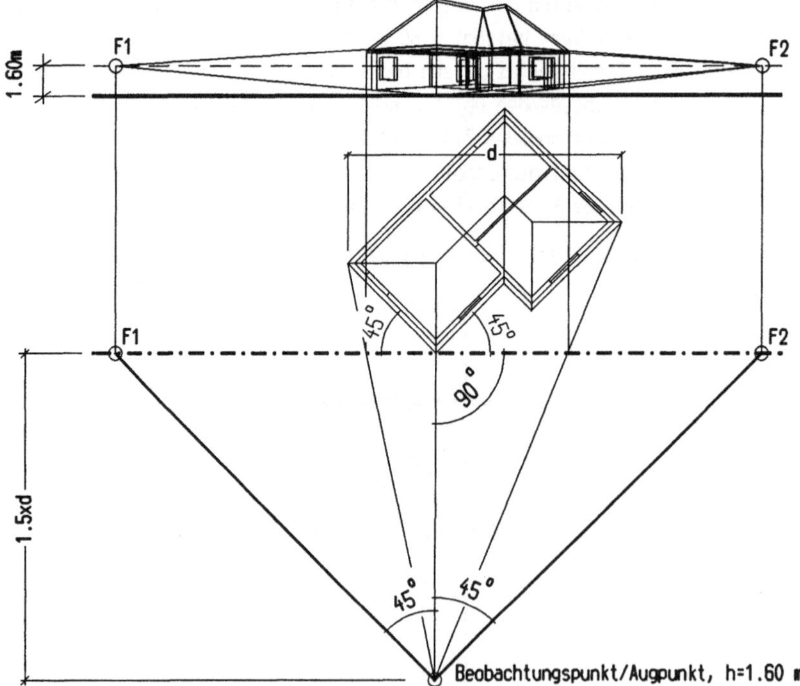

[+]vgl.Gummibandtechnik S.46

Projektionsarten

Um die Suche nach der passenden perspektivischen Darstellung zu beschleunigen, haben sich die Softwareentwickler verschiedene Lösungen einfallen lassen. Zwei Möglichkeiten seien hier exemplarisch vorgestellt:

- Wahl der Perspektive über eine Kugel
- Automatische Rotation von 3D-Modellen

Wahl der Perspektive über eine Kugel

Am linken Bildschirmrand wird die Projektion einer Kugel mit Koordinatenachsen eingeblendet. Der Mittelpunkt dieser Kugel symbolisiert das Konstruktionsmodell. Mit der Oberfläche der Kugel läßt sich sehr einfach die Blickrichtung auf das Modell bestimmen. Bewegt der Anwender das Fadenkreuz über die Kugel, errechnet sich das Programm nicht nur x- und z-Koordinaten, sondern auch die zur Kugeloberfläche gehörende y-Koordinate. Mit dem Antippen der Bestätigungstaste wird somit die räumliche Projektionsrichtung für alle Konstruktionseinheiten auf den aktiven Folien bestimmt.

Die Ringfläche zwischen äußerem und innerem Kreis symbolisiert die Unterseite der Kugel. Der äußere Kreis enspricht dabei dem unteren Pol der Kugel. Diese Vereinbarung erlaubt es dem Anwender, über eine Fadenkreuzposition die Blickrichtung von unten auf das Modell zu wählen. Fängt das Fadenkreuz den Schnittpunkt zwischen einer Koordinatenachse und dem inneren Kreis, so blendet das System die jeweilige Ansicht ein. Zielt der Anwender mit dem Fadenkreuz den Koordinatenursprung oder den äußeren Kreis an, so erzeugt er eine Drauf- oder eine Untersicht von den aktiven Folien. Bei den Darstellungen kann zwischen Parallel- und Fluchtpunktprojektionen umgeschaltet werden.

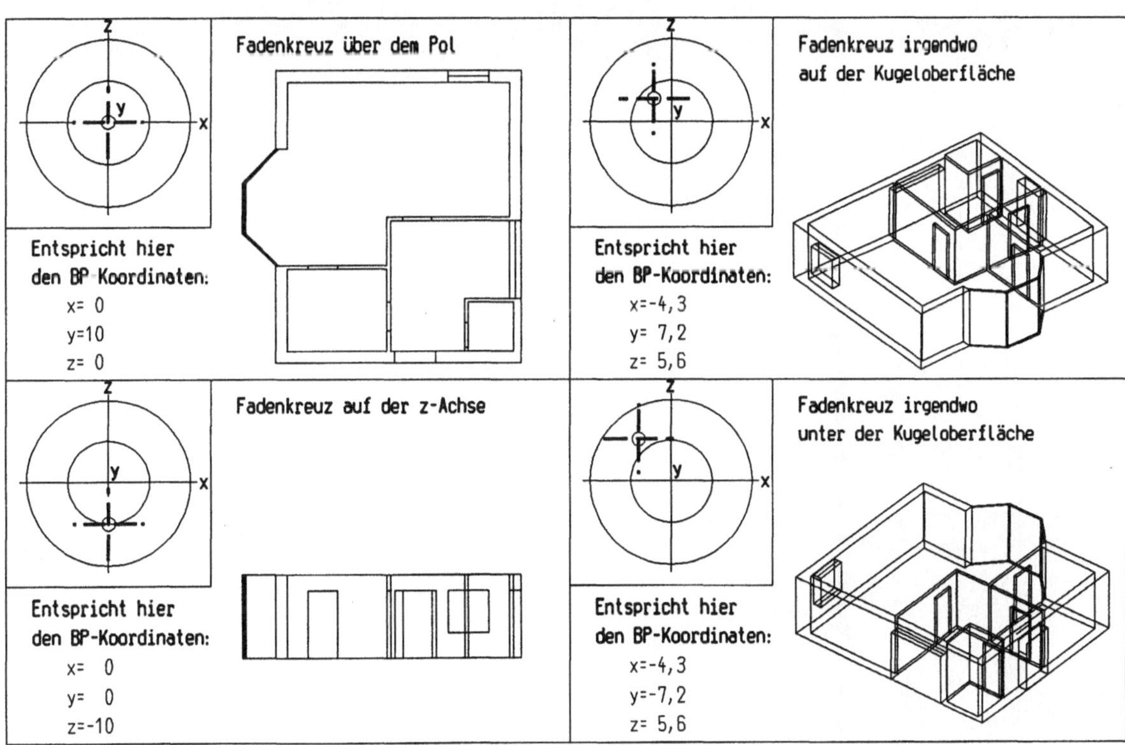

Es gibt derzeit noch keine einheitliche Koordinatenbezeichnung. Je nach System sind dann y- und z-Koordinaten sinngemäß zu vertauschen.

Projektionsarten

Automatische Rotation von 3D-Modellen

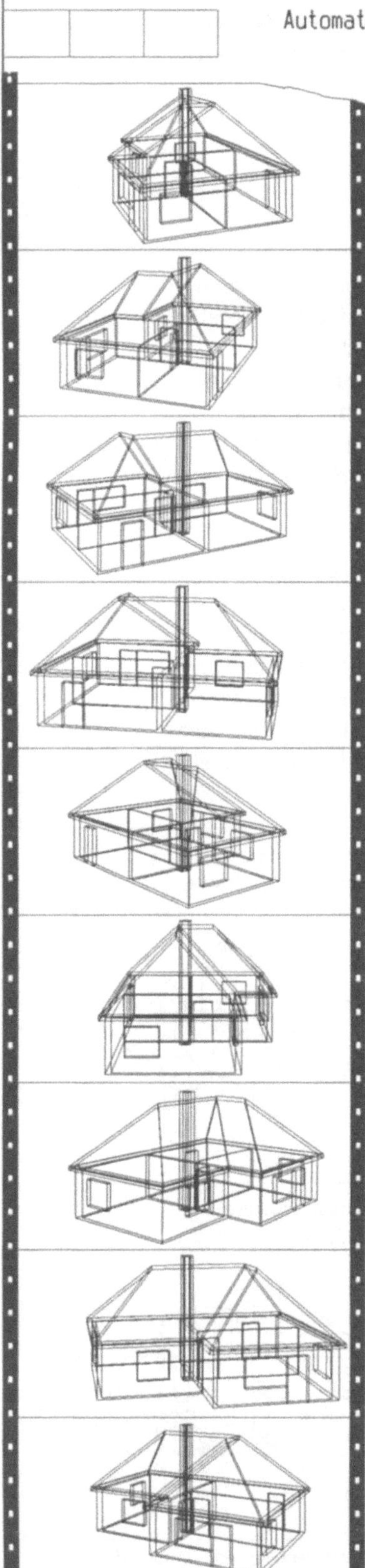

Der Anwender stellt eine beliebige Darstellung seines räumlichen Modells ein; je nach System kann dies sowohl eine Parallelprojektion
als auch eine Perspektive sein. Er legt sie entweder auf das aktive
Teilbild oder in ein eigenes Window, das auf dem Bildschirm zusätzlich eingeblendet wird. Der Bediener stellt die Drehwinkelschritte
ein oder übernimmt die vom System vorgeschlagenen Werte. Mit dem Einschalten der automatischen Rotation fängt das Modell an, um seine
Schwerpunktachse zu rotieren. Es dreht sich so, als würde im Monitor
ein Film ablaufen. Der Anwender bestimmt die Rotationsgeschwindig-
keit durch die Wahl des Drehwinkels. Je größer der Winkel gewählt
wird, desto schneller rotiert das Modell. Man hält eine Darstellung
durch Tastendruck an, wenn sie den eigenen Vorstellungen entspricht.
Bei Bedarf läßt man sich über die Funktion "hidden-lines" eine realistische Abbildung errechnen.
Für die Abbildungen auf dieser Seite wurde eine Schrittweite von 40°
gewählt. Da die Projektionen für jeden Winkel neu errechnet werden,
sind derzeit solche Rotationen in PC-/Workstation-Bereichen nur mit
Draht- oder Kantenmodellen sinnvoll.
Bei manchen Systemen steuert der Anwender eine Rotation über Funktionstasten. Mit jedem Tastendruck dreht sich das Modell ein Stück
weiter. Auch bei diesem Typ wird die Drehwinkelzahl und die Aus-
gangsprojektion zuvor eingestellt.
Bei beiden Konstruktionstypen werden generell alle Elemente der aktiven Folien auf dem Bildschirm oder in einem Window eingeblendet.

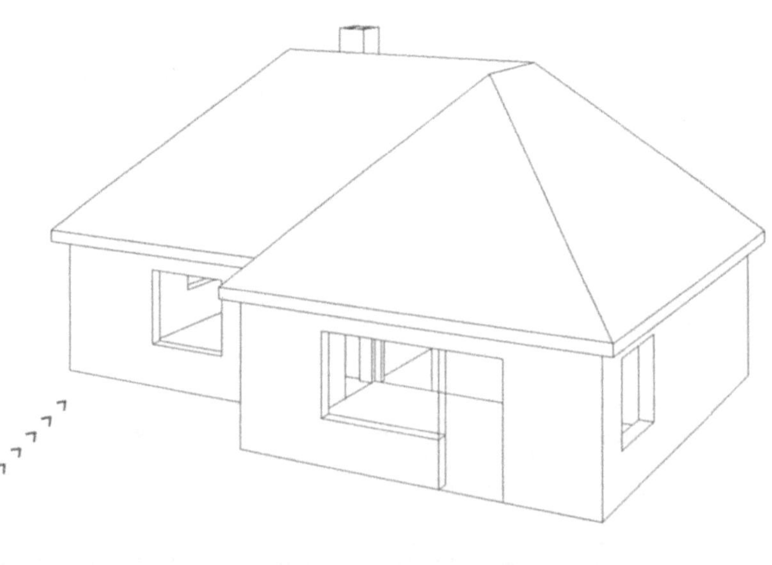

Projektionsarten

Innenraumperspektiven

Der Erzeugung von Innenraumperspektiven ist systemabhängig unterschiedlich organisiert. Eine Möglichkeit sei hier als Beispiel aufgeführt.

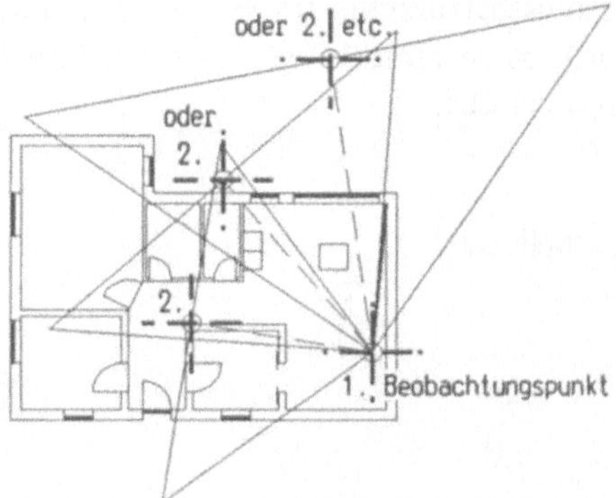

Der Anwender positioniert den Beobachtungspunkt mit Höhenangabe. Danach zeigt
sich ihm ein gleichschenkliges Dreieck, das sich gummibandähnlich (vgl.S.46) mit
den Bewegungen des Fadenkreuzes in seiner Lage und Größe verändert. Der Beobachtungspunkt bleibt dabei stets Drehpunkt des Dreiecks und Mittelpunkt eines $90°$-
Winkels. Mit der Bestätigung der zweiten Position, die zugleich dem Fußpunkt der
Mittelsenkrechten des Dreiecks entspricht, errechnet sich das CAD-Programm die
gewünschte Perspektive über die gesamte Bildschirmfläche. Die Eckpunkte des
Dreiecks bilden dabei die Fluchtpunkte bei Eckansichten. Alle Elemente innerhalb
des Dreiecks werden dargestellt. Die Katheten bilden hierfür die äußeren Begren-
zungsebenen lotrecht zur Sichtebene. Parallel zu ihr schließen Boden- und
Deckenplatte die Darstellung ab.

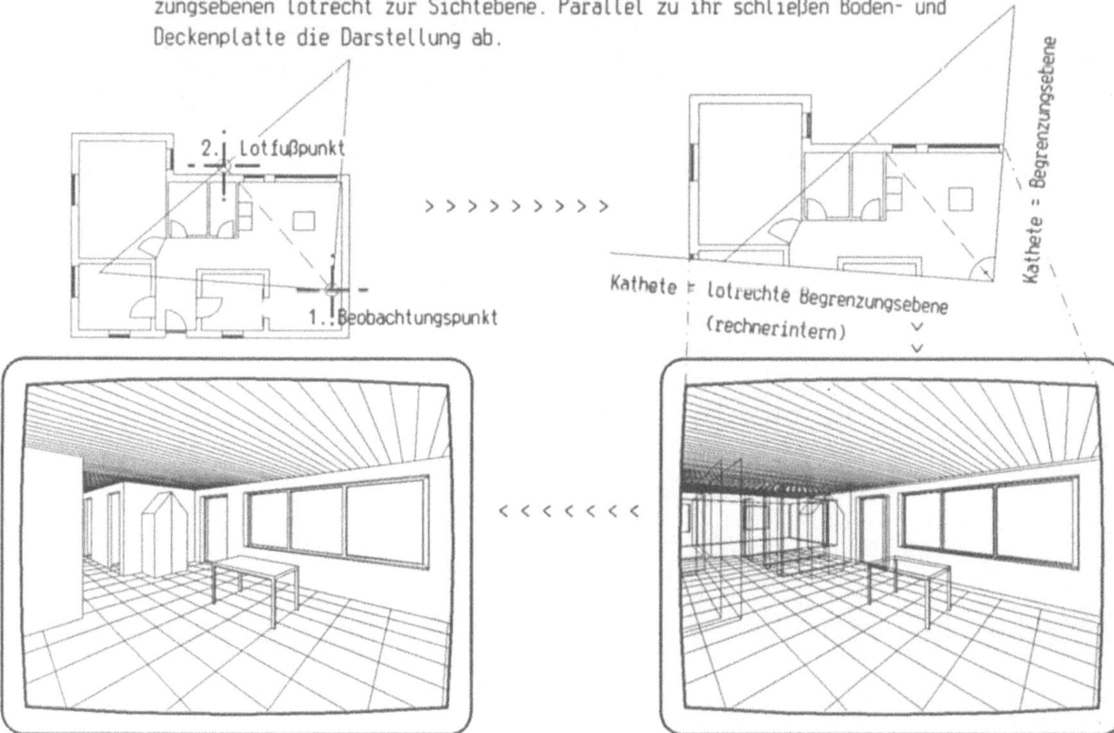

15. Übung   Aufbau eines 3D-Modells

Diese Übung soll die ersten Schritte erleichtern, die Sie im Umgang mit CAD-Funktionen bei der Erstellung räumlicher Modelle tun. Da die Aufnahmefähigkeit eines noch so lernbereiten CAD-Interessenten begrenzt ist, wird in diesem Stadium auf die Konstruktion komplizierter bautechnischer Details, wie sie bei jedem Bauwerk vorkommen, verzichtet. Anfangs sollte auf einfache Grundrisse zurückgegriffen werden.
Für CAD-Einsteiger ist es zu empfehlen, ein Haus wie etwa das auf Seite 149 dargestellte einfach nachzukonstruieren. Als Anleitung dazu dienen die folgenden Seiten. Die Übung wurde so konzipiert, daß sie einen Streifzug durch die wichtigsten CAD-Funktionen erlaubt.

Grundriß EG   M = 1:50 (Bezugsmaßstab)

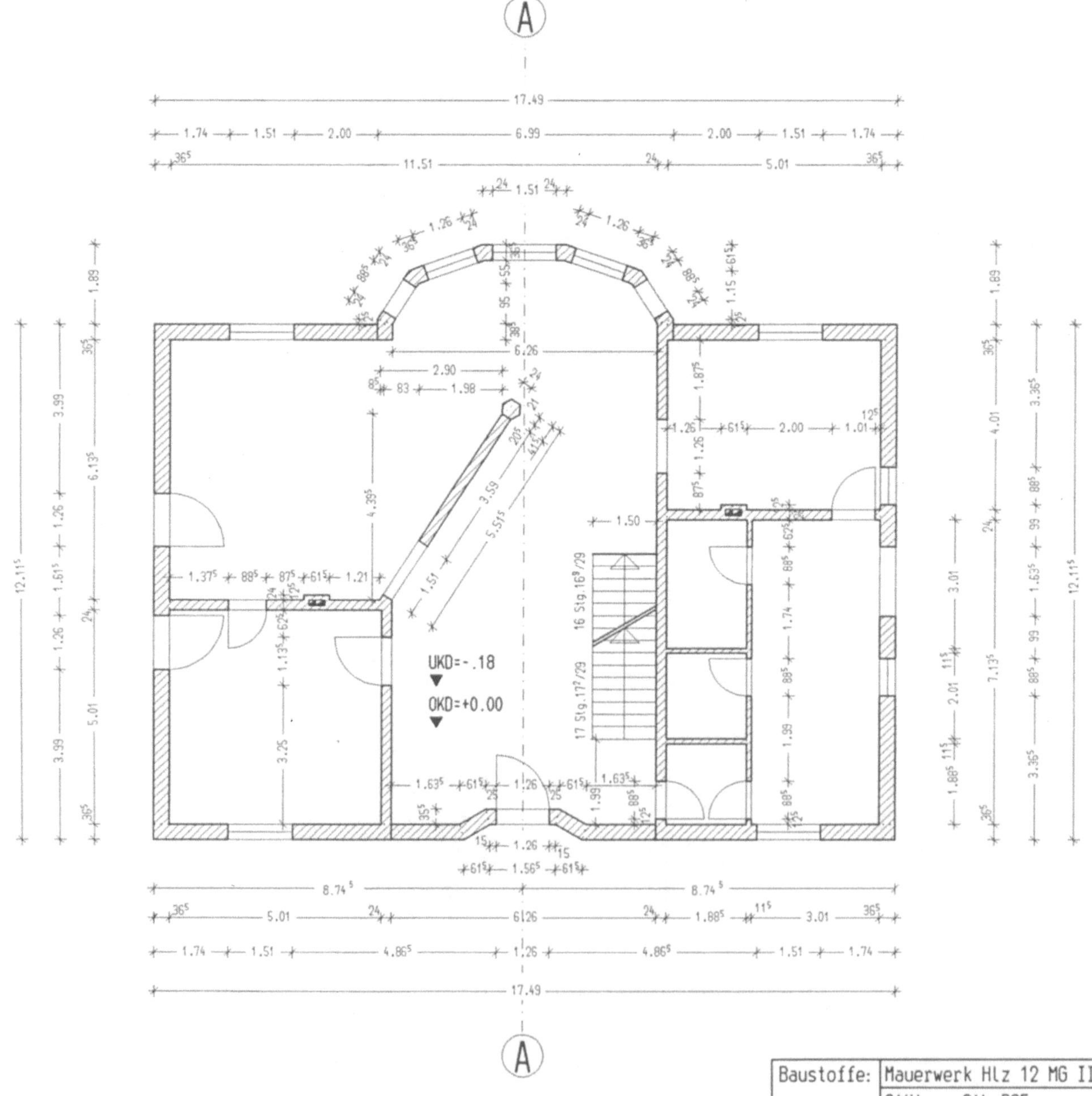

15. Übung   Aufbau eines 3D-Modells

Konstruktionsphasen, EG
Vorschlag:

1. Festlegen eines Bezugspunktes,
   Einzeichnen einer Spiegelachse

Falls das eigene System Einstellungen nicht automatisch übernimmt, muß man dem Rechner folgende Angaben mitteilen:

- Folie für 3D-Programm aktivieren

- Einstellung der Höhe der Schnittebene für Grundrißdarstellungen, z.B. z-Koordinate = +1.00m

- Für Grundrißdarstellungen muß die Beobachtungsachse lotrecht zur Sichtebene liegen bzw. hier parallel zur z-Achse, besser: Parallelprojektion einschalten.

- Die Wandhöhe beträgt bei diesem Beispiel 2.76m.

- Für Simultankonstruktionen kann der Anwender Anzahl, Ort und Perspektiven bestimmen, mit denen er seine Entwürfe beim Aufbau räumlich verfolgen will. Für jedes Stadium sieht man auf den folgenden Seiten eine räumliche Kontrollabbildung, wie sie etwa der Simultankonstruktion bzw. der Windowtechnik (vgl.S.167) entspricht.

Eingestellt im Window: Beobachtungspunkt-Richtung für isometrische Darstellung:
x=-1 / y=-.9 / z=.8
Darstellung nach der Umrechnung mit "hidden-lines"

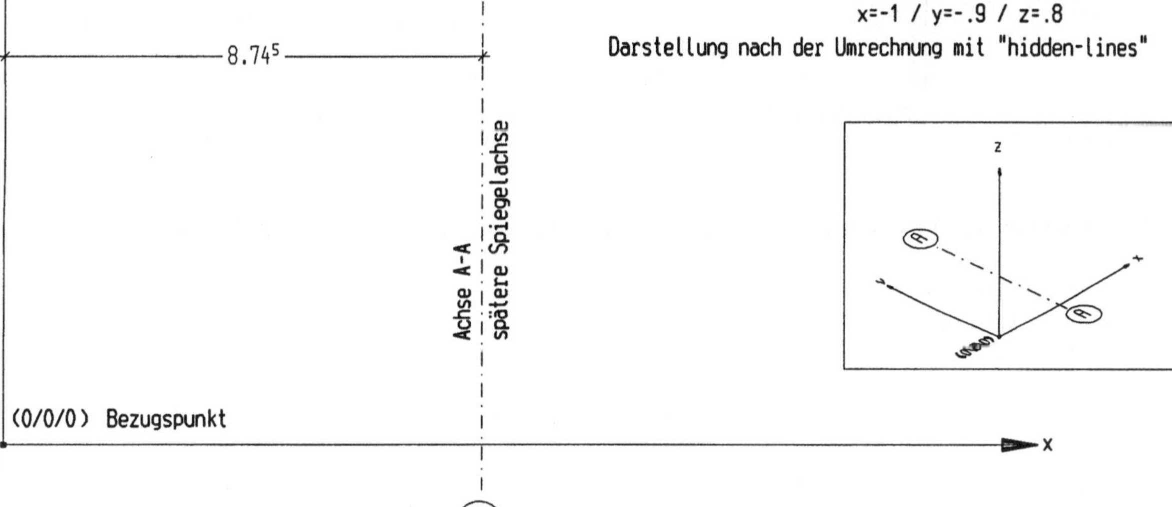

Bei einigen Systemen wird zu Beginn einer Geometrieerstellung ein Bezugspunkt festgelegt. Solche Programme blenden automatisch am Bildschirmrand die aktuellen Fadenkreuzkoordinaten ein, die sich auf diesen Punkt beziehen. Häufig übernehmen CAD-Systeme den Nullpunkt des Absolut-Koordinatensystems automatisch an die erste vom Anwender bestätigte Position auf einem neuen Teilbild.
Normalerweise benötigt der CAD-Anwender direkt keine Koordinaten zum Konstruieren. Der Bezug zum Koordinatensystem existiert nur rechnerintern. Der Anwender gibt Maße, Abstände und Winkel ein. Das Einblenden von Koordinatenkreuzen dient ihm in erster Linie zur Richtungsorientierung.

15. Übung   Aufbau eines 3D-Modells

2. Aneinanderfügen der Außenwände

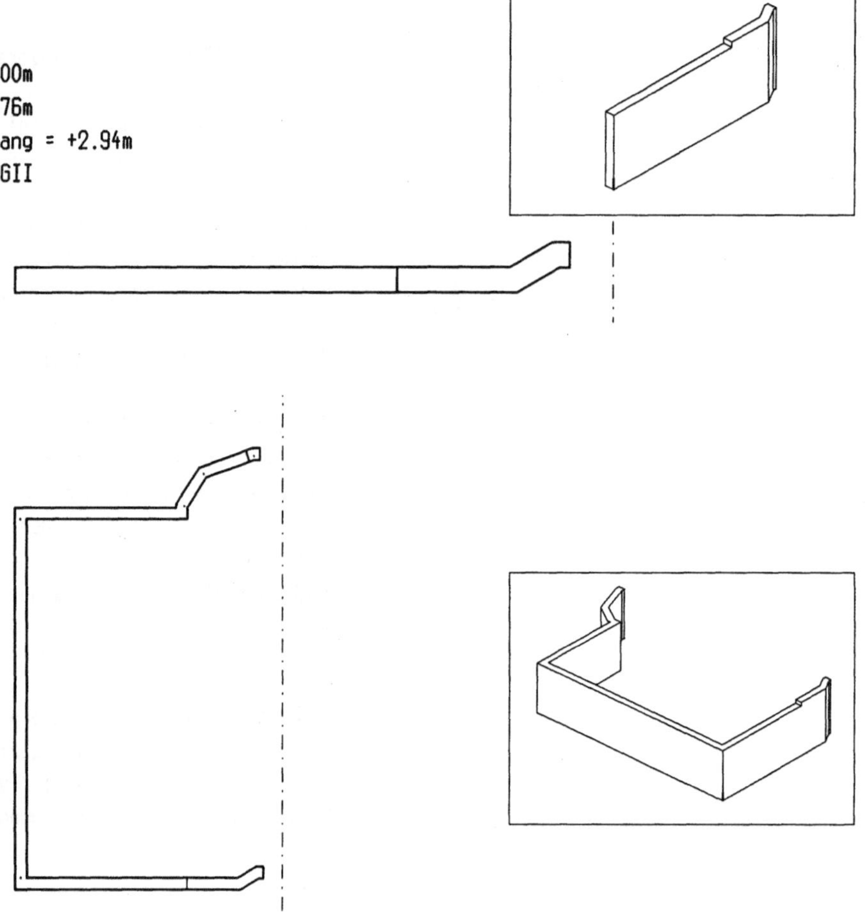

▼ UK Wand = ±0.00m
▼ OK Wand = +2.76m
▼ OK Wand, Eingang = +2.94m
Baustoffe: Mz12/MGII

3. Fenster und Innenwände, die gespiegelt werden sollen, einsetzen (vgl.S.156f)

▼ UK Fenster = +0.75m
▼ UK Fenstersturz = 2.25m
▼ UK Tür = ±0.00m
▼ UK Türsturz = 2.25m

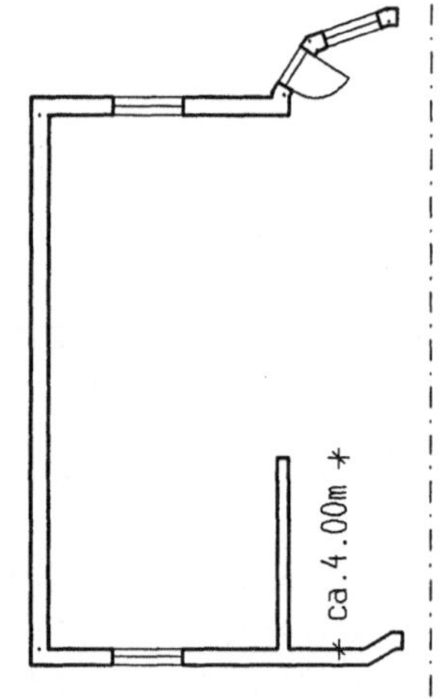
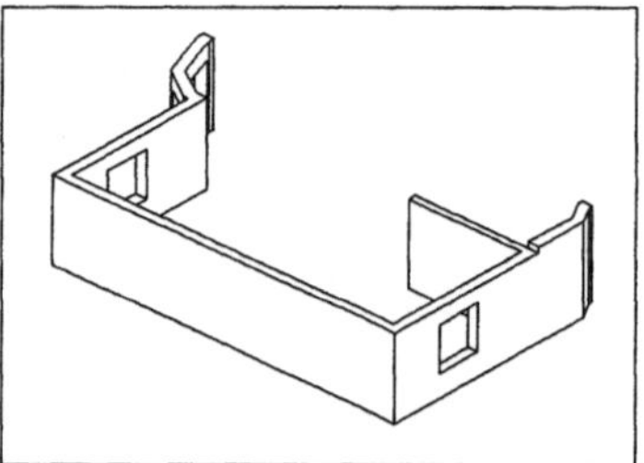

15. Übung   Aufbau eines 3D-Modells

  4. Spiegeln   (vgl.S.172)

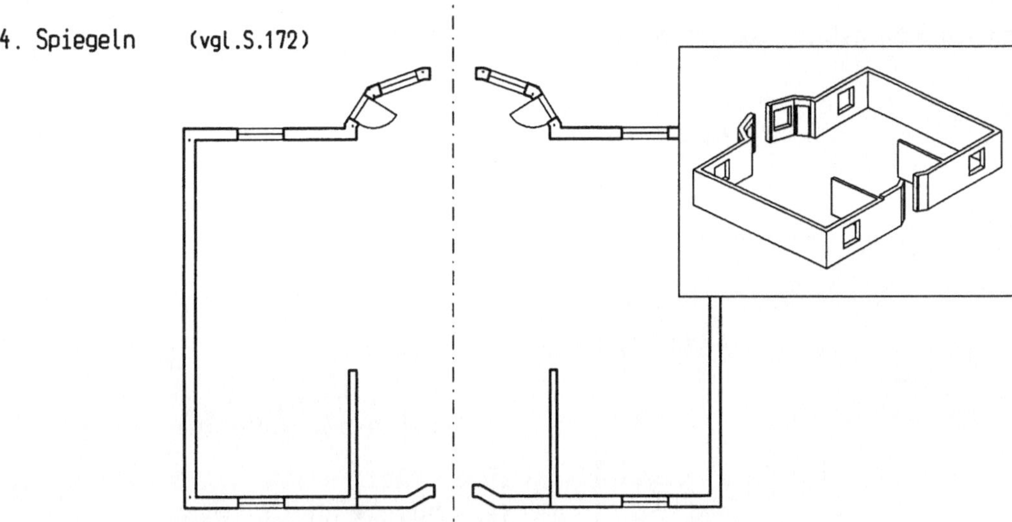

  5. Innenwände ergänzen, trimmen   (vgl.S.170)

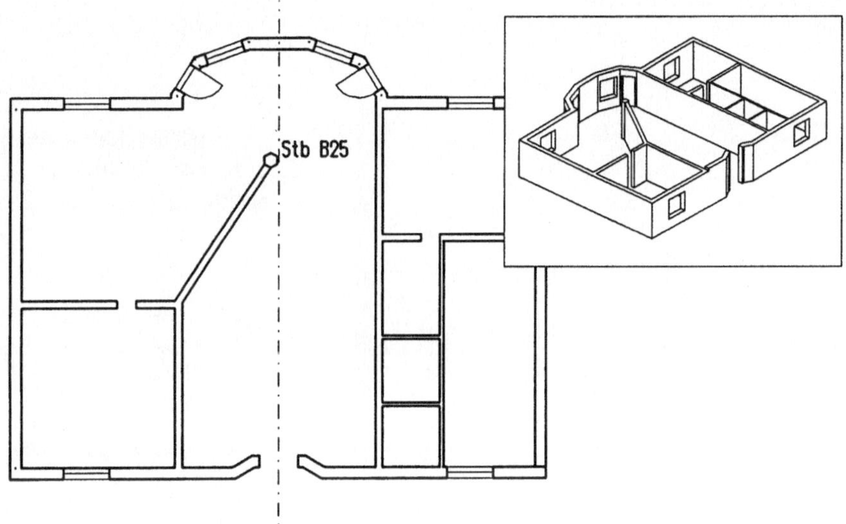

  6. Einsetzen der übrigen Fenster und Türen

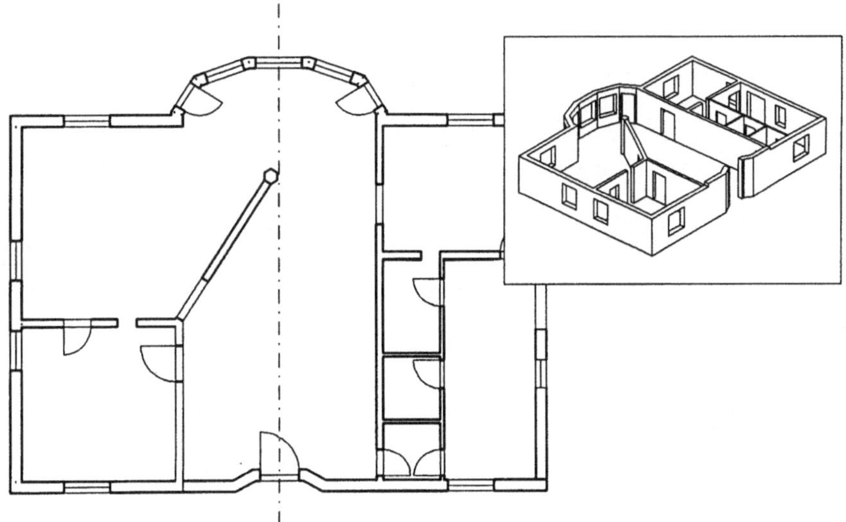

15. Übung   Aufbau eines 3D-Modells

7. Einsetzen von Schornstein- und Treppenmakros   (Treppe vgl.S.161)

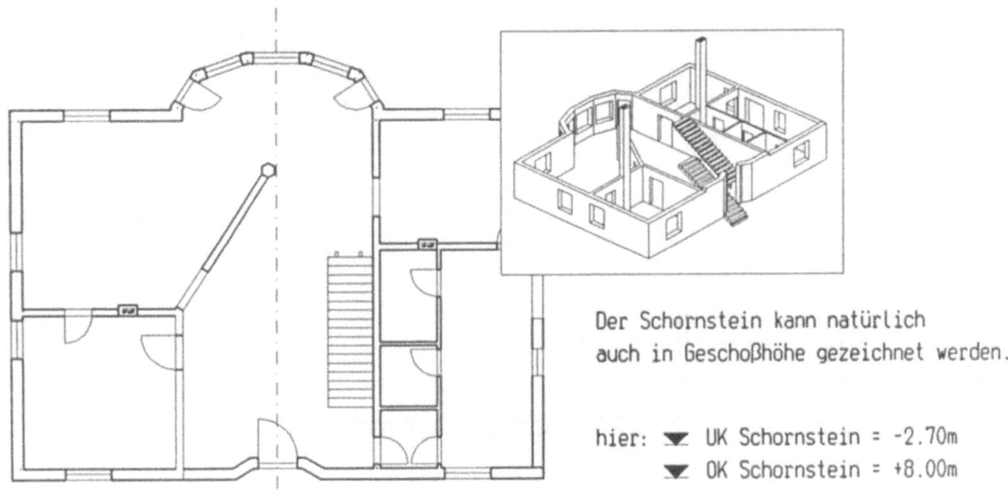

Der Schornstein kann natürlich
auch in Geschoßhöhe gezeichnet werden.

hier: ▼ UK Schornstein = -2.70m
        ▼ OK Schornstein = +8.00m

8. Konstruktion der Bodenplatte

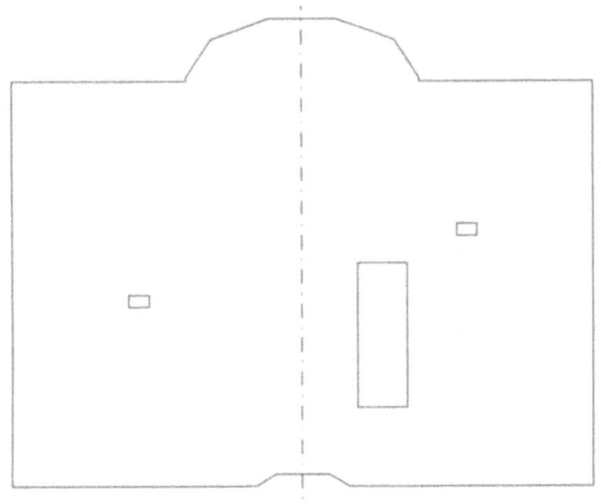

Der Anwender konstruiert die Bodenplatte
z.B. durch Identifizieren vorhandener Eckpunkte. Die einzige Maßeingabe kann die
Dicke der Platte sein.

hier: ▼ UK Platte = -0.18m
        ▼ OK Platte = ±0.00m

Bei manchen Systemen braucht man keine
Schornsteinaussparungen einzuzeichnen
(vgl.S.171).

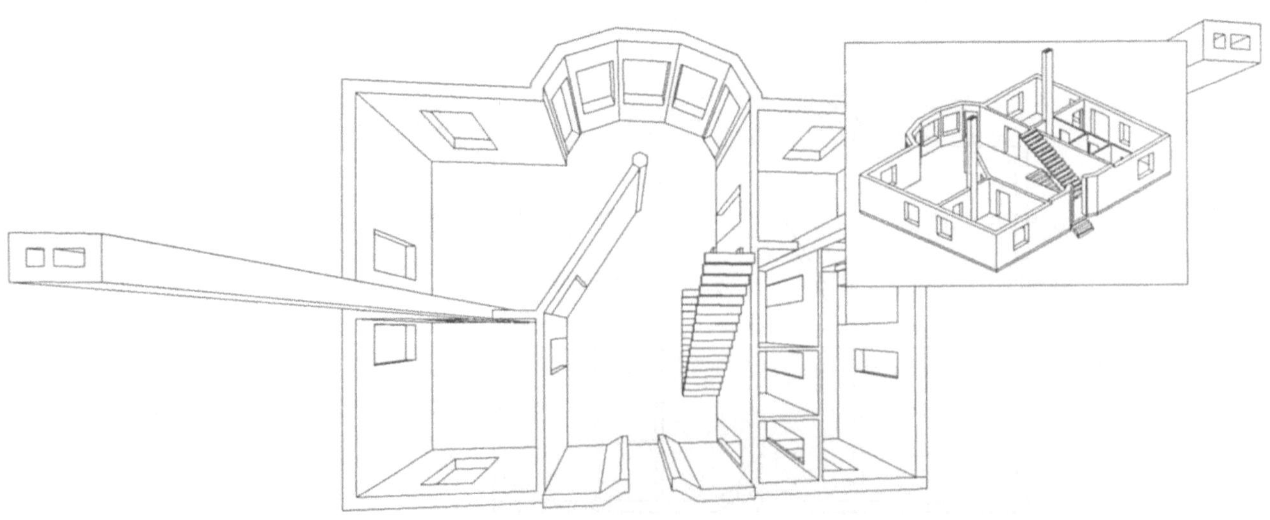

15. Übung   Aufbau eines 3D-Modells

Maßketten und Schraffuren setzt der Anwender auf neue Teilbilder. In Abhängigkeit von den Baustoffparametern werden Schraffuren häufig automatisch registriert. Je nach Bedarf blendet sie der Anwender ein oder aus. Dasselbe gilt
oft auch für die Darstellung verschiedener Strichstärken.

Versuchen Sie die nächste vereinfachte Geschoßdecke zu konstruieren!

Bodenplatte OG   M=1:50 (Bezugsmaßstab)

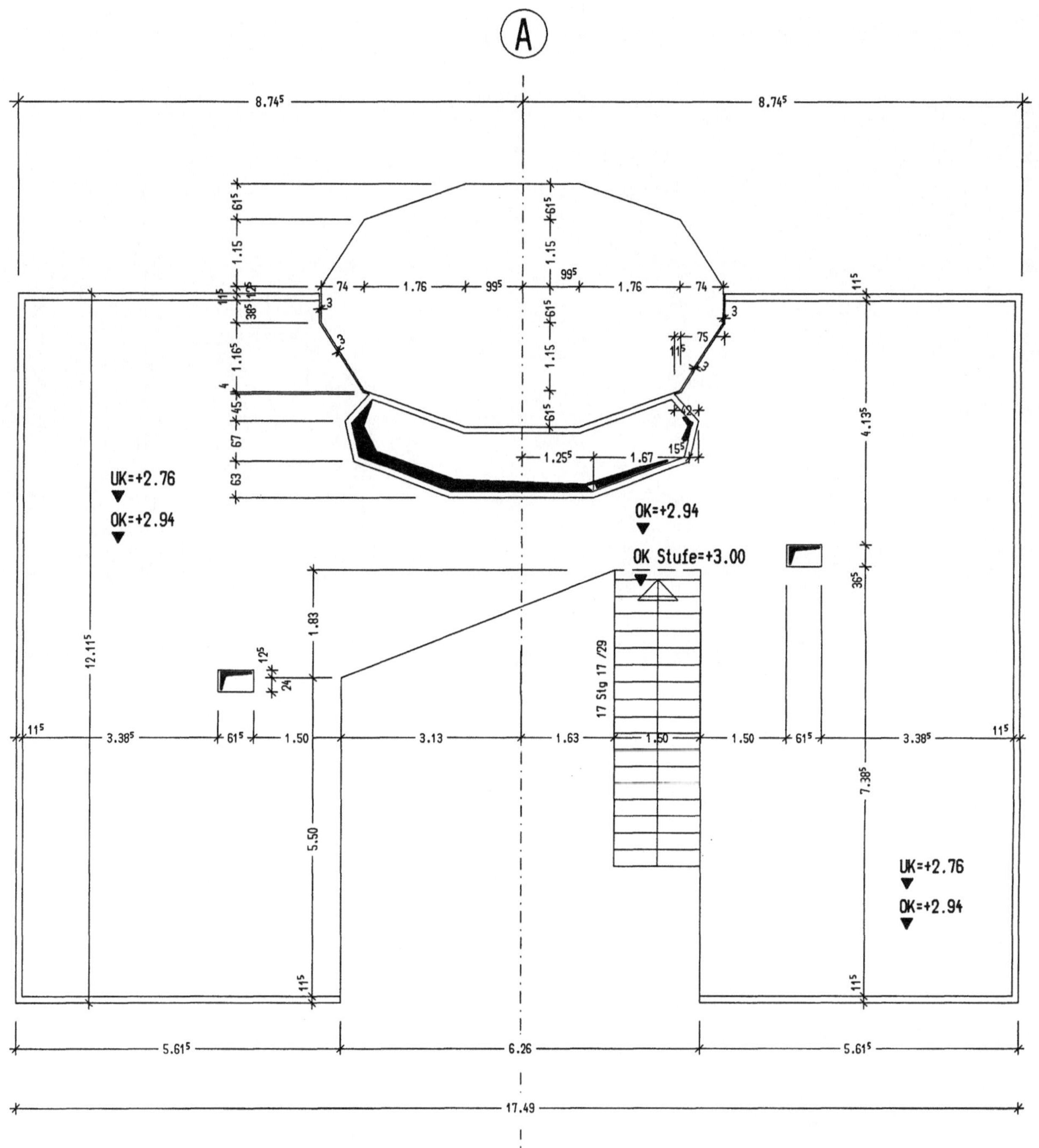

15. Übung   Aufbau eines 3D-Modells

Grundriß OG   M=1:50 (Bezugsmaßstab)

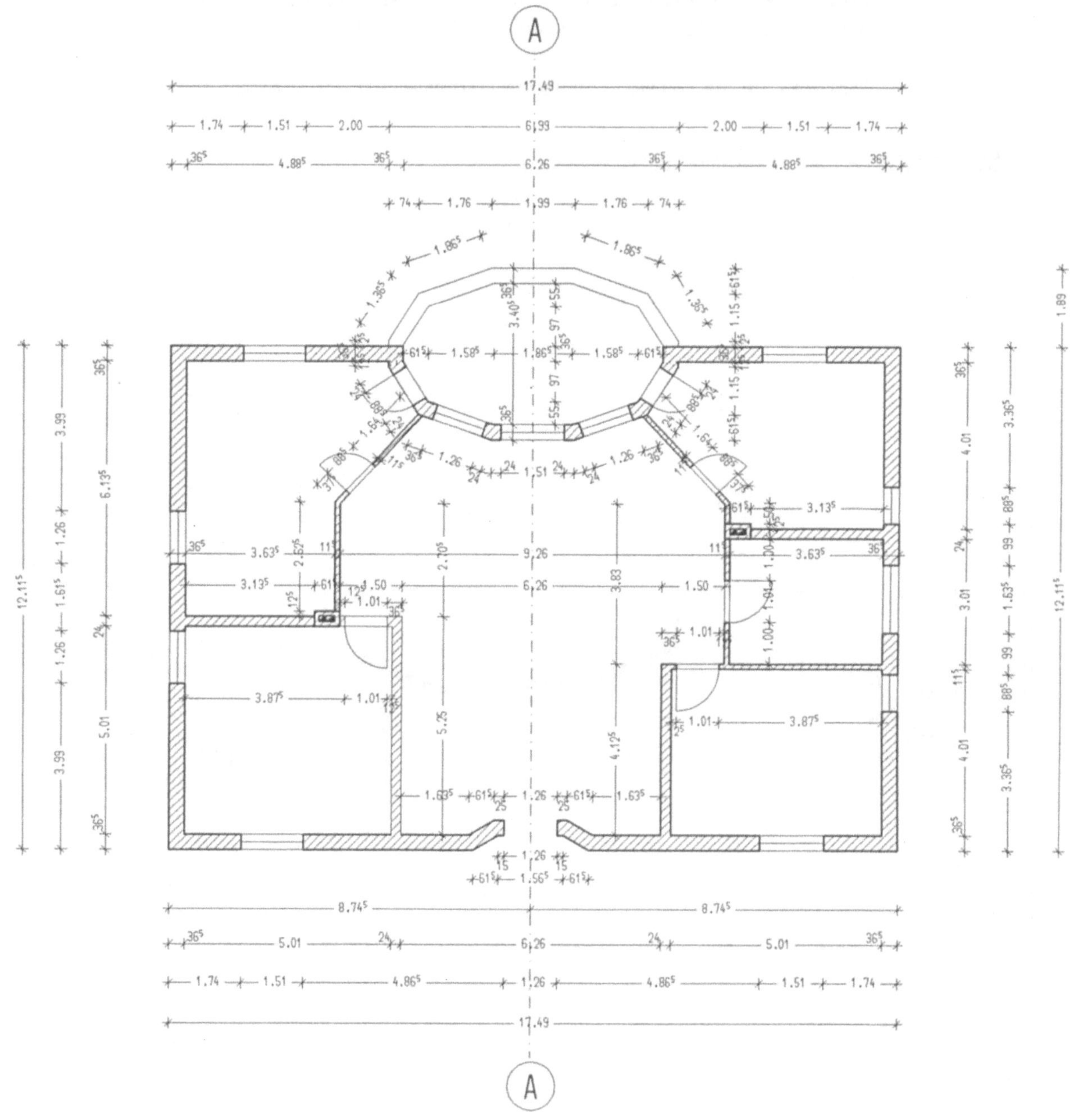

Baustoffe:	Mauerwerk Hlz 12 MG II
Stützen Stb B25

Konstruktionsvorschlag, OG

- Erdgeschoßgrundriß auf eine neue Folie kopieren
- Das Modell auf dem neuen Teilbild um die Höhe +2.94m verschieben.
  Die Höhe gibt man je nach System parallel zur y- oder z-Achse an.
- Löschen aller Bauteile, die im OG nicht mehr benötigt werden
- Bild Seite 191 oben

15. Übung   Aufbau eines 3D-Modells

Nicht benötigte Bauteile löschen

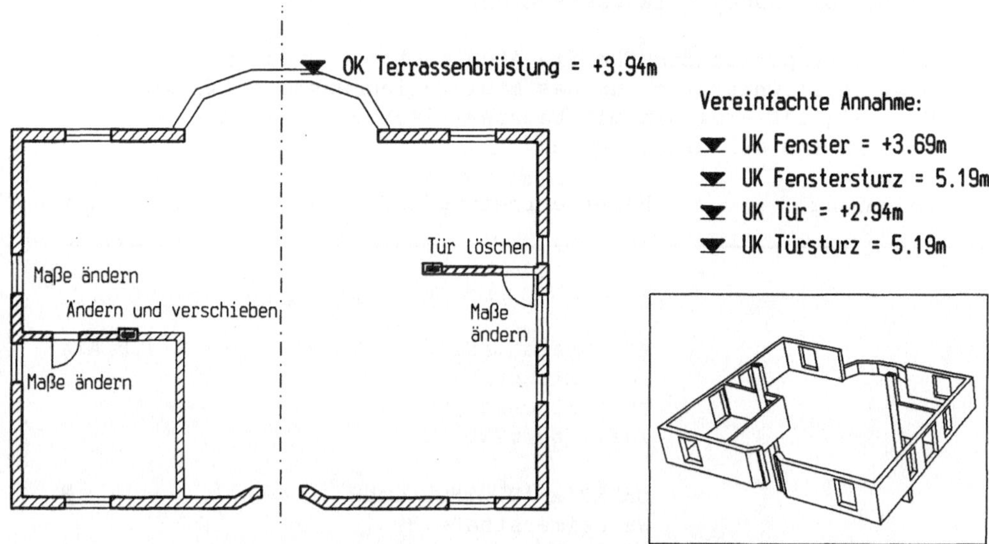

- Fenstermaße übernehmnen, erforderliche Höhenkoten ergeben sich automatisch.
- Unpassende Wandöffnungen modifizieren, verschieben oder löschen und neu
   zeichnen

Es ist häufig von Vorteil, wenn man sich die eine oder andere Folie in den Hintergrund legt! Zeichnen Sie bitte die fehlenden Wände ein.

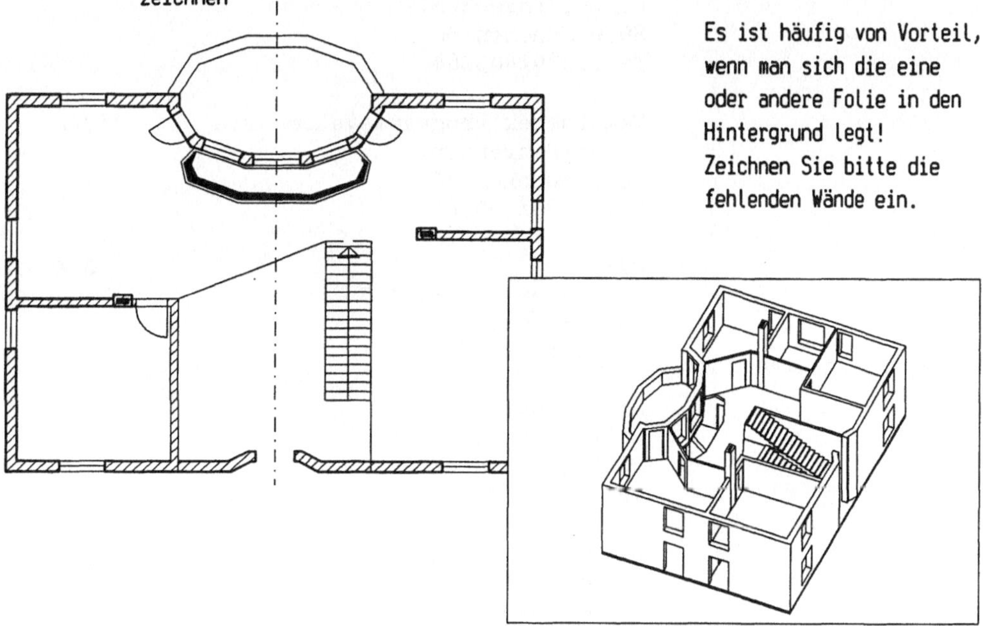

Versuchen Sie nach der Konstruktion des Obergeschosses, Keller- und Dachgeschoß selbst zu entwerfen. Als Anhalt dienen Ihnen vielleicht die Abbildungen auf Seite 149. Um auf bequeme Weise statische Gesetzmäßigkeiten zu beachten, schaltet man sich die entsprechenden vorhandenen Grundrisse als Hintergrundfolie unter die Entwurfsteilbilder.

Erzeugen Sie während des Entwerfens oder danach beliebige Ansichten, Schnitte und Perspektiven. Testen Sie damit die Möglichkeiten, die das CAD-System, an dem Sie arbeiten, bietet.

Herstellerverzeichnis

Verzeichnis über bauspezifische CAD-Systeme, Stand Juni 1988

Softwareentwicklungshäuser/Generalvertretungen
in der Bundesrepublik Deutschland

Abkürzungen: A = schwerpunktmäßig für die Architektur konzipiert
B = schwerpunktmäßig für das Bauingenieurwesen entwickelt
P = allg. CAD-Programm mit bauspezifischer Anpassung
X = Einfluß auf dieses Buch

CAD-System, Bezeichnung	Hauptvertretung/Softwarehaus	Abkürzung
acadGraph	acadGraph CADSTUDIO GmbH Kastanienstr.7 8000 München 90 Tel.:089/6990050	P/A/X
AGW 22	SELENIA-AUTOTROL GmbH Wanheimerstraße.39 4000 Düsseldorf 30 Tel:0211/424061	P
ALLPLAN	Nemetschek Programmsystem GmbH Dingolfingerstr.2 8000 München 80 Tel.:089/405064	A/X
ALLPLOT	Nemetschek Programmsystem GmbH Dingolfingerstr.2 8000 München 80 Tel.:089/405064	A/B/X
ArchDesign	CAMS Lochhamer Straße 125 8000 München 71 Tel.:089/7917566	A/X
ArchiCAD	Micro Logic Halfinger Straße 47 8000 München 82 Tel.:089/423049	A/B
ARCUS	Sinus Software GmbH Lederstr.17 7260 Calw 07051/1712	A
ARKEY	DATEX Digital Service GmbH Hullerser Landstr.27 3352 Einbeck Tel.:05561/2097-99	P/A
BAUCAD K+R	dds daten-dienst-schmid GmbH 7129 Talheim Tel.:07133/7276	P/A/B/X
BAUSET	Bott-Datensysteme GmbH Schimborner Straße 62 8759 Hösbach-Feldkahl 06024/3101	A/X

Verzeichnis über bauspezifische CAD-Systeme, Stand Juni 1988

Softwareentwicklungshäuser/Generalvertretungen
in der Bundesrepublik Deutschland

Abkürzungen: A = schwerpunktmäßig für die Architektur konzipiert
B = schwerpunktmäßig für das Bauingenieurwesen entwickelt
P = allg. CAD-Programm mit bauspezifischer Anpassung
X = Einfluß auf dieses Buch

CAD-System, Bezeichnung	Hauptvertretung/Softwarehaus	Abkürzung
BOCAD	BOCAD Software GmbH Wittener Straße 185 4630 Bochum 1 Tel.:0234/358568	Stahlbau/B/X
BOCAD	Hüttemann Holz GmbH+Co Kommanditgesellschaft Postfach 1261 5787 Olsberg 1 Tel.:02962/2011	Holzbau/B/A/X
CAD200	HAN-Engineering Ges.m.b.H. Markomannenstr.82 A 1220 Wien Tel.: A 0222/230377	P/A/X
CAD-200	Dataport GmbH Kaiserstraße 19 6360 Friedberg Tel.:06031/61021-5	P/A/B
CADCOM	DREGER & FUNIAK Waldstr.59 6050 Offenbach am Main Tel.:069/831057/58	P/A/X
CADdy	ZIEGLER-Instruments GmbH Postfach 20 14 65 4050 Mönchengladbach 2 Tel.:02166/8681-0	P/A/X
CADCON	pgn Consulting+Engeneering GmbH Linzer Str.6 2800 Bremen 33 Tel.:0421/211007	P/A/B
CADSTA	pgn Consulting+Engeneering GmbH Linzer Str.6 2800 Bremen 33 Tel.:0421/211007	P/A/B
CADVANCE	ISICAD Rindelbacher Str.46 7090 Ellwangen/Jagst. Tel.:07961/88688	P/A/X
CATIA	IBM Deutschland GmbH Pascalstr.100 7000 Stuttgart Tel.:0711/7850	P/A

Verzeichnis über bauspezifische CAD-Systeme, Stand Juni 1988

Softwareentwicklungshäuser/Generalvertretungen
in der Bundesrepublik Deutschland

Abkürzungen: A = schwerpunktmäßig für die Architektur konzipiert
              B = schwerpunktmäßig für das Bauingenieurwesen entwickelt
              P = allg. CAD-Programm mit bauspezifischer Anpassung
              X = Einfluß auf dieses Buch

CAD-System, Bezeichnung	Hauptvertretung/Softwarehaus	Abkürzung
CAN	TSL Linnertstr.21 4408 Dülmen Tel.:02594/2983-84	A
CONCEPTION 3D	Krähwinkel System Silberweg 2 4044 Kaarst 1 02101/61636	P/A
CS-CADI	CSI Hamburger Str.55 4600 Dortmund 1 Tel.:0231/527987	P/B/X
CS-PLAN	CSI Hamburger Str.55 4600 Dortmund 1 Tel.:0231/527987	P/A/X
dp draft	data-plan Datenverarbeitung Eisenfelden 66 8261 Neuötting 2 Tel.:08671/72320	A
Drafix	Socomp GmbH Hegelstr.6 4005 Meerbusch 1 Tel.:02105/73765	P/A
DRAWPAC	microway Konzelmann+Blind GmbH Laufen/Dobelwiesenstr.20 7470 Albstadt 1 Tel.:07435/1015	P/A
DYNA Perspective	Okulicz-Unternehmensberatung und EDV Am Tiefenberg 23 4000 Düsseldorf 12 Tel.:0211/292223	A
easydraf	Grafcom Gollierstraße 70 Eingang D 8000 München 2 Tel.:089/501019	P/A
GDS	McDonnell Douglas GmbH Hohenstaufenring 48-54 5000 Köln 1 Tel.:0221/20802-0	P/A/B/X

Verzeichnis über bauspezifische CAD-Systeme, Stand Juni 1988

Softwareentwicklungshäuser/Generalvertretungen
in der Bundesrepublik Deutschland

Abkürzungen: A = schwerpunktmäßig für die Architektur konzipiert
B = schwerpunktmäßig für das Bauingenieurwesen entwickelt
P = allg.CAD-Programm mit bauspezifischer Anpassung
X = Einfluß auf dieses Buch

CAD-System, Bezeichnung	Hauptvertretung/Softwarehaus	Abkürzung
GENERIC CADD	Unternehmensberatung und EDV Am Tiefenberg 23 4000 Düsseldorf 12 Tel.:0211/292223	P/A
HICAD	ISD Ingenieurgesellschaft Brandschachtstr.2 4600 Dortmund 76 Tel.:0231/655090	P/A/B
ICOS	Schwörer Computer Aulberstraße 7 7410 Reutlingen Tel.:07121/310602	
INBAU	Nixdorf Computer AG Schwannstr.10 4000 Düsseldorf 30 Tel.:0211/4583656	A/B
INTERGRAPH CAD	INTERGRAPH GmbH Hans-Pinsel-Str.96 8013 Haar Tel.:089/461040	P/A/B/X
isb.cad	Dipl.-Ing.Bernd Glaser Am Waldwinkel 23 3015 Wennigsen 2 Tel.:05105/82943	B/X
ISICAD-SYSTEM 25	ISICAD Rindelbacherstr.25 7090 Ellwangen/Jagst Tel.:07961/88688	P/A/X
JetCAD	Mücke Software GmbH Jahnstr.9 5204 Lohmar 1 Tel.:02246/4067	A/B/X
M.CAD	Command Engineering GmbH Eisenstockstr.16 7505 Ettlingen 6 Tel.:07243/980-0	P/A
MICADO	Gerkhardt Software GmbH Dr.Ernst-Kilb-Weg 13 6520 Worms 26 Tel.:06241/3163	P/A

Verzeichnis über bauspezifische CAD-Systeme, Stand Juni 1988

      Softwareentwicklungshäuser/Generalvertretungen
      in der Bundesrepublik Deutschland

Abkürzungen: A = schwerpunktmäßig für die Architektur konzipiert
              B = schwerpunktmäßig für das Bauingenieurwesen entwickelt
              P = allg. CAD-Programm mit bauspezifischer Anpassung
              X = Einfluß auf dieses Buch

CAD-System, Bezeichnung	Hauptvertretung/Softwarehaus	Abkürzung
MicroCAD	GDI-D Rosenstr.36 4000 Düsseldorf 1 Tel.:0211/482021	P/A
Mountain Top	Grafcom-Computer Systeme Gollierstr.70 8000 München 2 Tel.:089/501019	P/A/B/X
PC-Draft	PCG Informatik+Software GmbH Neulandstraße 15 6920 Sinsheim Tel.:07261/13854	P/A
PC-Bat	BATI SOFT 5,Rue d'Aguesseau F 75008 Paris Tel.:F (1)47422200	A/X
Personal Architekt	Computervision Berg-am-Laim-Straße 47 8000 München 80 Tel.:089/4161233	A
PLAN+SERIE 5000	Auto-trol Technology GmbH Wanheimer Str.39 4000 Düsseldorf 30 Tel.:0211/424061	A
pod-ARRIS	Plan Optimal GmbH & Co Schillerstr.28 6478 Nidda 1 Tel.:06043/6015,6016	P
PRIME MEDUSA AEC	ICT-Institut für Computertechnologie Küchenstr.10 3300 Braunschweig Tel.:0531/4800740	P
PROCAD	mb Programme Kopmannshof 69 3250 Hameln 05151/7284	A/B/X
RIBCON	RIB/RZB Albstadtweg 3 7000 Stuttgart 80 Tel.:0711/7873-176	A/B/X

Verzeichnis über bauspezifische CAD-Systeme, Stand Juni 1988

Softwareentwicklungshäuser/Generalvertretungen
in der Bundesrepublik Deutschland

Abkürzungen: A = schwerpunktmäßig für die Architektur konzipiert
              B = schwerpunktmäßig für das Bauingenieurwesen entwickelt
              P = allg. CAD-Programm mit bauspezifischer Anpassung
              X = Einfluß auf dieses Buch

CAD-System, Bezeichnung	Hauptvertretung/Softwarehaus	Abkürzung
ROBOCAD	Robocom Ltd. Niederl.Deutschland Seestr.1 7128 Lauffen a.N. Tel.:07133/2688	P
RUCAPS	Heinle, Wischer und Partner Rotenbergstraße 8 7000 Stuttgart 1 Tel.:0711/280291	A
SCRIBE MODELLER	ROBOCOM Ltd.Niederl.Deutschland Seestr.1 7128 Lauffen/Neckar Tel.:07133/2688	A
SICAD-BAU	Siemens AG Otto-Hahn-Ring 6 8000 München 80 Tel.:089/63648144	A/X
SIGRAPH-GT	Siemens AG Postfach 4848 8500 Nürnberg 1 Tel.:09131/7-24253	P/Gebäudetechnik
SPEEDIKON	IEZ Wiesenstr.4 6140 Bensheim Tel.:06251/4093	A
SPIRIT	SOFT-TECH Blütenstr.9 6730 Neustadt a.d.W. Tel.:06321/66990	P/A/X
STRAKON	DiCAD Software GmbH Siegburger Straße 241 5000 Köln 21 Tel.:0221/824-2234	B/X
STRUCAD	ACECAD Software Limited 18 Grove Park White Waltham GB Berkshire, SL6 3LW Tel.:GB 0628/82 2900	Stahlbau/B/X
T.O.P.-BAU	T.O.P. Schnellwieder Str.79 5000 Köln 80 Tel.:0221/633048	A/X

Verzeichnis über bauspezifische CAD-Systeme, Stand Juni 1988

        Softwareentwicklungshäuser/Generalvertretungen
        in der Bundesrepublik Deutschland

Abkürzungen: A = schwerpunktmäßig für die Architektur konzipiert
              B = schwerpunktmäßig für das Bauingenieurwesen entwickelt
              P = allg. CAD-Programm mit bauspezifischer Anpassung
              X = Einfluß auf dieses Buch

CAD-System, Bezeichnung	Hauptvertretung/Softwarehaus	Abkürzung
unicad-b	HOCHTIEF-CAD Bockenheimer Landstr.24 6000 Frankfurt Tel.:069/7117-717,-258	B/X
unicad-k	Sycotronic AG Kollerstr.3 CH 6300 Zug Tel.:CH 042/441155	P/A
VERSABAU	GDI-D Rosenstr.36 4000 Düsseldorf Tel.:0211/482021	P/A
VersaCAD	Kettler EDV-Consulting Ludwig-Thoma-Weg 9 8172 Lenggries Tel.:08042/8081	P
ZEIG	Jouaux Wagenrstr.8 6991 Igersheim Tel.:07931/45051	P/B/X
ZEIRIS	quite brick Albanistr.6/0 8000 München 90 Tel.:089/657388	A/B/X

Zum Herstellerverzeichnis

Die im Herstellerverzeichnis aufgeführten Adressen hat der Autor im wesent-
lichen von Werbeanzeigen in Fachzeitschriften und von Messebesuchen seit
Anfang 1987 zusammengetragen. Eine Gewähr auf die Vollständigkeit aller im
Handel erhältlichen bauspezifischen CAD-Systeme kann aus diesem Grunde für
dieses Verzeichnis nicht gegeben werden.
Der Einfluß der mit "X" gekennzeichneten Firmen auf dieses Buch bezieht
sich auf die Informationen von Programmbeschreibungen, Messebesuchen, Vor-
führungen, Seminaren, Werbeprospekten oder auf praktische Erfahrungen im
Umgang mit CAD-Systemen.

Um eine vollständige Marktübersicht, mit einer statistischen Erfassung bau-
spezifischer CAD-Systeme im Architekturbereich, bemüht sich das Institut
für Architektur- und Planungstheorie, Fachbereich Architektur, Universität
Hannover, Arbeitsgruppe Marktübersicht, Callinstraße 18, 3000 Hannover 1.
Die Ergebnisse ihrer Untersuchungen können direkt vom Institut gegen eine
Gebühr erworben werden.

Stichwortverzeichnis

Stichwortverzeichnis

Stichwortverzeichnis

Quellenverzeichnis

Bücher

Einstieg in CAD - Lehrbuch für CAD-Anwender
Martin Eigner/Helmut Maier
Carl Hanser Verlag, 1985
ISBN 3-446-14118-9

CAD-Ausbildung für die Konstruktionspraxis
IFAO GmbH, Institut Für Angewandte Organisationsforschung
            Karlsruhe
Carl Hanser Verlag, 1985
ISBN 3-446-14568-0

CAD Systeme auf Personal- und Mikrocomputer
Marktübersicht 1987
Carl Hanser Verlag, 1987
ISBN 3-446-14903-1

Software für den Architekturbereich, Teil 2: CAD
Marktübersicht 1987
IAP, Institut für Architektur- und Planungstheorie,
Fachbereich Architektur, Universität Hannover,
Arbeitsgruppe Marktübersicht

Zeitschriften

Hintergrundinformationen lieferten im Zeitraum März'87 bis
März'88 auch die jeweils aktuellsten Ausgaben der Computer-
Fachzeitschriften:

CAD CAM, CAD/CAM Verlag, München
CAD-CAM REPORT, Dressler Verlag, Heidelberg
Chip, Vogel-Verlag, Würzburg
Computer Persönlich, Markt & Technik Verlag, Haar b. München
Personal Computer, Vogel-Verlag, Würzburg
P.M.Computerheft, G+J Verlagsgruppe, München

Für fachspezifische Informationen trugen die Prospektmate-
rialien und Programmbeschreibungen aller im Herstellerverzeichnis besonders gekennzeichneten Firmen bei.

Band 76 der Bauwelt Fundamente. 1986. 261 S. 14 x 19 cm. Kart.   ISBN 3-528-08756-5

Computer haben die Architektenbüros schon lange erreicht. Inzwischen haben sie zeichnen gelernt. Ohne eigenes räumliches Vorstellungsvermögen kann der Entwerfer gleichsam galaktische Reisen durch sein Werk antreten. Verführerisch, aber auch risikoreich: Was lernen, was verlernen die, die sich einmal unmittelbar zu äußern wußten? Um der Herausforderung von Computer Aided Design (CAD) begegnen zu können, müssen sich die Architekten fragen, ob Computer Aided Design die Phantasie beflügelt oder zerstört. 23 Beiträge in einer brisanten Textsammlung.

ARCHITEKTUR ■ BEI VIEWEG